北京大学教育研究系列

DUOYANGXING YU LINGDAO LI

马 万 华　主编

Diversity and Leadership:
Martin Trow on American Higher
Education and Research Universities

多样性与领导力

——马丁·特罗论美国高等教育和研究型大学

教育科学出版社
·北 京·

该书是北京大学国际高等教育研究中心"建设世界一流大学国际化战略研究"课题重要成果之一

仅以此书纪念马丁·特罗教授

In the Memory of Professor Martin Trow （1926—2007）

编者简介

　　马万华，毕业于吉林大学外语系，曾就职于哈尔滨工业大学和山东大学外语系。现任北京大学教育学院教授，北京大学国际高等教育研究中心主任。1987—1997年，在美国康奈尔大学学习和工作，分别获得该校教育学硕士和哲学博士学位。回国后，先后从事中美高等教育治理、高等教育心理学和高等教育国际化的教学和科研工作。在研究方面，主持了自然科学基金委研究型大学建设分课题，国家"九五"、"十五"和高等教育学会关于大学教学改革的课题，同时参与了UNDP支持的课题研究。2000—2005年，先后获得美国福里曼基金会和福特基金会资助，开始从事关于女童和女性高等教育、研究型大学建设、高等教育国际化、高等教育全球化和中国高等教育公平等重大课题的研究。这些年来，马万华教授在美国加州大学伯克利分校、美国东西方中心、加州大学洛杉矶分校、南加州大学、弗吉尼亚大学、佛蒙特大学和密西根州立大学等多所美国大学从事合作研究和讲学活动，还在加拿大、日本、德国、芬兰、挪威、泰国、埃及和巴西等国家的大学中访学、讲学和从事合作研究。马万华教授是2005/2006年美国富布莱特新世纪学者；2007/2008年，欧盟伊拉斯·孟德斯项目访问教授；2009/2010年，世界银行中国高等教育公平问题和联合国教科文组织亚太地区金融危机与高等教育问题特邀顾问。同时，也是国际杂志《交流》（*Interchange*）的编委，《亚洲太平洋教育评论》（*Asia Pacific Education Review*）副编辑，美国麦克米伦出版公司（Palgrave MacMillan）《国际教育与发展丛书》国际顾问委员会成员，还是多个国际杂志的匿名评审。

马丁·特罗生平

马丁·特罗（Martin Trow）博士
（1926—2007）

马丁·特罗 1926 年出生于美国纽约，并在此完成了小学和中学教育。1943 年，他被迫中断大学学业，参加"二战"，服役于美国海军并获上尉军衔。1946 年退役后，他在位于新泽西州的斯蒂文斯理工学院学习机械工程。1947 年获得机械工程学士学位后成为一名工程师。与此同时，他利用业余时间在纽约新社会研究院（The New School of New York）修读课程。一年后，他进入哥伦比亚大学社会学系，接受研究生教育，并于 1956 年获得博士学位。

1957 年，他受聘于加州大学伯克利分校社会学系，从事社会学方面的研究和教学工作。1969 年，他转入加州大学伯克利分校公共政策研究院（现已更名为古德曼公共政策学院）并晋升为教授。在 1976—1988 年间，他兼任加州大学伯克利分校高等教育研究中心主任。1993 年，他从加州大学伯克利分校公共政策学院退休。退休后，他成为公共政策学院荣誉教授，并继续在高等教育研究中心从事研究工作直到逝世。

马丁·特罗曾担任过美国高级行为科学研究中心的研究员，普林斯顿大学高级研究院访问学者，瑞典乌普萨拉大学社会科学高级研究中心研究员。他是伦敦经济学院和日本菅野－丰田国际中心的杰出访问学者。他还担任过美国国家教育科学院副主席，曾是美国科学促进协会成员，曾任英国高等教育研究协会副主席。他还担任过明尼苏达大学卡尔顿学院董事会董事。他曾是瑞典大学与学院校长委员会顾问，瑞典乌普萨拉大学和于默奥大学国际咨询委员会成员。此外，马丁·特罗还是多个专业教育期刊编委会成员。

　　在 20 世纪 90 年代，他出任过美国全国认证与院校资格咨询委员会主席；服务于美国全国科学研究委员会、美国国家教育研究所和大学入学考试委员会等机构，也是国际教育发展委员会的理事。在同一时期，他还参与了多个专项委员会的工作，并提出了非常有影响的调查报告。在 1995 年，受梅隆基金会和哥伦比亚大学委托，马丁·特罗与帕特里夏·格雷厄姆（Patricia Graham）和理查德·莱曼（Richard Lyman）一道组成三人委员会，就美国高等教育中的认证和绩效问题进行研究。该委员会于 1995 年 10 月发布了题为《高等院校问责》（Accountability of Colleges and Universities）的报告。该报告对美国高等教育与绩效评估产生了重大影响。此后，他参与了英国高等教育委员会对该国高等教育改革的论证，并在荷兰、德国、瑞典、以色列和日本等国进行讲学和从事研究。

　　马丁·特罗一生在政治社会学和比较教育领域著述颇多，其中独立著述和与他人合著的著作有 11 部。包括《右翼极端主义》（Right-Wing Radicalism）（1957，1980）；《工会民主》（Union Democracy）（1956）；《英国的学术》（The British Academics）（1971）；《教师与学生》（Teachers and Students）（1975）；《大学与社会》（University and Society）（1991）；《新知识生产》（The New Production of Knowledge）（1994）。他还发表了 150 多篇论文或研究报告，其中许多已经被译成日文、希腊文、西班牙文、德文、希伯来文、法文、波兰文、俄文、意大利文、捷克文、丹麦文、瑞典文和中文等，产生了广泛的国际影响。日本东京大学出版社 1976 年就编译他的论文集《高度教育化社会中的大学：从精英到大众化高等教育》（The University in the Highly Educated Society：From Elite to Mass Higher Education），现已发行第 5 版；他的另一部文集《发达工业社会高等教育变革论文集》（Essays on the Transformation of Higher Education in Advanced Industrial Societies）也已经由东京玉川大学出版社于 2000 年编译出版。

　　马丁·特罗丰富的学术阅历和广泛的社会参与赢得了众多的学术荣誉。在加州大学，他被授予最高学术荣誉加州大学伯克利分校突出成就奖。他还被卡尔顿学院（1978）、英国苏塞克斯大学（1988）、瑞典斯德哥尔摩大学（1990）、英国纽卡斯诺森比亚大学（1996）、英国华威大学（1997）和英国兰卡斯特大学（1999）等多所大学授与荣誉博士学位。1991 年，马丁·特罗当选为瑞典皇家科学院外籍院士，同时，他还是美国艺术与科学院院士。1993 年，英国伦敦经济学院授予他杰出经济学者奖，1998 年，他获得日本北海道大学高等教育研究所杰出访问学者称号。

目 录

第四部分

加州大学学术治理变革的案例分析

第五部分

美国高等教育的未来与领导力

编 者 前 言

马丁·特罗一生发表了150多篇研究报告和论文，本书主要选收了他在20世纪80年代以后发表的与高等教育密切相关的论文和研究报告共15篇编辑成册。因此，在阅读此书时，读者会发现有的文章有摘要，有的没有。从这些论文和研究报告中，读者可以看到美国高等教育发展的复杂性和为解决这些复杂问题而采取的政策和措施。"二战"以后，随着美国经济的全球扩张，美国高等教育也迅速走向世界，尤其是研究型大学已经成为引领国际高等教育改革和发展的一种模式。在我国，一个时期以来，无论是教育政策制定者，还是大学里的专家学者和管理人员都在不断地追问美国研究型大学成功的秘诀。阅读马丁·特罗教授的文章，人们会发现美国高等教育的成功是各种社会力量推动而形成的"制度化"结果。在这些论文中，马丁·特罗或以比较的视野或以历史回顾的方法对美国高等教育发展不同阶段中出现的不同问题进行了系统的分析和阐释，并提出美国高等教育系统多样性和大学校长的领导力是研究型大学形成、发展和走向世界的关键因素。

根据15篇论文的基本内容，编者将其分成五个部分，每一部分描述了美国高等教育发展中的不同主题。

在第一部分中，马丁·特罗对美国高等教育发展历程进行了系统的评述，构成这一部分的三篇论文是"对弱势的赞美：特许、美国国家大学与达特茅斯学院"，"美国高等教育：过去、现在与未来"和"从精英到大众再到普及高等教育的反思：'二战'后现代社会高等教育的形态与阶段"。在"对弱势的赞美：特许、美国国家大学与达特茅斯学院"一文中，马丁·特罗系统地分析了殖民时期美国高等教育兴起的特点，尤其是美国独立战争以后高等教育发生的两个在今天看起来很不起眼、却对美国高等教育的发展产生过重大影响的事件。一件是美国建国初期华盛顿总统提议建立国家大学的议案遭到国会的否决，另一件是达特茅斯学院的诉讼案。在马丁·特罗看来，国会对建立国家大学议案的否决和美国最高法院对达特茅斯学院坚持私有制的判决实际上表达了当时美国社会的一种愿望：高等教育的发展模式应该由社会来决定，而不是由政府来框定，社会应该根据自己的需要肩负起高等教育发展的责任。

美国的高等教育诞生于 17 世纪中期，但是，美国高等教育从精英向大众化转型是 20 世纪前半叶的事。在 1973 年，马丁·特罗根据其发展的特点提出了高等教育大众化理论。30 年后，马丁·特罗在"从精英到大众再到普及高等教育的反思：'二战'后现代社会高等教育的形态与阶段"中重新审视了这一理论，他发现高等教育达到普及阶段以后精英高等教育不但没有消失，反而得到进一步强化：美国的研究型大学就是高等教育普及后的结果。但是，普及以后的精英高等教育与大众化之前的精英高等教育相比，出现了许多不同的特征。在"美国高等教育：过去、现在与未来"一文中，马丁·特罗特别提出在美国的高等教育系统中，有各种各样的学院与大学：以本科教育为主的文理学院（它们大多是私立的），以职业培训为目的的社区学院，以培养中层人才和教师为目的的州立大学，以培养精英和生产知识为主的研究型大学，还有出于特殊目的举办的各类其他大学。是什么使美国高等教育如此多样？其中，市场扮演了重要角色：一所大学要想生存下去就必须参与市场竞争，满足社会需求。

本书的第二部分包括马丁·特罗的"美国高等教育中的联邦主义"、"美国的阶级、种族与高等教育"和"美国高等教育的独特性"三篇论文。在"美国高等教育的独特性"一文中，马丁·特罗认为美国高等教育的不同是由美国社会对高等教育的态度和美国高等教育固有的特征所决定的，如自由选课制度、校长对大学的领导力、以学术为标准的教授晋升制度、模块课程和以学分为基础的学生自由转学制度等。美国高等教育的独特性还表现在美国大学教师的职业发展与欧洲大学教师的职业发展差异上。在美国，凡是获得长期教职合同的年轻教师都有权利和希望晋升为终身教授，而在欧洲，教授职位只由几个教席把持着，年轻人几乎没有发展的希望。美国高等教育的这一特征影响着美国大学的内部治理结构。在"美国高等教育中的联邦主义"一文中，马丁·特罗用了"联邦主义"一词概括目前美国联邦政府对高等教育的介入和大学对联邦政府的态度。在高等教育研究领域，一直有人认为美国高等教育享受充分自主权；实际上，联邦政府对高等教育的介入采取了不同的策略和措施。与一些国家用行政手段管理高等教育不同的是，美国联邦政府采用了市场机制和法律手段鼓励和约束大学的办学行为，用研发经费主导教授们的科学研究方向，用贷款和助学金制度为弱势群体提供平等入学机会。

众所周知，美国是一个多种族的移民国家。在传统的精英高等教育中，上大学是白人的专利，种族歧视和阶级差别一直是美国社会希望解决的问题。如何消除种族歧视，让更多不同肤色的低收入家庭的孩子上大学是高等教育所面临的特殊问题。针对这个问题，在"美国的阶级、种族与高等教育"一文中，马丁·特罗提出贯穿在美国文化中的"个人主义"削弱了阶级和种族斗争意识。大众化高等教育为不同肤色的人提供了通过个人奋斗改变其社会地位的机会。在 20 世纪 30 年代到 60 年代中期，美国也爆发过许多工人运动，至今工会组织仍然非常强大。但是，随着高等教育机会的增多，美国联邦政府为解决种族和阶级矛盾颁布了各项法案引导人们通过教育而不是种族冲突和阶级斗争来改变个人命运。在文章中，马丁·特罗引用了小说《愤怒的葡萄》中的主人公的一段话来说明这一道理。在马丁·特罗看来，发达的高等教育为维护美国的社会稳定，促进经济发展起到了重要作用。

对于高等教育是如何维护美国社会秩序和促进经济发展的，马丁·特罗在第三部分的论文"论大众化高等教育与机构多样性"中，作了进一步论述。为每一个美国人提供发挥其才能的机会和为社会提供各种不同类型的人才是美国高等教育的两个既定目标。为了实现这两个目标，高等教育系统必须具有多样性，但是要保持高等教育多样性并不是一件容易做到的事。在美国高等教育大发展的 20 世纪 60 年代，出现过大学向上"漂移"的现象，两年制的学院想变成四年制的，四年制的大学想挤进历史悠久的具有良好国际学术声誉的研究型大学中来。这种大学向上"漂移"的现象与我国近年来经历的情况差不多，所有的大专院校或通过合并，或通过升格变成四年制的本科教育。马丁·特罗认为院校向上"漂移"是一种政治博弈，其中，加州高等教育总规划就是该州各层次高等教育博弈的结果。

"高等教育中的信任、市场和问责：一个比较的视野"一文详细地阐述了马丁·特罗关于高等教育问责的基本内涵。教育问责是一个复杂的概念，它包括外部问责和内部问责。在一般情况下，外部问责是向别人报告、解释、证明或回答大学的资源是如何使用的，办学质量如何，采取什么措施实现大学的办学目标，等等。在马丁·特罗看来，外部问责对大学的发展弊大于利，因为没有人愿意把自己不好的一面拿出来给人家看，没有人愿意向上级或外部展示自己的错误。因此，外部问责更多的是鼓励大学掩盖问题，而不是发现问题。内部问责是大学内部院系通过自身与他人的比较发现自己存在的问题和差距，并形成改进自身的动力机制。除了外部问责和内部问责之外，还有学术问责、财政问责和法律问责之分。尤其是财政问责，大学要获得更多的社会捐赠，就要对捐赠的款项是如何使用的向公众有所交代；教授们拿到了联邦政府的研发经费，对这些经费的使用情况他们也要负责。

第四部分的三篇论文"加州大学的治理：从政治向行政的转型"，"加州人对学术自由的新定义"和"领导力与学术改革：伯克利生物学"以加州大学为例表达了一个共同的主题：美国高等教育的治理模式和领导力。在"加州大学的治理：从政治向行政的转型"一文中，马丁·特罗强调了加州大学行政管理模式与大学治理背后的首要目标和目的。他认为大学的核心是提高大学自己决策办学事务和追求学术卓越的能力，就是我们目前经常讨论的大学办学自主权和竞争卓越原则。

为提高办学自主权，实现大学的竞争卓越，在"领导力与学术改革：伯克利生物学"一文中，马丁·特罗系统地分析了大学的领导力与办学自主权的关系和大学领导力与追求学术卓越的关系，而伯克利生物学科改革的成功充分体现了大学校长的领导力。大学校长的领导力表现在如下几个方面：募捐资金的能力、不同院系教师的调配权力、行政管理人员的聘用和使用权、调动院长们对改革的积极性，以及获得大学主要行政管理人员长期支持改革的能力。毫无疑问，在案例分析中，读者会发现，在美国，即使大学校长有非常大的领导权，他也需要不同的策略和领导艺术协调各种关系和各方力量。因此，在论述领导力时，马丁·特罗反复强调了"协调人"的概念。

学术自由一直是科学研究人员和教授们所追求的目标，其基本准则是保障探索和研究的自由、教学的自由、言论和出版的自由。但是在执行过程中，也就是教师在课堂上如何自由表达各种观点并谨慎地执行学术职责确实是值得人们深入探讨的问题。在"加州人对学术自由的新定义"一文中，马丁·特罗对加州大学对学术自由的重新定义是持保留态度的。而且调查显示，美国大学教师的政治取向越来越偏左，而不是中立或偏右。从这一观点出发，特罗认为大学抛弃了教学的责任，而怂恿教师的个人政治偏好是有问题的。

第五部分中"高等教育领导力的比较分析"、"新信息与通信技术对高等教育带来的一些后果"和"20世纪末的大学与高等教育继续发展的趋势"三篇论文主要探讨了美国高等教育未来发展的影响因素与领导力问题。

在马丁·特罗看来，影响目前美国高等教育的不确定性因素之一就是信息技术，因为对于大学来说，它不仅仅是个技术问题，还涉及大学在信息技术方面的投入和如何满足不同的学生对信息技术的需求问题。在信息技术的应用上，不同智力和不同动机的学生在需要新技术方面是有差异的，对不同的学科也有不同的影响。因此，信息通信技术的变化速度对现有大学管理制度和对知识的边界都会产生影响。

受信息技术的影响，"20世纪末的大学与高等教育继续发展的趋势"主要表现在国家高等教育系统、特殊高等教育机构和学术职业内部变化三个方面。在未来的几十年里，构成国家高等教育体系的各类机构将进一步多样化，高等教育将更加开放，持续增加的经费压力将促使大学间以及大学和其他高等教育部门间的合作更加密切。具体到每一所大学，大学领导手中的权威和权力将进一步得到强化，大学办学自主权进一步下移，学术职业将会兴起新的整合运动，学术界和工商界间学术人才共享的局面将进一步扩大。这些发展趋势反映在以市场为基础的高等教育系统中和以中央集权管理的高等教育系统中会有很大的不同。

因此，高等教育系统变得越来越复杂，大学也变得越来越难管理。即使是在美国，大学领导力问题也备受关注。对于大学校长来说，在要求自主权的同时，还要具备能够使人们信服的领导力。简单的道理是没有人愿意将自主权授予一个没有领导力的人。马丁·特罗认为高等教育中的领导不力问题不可能靠问责来解决，因为问责在许多情况下是问题发生了以后的一种责任认定，而领导力则能够避免问题的发生。因此，在"高等教育领导力的比较分析"一文中，马丁·特罗提出领导力的内涵表现在四个方面：形象上、政治上、管理上和学术上。形象上的领导力意味着大学校长以强有力的方式向社会诠释学校的办学特色、核心目标和价值观。政治领导力是指缓和众口难调的矛盾、化解校内外各种压力的能力和为学校发展大计获得各方支持的能力。管理上的领导力则包括指导和协调大学内部为教学和科研而设置的各种支撑活动的能力，其中包括选聘能胜任学校教学和科研管理人员的判断力、制定和管理预算的能力、规划未来发展的能力，建设和维护校园的能力。学术领导力通常是要求大学校长成为教学科研中的伯乐，适时适地的以合适的方式介入以优化学术构架，组建优秀的管理团队，支持管理团队聘请颇具潜质的教师和学者等。

当然在不同的国家，人们对领导力的解释和要求可能会有所不同。比较而言，欧洲大学校长的聘用方式和美国大学校长的聘用方式就不同，其职责范围也存在众多差异。这些差异反映到领导力上，欧洲大学校长的领导力在许多方面与美国大学校长的领导力相比是非常弱的。在马丁·特罗看来美国高等教育的成功，尤其是研究型大学的成功是大学校长的领导力发挥了巨大的作用。在对领导力的比较分析中，马丁·特罗列举了大学校长在工作中可能会面临的六个重要问题。第一，面对追求卓越与兼顾社会公平之间的张力问题；第二，在研究型大学与工业企业合作越来越密切时，保持大学的独特性与大学的完整性问题；第三，由科学知识高速发展对学校提出的组织和科学研究赖以存在的物质条件要求问题；第四，如何让年轻的科学家和学者们流动起来的问题；第五，如何解决大学内部学科发展的不平衡问题。第六，对言论自由和学术自由的保护，主要是保护少数族裔学生和教授话语权问题。在马丁·特罗看来美国大学校长领导力就体现在解决这些问题的能力中。

我国读者对马丁·特罗并不陌生。他的高等教育大众化理论在中国不仅广为流传，更是实现中国高等教育大众化的理论基础。中国的高等教育从1999 年开始扩招，在短短的 10 年之内就完成了从精英向大众化的转变。扩招对于满足社会对高等教育的需求产生了一些积极的影响：中国的年轻人比以往任何时候都有更多的机会上大学了。但是，这并不是马丁·特罗所谈的美国高等教育大众化理论。美国高等教育大众化是伴随着学生群体的多样性，学生年龄结构的差异性，社会对高等教育的大力支持，高等教育的功能分层和高等教育系统多样性而实现的，而美国的研究型大学是高等教育大众化之后现代精英教育的表现形式。

伴随着学生数量的增加和大学规模的扩大，我国高等教育也面临着系统发展的多样性问题、社会公信力问题和领导力问题等。这些问题在马丁·特罗的研究中都进行了系统的分析。因此，本书可供高等教育决策者，行政管理人员，大学的管理者，研究人员，高等教育学科的教师和学生，以及对美国高等教育感兴趣的读者参考，加深他们对马丁·特罗美国高等教育思想的理解，并通过其理论启迪中国的高等教育改革。

马万华
于北京大学燕北园
2010 年 10 月

第一部分

美国高等教育的发展历程

一 对弱势的赞美：特许、美国国家大学与达特茅斯学院①

In Praise of Weakness: Chartering, the University of the United States, and Dartmouth College

【摘要】

如果说美国的高等教育在服务社会方面总体上是成功的话，这应该归功于美国的学院和大学及高等教育系统在创建时学术水平的低下和经费不足。

在世俗社会中，孱弱和贫穷当然不会给人留下好印象。在这篇论文中，我想探索的问题是如果说美国的高等教育在服务社会方面总体上是成功的话，在很大程度上应该归功于美国的学院和大学与它们赖以存在的高等教育系统在创建时学术水平②的低下和办学经费的不足。为了说明这一问题，本文考察了美国从独立战争到南北战争期间授予大学特许状的变化。同样是为了说明这一问题，本文还研究了由华盛顿总统和他的继任者在任期间倡议建立一所国家大学即"美国大学"的失败和美国最高法院在达特茅斯学院诉讼案中阻止了新罕布什尔州政府要求将一所孱弱的"私立"学院变为公立学院的企图对后来美国高等教育的影响。

---

① Forthcoming in *Higher Education Policy*, 2003. This paper draws in part on my paper with Sheldon Rothblatt. "Government Policies and Higher Education: A Comparison of Britain and the United States 1630—1860." in *The Sociology of Social Reform*, edited by Colin Crouch and Anthony Heath. Oxford: Oxford University Press, 1992. An earlier version of this paper was read at The Perlman Center for Teaching and Learning, Carleton College, April 30, 2002.

② An introduction to this large subject can be found in Rudolph, 1977. But there is little dispute that by the standards of European universities, the standards in most American colleges during this period were low, and highly variable. For a different perspective, see Potts, 2000, 37 – 45.

美国殖民地时期的经历

13世纪初期西方大学开始建立特许状制度，意味着办大学要取得特许状（任何有权力的人都能授予）。只有获得特许状的大学才能颁发学位，这样学位才能含有一定的特权。一所大学的特许状代表该大学在一定地理区域内有授予学位的垄断权。就如同授予行会的特许状一样，行会在获得特许状后，就获得了为当地提供某种商品和服务的垄断权。美国的学院和大学仍然带有中世纪和早期现代学者行会教学、学习和学位授予的特征。尽管12世纪到17世纪期间，学院和大学都发生了很大的变化，但殖民地时期的特许状制度仍然意味着学院在特定的殖民地内有授予学位的垄断权。

在美国的东海岸，由于地理因素以及定居过程中的偶然性，造就了一系列各不相同的拥有很大自主权的殖民地，每片殖民地都通过宪章和总督与大都市伦敦相联系，然而殖民地之间在其特征、社会结构和管理形式方面彼此存在着很多差异。这就意味着，殖民地学院建立之初，在建校的原因上，在与殖民地政府的联系以及学院的宗教派别属性上各不相同（Herbst，1982）。在当时的美洲大陆，不存在对所有教育机构拥有广泛裁判权的中央政府，因此，没有一个政府机构会以公共法或政府政策为由承担起规范和管理这些新兴机构的责任。事实上，即使在1789年美国联邦政府成立之后，它也明确地放弃了包括高等教育在内的教育管理权，将这一权力下放到各个州。

合众国成立之初，在首都（华盛顿特区）建立一所国家大学的尝试的失败进一步深化了这一传统，从而避免了革命后对成立学院与大学而产生的正式或非正式的限制（Trow，1979）。因此，在独立战争之前，殖民地经历了一个学院或"大学学院"丰富多样的发展时期，这些学院的建立在某些方面有相似性，在另一些方面则有所不同。但最为明显的是没有一个至高无上的权力控制它们。这些高等教育机构的成立多是受到了公共权力机构的鼓励或是受到了强大的私人赞助者的推动。因此，对于殖民地的美国人而言，这些经验对建立高等教育机构是一种非常好的训练。为后来殖民地时期建立新学院提供了必需的技术和态度。所以说，旧的教育机构所提供的管理模式直接导致了革命后学院和大学的繁荣。从1776年到1800年间殖民地共建立了16所大学，而半个世纪后，达到了几百所（Robson，1985，p. 187）。

殖民地8所学院之间差异显著，它们与教会的关系也不同。从某种意义上来说，正是这些最早、最负盛誉的美国学院——成了培养革命领袖的场所，使大学具有合法多样性，当然也存在相似之处。殖民地学院不得不在缺乏学者的条件下成立。在这个新世界里，没有学者行会，也没有一个学者群体肩负管理大学的职责。除校长外，哈佛大学在创办85年之后，耶鲁大学则是在创办50年之后才有了各自的第一位教授。大学当时是由一群该校毕业的年轻人管理，他们起先在学校工作几年然后再转到其他行业。在缺乏校舍、保证性收入和学者行会的情况下，新教育机构的生存需要政府对学院事务有更大程度和更为持久的关注和参与，殖民者们意识到这些学院对殖民地的重要性，因此不能任其衰败。此外，对于正统教义的关注——这在17世纪尤盛——为公共权力创造管理学院机制提供了基础。通过这样的管理机制，公共权力在学院中就变得显而易见，它们或是拥有最终否决权，或是长期拥有"巡察"和监督的权力（这是来自英国的传统，主教经常以保护创始人和赞助人的意愿为由干涉大学事务）。对于殖民地学院的创始者来说，他们当然考虑到了中世纪大学的理念，即大学是由教师和学者所组成的自治团体，但是殖民地生活的现状迫使他们在应用这一理念时作出了许多重大的改变。

　　新泽西州是一个例外，由于在殖民地后期宗教信仰的分歧，有两所学院获得了特许状，并规定每片殖民地都对学院有垄断权力。这正如在英国英格兰对牛津和剑桥大学、苏格兰对它所辖属的大学所做的一样，在当时美国的每块殖民地都保证了各自的学院在各自的"领地"内授予学位的权力。殖民地政府试图避免或抑制竞争性教育机构出现的意图与18世纪英格兰政府阻止反对派学院扩大教育市场的举措类似①。殖民地之间的宗教差异随着时间的推移而渐显。有些殖民地，比如纽约和罗得岛就没有国教。但即便是没有宗教纠纷，考虑到要限制与英国牛津和剑桥大学竞争，要确保殖民地的第一所学院"州的学院"有足够的影响力和权力阻止其他竞争对手创立新的学

① The English dissenting academies were created by non-Anglican Protestants in the late 18th, early 19th centuries. These dissenting academies resembled the colonial colleges in their closer connections with the society and its occupations. But without charters and the power to grant degrees, the dissenting academies never emerged as serious competitors to the universities and were destined to failure and eventual extinction (Rothblatt and Trow, 1992; Armytage 1955; B. Smith 1986; Parker 1914, 124 – 136; Mercer 2001). But their existence — and relevance — was noted in the colonies, and reference was made to them as better models than the two ancient English universities during a dispute at Yale in the 1750s over sectarian issues (Herbst 1982, 77). As models they were even more relevant to the proliferation of American colleges on the frontier between the Revolution and the Civil War, with the significant difference that the American colleges were chartered to grant degrees, of whatever standard, and were sometimes even modestly supported by public authorities.

院（Herbst, 1982, pp. 128 - 141）。①

　　特许状明确地保留了殖民地政府在学院治理方面所扮演的角色，如在学院的董事会中直接安排殖民地的官员，或赋予法院和立法机关复查的权力。除了来自个人、家族和社区的捐赠外，所有的殖民地学院都得到了多种多样的公共资金支持，尽管其数量和程度有所不同。有的学院接受固定金额的津贴，用来填补年度的运营费用和薪金的不足，其他的则接受校舍建设和维修补助。这些补助金反映了殖民地与学院"自身"之间的有机联系，在学院过多强调自主权的时候，殖民地从来都不吝啬使用金钱的力量来约束学院。"到处都缺乏自主权所需要的独立、可靠、能自我持续的办学经费。在教育中实现自我监管的经济基础并没有发展起来"（Bailyn, 1960, p. 44）。

　　当时，殖民地政府对学院的权力有三个主要的来源：颁发或收回特许状的权力；特许状中规定的政府的权力；公共资金的权力。对于独立战争后创建的大部分学院，联邦政府和州政府都丧失了前两个权力，而对另一部分学院则失去了第三种权力。

美国革命

　　1776 年以前，殖民地政府与学院之间的关系比他们与宗主国的联系还要紧密——至少是同样的紧密。但是这种关系在《独立宣言》颁布之后发生了根本的转变。从形式上来说，美国革命将殖民地政府转变为国家政府，这一政府是以联邦为基础的，联邦政府是管理国家的最高权力机构。但是，与此同时，革命强调新国家大众主权的根基，政府对"人民"而言处于次要地位，崇尚个人至上、群体自由和首创精神，这样革命削弱了一切政府机构的权力。"个人取代国家成为政治单位。"一位历史学家这样写道，"宪法和人权法案巩固了这一权力的哥白尼式革命。"另外，"与 18 世纪自上而下建立社会的尝试不同"，革命后的美国社会"形成于人民群众的多方面的日常需求，而这正反映了他们定居下来并发展事业的要求，而不是形成同盟的需要"（Wiebe, 1984, p. 353）。

---

　　① "By the middle of the eighteenth century the provincial college had become the standard institution for higher education in the American colonies. It enjoyed the official sanction, if not always the financial support, of the colonial legislatures, and from them derived its claim to a monopoly on higher education" (Herbst 1982, 128).

不过，与独立战争所形成的公民和国家关系的新理念同样重要的是越过阿勒尼格山脉进行的疆土扩张。这给了许多美国人一次走出由老殖民地发展而来的固定的"欧洲模式"的机会，要求他们在新的领土开创——实际上是创造——新的自主形式（Elkins & McKitrick，1968）。边疆地区的学院是新式的学院，在一些方面，它们与殖民地学院有某些相似之处，在其他方面则与之不同。它们把新拓展的疆土与大西洋沿岸地区的原始文化联系起来。在《独立宣言》颁布之后的 25 年间，16 所学院建立起来（并且得以存续），使现有的大学数量变成了原先的三倍（Robson，1983，p.323）。在这些学院中，超过 14 所是在新开拓的边疆地区建立的。1800 年后，兴办教育的大门开启了，在最初的 13 个州和新的领土上建立起了数以百计的学院。独立战争时的 250 所学院有 180 所生存了下来。然而更为鲜明的是学院倒闭的记录：从独立战争到南北战争期间大约有 700 所学院相继建立继而又关闭（Rudolph，1962，p.219）。①这些学院大多规模很小，先天不足，很多在成立之后的几年内就倒闭了。

造成教育扩张活动的原因是由殖民地时期政府和学院关系中的三个条件决定的。它们分别是限制性的特许条件、学院管理中政府的直接利益，以及高等教育中的公共支持。这三个特征也存在于欧洲其他国家的大学之中。美国独立战争后以上三个条件被新的条件取代了，即：特许状颁发的混乱状态，公众对新建学院兴趣的丧失和政府经费支持的缺乏。

新成立的州——无论是从原有的殖民地发展而来，还是在西进运动中拓展的新领土——都不曾赋予任何一所州立的学院或大学以垄断地位，这反映了独立战争以来出现的州与社会机构之间完全不同的关系。相比革命前的殖民地，现在政府颁发特许状更为容易，形式上也存在差异。如同赫布斯特（Herbst）所记述的，1762 年公理会成员因为不满哈佛学院日趋自由的一位论（Liberal Unitarian）宗教取向，便试图在西马萨诸塞建立皇后学院。哈佛

①　Historians of the period are divided on how many were in fact created during this period. "During this time（1776—1861）over 800 colleges were established in this country but only 180 survived to 1900（Westmeyer 1985，24）. By contrast，Roger Geiger（1995，56）following Colin Burke（1982），estimates that about 210 colleges were created between the Revolution and the Civil War.（Burke may not have included colleges that died soon after establishment.）In 1869，just after the Civil War，the first formal census of higher education institutions counted 563 colleges and universities in the United States（*A Statistical Portrait*，1998，Table 172）. For my purpose it is enough that before the Civil War new colleges were created in the hundreds，and that governments，state and federal，were so irrelevant to these creations that they did not even keep an accurate census of the institutions of higher education established during these decades.

这所最古老的学院和其他管理人员反对这一提议，并且占了上风，他们的依据是哈佛学院是"地区性的垄断机构，是受到州议会资金资助和支持的"，"完全是一所政府的学院"（Herbst，1982，p. 136）。反映出来的问题是美国高等教育需要颠覆"政府学院"的垄断地位和它所拥有的权力和特权，摆脱传统高等教育的模式。令人感到惊讶的并不是旧有的模式最终被推翻，而是推翻的过程如此顺利，连偶尔的微词都非常少。尽管耶鲁学院在康涅狄格州的特权一直保留到了 1823 年，但 1793 年威廉姆斯学院的成立却使哈佛学院丧失了在马萨诸塞州的垄断地位。这个时期人们随意颁发不具备任何垄断特权的特许状，这种状况几乎出现在美国的任何地方。①

1811 年，纽约州大学理事会（The New York Board of Regents）还在关注"一所新学院的建立要强迫政府赋予它慷慨、昂贵的赞助的必要性"（Rudolph，1962，p. 187）。到了 1825 年，马萨诸塞州授予了在阿姆赫斯特建立一个新学院的特许状并宣称"授予特许状不应该看做是政府实现其金钱资助的保证"。随意颁发特许状出现在各地方，但随之而来的是政府拒绝对新学院的生存负任何责任。

1815 年，靠近俄亥俄州界的西宾夕法尼亚地区阿勒格尼学院的建立说明了美国独立战争和内战期间学院建设的自由和困境（E. A. Smith，1916）。这是一个大约有 400 人的小镇，镇里的主要人物聚集在一起计划并建立了一所学院。最初相聚在米德维尔村（Meadville）的这群人先自己组建了董事会，然后自己授权成立一所能够为所在地区带来光明和知识的教育机构。这所学院的教育包括了在当时以拉丁文、希腊文及古典著作为中心的标准课程。由于这一地区没有几所培养学生进入高等教育的中学，新成立的董事会决定开个"试读生"班，并决定没有高中毕业证的男生或年轻人都可以接受大约一年的预科教育，在圆满完成试读期之后，他们就成为该学院的第一届学生。

这个新成立的学院由自己任命的董事们向宾夕法尼亚州政府申请特许

---

① The "old-time" pre-civil War college could be found all over the United States. But "it had different histories on the eastern and western sides of the Appalachians." In the East, closer to Harvard, Yale and Princeton, to the wealth of the former colonies and their middle and upper middle classes, the post-Revolution establishments were generally stronger academically and financially. In curriculum they generally preserved "[a] narrow focus on pre-professional liberal education, despite mounting clamor for reform. In the West the old-time college was a loose model that covered numerous permutations of the classical ideal. There the dominant mode was the dynamic growth in the number of institutions" (Geiger, 1992).

状。但是，在获得特许状之前，他们就迅速任命了一位校长，这位校长是公理会牧师，哈佛毕业生，东海岸一所中学的校长，同时也是这所学院创建者之一的表弟。学院的创建者们似乎对获得特许状一事毫不怀疑，对是否能从立法机构获得资金也并不担忧，因为他们认为立法机构中的当地代表能够促成这件事。他们接着任命了另一位教授——一位当地的教士——并且对学院作出捐赠。新校长上任的当天就受命去"美国任何可能是合适的地区"筹集资金（E. A. Smith, 1916, p. 18）。很快，一场募集资金的旅行让他东行至新英格兰和纽约，在那里他筹集到了 2000 美元的现金和支票，加上学院的创建者及其朋友们的捐赠，办学经费达到了 4000 美元。如他们所期望的，宾夕法尼亚州政府在颁发特许状时也捐助了 2000 美元。

　　尽管如此，阿勒格尼学院长期的财政困难仍然持续了几十年。特许状虽然将宾州州长、首席法官和首席检察官的职权置于学院董事会之中，但向立法机构寻求支持，在阿勒格尼学院的历史上还是充满了失败的经历。几乎所有的美国学院在革命后都处于长期的财政困难状态，加上缺乏公共权力机构对它们生存的有力保障，这些因素对学院的自我概念及其与周围社会的关系的形成都起到了至关重要的作用。由于缺乏确定的支持，美国的学院对内部和外部赞助人的利益、学生人数和出身、聘用的教师的人数和性格等因素反应较为敏感。阿勒格尼学院的院长在准备建立一个新的捐助教席时，与当地的石匠协会取得了联系，他曾在 1817 年协助过这一协会的成立，因此双方展开了关于设置建筑数学教授席位的讨论。他还试图促使在宾州和美国其他地区的德国人中筹集基金支持教授席位的建立。教授的人选是"有学问的教授，他的职责不仅仅是教授全面而富有活力的德语，而且要施展他的才华传播德国的文学和科学之光"。学院公布了一封措辞得体、用英语和德语书写的邀请信。计划在路德教和新教举行会议之前就开始了，但是由于学院距离德国人聚居的中心过于遥远，因此这一计划失败了（E. A. Smith, 1916, pp. 53 – 54）。直到 1833 年他们获得了卫理公会的赞助后，阿勒格尼学院才得到财政上的保障。

　　或许值得指出的是，阿勒格尼学院的创建者虽然居住在边远地区，在 18 世纪，他们仍然被看成是"绅士"并受过良好的教育，并非贫苦的农民。其中一位主要人物还曾担任北美大陆军的官员。同样需要指出的是，这所新学院的院长，他在董事会的表哥，或许还包括其他的成员都对邻近的大片土地有着浓厚的兴趣，这些土地由一家土地开发公司划成小片出售给西北边境的新移民。院长早先曾经去过这一区域，当他回到东海岸时，曾经为这家公司撰写过宣传单和广告。土地投机买卖一直是美国生活的重要组成部分，因此它不仅仅存在于阿勒格尼学院创建之时，也贯穿于美国高等教育发展的始终。西部开发运动中的土地投机商们都认为在某一地区建立学院将会使该地方对移民们更具吸引力，因此也更具价值。这种态度证明了社会上普遍存在的商业头脑。商业精神能够毫不尴尬地与文化机构的建立结合在一起，由于美国人日益远离东海岸和欧洲神圣安全的文明中心地带，野蛮对他们构成了很大的威胁，而商业和文化被认为是抵御这一状态的最好手段。

尽管那时阿勒格尼学院已经建立起来了，但学院的创始人在其成立两年后即1817年才得到了来自宾夕法尼亚州的特许状。他们同时收到了来自立法机构的一小笔补助经费，特许状根本没有涉及学校的学术标准，因为学院的首位院长是哈佛毕业生这就足够了。半个世纪后，即到1866年，颁发特许状已经成为纯粹的行政程序了（Hilleman，2001）。同年，明尼苏达州卡尔顿学院的创立者们起草了一份合并北地学院（Northland）（后来改为卡尔顿）的条款，提交给了当地的契约登记官，后来他们又增加了12名董事的名字并附上一张5美分的印花税票，一并提交给明尼苏达州州务卿。他们是在做生意——这可不是个比喻。

从美国独立战争到内战期间共有上百所私立文理学院成立，阿勒格尼学院是第一所，也是其中少有的能够生存并发展起来的学院。卡尔顿学院是其中最后建立的学院——从各方面来讲，它应是内战前建立的，然而因为战争却迟迟开不了学——它跟教会的联系比较松散。总体上来讲，越是后来建立的院校跟教会联系越松散。当然也有例外，卡尔顿学院最初是在公理会的支持下建立的，但在其建立几年后却与公理会分道扬镳了。新教派的影响变弱了，而其他形式的赞助随之而来。卡尔顿学院不但生存了下来而且成为了美国最重要的文理学院之一。学院有1700名学生，到目前大约接受了5亿美元的捐赠。在学院创立初期的艰苦岁月里，尽管它也吸引了一位土地投机商的兴趣，但最后学院却得到了一位并不想获得利润的捐赠者的资助。

独立战争后，特别是在1820年后新学院如此容易地获得特许状是美国社会战胜国家意志的标志和手段。尽管联邦主义者作出了很多努力，随着时间的流逝，联邦政府并没有成为高等教育的统治机构（与教会平行），而仅仅是其社会生活的参与者，而且还不是重要的参与者。即便到了19世纪50年代，在美国人的生活中几乎看不见联邦政府的踪影："没有（国家）银行，没有值得一提的军事力量，没有能让越来越多的市民能够记得去缴纳的税种"（Wiebe，1984，p. 353）。即便是人们日常生活接触较多的，对教育有着宪法规定义务的州政府也将它们的角色限定为服务于社会团体利益的工具，服务的对象包括出于各种各样的——文化的、宗教的、牟利的动机——想要建立学院的人们。①

政府在高等教育中的两次重大失败

独立战争后，如果不是联邦政府和州政府作了两次努力的尝试并试图在高等教育中扮演更为传统的权威角色，新学院，基本上是那些薄弱的院校就不会建立。前者，即在联邦政府所在地华盛顿建立一所国立大学的提议，该提议是要建立一所在国家机构中能够规训和协调其他一切高等教育机构的最高学府，它的认可［现在我们称为"认证"（accreditation）］将为所有的美国中学及中学后教育提供方向和标准。后者是新罕布什尔州试图对达特茅斯学院进行改组和重建，使它成为一所州立教育机构。这比起阿勒格尼学院或是同一时代许多其他的"私立"机构来说更为接近州级学院的概念。前者被国会否决了，后者则被最高法院否决了。

建立一所国家的或"联邦"大学的想法最早是在大陆军的营火边产生的，这个想法是由本杰明·拉什（Benjamin Rush）——一位杰出的内科医生，来自费城的爱国者——提出的（Rush，1788，参考 Hofstadter & Smith，1961，pp. 152-157；Madsen，1966，pp. 130-139）。这一想法最强大的支持者是第一任总统：乔治·华盛顿。他在国会的第一次和最后一次的国情咨文中都提出了建立国家大学的强烈要求（1790 年和 1796 年），并在遗嘱中对这一提议作出了捐赠。他期望这一做法能够提升国家的统一性，使得美国青年免于远涉重洋求学的费用和周折，并且为一个已经拥有大量教育机构——这些机构规模太小，资金匮乏，不能与先进的欧洲教育机构竞争——的国家提供一所真正一流大学的基础。正如他在国会的最后一次国情咨文中所说的：

---

① After the Revolution, and for reasons similar to that in higher education, "America went wild in the creation of new banks. Twenty-five banks were established between 1790 and 1800, including the Bank of the United States. Between 1801 and 1811, when the Bank of the United States was allowed to die, sixty-two more banks were established by the states. By 1816 the number of state-chartered banks had increased to 246, and by 1820 it exceeded 300... In 1813 the Pennsylvania legislature in a single bill authorized incorporation of twenty-five new banks. After the governor vetoed this bill, the legislature in 1814 passed over the governor's veto another bill incorporating forty-one banks" (Wood, 316-317).

　　　　值得尊敬的是我们的国家有着许多有名望且实用的高等学院，但是它们所依赖的资金严重不足，尽管这些资金对大学而言是极好的补充，但远不足以使大学如预期那样招聘到自由知识科系中最有能力的教授。(Hofstadter & Smith，pp. 157 - 159)

　　哈佛、耶鲁和普林斯顿大学的校长和毕业生们在得知他们所热爱的学院被冠以与"极好的补充"（excellent auxiliaries）同等重要的"学习之所"（seminaries of learning）时并不高兴——因为说这话的人虽受人尊重，却既没有上过大学，也没有上过他们的学院，更不要说从那里毕业了。华盛顿的论断是正确的，但他却低估了国会对任何增强联邦机构权力的尝试的不友善态度——特别是那些支持地方、州或地区建立学院和大学的人。另外，在早期的国会议员们看来，对我们也是如此，建立国家大学的目的是为了培养政府需要的公务员。[①] 这却是那些早期国会议员最不想看到的事情，他们所需要的是一个软弱的中央政府和一套政党分肥制度。要实现政党分肥制度，就必须在新成立的每一个联邦机构中，限制政府行政人员的人数和权力。

　　华盛顿和他的支持者们由衷地想建立一所拥有更多现代课程的进步学院，这些课程是"极好的补充"，就是现在的常春藤大学所不具有的。然而建立"美国国家大学"尝试的失败使新出现的学院和大学不仅学术水平低下，而且资金不足。美国的大学是按照当时英国和苏格兰大学模式建立的。然而"它们并不期望学生具有充足的中学学习准备和文化背景，它们已经准备好了让学生能够在更短的时期内具备高深的知识或是严肃的学术"（Hofstadter & Metzger，1955，p. 226）。创建一所国家大学努力的失败对高等教育和政府间的关系具有最实质性的影响。"高等教育与政府部门和外交事务中缺乏职业联系是阻碍美国大学发展的最大因素，这种情况同样出现在英格兰和其他欧洲国家中。结果，这套政党分肥制度和'民主'轮换制剥夺了美国高等教育中大学的潜在重要性……"（同上）

　　一直到安德鲁·杰克逊（Andrew Jackson），华盛顿其后的五位继任总统[②]都希望把建立一所国家大学的事宜提到国会上来讨论，他们当然不希望

----

　　① "Benjamin Rush had already urged in 1788 that thirty years after the establishment of a national university only those who held degrees from it should be eligible for elective or appointive office"（Welter，26）.

　　② For example, President James Madison urged the adoption of a national university in his addresses to Congress in 1810, 1815, and 1816（Appleby，123）.

看到这一努力的失败。在提出建立"美国大学"的议案时，虽然并没有赋予它在高等学位方面的垄断地位，但这所大学也必然会成为——用殖民地时期的语言来表述——"政府的大学"。同样它会对美国高等教育产生深远的影响。它的入学标准、课程设置、育人哲学和授课方式都将成为任何想要将毕业生送往首都的学院或大学的范例。一所国家大学还会在学位、教员资格甚至入学方面建立全国性的学术标准，并且通过这些途径还会极大地影响到生源地中学的特点和课程。我们可以设想一所国家大学最终还会规定并限制研究生教育和研究型大学的发展。它必然会成为联邦政府高等教育政策中的核心工具。因此，建立"美国大学"设想的失败，可以说，影响了中央政府在美国高等教育中扮演的角色，它决定了——至少是限定了其后一切联邦政府对高等教育政策的制定和管理的特点。

　　这就如同僵尸电影里面的附魂僵尸一样，你是无法扼杀这样的想法的——在整个世纪里，它反复出现在你的生活中。1873 年哈佛大学校长埃利奥特（Eliot）仍然呼吁反对利用公共税收建立国家大学。他可能也曾听说过关于华盛顿对哈佛大学的含蓄评论，哈佛大学是"很多有名望且实用的高等院校"之一，作为一个"极好的补充"，它比一所国家大学更有用处。

　　建立国家大学想法的失败应该可以和另一具有重大影响的事件相提并论，这就是最高法院在 1819 年对达特茅斯学院董事会与伍德沃德（代表新罕布什尔州政府）诉讼案的判决。因为这一事件同样对公共权力在美国高等教育系统发展中的地位和作用有着深远的影响（Herbst，1982；Whitehead，1973；Whitehead & Herbst，1986）。当达特茅斯学院的院长和董事们发生争执时，新罕布什尔州政府抓住这一机会试图更改学院的特许状，从而将政府代表直接派入董事会中，并准备改变学院治理，如课程、宗派关系等。新罕布什尔州政府坚持认为，尽管达特茅斯学院或许是在殖民地时期作为"私立"机构建立的，但它成立的目的是为了造福全州人民。因此，通过州级立法部门，政府应该，也有权要求在学院运行上有发言权。新罕布什尔州打算通过学院管理和课程设置的现代化、改变大学的框架结构、鼓励用一种更为自由的非宗派氛围等方式来"改进"作为学习场所的达特茅斯学院。这个事件同建立国家大学的提议一样成了高等教育领域里最鲜明的改革事件。

　　学院董事们则认为州政府修改原有特许状的做法是非法的，他们上诉至美国最高法院。在那里，他们的立场得到了首席大法官约翰·马歇尔（John Marshall）的支持。这一判决具有里程碑性质。马歇尔认为达特茅斯学院是一所"私立"机构而不是"全民"的机构，并且坚持维护州与学院①之间契约的神圣性（正如在特许状中所写的）。他还认为，在企图修改特许状时，立法部门以自己的意愿取代了捐赠者的意愿，其结果是学院将成为"彻底服从于政府意志的机器"（Hofstader & Smith，1961，p. 219）。马歇尔态度明确地维护了殖民地时期建立的学校与授予其特许状的政府之间在固有联系基础之上的私有财产的性质。在他的判决当中，达特茅斯学院不是"政府的学院"，因为殖民地学院有着很长的历史。相反地，它是学院董事们独有的财产。

最高法院的判决阻止了新罕布什尔州接管达特茅斯学院或是改变它的特许状，这对保护"独立"学院的建立和发展有实质性的影响，即使对于那些缺乏资金和孱弱的学院来说意义也非同凡响。此后私立学院的建立者和赞助者知道一旦获得州特许状——这也变得越来越容易——他们和继任者们在将来就会很有把握地控制学院。这个判决使州政府失去了对整个高等教育的控制，奠定了美国私立高等教育繁荣发展的法律基础；从此也预示了学院贫穷的状况和不稳定的发展机遇②。

建立国家大学的失败和达特茅斯学院案在高等法院诉讼的成功也是地方首创精神和私人企业家的精神方面的重大胜利。前者限定了联邦政府在形成整个美国高等教育特征方面所扮演的角色；而后者在限制州政府对私立学院行使权力方面更甚。对于在创立各式各样的学院过程中所体现的不受约束的个人和集体的首创精神来说，这两个事件是其最好的说明。在美国独立战争和南北战争期间，任何建立一所学院的动机都能变为现实。其后学院能否发展下去主要取决于是否能从教会、富裕的捐赠者、学费或是从州政府那里获得稳定的经济来源。因此，创建学院相对容易，而想要发展下去却无法保障。这样所产生的结果就是学院之间促生了一种类似于生态系统的行为方

---

① The ante-bellum colleges, including Dartmouth, were neither "private" nor "public". All of them continually appealed for money from all possible sources, with variable success. For example, "Dartmouth College's trustees requested that the state legislature pay their legal costs, after supposedly winning a clear distinction between the public and private sectors" (Mattingly, 1997, 80).

② Both the University of the United States and the transformation of Dartmouth College into an institution primarily governed by the state of New Hampshire would have been "progressive" reforms in the American context. Most modern students of higher education, including myself, would have supported both actions at the time. But while we would have been right in the short term, we probably would have been wrong in the long term, for reasons discussed above. That suggests that we should view the advice of "experts" on policies for higher education with caution and skepticism.

式——对资源的竞争，对环境需要的敏感性，遵循自然选择的规则以及对生存环境的适应性，等等。这样的环境也包括其他的学院以及后来的大学。所以当我们看到蛙塘里面的生态组织时，时常会联想到市场里小企业的行为方式：焦急地关注市场的需求；时刻准备适应市场的偏好；通过产品的边际效益在市场上占有一席之地的努力，以及通过与其他生产商共存获得一定市场份额的意愿，等等。这就是今天我们看到的美国高等教育的世界。

美国这个国家从它成立之初就是一个获取型的社会，它所面对的是一个从中世纪以来就从没有被战争和习俗占据过的大陆。正如路易斯·哈茨（Louise Hartz，1955）所说，在美国，市场凌驾于社会之上，这是一个存在于所有大学以及我们的国民生活中无可争辩的事实。独立战争后，市场化的趋势愈发明显。随着州政府对大学控制的宽松，大学所形成的系统在很多方面如同资本家的小企业一样，数量多，在同一时间、地区发展起来（常常也会倒闭），经常遇到同样的压力。

虽然内战后联邦政府的影响力和作用扩大了，但政府对高等教育的"政策"并没有发生根本的变化，即便是最近，情况也是如此。无须详述，我们就可以举出美国高等教育发展历史上的另外三个里程碑性的事件：1862年的《莫里尔法案》，1887年的《哈奇法案》；"二战"后实施的《退伍军人权利法案》；以及1972年美国《高等教育法修正案》，此法案对原先的学生资助作了修改，扩大了学生受资助的覆盖范围。正如我们在上文中详述的事件一样，以上三个法案使美国的高等教育更加多样——类型的多样性；教育目标和任务的多样性；学术标准的多样性以及入学标准的多样性，等等。在上述法案中，公共政策的制定增强了美国高等教育的市场化，削弱了中央政府在制定政策和竞争标准方面的权威。这些法案经过了反复的论证才成功实施。它们给予教育消费者更多的资源和决定权。大学机构对此也作出了更积极的回应。对于联邦政府而言，这些法案加强了州政府的权力，主要表现在建立国家大学的失败和《莫里尔法案》中；对于州政府而言，它们增强了大学的权力，比如达特茅斯学院诉讼案件和《哈奇法案》；而对于大学而言，它们加强了学生的权力，主要表现在《退伍军人权利法案》和1972年《高等教育法修正案》中。在《退伍军人权利法案》和《高等教育法修正案》中，对于学生资助，联邦政府并没有采取学院或大学等组织的建议，而是采取了直接资助方式为学生提供更广泛的联邦政府经费支持。

在过去的两个世纪里，美国高等教育政策更多关心的是学院和大学的生存问题，学术质量则处于次要地位。这些政策在短期内促使了薄弱学院数量的激增，同时也必然带来学院资金来源的多样化。反过来，这也奠定了学院独立自主发展的坚实基础而非为取悦州政府或取悦传统。正如在其国民生活中体现的一样，美国高等教育的信条是："有总比没有好"，相信时间会更正一切。

结 论

美国早期的殖民地定居者创立大学的动机很强。他们尽量按照他们所了解的英格兰模式来建立大学。每一块殖民地上所建立的大学在管理和资金来源上都有不同之处，这是个多样化的经历。每一所大学都混杂了公共和私有资金，这在整个美国高等教育历史上都是前所未有的。

独立战争后，随着特许状颁发的宽松，很多学院都是在穷困和毫无保障的前提下成立的。西部新成立的学院动机各不相同：有的是出于宗教目的为教会领导人和教友提供教育；有的是土地投机商建立的；有的是定居者担心边疆丧失了文明而建立；有的则是纯粹出于"精神鼓励主义"（booterism）①所建。不管动机如何，新学院都需要收取学生的学费或是接受机构的资助才能发展下去。很多学院都与教派有联系，需要向没有政府支持的教会学习，怎样获得资助？他们向邻居乞求，向所在教堂的教友乞求，向当地政府和州政府乞求，后来又向联邦政府乞求，向学生收费，向在某种程度上代替了教友的校友寻求资助。不管是新成立的学院还是老资格的学院就像美国的教会一样都会毫无羞愧的去获取施舍。尽管很多学院为了生存而竭尽全力，包括降低学生入学和学业标准，发放微薄的教师工资，但独立战争后成立的学院大多还是倒闭了。发展的压力，学院目标、功能和学术标准的多样化都起源于最基本的生存需求。

那些存在下来的公立和私立院校，它们的独立源于对其限制的孱弱或监管的缺失。而极少的政府支持则促使它们必须依赖学生市场以及校友的慷慨热情。校友会和校友对学校的支持是在南北战争后才发展起来的。当学生们

---

① "Boosterism" is "the belief that the future could hold anything or everything. And especially a faith in the uniqueness of the booster's own community" (Boorstin, 273). It was the tendency on the part of founders and supporters to anticipate the growth and success of any enterprise — towns, business enterprises, colleges — and to celebrate that success publicly, noisily, prematurely, as part of a strategy of achieving the success being celebrated. The establishment of a college was evidence for the future growth and success of the surrounding community.

毕业多年后，从自由选课系统和"学校精神"中，他们学会了继续支持"他们的学院"，特别是当他们的财富随着年龄而增长时，他们对学校的支持变得更为慷慨。①

　　尽管内战前 10 年已建立了大量的学院，但学生注册的人数却很少——到 1860 年时不到三四万学生，1870 年则刚刚超过 5 万人，不到美国 18—24 岁适龄青年的 2% （*A Statistical Portrait*, op. cit.）。学院断绝了与政府和教会的联系，而年轻人也丧失了上大学的动力，毕竟在这个年轻的国家还有很多其他事情要做。但南北战争前那些老资格的大学，在其创立、组织、筹资等方面所积累的经验为内战后尤其是"二战"后美国高等教育的大发展提供了借鉴。那些影响美国早期学院的力量依然体现在美国高等教育的特点和多样性里面。南北战争后随着研究型大学的兴起，美国的大学发生了很多的变化，但其大学和学院，以及作为整体的高等教育体系仍然带有明显的过去 150 年殖民地时期以及独立战争和内战期间所形成的印记。

参考文献：

120 *Years of American Education*：*A Statistical Portrait*, Government Printing Office, Washington, D. C. , 1998.

Appleby, Joyce, *Inheriting the Revolution* (Cambridge, Mass.：Harvard University Press, 2000).

Armytage, W. H. G. , *Civic Universities*：*Aspects of a British Tradition* (London：Ernest Benn Ltd. , 1955).

Bailyn, Bernard, *Education in the Forming of American Society* (Chapel Hill：University of North Carolina Press, 1960).

Boorstin, Daniel J. , *The Americans*：*The Democratic Experience* (New York：Random House, 1973).

Burke, Colin B. , *American Collegiate Populations*：*A Test of the Traditional View* (New York：New York University Press, 1982).

----

①　A college that survived through the Civil War could hope to establish an endowment by gifts from alumni, friends, business firms and other foundations. As one economist of higher education has observed, "... the strength of the non-profit institution, the basis of its independence and power, is the financial security and support provided by the endowment trust. Originating in a private philanthropy encouraged by government, the existence of the endowment makes possible a freedom from both public and private support at any point in time" (Hall, 505).

Dresch, Stephen P. "The Endowed Institution: Positive Theory and Normative Implications," New Haven, 1973, unpublished ms.

Elkins, Stanley and Eric McKitrick, "A Meaning for Turner's Frontier: Democracy in the Old Northwest," in Richard Hofstadter and Seymour Martin Lipset, eds., *Turner and the Sociology of the Frontier* (New York: Basic Books, 1968), 120 – 151.

Geiger, Roger L., "The Historical Matrix of American Higher Education," *History of Higher Education Annual*, 1992, Vol. 12, p. 14.

Geiger, Roger L., "The Era of Multipurpose Colleges in American Higher Education, 1850— 1890", *History of Higher Education Annual*, 1995, Vol. 15, 51 – 92.

Hall, Peter Dobkin, "Veritas and Pecunias: The Historical Economy of Education," *History of Education Quarterly*, Vol. 14, No. 4, Winter 1974, 501 – 508.

Hartz, Louis, *The Liberal Tradition in America: An Interpretation of American Political Thought Since the Revolution* (New York: Harcourt Brace, 1955).

Headley, Leal A. and Merril E. Jarchow, *Carlton: The First Century*, Northfield, MN (Carleton College, 1966), 1 – 13.

Herbst, Jurgen, *From Crisis to Crisis: American College Government*, 1636—1819 (Cambridge: Harvard University Press, 1982).

Hilleman, Eric, "The Founding of Carleton College" Carleton College, ms., 2001.

Hofstadter, Richard and Walter P. Metzger, *The Development of Academic Freedom in the United States* (New York: Columbia University Press, 1955).

Hofstadter, Richard and Wilson Smith, eds., *American Higher Education: A Documentary History*, 2 vols. (Chicago: Chicago University Press, 1961).

Madsen, D., *The National University: Enduring Dream of the USA.* (Wayne State University Press, Detroit, Michigan, 1966).

Mattingly, Paul H., "The Political Culture of America's Antebellum Colleges," *History of Higher Education Annual*, 1997, Vol. 17, 73 – 96.

Mercer, Mattnew, "Dissenting Academies and the Education of the Laity, 1750—1850," *History of Education*, Vol. 30, No. 1, 35 – 58.

Parker, Irene, *Dissenting Academies in England* (Cambridge: The University Press, 1914).

Potts, David B., "Curriculum and Enrollment: Assessing the Popularity of Antebellum Colleges," in Roger L. Geiger, ed., *The American College in the Nineteenth Century*, (Nashville: Vanderbilt University Press, 2000).

Robson, David W., *Educating Republicans: The College in the Era of the American Revolution*, 1750—1800 (Westport, Connecticut: Greenwood Press, 1985).

Rothblatt, Sheldon and Martin Trow, "Government Policies and Higher Education: A Comparison of Britain and the United States, 1630—1860," in Colin Crouch and Anthony

Heath, eds., *The Sociology of Social Reform* (Oxford: Oxford University Press, 1992), 173 – 215.

Rudolph, Frederick, *The American College and University* (New York: Alfred A. Knopf, 1962).

Rudolph, Frederick, *Curriculum: A History of the Undergraduate Course of Study since* 1636 (Jossey-Bass, San Francisco, 1977).

Rush, Benjamin, "On a Federal University, 1788," in Hofstadter, Richard and Wilson Smith, eds., *American Higher Education: A Documentary History*, Vol. 1. (Chicago: Chicago University Press, 1961).

Smith, Ernest Ashton, *Allegheny—a Century of Education*, 1815—1915 (Meadville, Pa. : The Allegheny College History Company, 1916).

Trow, Martin, "Aspects of Diversity in American Higher Education," in *On the Making of Americans*, eds. Herbert Gans et al. (Philadelphia: University of Pennsylvania, 1979), 271 – 290.

Welter, Rush, *Popular Education and Democratic Thought in America* (New York: Colombia University Press, 1962).

Whitehead, John S., and Jurgen Herbst, "How to Think about the Dartmouth College Case." *History of Education Quarterly*, 26: 333 – 349, 1986.

Wiebe, Robert H., *The Opening of American Society* (New York: Vintage Books, 1984).

Wood, Gordon S., *The Radicalism of the American Revolution* (New York: Alfred A. Knopf, 1992).

二　美国高等教育：过去、现在与未来

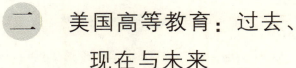

American Higher Education: Past, Present and Future

【摘要】

美国高等教育在其规模、多样性、对所有高中毕业生的开放度上都是独一无二的。本文描述了美国学院和大学当前的招生与筹资趋向，作者发现尽管传统的适龄学生人数在缩减，但学生群体人口结构的变化维持了大学招生总数的稳定。美国高等教育的独特性来自于其特殊的历史根源与发展，尤其是中央政府和学术行会的弱势，大学校长的相对强势，以及各种市场力量对大学的影响，而其他国家的大学很少受到市场力量所左右。继而，本文又讨论了一些关键的结构性特征之间的职能关系，这些特征促使美国大众化高等教育对美国社会产生了重大却又通常未被意识到的影响。

美国高等教育与其他教育体制不同，它几乎为所有希望进入学院和大学的人提供了机会，而不需要他们展现学术天赋或者提供资格证明。民众的态度与公共政策——在各政治时期都高度统一，因而极少遭到批评——两者均赞同能说服越多人上学院和大学越好。大多数美国大学和学院的预算都直接与招生数挂钩：私立大学通过招生收取学费，公立大学的经费，既来自学费也来自州政府，来自州政府的预算是州政府根据大学的招生数量拨款公式计算出来的。这种挂钩模式几乎对每所学校都是一种激励机制，利用一切机会鼓励学生申请大学并扩大招生量。

招生水平对美国高等教育机构筹措资金和履行社会职责都非常关键。在这篇文章的开始，我先回顾一下当前的招生状况以及未来的发展趋势。接着我将剖析产生并维系这一特殊体制的历史与社会动力。最后我将讨论高等教育中存在的根深蒂固且又独有的特质，以及高等教育未来发展的前景。

招生趋势与预测

美国高等教育是世界上所有高中后教育体系中最庞大且最多样化的。1947 年，就在"二战"结束之后，大约 1800 所美国高校招收了 230 万学生，差不多一半学生进入了公立大学，一半进入了私立大学（Anderson，1968，p. 8009）。尽管公、私立大学在过去 40 年中都取得了发展，但 20 世纪六七十年代招生数的巨幅增长主要源自公立大学（包括四年制和两年制的大学）。因而到 1986 年，大约 3300 所美国学院和大学的招生数达到 1240万人，其中 77% 稳定地成为公立大学的生源（见表 1）。大约 1800 所私立大学是由外行组成的董事会（lay board）管理，而不是由政府当局治理或协调。1500 所公立机构（包括约 900 所公立社区学院）对州和地方政府负责，但通常也有外行董事会作为缓冲器，从而保持了大学高度的自主权。

表 1　1947—1985 年高等教育录取率

年份	总录取人数（千人）	录取率（%）	
		公立大学	私立大学
1947	2338	49（1152）	51（1186）
1950	2297	50	50
1955	2679	56	44
1960	3789	59	41
1965	5921	67	33
1970	8581	75	25
1975	11185	79	21
1980	12097	78	22
1985	12247	77（9479）	23（2768）
1986	12398	77（9600）	23（2797）

注：表中括号内数据单位为"千人"。

数据来源：*A Fact Book on Higher Education*（p. 8009）by C. J. Andersen，1968，Washington，DC：American Council on Education. MacMillan Publishing Company.

"Fact-file Fall 1985 Enrollment，" 1986，*The Chronicle of Higher Education*，p. 42.

"Mostly Stable：College and University Enrollment：1985 - 1991，" 1987，The Chronicle of Higher Education，p. A29.

对高等教育未来走势的预测几乎都是错误的。不仅在美国，在其他国家也如此。英国在 1963 年《罗宾斯报告》（*Robbins Report*）颁布后，试图预期高等教育系统的发展情况，结果是在短期和长期发展上都出现了严重偏差（Williams，1983，p. 13）。克拉克·科尔注意到卡内基协会（Carnegie Commission）早期对美国招生总数、新成立教育机构数量、教职员薪资水平，以及国民生产总值（GDP）用于高等教育的比重的预测均远高于实际情况（Kerr，1980，pp. 6 - 8）。最近，几乎每个关心美国高等教育的人都预测招生总数从 1979 年开始会显著下降，这种下降趋势不可避免，因为自那年起大学适龄人群规模在缩减。事实上，高中毕业生数的确在 1979 年达到峰值，约 300 万人，而且也确实在 1984 年下降至 260 万人，下降了约 13%。人口预测（见图 1）印证了高中毕业生数会进一步减少，从 1991 年至 1994 年跌至谷底，大约为 230 万人（McConnell & Kaufman，1984，p. 29）。但是学院和大学招生总数下跌的情况却没有按预测的那样发生，相反，招生总数在 1979 年至 1984 年间增长了约 6%，而且"与悲观者的预测相比，学院和大学的招生数多了 150 万人，财政收入增加了 60 亿美元"（Frances，1984，p. 3）。

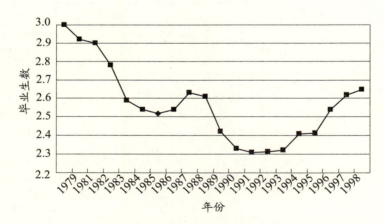

图 1　1983—1999 年美国高中毕业生人数预测

表中数据根据以下资料整理：High School Graduates：Projections for the Fifty States（1982—2000）（p. 6）by W. R. McConnell and N. Kaufman，1984，Boulder，Co：Western Interstate Commission for Higher Education，and unpublished，updated figures from the Western Interstate Commission for Higher Education，June，1985.

尽管到1991年高中毕业生数将进一步减少大约10%，高等教育的招生数量却不会出现相同幅度下跌。事实上，教育统计中心（Center for Education Statistics）预测1991年大学和学院的招生数将非常稳定（"Mostly stable"，1987）。在未来10年招生数不会有大幅下降的原因有以下几点。

第一，自20世纪70年代初期起，大学录取的大龄学生的数量稳步增长。在1972—1982年间，招生总数增长比例最快的是25岁以上（含25岁）的学生。其中35岁以上的学生人数增加了77%，25—34岁的学生增加了70%，同期招生总数增长了35%（"Statistics"，1984）。

第二，在职学生增多。在1972—1982年间，在职学生的录取人数增长了2/3，而全日制学生人数仅增长了不到1/5。

第三，在过去10年中，女学生和少数民族学生的入学人数有大幅增长。大学和学院中女学生的入学人数增长了61%，少数民族学生的录取人数增长了85%，而同期男生增长了15%，白人学生增长了30%。

大龄学生、在职学生、女生和少数民族学生入学人数的增长均不会受制于大学适龄人口规模的变动。比如，目前加利福尼亚州的墨西哥裔美国学生只有小部分人能上大学。但墨西哥裔美国人在加利福尼亚人口中占相当大的比重，尤其是年轻人。在1981—1982年，他们仅占全部公立学校学生的1/4，而到2000年，20岁以下的墨西哥裔美国学生群体将会超过白人学生（Project PACE，1984，p. 11）。即便墨西哥裔的高中毕业生上大学的意愿稍有改变，都会对加利福尼亚州学院和大学的招生数量有显著影响。我们根据美国历史上其他少数民族群体的发展趋势，预测墨西哥裔美国学生上大学的人数将会持续上升。而且职业结构的长期变动，比如知识和信息产业的壮大，增加了劳动力市场对受大学教育人群的需求。此外，许多大学也非常愿意招收那些希望提升自身技能、适应新兴产业要求的大龄已工作人士。

招生水平在未来几年内仍有可能下降。因为人口迁移、经济变革和适龄人群规模的变动等会对各州、各地区的高等教育机构产生不同的影响。对各州影响程度会大相径庭，比如说俄亥俄州和田纳西州，对同一个地区的公立社区学院、私立精英式四年制大学和研究型大学的影响也大不相同。尽管统计数据表明最近几年私立四年制大学的增长幅度出人意料，一些私立学院必然会在未来10年内倒闭，一些公立机构也可能合并（Tsukada，1986，p. 101，图5.3）。但纵观整个历史，大学的兴起与衰亡历来是并仍将是市场作用于这一多样化、分散化的高等教育系统的自然结果。虽然有些大学倒闭了，但倒闭的大学绝大多数是比较薄弱的学校，它们的退出使高等教育系统自身变得更为强大（Glenny，1983）。

如果预测无法说明未来招生数量的变化的话，那么预测的价值可能体现在其他方面。思考高等教育在 20 年或 40 年后将会怎样，这迫使我们更深入地考虑塑造美国高等教育特质的历史动力。阿什比曾说过，我们无法知道"明天的世界将会怎样"，但"我们知道我们留给后代的是什么"（Ashby，1997）。而且，如克拉克·科尔所观察到的，高等教育的传承性是一种极其强大的动力。今天的大学可以沿着一条直线回溯到波隆那大学、巴黎大学、牛津大学和剑桥大学。即使是作为永恒真理载体的宗教机构的变化也比大学显著，至于政治和经济机构则更不用说了。

社会和历史背景①

在比较美国与其他发达工业化国家的高等教育体制时，会发现一些特性。美国的学院和大学非常特别，这是由深深植根于历史和院校的特性所造就的，它们锻造了大学对不可预料事件的应变力。

第一，市场和与市场相关的因素对学院和大学有深远而广泛的影响。

第二，与第一条相关，学院和大学之间的结构的多样性非常显著。这种多样性表现在学校的结构、功能与课程设置、资金来源、权威和学术标准，以及大学学生群体的年龄分布、学习动机、社会阶层、种族及其他方面。

第三，综合性大学和许多大型州立大学在学术标准和教育使命上的内部差异使它们能灵活地应对市场对本科生、教师、研究生和研究资源提出的要求。而校内院系之间、专业学院之间的内部结构伴随着公立/私立、大型/小型、有选择性和开放式学院和大学之间的不同而不同。

第四，当然，美国的学院与大学之间也存在一系列共性，主要表现在大学课程设置、教学体系和评估方式方面：通识教育在美国所有的第一学位课程中都拥有独特地位；学生在选修课程时有相当宽的选择面；通过模块课程获得学分成为美国大学中的一种学术货币，将 3300 所独立的大学融合成一个系统。

第五，美国的学院和大学治理模式是不平行的。与其他国家的大学相比，外行董事会和强势的校长显然更有实权，他们掌控着校内大量的行政人

---

① This section draws, in part, on my esay "Aspects of Diverstiy in American Higher Education", 1979.

员，中央各部和政府机构对学院和大学几乎没有管理权。

美国高等教育的独特之处当然在于其多样性。这种多样性既源于又造就了高等教育系统的飞速增长，它使美国的学院和大学吸引了如此多的人，承担了如此多的功能，并逐渐融入了社会生活的方方面面。通过保持这种多样性，高等教育系统才能为未来需求和机遇的变动做好了充分的准备。为了了解个中原因，我们将简要回顾这种多样性的历史根源以及我们今天所获得的益处。

到大革命时期美国已建立了9所学院，而英国仅有——牛津和剑桥两所大学——为庞大和富有的英国提供高等教育。美国在内战时期已有约250所学院，其中有180多所至今仍然存在。更令人震惊的是大学的淘汰率：从大革命到内战期间，大概有700所学校创建又继而倒闭。到1880年，英国拥有4所大学便觉得满足了2300万民众的需求；而仅有300万人的俄亥俄州却拥有37所高等教育机构（Rudolph，1962，pp. 47 - 48）。到1910年，美国已拥有将近1000所学院和大学与33万在校学生，而同时期法国16所大学仅招收了大约4万名学生，这一数字接近美国当时的教师人数。

至今在美国，高等教育机构的高诞生率与高死亡率这一特殊现象仍然存在。举个例子，1969—1975年间，大约有800所新兴大学（许多是社区学院）诞生，大约300所又倒闭或被兼并，因而净存活学校为500所。这是美国独有的现象，这类似于现代资本主义经济中小型企业成功与失败的模式。这与大多数发达工业化国家截然相反，这些国家中高等教育机构的创建缓慢且有严格计划，而大学的倒闭则更为缓慢且罕见。这一特性体现了美国高等教育与市场机制的紧密联结，而这种联结是多样化学院和大学大量涌现且存活下来的主要因素。

市场与其他社会活动形式相比的两个突出特征是：（a）市场的结果不是计划或中央决策的结果；（b）当生产者相对较多时，他们的行为特性取决于对买方的竞争，而这强化了买方对产品特征、质量以及生产者特征的影响力。

在高等教育中，买方是学生，卖方是学院和大学，它们相互竞争生源；同样，在就业中，卖方成为毕业生，他们竞争工作机会。以上两者相结合将劳动力市场中的就业机会转换为大学院系的规模。其中关键在于美国大学拥有相当的自主权，这使得学校能够在各院系之间配置资源以应对招生和劳动力市场需求的变动。同样，当研究团队竞争稀缺的资金时，资助机构就可以掌控其购买的研究的特性、方向和质量。美国除了在1955—1975这20年的高速增长期外，大学总体上是供过于求；两类情况中买方或潜在购买方，即学生和毕业生的雇主，都对生产方的行为有着强有力的影响。这种买方对卖方的影响力很可能在未来几十年中仍保持稳定。

市场力量的影响

我们可以看到在美国高等教育早期的历史中就已萌生了强大的市场力量，而在当今学院和大学的结构与运作中市场力量仍不容小觑。我们在此可以将美国高等教育与其他国家的高等教育体制进行比较。

纵观整个历史，美国学院和大学创建的背后都有多重力量与动机：宗教目的、担心倒退回到大开发时期的野蛮时代、对各式各样的专业人才的需求、州的荣耀与地方的振兴、慈善事业、理想主义、教育改革和土地投机等，以及以上因素的综合。互相竞争生源、资源和师资，并以市场因素和市场机制为核心的学院和大学数量的增加与多样性都要求远离任何中央力量或权力的束缚。州政府不能成为大学的约束力量，在竞争的压力下，州政府一直鼓励创建新大学，并达到邻近州的标准。非常重要的一点是，美国不存在联邦教育部颁发办学特许状，也不存在一所地位特殊的大学可以在各方面影响其他大学的情况。

最初是乔治·华盛顿尝试通过中央权威在华盛顿特区创办一所美国大学，继他之后的五位总统也试图这样做。事实上，华盛顿按照他的意愿为这所大学作了各种准备，他在国会的第一次和最后一次国情咨文中都提及了此事。其中，他论证了一所全国性大学将促进国家团结，这点在当时很让人困扰，因为大多数美国人都首先效忠于自己所在的州，而不是这个发展尚处于摇篮中的国家。

华盛顿同样认为可以将物资与其他资源集中起来用于创办一所一流大学。在其最后一次的国情咨文中他说道："我们国家拥有许多有名望且实用的学校，但它们掌握的资金太有限，以至于各个院系都很难聘请到最能干的教授以达到预期目的，尽管这些教授将是学校的得力帮手。"（Hofstadter & Smith，1961，p. 158）华盛顿的结论确实是正确的。从大革命到内战期间诞生的许多学校都必须竞争非常紧缺的资源，都存在一定程度的营养不良。相对营养不良也是高等教育系统深受市场力量影响的一个特征。

全国性大学设想的失败意味着美国高等教育能发展到今天并不是依靠一所顶级学校。直到内战结束后，不管美国高等教育机构采用何种名称，美国事实上并没有一所名副其实的大学，一所和旧世界中其他大学相同的一流教育机构，能使学生深入且广泛地接触到各个学科的知识。

如果建成一所全国性大学，那将会对美国高等教育产生深远的影响。因为一所出类拔萃的大学将会直接或间接地对其他学院产生重要影响，并通过它们进而影响到各个中学。它的标准与教育理念将成为希望把部分毕业生送往这所华盛顿大学的所有中学的典范。事实上，它会成为一个全国性学术标准来统一学士学位授予、本科生课程、大学教师认证资格、入学标准，进而是中学教学。最终它必将限制美国研究生教育和研究型大学的发展。

同样，一所高标准的全国性大学将会抑制在后来170年中涌现的几百所小型、实力薄弱、资金短缺的州立学院和宗教学院。它们将无法达到美国大学所设立的标准。这种情形与欧洲相似，对它们而言，维持一种普适性的最高学术标准将是一个重要原则，这一原则直到近年都是不容置疑的。而美国在全国性大学创建失败后，便无人再试图设定一个通用的最高学术标准，因为也无人再提及此事。事实上，如果欧洲高等教育的标语是"如果不是最好就无须存在"，那美国的标语就是"有总比没有好"。在这种精神的指导下，美国创建了各种类型的大学，从事各类学术活动，采纳不同层次的学术标准。这样，美国在两个世纪中以自己的代价提供了在欧洲人看来近似无知的娱乐活动。

然而，颇具讽刺意味的是，尽管没有一个中央模式也没有任何政府机构能够创建一个或更多的全国性的高等教育系统，美国所有的3300所高中后教育机构，不管是公立还是私立，普通还是卓越的，宗教的还是世俗的，都通过一系列市场机制竞争学生、资助、声望和教师而成为一个共有系统的成员之一。

在美国历史早期，还有一件对美国高等教育产生重要影响的事件，这就是1819年最高法院对达特茅斯学院案作出的判决。1816年，新罕布什尔州的议会通过了一项议案，给予州政府"改革"达特茅斯学院的重大权力。这一提议背后的逻辑是：既然学院是为新罕布什尔州的民众利益服务（尽管它是私立学院），那最有效的治理方式就是通过立法会使公众有权对学校的运作发言。首席大法官约翰·马歇尔支持学院董事会的意见，宣布根据美国宪法，禁止州立法会通过任何"削弱契约义务"的法律，而且承诺过去颁发的办学特许状本身就是一项契约（Hofstadter & Smith，1961，p.218）。这一里程碑式的裁决确认了政府与私立教育机构间契约的神圣性原则。通过此事，向联邦制拥护者传递了一个信念：政府不应该介入私人事务，即使是为了公众的福利。而首席法官马歇尔就曾经说过："我认为立法会干涉私人事务的管理，不管这些事务是为了公共利益还是个人利益，都是同样危险且不明智的。"他和他的同事们在达特茅斯学院案中作出的判决，私立学院或大学的办学特许状是一项契约，州政府不得削减其权利与义务。1819年的判决不仅对资本主义企业的发展而且对美国高等教育的未来演变都产生了重大影响。

达特茅斯学院案的裁决维持了州政府对教育事务管理的原状，限制其过多插手私立教育，而驳斥了那些希望政府在社会和社会机构运行中发挥更大作用的人们的观点。马歇尔的裁决对保护私立学院的创建与繁殖颇有实效。自此以后，私立学院的推动者知道一旦他们获得办学特许，他们未来便能安全地控制学校。这一判决降低了州立大学的发展速度，但非常自相矛盾的是，由于创建州立大学的困难性，最终使得州立大学强大起来。

建立美国国家大学的失败与达特茅斯学院向最高法院上诉的成功是地方原创精神与企业创新精神的胜利。前者挫败了联邦政府试图打造美国高等教育统一性的举措；后者限制了州政府对私立学院的管辖权力。总而言之，这两件事的结果等于为积极创建各等规模、各种类型、各类理念的大学的个人和团体颁发了通行证。从而，学院和大学的行为就像一个生态系统中的生物体的行为——竞争资源、对环境的需求高度敏感、在无情的自然选择过程中逐渐倾向于适应并利于它们生存的环境。它们竞争的环境中当然还包括其他学院，以及之后发展起来的大学。因而在这个模糊的环境中，我们能看到许多与市场中小企业相关联的一系列机制：关注市场需求并乐于迎合消费者偏好，努力通过差异化产品以求在市场中维持立足之地，试图与其他生产者缔造共生关系以攫取市场份额。

我们在描述高等教育机构时采用的语言对于欧洲人来说有些陌生，甚至有些让人反感。但是不管是否令人反感，美国人必须坚持美国高等教育一个核心且独有的特征——它所构建的高等教育机构网络在许多方面类似于无数蓬勃发展的小型资本主义企业，它们在相同的时间、相同的地点应运而生，而且常常面临相同的压力。

我们生存的这片土地的所有权问题从中世纪起就争论不休，但武力和习俗都没有解决这一争议。正如路易斯·哈茨所提及的，在美国，市场先行于社会，这是一个铁铮铮的事实，其迹象遍布于所有的机构，遍布于整个国民生活（Hartz，1955）。说得通俗些，我们不以市场为耻。相反，欧洲人和欧洲政府，在过去和今天，都厌恶在教育中引入市场机制，并不惜一切代价降低市场对教育的影响。这种差异源自于我们对文化和文化能力截然不同的理解。市场对文化机构的"文化整合"构成威胁，因为它赋予了消费者更高的权力，而相应抑制了生产者的权力，这就打压了那些可能是最有能力提供某种既定类型的文化实体的人们——不管是一场音乐演出，还是对哲学或物理学的高级研究。在学院和大学里，消费者通常是学生或者他们的父母，从定义上讲他们是无能为力的，或者至少是比那些提供教育的教师和行政人员弱势一些。欧洲人千方百计弱化这个弱势群体对高等教育事务的影响，保存精英教育的形式与内容。

美国，毫无疑问是世界上最大众化的国家，接受消费者在文化形式中的重要角色或作用，消费者甚至可以影响大学应该教授什么课程，应该怎么教。欧洲人试图通过多种渠道弱化消费者偏好的影响，其中，最重要的手段就是使高等教育机构的经费不依赖于学费。相反，在美国，除了少数学校，几乎所有公立或私立大学的预算都依靠学生的学费，这就促使绝大多数教育机构都对学生的偏好非常敏感。

美国高等教育机构重视市场驱动力的另一个例子就是国会给学院和大学提供资助的方式。自1970年初激烈的辩论后，政府选择以直接向学生提供奖学金和助学贷款的方式对学院和大学进行资助，而不是直接给学校拨款。这一决定的主要目的是通过消费者而非生产者来补贴高等教育。它极大地提高了消费者的权力，但并没有扩大中央政府对生产者的干预权。

美国教育机构的特性与架构

我们审视一下高等教育的各种筹资与组织方式（比如，单一资助来源和多重资助来源），从中可以发现在市场机制引领下和由其他原则和政治决策主导下高等教育的差异。我们同样可以看到市场机制对高等教育和对教学过程的影响。我们独有的可获取、可转移的学分制就是个例子，它是一种被所有美国学院和大学都认可的学术货币。其他国家都未曾实行单位学分制，它们的学位授予需要通过考试或者撰写论文。但是我们的学分可以累积、储存、转移，并且在一定限度内可以得到自动认定为合法的学术标识，可以用来向全国各个学校中申请学位。这使学生可以在各个研究领域，各个学校间自由转学，而且这一累积和转移学分制度可以使学生暂时中止学业，然后在更合适的时机再返回学校完成学业。

美国高等教育独特性的清单中一定还会包括教授课程的多样性，和学校对任何可能有用或植根于技术和知识的学科都非常重视。如果有一个中央大学来维持"高规格"，以传统的标准来审查新科目的合理性，这些经常受到欧洲人嘲弄的学科都不可能得以建立。学校对新科目的开放性得益于没有中央行政机构来审查学校，得益于我们凭借市场力量来维系微弱而贫穷的学校。

此外，独特性中还包括学院、大学与地方企业、地方政府和其他机构，以及各类私营组织的紧密联系，这种联结被其他国家所羡慕且效仿，但没有一个国家足以与美国发展的程度相媲美（Eurich，1985）。

所有的独特性留给我们一个问题，即它们是如何在源头与现有功能上相互关联的。让我们举个例子，美国高等教育中错综复杂的现象：外行董事会、强势的校长、弱势的教授、内部行政管理、中央高等教育管理部门的缺位。外部非学术董事会源于哈佛大学的先例。哈佛大学的创建者曾试图"延续由教师掌控学校的英国传统"（Rudolph，1962，p. 166），但是人们是要建立哈佛而不仅是发展哈佛。不可能让一群学者既承担教学任务，又自己管理自己。因此，大学应该有一名校长来负责学校的运营，然后由他来挖掘年轻的人才负责教学。哈佛大学诞生85年多后才有了第一名教授，耶鲁大学是在50多年后。"在一个半世纪中，美国的大学教育主要依赖于大学校长和年轻的教师。"事实上在很长时间内，一直到19世纪，"美国大学教育最持久的教授办公室就是校长办公室"。在董事会出现之前，校长独自展现了一个有学之士的全部才能。美国大学校长的独特性与重要性可以追溯到这些历史事实（Hofstadter & Metzger，1955，p. 124）。

外行董事会开始治理美国的第一所大学，后来大多数由私人创办的大学（而不是政府创建的）都采取了董事会制。因为当时没有其他人承担治理大学的任务，董事会责无旁贷地承担起了这一任务。但由于董事会成员都有各自的事务，他们只得任命一位校长，并且将学校的日常运营工作授权给他。校长有自己的办公室，在美国所有地方现在仍是这样，他们对外行董事会负责。校长没有终身职位（尽管他可以是大学的终身教授）。在美国，在很长一段时间里，没有一位学识渊博的人会将学术作为职业，因此只要校长得到董事会的支持，便不会有人挑战他的权威。

校长在管理学校中的绝对权威已逐渐消失，尤其在研究型大学和真正的学术职业出现后。20世纪，尤其在实力较强的大学中，许多学术事务已经转而授权给教师们。但是美国大学的校长仍然比欧洲的大学校长强势得多，在欧洲大学中，教授、学术人员、政府部门、行业协会或者学生会均分享了校长的权力（Trow，1985a）。

美国大学校长的强势同样表现在学校的规模扩张方面，学校规模的扩大需要一个大的行政团队来治理时，这个团队将是校长管理的延伸，而不是由教师团体或州政府负责。校长让学校内部行政人员参与管理大学，从而保证了公立大学的自主权不被州政府所左右。

我前面已经提及了美国的学术职业曾经非常弱。事实上，在很长一段时间内美国并不存在学术职业。当教授刚刚在美国出现之时，他们并不像欧洲的教授们那样有地位、有特权。他们既不属于公务员团队，也不属于上流社会，他们常常被看扁，常被看成是逃避现实生活挑战的人。美国在大多数情况下更看重行动者，而非思想者。选择学术的人在很长一段时间内都被看成是没有能力经营大学重要事务的人（Hofstadter，1963，pp. 24 – 51；Rudolph，1962，pp. 160 – 161），这强化了校长的职位。校长也可能会是一名学者，但他一定是一个能妥善处理具体事务的人。

教授们较低的社会地位和相对弱势也意味着当学术职业增强时，他不会被少数几个著名教授所主宰。美国内战结束后随着研究型大学的崛起，也出现了学术等级，但是绝大多数教师都是同系列不同等级的教授，同时美国的教授包括助理教授之间有明显的独立性。这里一部分是由于美国文化中浓厚的平等主义色彩，另一部分是由于历史上资深教授的弱势地位——缺少实权和社会地位，甚至于缺乏学术声望。教师们的学术抱负在一定程度上并不是为了自身的学术排名——人们想象中应是这样——而是为了国家的声誉和服务于院系的学术声望。

事实上美国大学的许多重要特征并不是源于其制度设计，而是由于其若干组成部分的弱势。像我前面举的例子，美国学术领域的相对平均主义以及年轻教授的独立性和自主性并不是计划或者政策规定的，而是因为学术职业形成缓慢，教授贫穷、地位低下、缺乏终身职位和政府雇员等级待遇这些因素形成的。但这也使我们避免了自"二战"以来欧洲大学中教授与学术团队中其他职员的争斗。在美国教授职位并非是很大的荣誉，每一名年轻的讲师或副教授（并不局限于几名特别有天赋的人）都可以在适当的时候获得这一职位。过程的简单使得教授地位在校内和校外都相对低下，教授这一称号甚至带有一些轻蔑或调侃的意味。

美国大学中学术职位的弱势、校长的强势、外行董事会和市场的力量相互联结，抑制了许多妨碍大学利己行为的力量。在其他国家最普遍的制约力量来自地方政府和学术职业及其组织和行会的结盟。在美国，中央政府的权力初始很弱，其对高等教育几乎没有什么管理权，一方面是由于美国国家大学创建失败以及达特茅斯学院确立了私立大学不可或缺的地位。另一方面强势的校长和行政人员追求学校利益的最大化，外行董事会确保学校能继续对社会负责、对学生和毕业生负责，而不是对政府和学术行会负责。当学校面临一个变化万千的环境和不确定的未来时，上述特征曾经而且也将会是大学发展的优势。

高等教育融资的趋势

我已经回顾了历史，现在开始审视现状和发展趋势，这又可能会指明未来重大变化的方向。

1985—1986 年间，美国大学的各种花费估计超过 1020 亿美元，比1981—1982 年度增长了 32%，去除其他因素实际增长了 17%。这大概占美国国民生产总值的 2.5%（"Higher education is"，1986，p. 3）。美国高等教育一个重要而鲜明的特色是经费来源的多样性。多样性的经费渠道决定了美国大学的自主性：为了大学财政而服务于其他各种公私立机构。总体而言，美国大学的经费来源于联邦政府、州政府和地方政府，也来源于私立部门，比如教会、企业、基金会和个人；同时，来源于学生的学费、住宿费、餐饮费、医疗费等，还来源于自身的投资和服务的回报。

美国各级政府总共提供了高等教育近一半的经常性经费，这里不包括联邦政府直接提供给学生的补助。联邦政府直接给学生的补助在大多数情况下又转而变成学费交给学校。联邦政府为高等教育提供的经费大约占 13%，其中包括了大学的研发经费，但不包括直接提供给学生的资助。州政府和地方政府（主要是州政府）提供给高等教育近 1/3 的经费。学生提供了另外1/3，包括他们获得的联邦资助。学校通过捐赠基金投资和其他渠道获得了大约 15% 的经费。如果我们将联邦政府给学生的资助也添加到联邦政府的拨款中，那联邦政府提供的经费就大约占 23%，这就使学生缴纳的费用降低了相同的比例。另外 6% 是学校从个人、基金会、私营企业以捐赠、补助、合同资金的形式获得的。

当然，这些比例在公立和私立学校大不相同。但是必须强调一点，美国所有大学的经费都是公共经费和私人经费的混合体。比如说 1981—1982 年度公立四年制大学超过 44% 的运营经费来自于州政府，而私立大学的这一比例不到 2%。（但值得注意的是，私立大学得到的联邦政府资助比例稍高于公立大学）另一个重大区别是学生缴纳给学校的学费和其他费用在大学经费中所占比例不同。公立学校中只占不到1/3，而私立学校占大约一半的比例（PISKO，1985，p.114，表2.14）。这些比例在不同类型的大学中也相差甚远，比如在公立研究型大学和公立四年制大学之间。

1985—1986年度，来自各种渠道的学生资助超过210亿美元，比1980—1981年度高出23%。但若用实际购买力来计算，自1980—1981年度后各渠道的学生资助反而下降了3%，其中联邦政府的资助在调整通货膨胀后下降了10%（"Trends in"，1986，p.2）。1985财政年度，联邦政府提供给高等教育的直接拨款和间接拨款累计约237亿美元。其中102亿美元是以学生资助和学生贷款的形式发放（根据"Higher Education Funds"，1986，p.12），国会和社会各界都广泛支持学生资助。尽管里根执政时期，曾提议定期削减学生资助，但大多数提议都被否决了。1985年"国会几乎否决了里根执政时期削减学生资助的全部议案"，并在起草法案中强调"在未来5年内保证学生补助、学生贷款和工作机会不变"（"Friendly"，1985，p.15）。虽然联邦政府面临巨大的财政赤字压力，这可能会对未来联邦政府的学生资助项目产生一定影响，但不可能导致大规模削减或中止学生资助项目。

州和学校一级学生资助的增加（目前占全部学生资助的22%）部分弥补了联邦政府资助的减少。联邦政府对学生资助的分配逐渐从补贴转向贷款。1975—1976年度，75%的联邦资助都是以补贴的形式，但在1984—1985年度，这一比例已下降到29%，而贷款的比例增加了两倍多，从1975年的21%增长到66%（见表2）。

表2　联邦政府学生资助由补贴向贷款的转变

	1975—1976	1984—1985
补贴	75%	29%
贷款	21%	66%
勤工俭学	4%	5%

数据来源："1986：Major Trends Shaping the Outlook for Higher Education" by C. Frances，1985，*AAHE Bulletin*，p.5。

在 1980—1982 年经济严重萎缩时期，许多州都削减了对公立大学的经费支持。但经济复苏之后，州政府拨款伴随经济的复苏同时增长。1984—1985 年度，州政府用税收收入支持高等教育（这不包括资本成本）将近 310 亿美元，比 1983—1984 年度增长了 19% 。在过去 10 年间（1974—1984），就全国平均而言，州政府对高等教育的拨款增长了 40% 。去除通货膨胀因素，实际增长了 19%（Evangelauf，1985，p. 1 ff. ）。

1982—1985 年间，联邦政府给大学的研发经费实际增长了 16% ，在 1985 年达到 60 亿美元。而且，当年近 2/3 的联邦研发资助都拨给了基础科学研究，1975 年这一比例仅是其 1/2（National Science Foundation，1985，p. 2；也可参见，Higher education funds，1986，p. 12）。

高等教育系统的其他支持和福利[①]

当它们只是基于很肤浅的根基时，我们不需要特别关注目前招生和筹资趋势，仅从英国高等教育悲哀的历史中，就能看出这些数字可以千变万化。英国高等教育在产业界、专业领域、商会、政党中鲜有支持者，这使得它无法抵御来自政府的经济和政治压力。

而美国的高等教育在社会各界，不仅局限于政府，都有许多支持者。任何政府力量和权威力量都无法掌控高等教育的发展，并且美国高等教育的市场应变力使大学能够也必须通过各种渠道服务于其他机构和组织来寻求更广泛的支持。我们无法对所有学位授予机构都强加很高的学术标准。美国大学标准的多样性与功能的多元化对于欧洲人来说都是十分陌生的。设定一个框架——使得只有少数学生能够达到既定标准的高等教育框架会限制其对学生、社会的功用。这样的系统只是为了选择、培养、证明精英，这也是欧洲一贯的模式。但这导致大学无法深入、广泛地渗透到社会生活的方方面面。

我相信美国大众化的高等教育还有一些社会影响仍未引起人们的注意。经济学家经常说最好测量和评价那些能够被评估的事物，而将高等教育影响的评价留给历史学家、社会学家、教育家和政治家们。我们无法精确地度量其影响，它们是"结果"而非刻意为之的"影响"，它们一部分来自系统内部，另一部分来自更广阔的社会（有位经济学家的观点与我下面的表述很相似，见 Bowen，1977，pp. 359 – 387）。

[①] This section draws on my pater, "The State of Higher Education in the United Stateds," 1986.

下面让我来阐释其中的一些影响。

◆　高等教育对学生的态度有很大影响。大量研究支持这一观点，并且这种态度的改变将伴随其一生（Hyman，Wright & Reed，1975；Feldman & Newcomb，1969）。比如高等教育拓宽了学生的眼界，使他们能够领略其他的文化和人群的价值，提高他们对不同文化的包容性，而不会像未受过教育者那样容易产生偏见。学生群体态度的改变，伴随着法律和政治行为的变动，可以带来社会结构的改变。

◆　美国在"二战"之后对黑人的敌意明显减弱了，白人逐渐愿意给黑人同等的待遇，让他们有公平接受教育的机会，获得住房和工作的机会。这在对普通民众和大学生态度转变的研究中都可以察觉到（Hyman & Wright，1979；Stember，1961；Stouffer，1955；Clark，Heist，McConnell，Trow，& Yonge，1972）。我相信美国在"二战"之后种族关系大幅度的改善很可能是大众化高等教育发展和与之相伴的种族偏见弱化的结果。如果这是真的，它代表了高等教育对社会生活的一个卓越贡献，这一点从未被经济学家所意识到。

◆　高等教育在这一变革中同样帮助了黑人、西班牙人和亚洲中产阶级。1985年，加州大学伯克利分校的一个新生班中，少数种族群体学生第一次占到了多数（52%）。在下一个世纪，这些学生将在社会的各个机构中承担起领袖使命。

◆　从整体上看，上过大学的人比未受过良好教育的人会用更长远的眼光看待社会问题。这种长远的目光对于评价问题的重要性和寻求问题的根源都非常重要，然而我们并没有意识到这是高等教育的结果。如果没有那些有长远目光的人来预见一个项目在未来的效应，国家和产业将无法进行规划。这一长远的目光正是高等教育大众化给我们带来的好处。

◆　在一个日渐复杂的社会中，不能仅靠少数精英分子来规划长远问题。规划的成功设计和实施需要整个社会的人才，尤其依赖于中央、州、地方政府，公立和私营企业中的中层领导者。长期规划在实施中需要不断调整和修正，这一层面的工作者就必须能了解这个规划的目的，能够在规划纲领的框架中适时作出调整。

◆　公民学会如何学习也是接受高等教育所获得的一项能力。我们在大学中学的知识在10年内便会变得陈旧或老化，在25年后会完全废弃，所以我们必须强调在正规教育后继续学习的能力。现在成人教育的接受者都有大学学位或受过一些高中后教育，他们已经培养起学习的兴趣（Organization for Economic Cooperation and Development，1977，p. 27）。现代社会需要具备这一品质的公民，而这也正是高等教育的一项副产品。我相信美国的高等教育大众化，尤其是大量的成人教育，相比其他国家能够更广泛地培养公民终生学习的习惯。

我刚提到的这些品质（不仅仅是一种态度）——对文化和阶级差异的包容度、长远的目光，有助于激发中低层管理者的创造性、学会学习的能力——这些都是高中后教育的经历所创造和丰富的产物。如我所说，它们通常是教育的副产品，但却是对个人生活和社会进步非常有用的副产品。

◆　在美国的政治生活中，高等教育扮演着对现有政治秩序进行文化批判的角色，高等教育机构甚至是激进的或具有革命性质的学生运动的孕育地。但并不具有戏剧性和不太引人注意的是高等教育的扩张和民主化以嘉奖有天赋者和努力者为形式，而并不是作为统治阶级的文化工具将权力和特权世代维系在统治者手中，这有助于使政治和社会秩序合法化。

在世界范围内，所有阶层都开始怀有向上移动的社会期望，国家必须提供真正实现社会垂直流动的机会，让有能力者从贫困或出身低下的背景中脱颖而出。这不仅有社会和政治原因，也是为了经济发展。在许多国家中，军队提供了流动的渠道，它们通常能得到穷人们的支持。但综合考虑，高等教育是强化政治民主的一个合法的工具。即使在美国产生了如此重要的作用，但会计报表的成本利益分析师们从未记录这方面的内容。

美国高等教育另一重大贡献是大学通过教师培训、教育研究之外的其他方式对中学教育提供的帮助和指导，这一方面将会取得更大成就。许多关于公立中学教育（自 1983 年）的报告和书籍（比如，National Commission on Excellence in Education，1983；Boyer，1983；Goodlad，1983）记载了大学创办了许多项目来建立高等教育和中学教育的纽带。其中一些项目是为了让中学生上大学前有更好的学术准备，而不仅是为那些上了大学后准备不佳的学生补课（Throw，1985b）。可能因为这一任务过重，加之美国中学的结构特征都最终导致这些努力"反对卓越的偏见"流于失败（Clark，1985，p. 391）。但这不会阻碍尝试者的脚步。大学已经启动了几百个纠正、改善中学教育不足的项目。在个别学校已初见成效，但更大的影响还得有很长的时滞，而且最终的影响很可能因为许多其他投入和力量而变得模糊了。我在这里是为了指出美国高等教育在应对国家的各类需求上，尝试提供一些服务、筹建一些项目、满足社会的一些需求的趋势将继续下去。

结　论

　　我选择回顾过去、审视现在来评价美国高等教育系统的各个特征，以此来判断美国高等教育未来的发展趋势。作出具体的预测是毫无用处的，没几年之后会被印证全部是错误的。但回顾了美国高等教育的几个关键特征之后，我们有理由相信美国高等教育已能适应未来社会的变动，能够灵活应对除了大灾难之外的任何事件。我们高等教育系统的优势在于其多样性，系统中的不同部分的教育机构能够满足社会的各种需求。在过去的40年中，大学招生总数从230万人上升到1240万人。伴随着招生总数的增长，目前的招生已经更加多样化和民主化。在"二战"结束时，或者更早，我们的高等教育系统只能提供占适龄人口5%的入学率，在保持基本功能和结构不变的情况下，仍积极为美国社会提供了广泛接受高等教育的机会。同时，为一小部分人在研究和教学领域提供高标准的教育。

　　除了快速增长外，还有哪些因素在过去40年中推动了美国高等教育的剧烈变动？首先，联邦政府成为学校经费的主要来源，不仅为学校提供了研发经费，也通过学生资助的形式提供经费。但联邦政府所提供的份额只占美国高等教育经费的25%左右，而且联邦政府对高等教育系统的影响被进一步弱化了，因为联邦政府拨款是直接给了校内研究者和学生而不是直接给了学校。虽然联邦政府已经成为制定美国科学研究进度的主角，科学研究仍然保持了很大的内在自主性，而并不是由政府决定的。

　　随着50个州增加了对公立大学的经费支持，政府也对大学如何使用这些经费有了更大的过问权。就在不久前，这些来自公共权力的要求被看做是将州立大学自主性转向州议会和州长办公室的一个危险征兆（Trow，1975）。公立大学和州政府的关系不管怎么样都一直在变，但我的观点是许多州的大学校长和州政府官员已共建了一种更理性的、更能为双方接受的关系（Newman，1987）。

　　高等教育通过各种渠道与企业界建立联系。一方面，企业在各个技能层面提供了许多教育和培训机会，包括一些学位授予项目（Eurich，1985）。另一方面，大学也为高科技产业提供了思想和专业人才，而且它们从波士顿到硅谷都处于企业聚集的中心，大学还为许多其他企业提供了组织模式和工作方式，从咨询公司、产业实验室到立法委员会（Muir，1982）。而且社区学院招收了大批已经获得学士学位并希望在另一个专业获得培训的学生，这是继续教育和职业发展的一种新形式。

当然学生群体民主化意味着会有更多大龄的在职学生。这些学生事实上验证了 1979 年后招生减少预测的错误。成人学生和在职学生数量的增加似乎是没有底线的。美国高等教育，或者说至少其中的很大一部分，乐意为所有非传统学生提供有用的教育指导。我们没有理由认为将来不会这样，因为越来越多的劳动者要在可预测的、迅速变化的职场上生存需要新知识和新思维方式。

所有这些意味着美国高等教育在未来几十年中将成为社会中更重要的机构：成为先进技术的提供者，促进社会公平、维系社会批判性的源泉，传承普遍文化遗产的媒介。我相信今天的高等教育是许多重要思想、价值观、技能和能量的源泉。这在任何人能够预见到之前是真实的，这一真实性将不断得到强化。

参考文献：

Anderson, C. J. (Comp.). (1968). *A fact book on higher education* (Issue No. 1). Washington, DC: American Council on Education.

Ashby. E. (1967, November). Ivory towers in tomorrow's world. *The Journal of Higher Education*, pp. 417 – 427.

Bowen, H. R. (1977). *Investment in Learning: The individual and social value of American higher education.* San Francisco, CA: Jossey-Bass.

Boyer, E. (1983). *High school: A report on Secondary education in America.* New York: Harper & Row.

Clark, B. R. (1985, February). The high school and the university: What went wrong in America, Part I. *Phi Delta Kappan*, 66, 391 – 397.

Clark, B. R., Heist, P., McConnell, T. R., Trow, M. A., & Yonge, G. E. (1972). *Students and colleges: Interaction and change.* Berkeley, CA: Center for Research and Development in Higher Education, University of California.

Eurich, N. P. (1985). *Corporate classrooms: The learning business.* Princeton, NJ: Carnegie Foundation for the Advancement of Teaching.

Evangelauf, J. (1985, October 30). States' spending on college rises 19 pct. in 2 years, nears $31-billion for 1985—1986. *The Chronicle of Higher Education*, p. 1 ff.

Fact-file fall 1985 enrollment. (1986, October 15). *The Chronicle of Higher Education*, p. 42.

Feldman, K. A., & Newcomb, T. M. (1969). *The impact of college on students* (Vol. 2).

San Francisco, CA: Jossey-Bass.

Frances, C. (1984, December). 1985: The economic outlook for higher education. *AAHE Bulletin*, p. 3.

Frances, C. (1985, December). 1986: Major trends shaping the outlook for higher education. *AAHE Bulletin*, p. 5.

Friendly, J. (1985, September 24). Budget ax fails to make dent in aid programs for students. *The New York Times*, p. 15.

Glenny, L. A. (1983, July). *Higher education for students: Forecasts of a golden age.* Paper delivered at a seminar sponsored by the Higher Education Steering Committee, University of California, Berkeley, CA.

Goodlad, J. I. (1983). *A place called school: Prospects for the future.* New York: McGraw-Hill.

Hartz, L. (1995). *The liberal tradition in America: An interpretation of American political thoughts since the revolution.* New York: Harcourt Brace.

Higher education funds in President Reagan's fiscal 1987 budget. (1986, February 12). *The Chronicle of Higher Education*, p. 12.

Higher education is a U.S. industry. (1986, July 28). *Higher Education & National Affairs*, p. 3.

Hofstadter, R. (1963). *Anti-intellectualism in American life.* New York: Alfred A. Knopf.

Hofstadter, R., &Metzger, W. P. (1955). *The development of academic freedom in the United States.* New York: Columbia University Press.

Hofstadter, R., & Smith, W. (Eds.). (1961). *American higher education: A documentary history* (Vol. 1). Chicago, IL: University of Chicago Press.

Hyman, H. H., &Wright, C. R. (1979). *Education's lasting influence on values.* Chicago, IL and London: University of Chicago Press.

Hyman, H. H., Wright, C. R., &Reed, J. S. (1975). *The enduring effects of education.* Chicago, IL and London: University of Chicago Press.

Kerr, C. (1980). The Carnegie policy series, 1967—1979: Consensus, approaches, reconsiderations, results. In *The Carnegie Council on policy studies in higher education.* San Francisco, CA: Jossey-Bass.

McConnell, W. R., & Kaufman, N. (1984, January). *High school graduates: Projections for the fifty states* (1982—2000). Boulder, CO: Western Interstate Commission for Higher Education.

Mostly stable: College and university enrollments: 1985—1991. (1987, November 25). *The Chronicle of Higher Education*, p. A29.

Muir, W. K. (1982). *Legislature: California's school for politics.* Chicago, IL: University of

Chicago Press.

National Commission on Excellence in Education. (1983). *A nation at risk: The imperative for educational reform.* Washington, DC: U. S. Department of Education.

National Science Foundation. (1985, May 9). Federal academic R&D funds continue strong growth through 1985. *Science Resources Studies Highlights.* Washington, DC: Author.

Newman, F. (1987). *Choosing quality: Reducing conflict between the state and the university.* Denver, CO: Education Commission of the States.

Organization for Economic Co-operation and Development. (1977). *Learning opportunities for adults, general report* (Vol. 1). Paris: Author.

Ottinger, C. A. (Comp.). (1984). 1984—1985 *fact book.* New York: American Council on Education and Macmillan Publishing Company.

Project PACE. (1984). *Conditions of education in California,* 1984 (No. 1 – 84). Berkeley, CA: University of California.

Plisko, V. W., & Stern, J. D. (Eds.). (1985). *The condition of education,* 1985 *edition.* Washington, DC: National Center for Education Statistics.

Rudolph, F. (1962). *The American college and university.* New York: Alfred A. Knopf.

Statistics you can use: Growth in nontraditional students, 1972—1982. (1984, June 18). *Higher Education & National Affairs,* p. 3.

Stember, C. H. (1961). *Education and attitude change.* New York: Institute of Human Relations Press.

Stouffer, S. A. (1955). *Communism, conformity and civil liberties.* Garden City, NY: Double-day.

Trends in student aid: 1980 to 1986. (1986). Washington, DC: The College Board.

Trow, M. (1975, Winter). The public and private lives of higher education. *Daedalus,* 2, 113 – 127.

Trow, M. (1979). Aspects of diversity in American higher education. In H. Gans (Ed.), *On the making of Americans: Essays in honor of David Riesman* (pp. 271 – 290). Philadelphia, PA: University of Pennsylvania Press.

Trow, M. (1985a). Comparative reflections on leadership in higher education. *European Journal of Education,* 20, 143 – 159.

Trow, M. (1985b). Underprepared students and public research universities. In J. H. Bunzel (Ed.), *Challenge to American schools* (pp. 191 – 215). New York and Oxford: Oxford University Press.

Trow, M. (1986). The state of higher education in the United States. In W. K. Cummings, E. R. Beauchamp, S. Ichikawa, V. N. Kobayashi, &M. Ushiogi (Eds.), *Educational policies in crisis: Japanese and American perspectives* (pp. 171 – 194). New York: Praeger

Publishers.

Tsukada, M. (1986). A factual overview of education in Japan and the United States. In W. K. Cummings, E. R. Beauchamp, S. Ichikawa, V. N. Kobayashi, & M. Ushiogi (Eds.), *Educational policies in crisis: Japanese and American perspectives* (pp. 96 – 116). New York: Praeger Publishers.

Williams, G. (1983, November 18). Making sense of statistics. *The Times Higher Education Supplement*, p. 13.

从精英到大众再到普及高等
教育的反思："二战"后现代社会
高等教育的形态与阶段

Reflections on the Transition from Elite to Mass to Universal Access: Forms and Phases of Higher Education in Modern Societies since WWII

  本文旨在反思和修正我 30 多年前首次提出的关于高等教育转型的一系列概念（Trow，1973）①。原文的观点，正如最近由英国的布伦南（Brennan，2004）总结出来的，阐明了高等教育发展的三种形式：（1）精英——培养统治阶层的心智和个性，为培养精英作准备；（2）大众——传播技术，为培养更大范围的技术和经济精英作准备；（3）普及——为"全民"适应社会和技术的快速变革作准备。表 1 对高等教育发展的这些阶段作了很好的归纳。

  布伦南认为："这些观点虽然不能涵盖当前高等教育辩论中的所有差别，但也很明显地预见到了我们面对的英国高等教育在从大众化到普及过程

---

  ① The paper, "Problems in the Transition from Elite to Mass Higher Education", was originally presented at the Conference on Future Strucutre of Post-secondary Education in Paris, 1973, and subsequently printed in the conference General Report, *Policies for Higher Education* (Paris: OECD, 1974: 55 – 101). It was also reprinted in 1973 by the Carnegie Commission on Higher Education in Berkeley, California. This paper also draws on other works published subsequently, including: "Elite Higher Education: An Endangered Species?" *Minerva*, 14 (3) Autumn 1976: 355 – 376); "Elite and Mass Higher Education: American Models and European Realities." *In Research into Higher Education: Processes and Structures.* Stockhoolm: National Board of Universities and Colleges, 1979, and "Comparative perspectives on access" in Oliver Fulton, ed., *Access to higher education*, Guildford, England: Society for Research into Higher Education, 1981, pp. 89 – 121.

中遇到的一些关键性问题。"布伦南也注意到，原文并没有提出"这些不同是对真实高等教育系统的经验描述，而不是帮助我们理解这些系统的模式或'理想模型'"。此外，马丁·特罗强调指出，这些不同的形式可以看做是几个连续的阶段，但后一个阶段并不必然会完全取代前一个阶段。实际上，"精英高等教育形式仍然存在于大众化和普及阶段之中"（Brennan，2004，p.24）。

　　30 年后，重新审视了 1973 年那篇论文中提出的一些概念和模型，探索它们是否仍然对理解现代高等教育系统有所帮助，因为目前的高等教育系统比早期那篇论文中提到的系统更为庞大、更为多样化，也更加复杂。本文提出另一个问题：那就是为了说明当前高等教育的情况，这些概念是否有必要进行修正，哪些地方需要修正才能说明当前高等教育情况或者是有可能做到这一点，在欧洲近来高等教育发展背景下说明这些主题。

表1　特罗对精英、大众化和普及化高等教育三阶段的界定

	精英阶段 （0—15%）	大众化阶段 （16%—50%）	普及阶段 （50%以上）
（ⅰ）高等教育观	接受高等教育是基于出身或天资或二者兼而有之的特权	接受高等教育是某些有资格者的权利	接受高等教育是中上层阶层的一项义务
（ⅱ）高等教育功能	培养统治阶层的心智和个性，为培养精英角色作准备	传播技术，为培养更广范围的技术和经济精英角色作准备	为"全民"适应社会和技术的快速变革作准备
（ⅲ）课程与教学形式	高度结构化的学术或专业知识	模块化、灵活化和半结构化的课程系列	学科边界模糊，学习和生活的界限消失
（ⅳ）学生职业生涯	中学教育后"受资助"；在获得学位前不间断学习	推迟入学者人数增加，退学人数上涨	大多数人推迟入学，正规教育和生活其他方面的界限松散；在学期内工作
（ⅴ）院校特征	-高度同质性，统一标准 -寄宿区很小 -明晰、不可逾越的界限	-标准的多样化 -"智慧之城"—混居/走读 -边界模糊、可以跨越	-没有统一标准，非常多样化 -不同学生的集合体，录取的一些学生几乎或从不在校内 -边界微乎其微或消失

续表

	精英阶段 (0—15%)	大众化阶段 (16%—50%)	普及阶段 (50%以上)
(vi) 权力所在和决策	雅典式学园——很小的精英群体,有共同价值观和信念	利益群体和政党项目的一般政治性程序	"大众化"质疑学者的特权和豁免权
(vii) 学术标准	广泛共识、相对较高的标准(在优才阶段)	多样、系统/组织机构公司运作成为截然不同的学术企业	评判的准则从"标准划一"转向"价值增值"
(viii) 入学和选拔	基于学生学业业绩优秀性的	精英选拔结合致力于公平的"补偿性项目"	"开放"强调"不同群体成就的公平性"(阶层、种族)
(ix) 学术管理形式	由"业余的管理者"——学者兼职担任;选举或任命;有任期	之前的学者成为全职管理者,官僚系统膨胀	更多全职的专业管理者,采取学术以外的管理技术
(X) 内部治理	资深教授	教授和资深职员,学生的影响力不断增加	管理机构的共识破裂;决策权落到政治权威的手中

* From John Brennan, "The Social Role of the Contemporary University: Contradictions, Boundaries and Change," in *10 Years On: Changing Education in a Changing World*, Center for Higher Education Research and Information. Milton Keynes: The Open University, 2004, p. 24. The first full statement of these ideas was published in Trow, M. (1974). "Problems in the Transition from Elite to Mass Higher Education, in *Policies for Higher Education*, from the General Report on the Conference on Future Structures of Post-secondary Education, pp. 55 – 101. Paris: OECD, and were developed in later papers, cited in the notes.

增长方面

对于现代民主社会的高等教育来说,"二战"是一个分水岭。经历过"二战"的社会在战前十年的高等教育适龄人口入学率是3%—5%。而战胜了法西斯之后,社会和政治的巨大变动引发了欧洲和美国的经济发展,使得社会对接受过高中后教育的毕业生需求数量增加。社会对高等教育入学的需求也延伸到那些在战前没有考虑过要接受高等教育的群体和阶层。这些需求使高等教育系统快速扩张，这一扩张始于 20 世纪 60 年代，在 70 年代和 80 年代发展迅猛（尽管不是很平稳）。

高等教育的增长至少表现为三种迥异的方式，这反过来又引起了一系列不同的问题。首先是增长率：在西欧的许多国家，高等教育的学生人数在 20 世纪 60 年代的 5 年内增长了一倍，在 70 年代中期的七八年或是 10 年里又增长了一倍。其次，增长明显影响了整个系统和个体院校的绝对规模。第三，增长反映在高等教育院校的适龄人口入学率的变化上。

这些增长表现的每一个方面都存在自身独有的问题。例如，高增长率对现有政府、管理机构以及社会组织的结构都会带来很大的压力。当一个组织中的大多数成员都是新人时，他们将威胁原有运作的程序，即规模缓慢增长时，系统将新招募人员吸纳到其原有的价值系统中，让他们学习系统的规范和形式。而当一个院或者一个系的教职人员在三四年间就从 5 人增长到 20 人，且新来的人大部分都是刚毕业的年轻研究生，当新来的男、女年轻人占主导地位时，他们将决定这个群体的学术生活，规范和标准。如果研究生数量也迅速增长，大学教授和学生之间亲密的学徒关系也将丧失。其中直接后果是学生文化将成为研究生新生们最主要的社会化力量，因而取代了大学的知识和学术生活——不仅在美国，在法国、意大利、联邦德国和日本都有所体现。另一方面，高增长率为学术创新提供了许多机会；但是也淡化了在稳定或低增长率时期，教师和学生融入学术共同体的形式和过程。20 世纪 60 年代到 70 年代，欧洲大学的管理安排发生了巨大的变化，初级教员获得了更多的权力，一些学生也是如此。学生表现出了更多的不满，这些都反映了学术共同体传统范式的没落。

增长同样表现在高等教育院校的适龄人口录取率的变化上。在许多欧洲国家，"二战"刚结束时入学比例是 4%—5%；仅仅在 25 年后，这个比例达到了 10%—20%。到 2000 年，大多数欧洲国家的高等教育适龄人口入学率都高于 30%，而且还在不断增长。

"二战"后，欧洲高等教育的扩张是巨大而迅速的。比如，瑞典在 1947 年有 1.4 万名大学生，到 1960 年，变成了原来的两倍多，达到了 3.5 万；而到 1965 年，又增长了一倍，达到 7 万，这个数字在 1971 年又翻了一番，大学生人口占到了适龄人口的 24%。法国大学生的人数同样经历了这样戏剧性的变化。从 1960 年的 20 万到 1965 年超过 40 万，在 70 年代中期又增长了一倍（适龄人口的入学率达到了 17%）。丹麦大学生的人数从 1960 年的 1.9 万增加到 1966 年的 3.4 万；在 70 年代中期，已经达到了 7 万，占适龄人口的 13%。在英国,《罗宾斯报告》显示入学人数从 1962 年的 13 万增到 1973 年的 22 万,到了 1980 年,已经接近 35 万。实际上,在 1973 年就已经有近 40 万人(占适龄人口的 13%)进入各种形式的全日制高等教育机构,而且 1981 年这个数字已经介于 80 万到 100 万之间(约一半是在大学)。到 2000 年,随着多科性技术学院和大学的出现,英国各种形式高等教育的入学人数已经超过了 210 万。①

高等教育入学人数比例的增长引发了一些问题,这些问题集中在高等教育的本质、功能领域。比如,不同国家进入高等教育的人数因为区域、宗教和伦理、社会经济阶层的不同而在入学比例上差异非常大。尽管半个世纪以来各国一直在为弥合这一差距而努力,但无论在哪里,中上层阶级子女进入高等教育的比例总是显著高于工人阶级家庭。当同一个年龄组进入高等教育的比例很小时,中小学教育机会均等带来的政治性问题就非常突出。但是,随着进入高等教育的人口比例的提高,人们对第三级教育领域的教育机会均等,民主和平等问题就越关注。

在高等教育扩张的早期阶段,进入高等教育的种种差别,不仅没有减小,反而不断拉大,在民主平等价值观念不断增强的西欧国家成为尖锐的政治问题。群体入学率差距形成了很大压力。许多国家的政府采取了旨在增加低收入阶层学生比例的“平权行动”(affirmative action)。对大部分学生来说,接受高等教育为他们提供的人生机会越重大,这些压力也就越大。目前,一些学术精英组织如大学仍倾向于成为社会和经济精英的家园,这使高等教育机构之间形成巨大的张力,大学仍然是以精英教育为主。具有讽刺意味的是,在 20 世纪,尤其是“二战”后,西方民主社会中的大学越来越趋于精英时,其身处的社会却越来越平等。

特定年龄群体入学率的增长也具有另一方面重要的意义,但不是直接与政治相关的。每年越来越多的一个年龄段的学生进入学院或大学,大学入学的意义发生变化——首先是从一项特权转变成一种权利,这首先是在美国实现的,然后是在欧盟,几乎成为一些家庭和种族群体的义务。高等教育入学机会的意义和重要性的变化对学生动机产生了重要影响,因而也影响了院校

---

① Gareth Parry, "British higher education in the prism of devolution," in Ted Tapper and David Palfreyman, eds., *Understanding Mass Higher Education: Comparative Perspectives on Access*, London, Routledge Falmer, forthcoming 2005. The age participation rate had climbed to 33% (though it varied from 45% in Scotland to 28% in Wales), having doubled in a decade. But the age participation rate loses analytical value everywhere as the numbers of mature and foreign students grow.

的课程和学术氛围。

高等教育的发展阶段

这些数字（反映了"二战"后所有发达工业国家高等教育的快速增长）隐含着两个本质上不同的过程。一个就是精英大学的扩张——如果的确是有所改变的话，传统大学的扩张主要表现在大学的形式和功能上。另一个就是精英大学系统向大众化的高等教育系统转变，高等学校为人数日益增长的大学适龄群体提供了许多新的功能（至少对于大学来说是新的）。

战后，每个充分民主的社会的高等教育入学人数都增加了，高等教育适龄人口录取率从"二战"前后的 5% 增长到世纪之交的 30% —50% ，这一过程经历了七个阶段。我们可以把这些阶段归纳为精英和大众化阶段，这些阶段到现在已经越来越开放，接近于高等教育的普及。高等教育这些阶段的模式和阶段转变首先是从 20 世纪 70 年代早期开始的（见表 1），因为种种原因，高等教育录取对象变得越来越难以精确地预测。首先，高等教育的多样性——学生、学习和院校的多样性——使得将院校简单地定义为精英、大众化还是普及的高校变得更困难，许多院校在同一机构内同时提供以上三种形式的教育。再者，在人的一生中的任何时候都可以进入高等教育的可能性使得无论从理论上还是在实践中要确定一个年龄组中有多少人进入高中后教育或者完成一个学位课程就更加困难，除非所研究的所有同一个年龄段的人都同时死亡。

不同国家的高等教育系统在结构与传统上的不同使其发展模式缺乏普遍性。比如，英国与瑞典的大学之间很相似，这表现在该国的大学对教学和科研的关注上，和该国对院校内学生福利的关心上。但是，英国大学的传统（也有一些例外）一直是鼓励学生在三年内就完成某一学位的学习。那些没有拿到学位就离开学校的学生被看成是从未入过大学的，一般而言会被集体称作"废物"。而与此相反的是，瑞典大学或学院的学习是建立在专业"项目"基础上的，这意味着学生可能不需要扎根于某一门专业学科中，也不用为在某个专业或者职业领域获得某种资质而去争取学位。所以，当一个大学生离开瑞典大学找工作时，如果他完成了某一个项目的专业课程学习但是却没有获得一个学术学位，这并不是什么稀罕事，也不会受到谴责。

然而，回顾半个世纪以来高等教育的发展仍然是有用的，这里指的是增长的模型——体现在高等教育三种不同形式的资源和影响——在这段时期，运用到不同的国家高等教育系统中，也能体现出其普遍性。但是，这个总结过去半个世纪高等教育发展的模型对于预测下半个世纪高等教育的发展是否依然有效却是值得质疑的。

在英国以及欧洲大陆国家，高等教育的早期扩张主要是通过精英大学系统的扩张来实现。但是，这些古老的院校不可能无限制地扩张；它们受到自身传统、机构、功能和财政上的限制。在欧洲国家，实现高等教育适龄人口15%以上的入学规模，不仅仅需要精英大学系统的扩张，大众化高等教育的快速发展也需要普通的非精英大学系统的发展。大众化高等教育系统不同于主要由精英高等教育组成的系统，二者之间不仅仅是量的不同，也存在质的差异。它们之间的主要差异不仅表现在录取学生的年龄差别上，也表现为以下诸多方面：大学教师和学生看待入学的态度上、学生获得入学的功能上、高等教育对社会的功能、课程、学生的典型职业生涯、学生同质程度、学术标准的特征、大学的规模、大学的教学组织形式、学生和老师的关系、大学的边际特征、大学管理和治理的模式，以及选拔学生和教师的理念与过程。换句话说，这些阶段之间的差异是根本的，涉及高等教育的方方面面。现在让我们更详细地看一下上述各方面在高等教育发展的不同阶段的表现形式。

精英高等教育本质的变化

回顾过去半个世纪的变化，有必要思考一下传统大学在20世纪六七十年代大规模扩张之前精英高等教育的本质。美国和英国的大学在许多重要的方面都和欧洲大陆的大学存在差别。它们在某些方面是类似的，比如它们都培养和教育少数群体使之成为社会未来的领导者——在欧洲大陆，主要是培养为公共服务、政治服务的官员，专业人员和教授。而在英国，主要是培养大学和中等教育的教师，学者和教会的牧师，而不是为了培养专业技术人员（这些更多的是通过学徒方式得以实现）。但是在英国和欧洲大陆，大学所从事的精英高等教育都是通过其文化内涵和其承载的社会关系特征加以定义的。大部分传统的精英高等教育，比如牛津和剑桥，两所大学关系紧密：学术共同体内的师生关系主要是为了培养绅士，教会学生如何过一种绅士的生活；它不是培养年轻人为某一具体职业作准备。实际上，这里培养的学生是看不起具体的职业的。

精英高等教育作为培养符合某种社会地位的某种生活方式的绅士教育，与培养某个具体职业的专家形成鲜明对比。英国的绅士教育与欧洲大陆国家的修养教化都是为培养领导者作准备，技术方面的知识主要通过具体工作来学习。马克斯·韦伯（Max Weber）将修养教化的教育与专家教育二者之间的不同视为"一战"后欧洲高等教育主要冲突的源头。人们普遍认为，"二战"后大众化高等教育的兴起是技术培训和职业教育逐渐替代了博雅教育和通识教育的结果。

大学里科学的兴起挑战着精英高等教育的理念，但是没有办法排除它，因为它与国家经济和军事实力紧密相连，即使这种联系并不是直接的。而且，科学最终会被学术共同体接纳并成为一个附属的成员，只要它追求"纯"的"基础"的研究，而不是"应用"知识。而且在大学的课程中，科学科目借鉴了古典的、中世纪大学发展和建立起来的数学知识。

但是，"二战"后大众化高等教育的增长导致了博雅教育和技术教育二者特征的变化，而且不仅仅是针对后者的扩张而言。它们之间既有的明显区别——精英高等教育总是意味着博雅教育的形式，大众化高等教育总是意味着职业教育的形式——不再存在。学校中的许多本科生和研究生项目都定位在政府部门或企业领域就职所需的专门训练，这一目标通过学生和老师的关系模式加以实现，这与牛津、剑桥大学的安排没有什么区别。传统精英教育是以强调普遍文化和生活方式的传授为特征的。但是，这有可能会误导我们今天对其精髓的探究。我想，我们仍然可以在法国的大学校，在德国大学的高级研讨班、在美国大学的研究生院和一些专业学院、在麻省理工的本科生课程、在哈佛大学和芝加哥大学的本科生院、在顶尖的美国艺术类院校、在英国大学的一些本科生课程中发现其精英高等教育形式。在这些学校和研究生院系中，师生关系更加宽泛而非狭隘，教师关注学生的价值观和发展特征；教师和学生在正式的教学机制外经常碰面与交流；他们见面交流的内容也不仅局限于教材和讲座。今天的大学是学生社会化的地方——培养心智和性格，而不仅仅是传授信息、技术和知识的地方。今天所谓的精英高等教育更加与教和学的形式相关，与教和学的环境有关，更与师生的关系有关，而不仅局限于传统的与课程内容相关。

目前，这些如此多样的精英高等教育又有什么共同之处呢？当然，它们都不再承担培养少数特殊优异者的使命，也不再有如牛津、剑桥那样传统的学院制理念。从1850年到1950年的100年间，精英高等教育建立在一个广泛的共识之上，即对于受教育者来说，什么知识是最有价值的，受教育者应当具有什么样的品质和个性。在"二战"前，欧洲和美国对于受教育者应有品质的观念随着时间的不断变化，从某种程度上说各个社会的定义有所不同，甚至同一社会内部的不同派别对此观念也都不一样。然而，在这一问题上还是有一些共识的。今天，对于高等教育培养精英需要何种必要的和核心的内容，却没有一致看法；而且，我们只能从形式上而不是从内容上来描述它。

那么，在当今情况下，精英高等教育的形式不再是一成不变地努力灌输一般性的道德或文化观念，培养心智、情感、态度和个性，也会致力于传授技术和知识，但这些在某种意义上都不足以用来表述"精英高等教育"的特征。虽然我们曾一直用这个术语描述一种教育和一种机构最惯常共有的一些特征。这种教育通过相对比较亲密和长久的师生关系来维系，也需要创造和维护一种相应的环境设施去实施这一师生关系。无论学习课程和教学大纲的具体内容是什么——实际上差异是非常大的——高等教育的这种形式向学生表明（也试图表明），学生自己能够完成世界上一些重大的事情、他们可以作出重要的发现、他们可以领导重要的机构、影响他们国家的法律和政府，也可以对知识作出实质性的改进。从这个意义上说，精英高等教育机构激发学生的远大抱负，而大学为其提供实现理想的社会支持和智力资源。与此相反的是，大众化高等教育集中于通过教师和学生间短暂、机械化的关系来传授技术和知识，为学生适应社会更模式化的角色作准备，即使学生能够胜任一些社会地位较高的职位，如博学的教授、公共服务和商业管理。（当然，高等教育的这两种形式常常是重合的，微妙地相互融合。）

精英高等教育仍然对学生提出很多的希望和要求，比较含蓄地传递它的要求，为学生实现远大抱负而作出道德和技术准备。这与社会上其他同样对学生提出较高要求的机构和组织处于激烈的竞争中——比如，家庭、职业、同辈群体以及激进的政治运动。因此，精英高等教育提出了与学生其他职责相悖的要求，造成了一些在大众化高等教育中所没有的紧张状态。它同样努力为那些陷于各种规范性要求和情绪紧张状态的学生提供各种社会的和心理的支持。因此，为完成任务，比起大众化高等教育，精英高等教育更倾向于寄宿制，或者至少要形成比较亲密和支持性的学术共同体。基于同样的原因，这成为大学生必须要投入所有时间参加的一项活动，至少在学期内应如此。大学生活的经济负担和来自普通家庭的大学生数量的增加，都使得学生在大学学习期间必须兼职打工，而且学生在学期间从事兼职已经得到广泛认可，且被看成是非常必要的。不同的是，精英高等教育不允许学生有偿打工，也不允许学生结婚。（在英国，19世纪的大部分时间，教师间结婚也是不允许的。）因此，对学生的工作和家庭提出了彼此冲突的职责和义务，也干扰了学生在大学中有效完成社会化的过程。

在如今的精英高等教育机构中，尽管在学生生活中，传统性被冲淡了许多，权威性也减少了许多，仍可以看到传统大学的一些形式和结构。充满讽刺意味的是，这种传统性最为显著地体现在美国、英国和欧洲大陆大学里的研究生院与高级研讨班，它们现在是学术规范和科研生涯规范高度社会化的中心，也是高度专业技术化的中心，而专业技术化则是构成当代学术型博士学位专业训练的核心。同时，大学本科生教育（即使是在大学中）逐渐趋近于大众化高等教育中相应科系和专业提供的教育，当然也有一些例外。而且，学生对转学和跨国流动要求的不断增长，增加了学科领域训练标准化的意义和价值，大学要为学生提供在其他相似院校都能够得到承认的基础知识和基本技能。

但是，即使精英高等教育的传统形式和功能不断弱化，每个国家的顶级院校中仍然存在一些特殊的"精英"特征。其中一点就是鼓励学生要有远大抱负，以及形成在毕业后有利于他们实现抱负的人际关系和网络。

对远大理想和抱负的鼓励是精英高等教育的最显著特征。提供这种高等教育的机构招收有抱负的学生，培养这种抱负，并使其具体化。这些院校的毕业生在竞争社会上的领袖职位时相当成功。在美国，这是区分精英高等教育和那些无数无名的各种小型文理学院的重要特征——虽然那些学校也致力于通过师生的关系来培养学生个性。在英国，类似的机构是新大学（即以前的多科技术大学）现在是一些多功能高等教育机构。一些本科生和研究生课程项目几乎和牛津大学的没什么区别，而且还可以找到一些为成人学生准备的新课程。从这个角度看，这些先前的多科技术大学和美国许多公立学院和大学极为相似，都提供第一学历教育以及一些与职业紧密相联的硕士学位教育，通常是面向成人学生开设，有着严肃的学习和研究氛围，但纯粹的学术研究很少。与一些古老或新兴英国大学不太一样的是，它们以前在继续教育学院中开设的连锁课程向所有高中后的学生开放，这与两年制的社区学院（美国普及大学系统的主要机构）很相似。公正地说，这些非研究型大学（在 1974 年以前这是一个无法想象的概念）有多种优势和好处。这些机构不鼓励学生胸怀抱负，也不会让学生觉得自己已经做好了在各种社会机构中充当最高领导人的准备。

远大抱负以及对此的鼓励只是精英高等教育与社会上精英地位和功能相联系的一系列特征之一。在学术生活或其他方面我们可以看到，"优势生产优势"是如何运作的。而且，精英大学也借此成为著名的学术中心。在美国，对本学科领域作出卓越贡献的那一小部分学者、科学家大多数都是少数精英大学研究生院的毕业生。其中的影响因素有很多，相互混合，很难剥离。大体而言，著名大学的重要科系成为出色而有抱负的学生的首选，这些科系在招生政策上有很大的选择性。除了学校的知名学者和科学家的吸引力外，这些科系能够为学生提供本学科领域一流的教育。因此，它们能够吸引出色的毕业生留校任教，或者使其毕业生有能力到其他著名大学的相关学科任教；这样就增加了优秀毕业生接触优秀学生、与出色的同事共事、获取丰富的资源（如图书馆和实验室）的机会，对于学习也能够有更合适的安排。获得著名大学的学位，在著名大学教书，这些都为科学家或者学者带来更好的研究机会。帮助他（她）为该学科领域作出更大的贡献。与学科领域内最优秀的人打交道或得到他们的支持，能够使年轻人获得自信，这种自信对于形成求知欲望、开发潜能具有非常重要的作用。

当然，精英高等教育、知名学者以及在社会机构中领袖地位的取得这三者之间有着密切的联系，但是，必须强调指出，它们并不等同。培养精英的高等教育未必就一定（或者不一定总是）有出色的知识水准，它的毕业生也未必就个个成功，而卓越的学术成就也未必就只在上述的这类精英教育机构中才存在。

高等教育发展阶段：转变的不同方面

当代高等教育系统发展各个阶段之间的转换需要高等教育在结构和功能等各个方面的变化。根据布伦南（Brennan，2004）的分析（参见表1），变化的几个重要维度包括系统规模、机构多样化、入学和选拔政策、管理和治理、课程和教学形式以及学术标准。

系统规模

当今社会，一般国家的精英高等教育系统能够不断扩充而不改变其本质特征，直到入学比例达到适龄人口的15%。到这一临界点（或接近这一临界点），高等教育系统的特征开始有所变化。如果过渡成功的话，高等教育系统中的各类学院和大学能够顺利发展而不会有本质上的变化，直到适龄人口入学比例超过30%。除此之外——这方面也率先在美国发生——许多家庭都把自己的儿子和女儿送入各种形式的高等教育机构，高等教育系统必须发展新的高等教育形式，因为高等教育发展已接近于普及状态了。在我们这个不断实现英才管理制度的社会，个人才能和创造力在个人成就中扮演着更加重要的角色。也许这是个好的发展趋势，是精英高等教育在现代社会的重要性日益降低的一个证据（可能是最重要的证据）。

入学态度

更容易地进入高等教育与人们——学生和家长、学院或大学教师和管理人员——对获得进入学院和大学机会越来越多的关注紧密相连。当入学机会非常有限时，接受高等教育被看成是一种特权，是基于出身、天资或两者兼而有之的特权。当适龄人口入学率超过 15% 时，人们逐渐把接受高等教育看成是有正式资格的学生的正当权利。当一个国家进入高中后教育的人口比例超过 50%（在社会的某些部分，这一比例当然更高）时，接受高等教育日益成为一种义务：为来自中上层家庭的孩子作准备——美国和欧洲的大学都如此——如果一个高中生毕业后，不进入高等教育，会被看成是有智力缺陷或性格问题，需要作出解释、使其合法化，并表示歉意。再者，随着进入高等教育的人数增多，最好的工作和其他机会（主要是生活上的经济回报）也只向获得大学学位的人开放，这就进一步迫使学生一定要接受高等教育，并将其视为一种义务。

高等教育的功能

高等教育不同的发展阶段与其不同的功能相联系，对学生如此，对整个社会也一样。精英高等教育一直以来主要关注上层社会心智和个性的培养，要求学生为成为政府或其他高深专业的精英作准备。在大众化高等教育阶段，这些院校仍然为培养精英作准备，但是精英的概念更宽泛了，包括社会上所有技术和经济组织的领导人才。其侧重点也从强调个性培养转变为技术精英作具体的技能准备。而在普及高等教育阶段，高等教育主要为发达工业社会的大部分人作准备，它们并不是主要培养精英（无论是狭义上还是广义上的），而是为所有人服务。其主要目标是最大限度地提高全民对快速变化的现代社会的适应能力。

课程和教学形式

课程和教学形式自然反映了学生这一概念的变化，也反映了高等教育对学生乃至整个社会所发挥的功能的变化。精英高等教育中的课程高度结构化，反映了学位课程的学术特性或专业要求。主要由期末考试决定的研习课程从整体上来说是高度专门化的。课程的内容是由教授们对于什么是一个受过良好教育的人或者什么是一个合格的专家的概念而设计的。在大众化高等教育的院校中，课程更加模块化和半结构化，学生关注学分的获取（模块课程中的转化单位），允许课程与课程之间的灵活结合，学生转专业更为容易，实际上学生不仅容易进入大学也更容易在院校之间转学。学分制和模块化课程更多地出现在高等技术学院而不是在欧洲的大学里。几十年的探讨对于大学的课程的模块化影响甚微："波洛尼亚进程"直接关注到了这一问题，但成功与否还有待观察。

在普及高等教育阶段（随着这一阶段的出现），模块课程仍然不衰。但是教学逐渐去结构化；课程自身的边界渐渐模糊，这确实需要系列配套的课程。高等教育对课程要求变得非常困难，因为高等教育概念本身已经不再单一。随着学习和生活界限的消失，对学术形式、结构和标准统一化的抵制也逐渐渗透到考试与评估之中。对这一点的重视源于远程教育学生人数的增加，他们一般是在线学习，学习内容直接或间接地和他们的工作相联系。许多人进入以普及高等教育为目的的各种高等教育机构，这与现代社会给予人们更多资源以应对当今生活种种问题的经历并无二致。而且，在普及高等教育机构中，课程设置并不是专门为某种特殊职业设立的，那就是为什么业绩评估不被看重的原因。

教学基本形式和师生关系问题上也有类似的差别。在精英高等教育系统，典型的教学形式是个别辅导或研讨，其标志（总体上）是师生间个人化的关系。虽然高级教授和一般本科生的距离会非常大，但他所带的研究生有可能因为同他一起研究而与之保持着非常亲密的学徒关系。这与精英教育中大学塑造个性的核心功能以及培养更广泛意义上的精英是相吻合的，这些精英们的每个人的角色和行为如此不同，以至于大学期间的课程无法提供相应的训练。尽管大学在快速扩张期间已人满为患，但法国的大学校依然保留了个别辅导或研讨这一教学形式，这也的确说明精英大学教育在法国依然存在。在大众化高等教育的形势下，真正强调的是技术和知识的传授，正式的教学形式往往是在大学教室中通过助教和日益增多的兼职教师担任，这些教师与学校之间并没有很强的长期关系。在普及高等教育中，师生间直接的人际关系从属于在更大范围内给学生带来更新、更复杂的探讨问题的观念。这种教学形式更加依赖于远程学习以及其他的技术支持。随着大众化高等教育更关注工作和职业准备，高等院校逐渐趋同于开放入学的机构。开放式入学机构及其教学也逐渐与大众化高等教育相近，更加关注对成人和半工半读学生的职业培训，一般通过不断变动的兼职教师承担的远程教学来实现。

学生"生涯"

不同形式高等教育中学生的学术生涯也存在很大差异。精英教育机构里的学生通常是完成高中教育后就直接进入（大学）的；他们"住在校园"不间断地学习（除了假期）直到拿到学位。从这个意义上说，他受到"资助"，为学术荣誉而竞争。在大众化教育机构里，一些学生完成高中教育后直接进入大学，但是越来越多的学生会推迟入学，待工作或旅游一段时间才回到学校，还有更多的学生作为成人学生回到学校就读。更加容易的就学机会和参差不齐的学生导致更高的"浪费率"。但是，现在的学生变成一个混杂的居住群体，职业训练成为他们接受高等教育的一个重要部分。在普及化高等教育机构中，推迟入学情况更为严重，任何一所院校都有退学的学生，而且很多学生都有过工作经历。强调"终身学习"，使正规教育与其他人生经历之间的界限更为模糊了。

此外，在不同形式的高等教育中，尤其是在大众化高等教育和普及高等教育阶段，来自低收入家庭的学生增多，更多的学生从事与学业无关的事——开始是在假期打工，后来在学期中也工作。这种趋势对于学生、课程（在阅读和研习之外没有布置其他什么任务）、学生动机以及师生关系都有特别的含义。但又很难阻止这种行为，尤其对那些经济贫困的学生。如果只是偶然的几个"贫困而优秀"的学生为了学费和生活费工作是可以忽略不计的。但是，如果超过30%、40%、50%或者更高比例的学生都参加兼职工作，高等教育机构本身就发生了变化。

院校特征及其边界

高等教育系统在不同的发展阶段表现出不同的多样性。精英高等教育系统倾向于保持高度的同质性，在同一个国家这些院校彼此相似。它们是普遍高标准的大学，虽然也包括一些高度专门化的"技术学校"，但那些技术学校有特殊途径可以直接通往部分社会公共服务部门。而大众化高等教育系统开始变得更"综合"，标准多样化，高等教育系统内部院校之间的联系加强了，为学生和教师提供更多的流动机会。在普及的高等教育系统中，院校间差异很大，没有普遍的标准。实际上标准本身的含义也存在问题并备受质疑。

随着高等教育过渡到大众化阶段，院校数量增多，也更多样化。尽管诸如英国的精英主义倡导者们付出了百般努力，试图维持传统精英大学的一些特征，但欧洲高等教育系统所要求维持的普遍高标准最终还是被打破了。但是，为了实现高等教育成本和功能的差异性，在安东尼·克罗斯兰（Anthony Crosland，1965—1966）的努力下，英国通过了一项命令性的计划（高等教育"双轨制"计划），这与要求平等的政治性力量、政府倾向的标准化和学术组织所期望的享有更多特权等相悖。在这些压力的作用下，1992年英国的"双轨制"政策被迫取消，大学与多科技术大学合并。

为大众化的功能而创造和设计的大学或院校（如英国大学和多科性技术大学的合并）使得人们以前要求的平行划一标准（即使是在同一个学科内）不再可行。当学科自身多样化、按照不同标准招收不同学生，并教授不同的课程，在这种情况下宣称坚持优秀或质量的统一标准就变得更可笑了。

三个系统中比较典型的院校在规模上和特点上都不同。精英大学通常是2000—3000名学生住在一起的"共同体"。一旦他们发展起来，就希望能够被"拆分"成小的单元，就像牛津、剑桥的学院，保持相对较小的规模。美国研究型大学当中稍低一层级的"学院"就是这样的代表。因为被分成小的教学机构，这些院校的真正规模与宣称的规模是不一样的。有许多学院其实是有名无实的，只是教师和学生自发形成的无形学院。在欧洲大陆的大学，这些学术共同体是由一个系或一个研究项目的人员、一个实验室，或者由某个教授领导的高级研讨班来定义的。

以大众化高等教育为特征的综合性教育机构表征不是"共同体"而是"智者之城"（cities of intellect），由3万—4万学生（甚至更多）和教师构成一个混杂的居住和交流群体。普及高等教育机构在规模上是无限的；它们也许仅仅是简单地召集一群人来"教学"，大多数人除了参加一次专门的课程，很少或者从不在中心"校园"出现。他们的共同点很少，没有基于频繁联系、相近价值观和同质感而形成的稳定的共同体。今天，因为一门课程或者一个学位项目我们招收了一批在线学员形成一个虚拟的共同体。如果说远程教育的规模也可能是有限制的话，但我们还没有发现它的限制。

根据这些趋势我们大体可以认为，精英高等教育系统过去（且仍然是）与周围社会有着清楚且相对不容易消除的边界，极端的表现就是大学墙。大众化高等教育系统也仍然是有边界的，但是不稳定也更容易穿越；在大众化高等教育机构内外活动相对便利，尽管因为学术多样性和非学术上的考虑，对其成员在形式上有着正式的规定，但对"成员资格"的概念是更加模糊的。在普及高等教育系统中，边界变得非常模糊，可以说几乎没有边界了。从某种意义上说，任何人只要报名一个在线课程（在多数开放大学）或者收看电视广播课程，就可以被看成是"延伸的大学"的一部分，至于学生是否按时交作业，或者是否"被录取"都没有什么太大意义，除非他想要学分。

权力所在与决策

高等教育系统的三种形式的不同主要体现在根本权力的来源、学术标准的本质和选拔招收学生的原则上。根本权力和有效决策表现在精英大学中，大学一直由较少的精英群体所管理：著名大学的领导者——政治的、经济的和学术的——彼此认识，有共同的价值观和想法，通过非正式的面对面会谈来作决定。其中的一个例子就是少数公务人员、政府官员、大学校长和大学拨款委员会的成员，他们通过在小小的委员会办公室或者在伦敦雅典娜图书馆俱乐部的圆桌旁进行会面来决定一切事情，这已经影响着英国大学系统很多年。美国学院和大学的董事会或理事会也是一个例子。在欧洲，手握重权的是高级教授，高级管理者和政府官员，有时也包括对大学特别感兴趣的议员，也会包括教授们（如在意大利）。民主社会的趋势在欧洲表现得比在美国更甚，就是将地位低微的教员和学生吸纳到管理委员中，但是这种做法的象征性意义大于其实际意义。

大众化高等教育机构会继续受到这些精英高等教育的影响，但是也逐渐地受到"民主"政治进程和关注高等教育的"热心公众"的影响。"热心公众"指的是那些具有特殊兴趣和资质的普通民众，他们对高等教育在总体上和细节方面形成了一些普遍的看法，比如技术教育的形式和内容。涉及这类院校的高等教育政策越来越受制于特殊利益集团和政党活动的政治程序中，并反映在州协议和政府立法中。一种热心公众是大众化高等教育系统中毕业生的雇主们，他们对于学生掌握的技术以及资质的情况很感兴趣。另一种是"老校友"，他们一直关注母校的发展和命运。这些群体通常会形成他们自己的政治手段，如和当选的领导者建立联系，与政府、立法机构和大学中那些真正掌权的少数群体建立关系网，天天交流，长期沟通。

当高等教育系统向普及阶段发展时，更多的人受到高等教育的影响，他们或者通过过去或者正在就学的人的影响，或者通过一些朋友或亲戚受到影响。另外，学院和大学——教授知识的场所、师生的活动——都成为公众普遍感兴趣的地方，它们不仅仅出现在一些严肃出版物和杂志上，也在大众化期刊和电视上有所报道。高等教育吸引了大批公众的兴趣是由于高等教育的巨大开支和对社会显著的影响力，公众逐渐认识到自己有权利弄明白高等教育机构中到底发生了什么。而公众表达他们的兴趣的方式或是通过致信政府官员，或是通过特殊的投票或普选的方式将自己的想法公之于众。

对高等教育感兴趣的公众的规模和特征的变化影响着高等教育政策，也对高等教育讨论的性质和内容产生影响。尤其是表现在谁参与和他们作出的决定方面。学者们对某一专业知识的主张，以及要求其所在院校享有特权和豁免权的呼声逐渐遭到质疑；学者们对学术自由的理解、为保护学者不受政治利益和大众化观念的影响而追求真理的学术任期的意义也都受到日益渗透到精英领域中的大众化观念的干扰。开放院校中教师无力享有终身教职和工作保障缺位也反映了这些院校自治能力的衰弱，它们逐渐被看成是为社会上其他组织服务的机构。

学术标准

这些转变对于学术标准的意义也是同样清楚的：在精英系统和院校中，至少在它们处于英才管理阶段时，学术标准是被广泛认可的而且相对较高。目前，随着一些学科领域和研究项目日益政治化，院校之间、学科之间的学术标准差异增大。在大众化高等教育系统和院校中，学术标准多样化，系统中不同部分之间的严格程度和特征也有所不同，因为系统和院校是为差异很大的学术企业服务，这种不同也就变得合情合理了。另一方面，这也显示了现代社会精英和大众化高等教育形式上的相互重叠。

在那些普及性的院校中，对成就的衡量标准也不同：不是重在衡量一些符合学术标准的成就，而是通过这种教育体验是否"价值增值"。这是对中小学教育后普及高等教育中非学术型的教育形式的一种校正。很明显，这一学术标准彻底改变了评价个人或院校活动的基础。举个例子，如果成功的标准是"价值增值"，那么招收学业上比较薄弱的学生就比招收学习成绩优秀的学生要好，因为与表现已经很好的学生相比，起点低的学生会更容易提高成绩。这实际上是"开放入学机会"的立论所在。无论实质是什么，都表明了"普及"对高等教育的转变是根本性的。

入学和选拔

选拔学生的准则在高等教育发展的不同阶段也有所不同。在精英高等教育系统中，西方社会授权特权阶层的标准（在过去一个半世纪或多或少）

很快让位给由中小学学业表现或专门考试成绩来衡量的英才标准。目前，英才的标准又让位于弱势群体，并给他们一些特殊关照：如少数族裔、新移民或者贫困的白人。但是大多数精英大学的地位和成就是依靠招收社会上最优秀的学生获得的。因此，大学标准的这些边缘性的改变其实对这些院校的教学没有什么影响，除了某些特殊的弱势学科。

大众化高等教育院校普遍接受英才标准；尽管标准没有精英学院和大学那样严苛，但入学机会仍是有限的。因此要致力于教育机会均等，大学或高等教育的入学已经发生了很大程度的变化，这导致了"补偿教育计划"以及额外的非学术性标准的引入，以避免弱势群体进入高等教育机会的不公平。这里，我们看到精英院校与大众化院校之间的差距在缩小。

在那些普及性的高等教育院校中，按照定义，它们向任何想入学的人或者具有一定的教育水平的人"开放"，其标准是个人是否自愿与学校建立联系。普及高等教育的目标是群体成就的平等而不是个体机会平等，普及高等教育是努力反映社会的阶层、种族、民族合理分布的高等教育。当然，高等教育系统招收的人数越接近于适龄人口的总数，就越能反映各社会群体在总人口中的分布。在有限的案例中，这种"民主"与中小学义务教育形式在不同地点、以不同的形式提供着具有不同特征和质量的教育有着同样的意义。现在，我们已经明白这种招生理念的内涵——包括入学标准——即使处在大众化向普及高等教育过渡的欧洲国家也是这样。未来的教育发展方向是符合社会正义的教育。由普及高等教育进而发展社区教育，这一点美国已经处于领先地位。

学术管理的形式

三种系统的院校在机构管理特征上也不一样。典型的精英大学管理是由学者承担的，他们大多是管理的"门外汉"，他们服务于委员会、董事会或者立法委。在一些国家，他们可能会获得专职管理人员或者注册官以及一些专家的帮助来处理大学的财政事务。但在精英大学中，行政领导是通过学术性选举或办公室任命的，有一定任期。随着向大众化高等教育的过渡，学校扩张，院校功能多样化，院校行政管理人员队伍开始壮大，院校的最高领导由曾经是学者担任转变为由全职管理人员担任。在他的领导之下，有一个非学者群体组成的庞大的行政管理机构。随着高等教育系统朝普及方向发展，巨大的教育成本导致大学财政问责的压力加大，项目管理更为复杂。大学雇用越来越多的专业人士，如系统分析师、擅长项目预算的经济师、和了解财政资产增长的专业人员等。在这个阶段，大学管理的集中化和理性化会带来许多问题。院校自身的运行变得多样化，其"产出"更难以量化，正如管理程序越来越依赖于量化数据来评估成本和收益一样。而评估数据的提供者正是被评估者，这是每一个计划经济中对自下而上的信息收集可靠性问题产生的质疑。

大学管理的合理化——基于系统收集数据和量化分析：分散活动成本和这些活动的"产出"与"效益"——这是对高等教育规模扩张和成本投入的一个回应，也是对公众不断问责其"效益"的一个回应。管理过分依赖于量化数据，这些管理技术成为与精英大学运行发展相悖的独立势力，而大学中许多功能和活动无论是成本还是收益都是无法量化的。一个危险的看法认为随着高等教育规模的扩张和成本支出的增长，这些管理技术的发展和大学治理的中心集权化是"不可避免"的。强调这种趋势的"不可避免"也许会妨碍我们提出下面这些尖锐的问题：这些管理的新技术是如何运用的？后果是什么？相对于大学自治，集权化控制的限度是什么？带着这些问题，我们至少应该意识到这些技术是如何弱化了高等教育那些无法轻易测量和量化的活动和功能。

大众化高等教育的发展并不一定就会破坏精英高等教育机构或者是部分机构，也不一定会影响这些机构向大众化高等院校的过渡。实际上，高等教育的精英形式继续发挥着大众化高等教育无法替代的功能——培养和教育在学术上有最高水平和创造力的学生，为这些学生提供社会化的途径。通过美国大众化高等教育系统以及其他国家向大众化高等教育阶段发展的模式，我们可以发现，它们是在创造和拓展新功能、新活动和新院校，而不是在吞噬过去的精英教育。

但是，在大众化或普及高等教育发展过程中，精英高等教育机构和中心，由于生存的需要会努力维护其独特性，虽然它们并非总是成功的。它们独有的特征和完整性将受到把一切差异视为不平等的平均主义理念的威胁；受到中央政府统一化控制的威胁；受到强势理性管理和新治理形式的影响。学术管理的合理化是高等教育向大众化方向发展的一种反映与产物，但它对其他类型高等教育的影响也并不中立。从这个角度看，学术管理合理化所针对的是高等教育多样性，而多样性也是大众化高等教育的特征之一，并且是它的"定义性"特征。对于政策制定者来说，这是一个两难的境地。

内部治理

高等教育系统内部治理的形式和过程差异很大，这种差异体现在国家间和院校间。但从整体上看，几乎任何地方（除了美国和英国）的精英高等教育都曾经由高级教授们管理，他们会任命一个兼职校长来主持会议；那些没有高级教授职位的人对于学校的关键决策是没什么影响力的。随着学校发展，没有高级教授职位和非专业的职员渐渐对这种垄断的"教授寡头政治"提出挑战。另外，正如在大众化高等教育的院校里也能看到的，一些初级职员逐渐不同程度地分享一些国家和大学的内部权力。再者，在学生运动期间，学生领袖要求获得影响学校决策的权力，学生参与的形式与程度成为精英高等教育向大众化高等教育阶段过渡过程中的一个重要问题。但是，大众化高等教育的重点——开放的教育机构——职业培训和学分注册制度让激进学生要求参与决策的想法悄无声息了。因为，学生一般在一所院校就学时间较短，几乎来不及赢得号召力。那些能在一所学校里学习很长时间的学生们也都忙于应付自己的科研项目和论文。所以大众化高等教育中参与管理的几个学术共同体中，学生和初级教员的人数比来自政府机构的人要少，这也是大众化高等教育内部治理中的一个弱点。

在精英大学里情况稍有不同，学者们仍是一种势力。但是，在精英转向大众化阶段，大学的治理问题还是因为学术共识的衰落而日益严重。传统的精英大学功能较狭隘，学生和老师具有高度同质性，容易获得学校成员对大学的基本特征和价值观的广泛认同。但是，当精英院校向大众化高等教育发展时——院校的功能增加——这意味着院校要招收更多的来自不同背景的学生和老师，他们对于高等教育以及他们所选择的院校的未来发展有着自己多元化的看法和观念。同时，初级教员——他们与高级教授的兴趣和态度往往是非常不一样的——他们也许会获得权力和影响力。而学生领袖，来自更加多样化的学生群体，受到激进政治潮流的影响，会挑战大学的一些传统价值观和看法。在许多院校，无论是在学生还是老师中间，都已经失去了以往对于精英大学的传统理念的共识。学校教职员之间以及教师与学生之间的关系不再可能建筑在广泛共识的基础上，取而代之的是更加不确定的关系，成为各种压力和冲突的来源。参与式大学治理通常假设旧的共识还存在，或者假设能够再创造新的共识。但一般情况是，参与式的民主也许会被引入大众化高等教育机构中，其利益和理念的冲突与社会其他政治机构的情况（或许是更有效的管理）极为相似。

对于学生参与的说明揭示了以下分析的一般性原则：在高等教育的不同形式和发展阶段中，"同一个"现象可能意味着不同的意义和结果。因为"学生参与"在一个价值观高度一致的小型精英学校治理中，可能实际上仅仅是一个学术共同体中最初级的成员在参与管理，由学术生涯中价值观一致的人组成。与此相反的是，"学生参与"在一些大众化高等教育机构，由于无法实现价值共识很容易形成兴趣和理念冲突。这一问题无论规模和特征，都很难包容和解决。人们并不一定认识到问题的所在。人们通常把小型精英文理学院对学生参与治理的经验往往不加区分地被应用到大众化高等教育机构中。（对于管理方面和治理形式，事实上也是如此。）

数量的增长改变了学生对进入学院或大学学习的概念。当适龄人口入学率在 4% 或 5% 时，学生们自然把自己看成是少数特权一族。尽管这并不意味着他们必然被动或谦逊，但这确实让他们觉得——和他们的教授与讲师一起——他们是少数特权集体的一部分，有着非常清晰的共同价值观念、符号象征和仪式、说话方式和生活方式。所有这些区分了学术机构的身份认同和其他社会机构身份认同的差异。

高等教育的发展在适龄人口入学率超过 15% 时——在大部分的欧洲国家，学生人数是朝着百万增长，而不是 5 万——不可避免地会改变先前的情况。学生开始把进入大学看成是达到某一条件后享有的权利。随着进入高等教育人数比例不断增长，进入大学在某种程度上被看成是一种义务：所有国家的大部分人口进入大学，至少其中有部分是因为处于一定社会阶层的父母将送子女进入大学视为"理所当然的事情"。这些学生与经过挑选的精英相比，对于上大学没什么感觉，他们进入大学时的年龄比 30 年前入学的人要大很多。很少有人会想到大学的"自治"组织问题，在不断发展但没有能力或没有期望在内部形成小的单元组织中，这些自治组织渐渐式微，也部分因为是有这样一种观念：将学生和老师看成是特殊的"资产"。

大学入学人数的增长使入学概念发生了转变，同时也伴随着选拔原则和选拔程序的变化，即从特权到权利。随着高等教育的大门逐渐打开，精英大学和少数精英预备学校、公立学校和中小学校以及大学预科（公立或私立）之间古老的亲密关系变弱，进入高等教育的途径逐渐开放。从逻辑上说，如果高等教育朝向大众化高等教育的方向发展是州政府政策和谨慎规划的结果，则中小学"综合性"发展——来自社会各阶层的人数越来越多，都准备进入大学——将超越大众化高等教育的发展。但实际上，过去 20 年高等教育爆炸式的发展已经大大超过了综合性中小学的扩张，而这些学校正是为更多人进入大学作准备的。

说　明

本文所探讨的高等教育发展的三个阶段——精英、大众化和普及或者称为开放性教育——在马克斯·韦伯看来，是一个理想型的。它们是从事实经验中抽象出来的，强调所有发达工业社会的大学系统内各个部分间的功能性联系，而不是其独有的特性。因此，对任何一个阶段的描述都不能被看成是对某一个国家高等教育系统完整或充分的描述。

这些理想发展类型可以用来定义和揭示一些国家高等教育中普遍存在的问题，这些问题主要包括以下三种类型。

（a）系统内各个不同部分之间的功能性联系，比如，招收学生的既定模式和大学课程的主要形式之间的一致性程度或张力。在许多欧洲国家，大学教育过去一直假设中学教育已经为学生打下了良好的博雅教育基础——比如大学预科、法国公立中学（Lycée）或者英国中学的第六学年（sixth form of British secondary school）。随着大众化高等教育进程的推进，这些学校对学生的选择性和教育的强度已经降低，越来越多的学生进入大学，但他们并不具备以前所假设的一个广泛的文化基础知识。

（b）从一个阶段向另一个阶段转移将会产生各种各样的问题。因为，高等教育系统中现有的关系（或多或少功能性的）不断地受到不平稳的、不同时的变化所干扰。比如，随着初级教员的人数和功能增多，承担的责任、发挥的重要性越大，他们会越有自信，而这直接威胁到院校、学部和学系中教授寡头政治的生存问题。

（c）随着高等教育从一个阶段向另一个阶段发展，高等教育机构与整个社会（政治和经济机构）之间的关系也将出现问题。例如，随着高等教育成本提高和高等教育系统对广泛意义上的社会、政治和经济活动变得更为重要和有意义，公众越来越看重对高等教育的问责，这也就不断侵犯高等教育机构在资金分配和使用上的自主权。

这里必须强调的是，高等教育系统从精英到大众化的发展过程，或者从大众化到普及的过程，并不必然意味着前一个阶段的形式和模式在下一个阶段就会自动消失或改变了。正相反，有证据表明，每个阶段特征都会在进入下一个阶段的一些院校中或多或少地体现出来，只不过是高等教育作为一个系统容纳了更多的学生、承担了广泛的更为多样的功能。最新的院校——逐渐成为最重要的机构具备更多的下一个阶段的特征。所以，在大众化高等教育阶段，精英教育机构不只是存在于大众化高等教育系统中，以美国为首的各国在高等教育走向普及时，精英、大众化高等教育机构都很好地保存了下来，而且还不断发展。同样的，在许多大众化高等教育机构内部仍承担着精英教育的功能。

但是，这里也观察到了关于混合阶段系统特征问题：问题在于不同高等教育形式在本质上有不同的准则和不同形式的功能。接踵而至的是：当系统的重心已经转移到大众化高等教育的形式和功能上时，系统通过何种组织机构和运行机制在多大程度上可以成功地继续发挥精英教育的功能？当不同的功能要求不同的结构、价值和关系时，系统能够在多大程度上成功地发挥多种功能？——尤其是当中央政府机构受到行政法规和平等政治的压力，必须对所有院校和个人采用同样标准，平等相待。

对高等教育发展分阶段的分析并不意味着高等教育的各个因素和部分都是以同样的比例在改变，也不意味着高等教育系统一直在平稳地朝向下一个阶段的特有形式发展。实际上，发展是非常不均衡的：可能在课程多样化之前，学生人数的膨胀就已经带来了多样化的学生；而在要求课程改革之前，由于教师招聘和培训方式改变，课程可能就已经更多样化了；教师则可能在院校管理随着教师特点变化而采取不同的管理形式之前就已经更加多样化了；而且已经开始分权以更清楚地反映学者责任。对任何一个既定系统的仔细分析都必须注意：（a）系统各个部分和模式变化的后果；（b）由此引起的压力和问题；（c）在不同部分和系统因素中不同国家的变化在多大程度上表现了共同的变化模式。

该高等教育发展的阶段模式无意对不同时期和地域的现代高等教育系统提出一个简单划一的描述或概览，而是在于对高等教育发展各个阶段之间转换所引起的张力进行分析。该模式认为，阶段的转换为正在发生变化的机构造成压力和问题，因为，作为高等教育系统的一部分政府中的教育部（尤其是在欧洲国家）为高等教育系统在规模与形式上制定政策。在过去的半个世纪，发达社会中的高等教育经历了从精英高等教育向出现于20世纪后半叶的提供更广泛的入学机会的高等教育过渡。

对发达工业社会高等教育阶段的分析，对一部分不同发展阶段的情况的分析，对各阶段转折点和一个阶段中以不同比例变化所形成的问题的分析，都是为了揭示不同社会和高等教育系统中存在的普遍问题和模式。

质量、平等和扩张所带来的两难困境

本文研究的国家的高等教育与国家和社会的联系通过以下三种方式：通过政府政策、经费支持和管理；通过市场对教育产品的需求；通过社会对院校完整性和竞争力的信任考量。这三种联系方式在不同国家、不同时间和不同院校表现形式和程度不同。本章提出的高等教育发展模式可以用来审视"二战"后现代民主社会中高等教育系统和院校的迅速发展，而由上述三种不同联系方式所带来的张力，以及政府和社会面对这些张力作出的反应。

根据该模式推测联系高等教育和其社会环境的三种主要形式间存在一定的相互牵制力量。一种假设是增长，尤其是在欧洲，在写这篇文章的时候，许多小型精英院校几乎完全由政府机构提供资金支持，这为社会带来严重的紧张关系。这些紧张关系或张力有许多形式，处于核心的是高等教育质量与教育机会均等需求之间的张力，尤其在高等教育扩张的紧张状态下，涉及质量、财政以及政府支持等方面的问题。

在快速增长时期的初始期，对很多观察者来说高等教育的稳步扩张——尤其是在英国——对学术标准构成严重威胁。"标准"的问题名义上是学术的质量问题，严格、命令是一回事，丰富和启迪性是另外一回事。从一个极端看，我们想到有一群博学而富有想象力的学者和科学家在一个充满智慧的情境下——文化的、科学的、学术的——教授一群经过精挑细选、有远大抱负的学生。从另一个极端看，高等教育机构中充斥着没有受到很好训练、能力不足的教师，培养一批批不够优秀、动机不强的学生，他们所处的环境是令人不太满意的——工资低、师生比例不协调、狭小的图书馆、实验场地不足，所有一切都处在一种缺少激励、没有朝气的智力环境中。为了回应"二战"后兴起的民主精神，许多国家都处于高等教育扩张的初始阶段——至少在原则上如此——致力于在保障已有质量和标准的前提下推动高等教育系统的发展。这可能涉及整个高等教育系统在普遍保持高标准和高质量上的成功，而不论其不同院校的功能如何不同。面对这一双重的承诺——高等教育系统在不断扩张的同时还保持系统各部分的高质量——这带来了一个两难困境。

这一两难困境包括三个方面的内容。第一，存在强烈的平等主义意识，认为高等教育应该在所有方面都必须提供完全平等的质量（因此，成本也要一样）。由于缺乏关于高等教育对毕业生职业生涯影响的可靠评估方式，人们更倾向于通过内部运行过程来评估"教育质量",而这导致成本和质量的平均化。政府近几十年致力于对高等教育的项目和科系作出评估,努力打破成本与质量挂钩的观念,但是这些努力大多都失败了。①第二,与大众化高等教育相悖的标准是以更早期、更费钱的精英高等教育模式为标准进行评估。第三,高等教育快速甚至看上去无限增长的趋势——如果继续以原来的小型精英高等教育系统人均投入水平计算——对国家和州政府预算来说,就意味着无法承担的财政负担,因为政府还要应付其他公共机构提出的要求,比如社会福利、学前教育和儿童看护、中小学教育、住房、交通以及国防需要等。

运用到高等教育中——平等主义打破了阶层界限和政党倾向性——始终强烈反对将高等教育各个部分之间差异制度化。在许多国家平等主义都致力于消除高等教育各部分之间的鸿沟,降低高等教育系统中各个部分及院校之间存在的社会地位、质量、成本及设施方面的差异。抱有这些情绪的人们——也被叫做"一元论者"(Unitarians),因为他们坚持单一高等教育系统的承诺,以共同的标准进行管理——过去他们也常常致力于大学变革,使其具有更多非精英大学的功能,与此同时提高非精英大学的质量(尤其是高等技术教育的质量)以使其达到大学的标准。这一立场——自由、人道、慷慨——认为高等教育系统各种形式和部分之间存在的正式的差别几乎总是引起相互间令人不快的差别,且最终会引起它们在学生、教师质量方面以及其他方面显著的不同。持有这些观点的人们同样发现,高等教育系统较弱或者地位较低的部分总是与来自工人或者下层中产阶层家庭的学生相关联。因此,高等教育系统中的地位差别与整个社会的等级结构紧密相关。因此他们认为,任何系统外的教育部分,包括大学,都成了二流教育机构,它们都是为二等公民(几乎都是工人阶层)准备的,历史上就是如此。本质上说,他们的口号是"但求最好"——尤其是对那些来自这些家庭的学生,他们通常获得的较少,如果有什么的话,也是二流的。

但是,当这种人道、慷慨的立场关注到工人阶层民众的教育质量问题时,它——坚持"提高水平",质量和成本都如此——就不可避免地与高等

---

① External "evaluation" in all countries has mostly found academic excellence to be present in the old elite universities which did research. The requirements of research — big libraries and laboratories, and low academic teaching loads — are what drives the cost of universities up, as compared with non-research institutions of higher education. "Evaluation" doesn't change.

教育持续快速地开放入学机会发生冲突。没有任何一个社会，不论多么富有，能够承担起适龄人口入学率达到20%、30%甚至40%的高等教育系统，而且还是以等同于5%入学率的精英高等教育成本办学。至此，平均主义坚持高等教育系统不同部分的人均投入不能有大的差异，又要坚持扩张，还强烈要求降低成本，那么，结果是质量会跟着下降。处于这一情况的最好的例子就是英国高等教育的资助系统，英国高等教育扩张的同时伴随着强烈的平等主义情绪，结果导致政府生均经费的投入减少（也就是所谓的"单位资源"），从1979年到2004年，政府的生均经费投入大约从2/3减少到了3/4。至此，平等主义者承诺要为整个系统中所有高校赢得较高的、普遍的支持，而政府却不得不限制高等教育扩张，或者降低对高等教育的支持力度。"一元论"的关键问题是，究竟是对整个高等教育系统采取一个统一标准，还是采取一个普遍而同时又较高的不同标准。

　　"一元论"或者"平等主义"立场从根本上是与高等教育领域方方面面存在的巨大差距的现实相悖的。如院校之间在师生比、科研活动、对教辅人员、图书馆和实验室等的需求，及其他方面的成本和质量要求都不同。原则上说，一些院校可能承担着更重的科研任务所以花费更高；然而，在实践中，却很难阻止一个真实的、一元系统中的某些院校的某些部分不从事科研，虽然科研本质上是非常昂贵的。另外，现在各个地方都有种趋势，即从事科研的大学其水平就越高。这的确有很强的现实性在里面。正是科研才吸引了大批最具智慧和创造力的学术人才，而招聘到这些人才的院校在高等教育系统中都能获得较高的地位。因此，一项真正的平等主义政策必须允许每所院校吸引那些具有创新智慧的人，这也意味着要支持他们，并给予他们所需的高度自主权来创造新知识、开拓新的研究领域并促进学科间新的融合。尽管新型的学术管理方式已经被引入到各个大学，但是，科研活动是很难被合理化和程序化的。据此，一元论者希望提高所有院校的标准并使其达到一些著名大学的水平，并倾向于控制系统的增长；如果每一个新的地方，新的院校都和成本最高的旧机构那样耗钱，那么高等教育的扩张必然是经过小心翼翼设计的，规模是受到严格控制的，或者允许政府大量减少生均投入（即单位资源）。然而，在有的地方，平等主义精神无视高等教育系统中对某些院校高标准的要求和使命，比如在美国的大部分地方，与"但求最好"的口号截然相反，他们提出的口号是"有胜于无"。在那种情势下，高等教育的扩张势必伴随着质量下降，而不是抑制扩张，提升水平。这一规律的唯一例外是，除了州政府以外，院校还有其他备选的经费来源。但是，到目前为止，只有美国的少数公私立精英学院和大学具备这一条件。

这种困境下的主要问题是，高等教育的新形式是否既能够高标准地实现自身的功能：既能赢得较高的社会地位，又能满足平等主义的要求，同时还能够在允许精英高等教育向大众化高等教育过渡的同时降低生均成本。英国的开放大学无疑正朝这个方向努力。但是除了它的名字外，开放大学并不是一个典型的普及高等教育的大学，正相反，它是以一种独特灵活的方式，向人们提供进入精英教育的机会，其中包括不要求入学者有正规的入学资格并且允许人们在职攻读。其中开放大学已经抛弃了精英大学的某些特征，但它仍然维持着精英大学的高标准和非常清晰的边界。因此，开放大学是英国高等教育由精英向大众化阶段转变过程中的一个有趣的现象。

另一选择是社会也许会拒绝就"一元论"和"平等主义"展开的争论，而发展出一个能够维持内部成本和质量、形式和功能多样性的系统，比如美国的模式。（本章稍后介绍，这种模式对于由政府机构提供全部经费的高等教育系统实施起来非常困难。）但是，无论哪种方式，新院校越有抱负和活力，其对图书馆、实验设施、工资水平的要求都比其他旧院校多，因此，它们就越有可能促使生均成本提高。也许更值得探讨不同社会中这一困境的不同表现形式。

扩张对"标准"和"质量"的影响是复杂而不确定的。在目前增长阶段的早期，从20世纪50年代开始，学术界和一些其他人士广泛关注的问题就是"越多越糟"的口号，他们认为，从高等教育中获益的有才能的年轻人人数太少、太有限，教育规模扩张如果超出了院校所能承受的范围又势必会造成学生质量的下降。然而，在扩张的早期阶段，那些先前没有进入大学的学生素质和能力还是让人安心的。但是，一些研究者发现，新入学的学生即使能力不差，但对于严肃的学术科研相对兴趣不足——或者是他们在中学教育过程中学业准备不足。这种感觉十分普遍，即使没有明确的证据支持这种假设，似乎仍然有理由怀疑现在的学生没法和过去一些遥远的黄金时代的理想学生相比。至于谁会相信这一点，取决于他的年龄。

对进入大学的"新"学生的学术资格或前途的担忧也同样因为替代性的非大学形式高等教育——多科技术大学和远程教育学院——的出现而受挫。它们以低于传统大学（或者至少不同于）的标准招收学生。

一些人担心，高等教育快速扩张将降低学院和大学教师课程准备的平均质量和充分性。从某种程度上说，他们的这一担忧也看似合理。也有一些人害怕扩张会对师生间的指导关系起到负面影响，使他们距离更远，并将导致非人性化（事实上他们已经如此了）。还有一些人则暗示高等教育引入庸俗的市场、职业培训和大众化政治与民俗文化势必会影响学院和大学的学术氛围。

无论这些担心多大程度上具有合法性——它们不是全无道理的——没有任何一个社会能够一致的作出政治上与经济上的决策，过激地抑制增长来维持教育费用的公平，并提高教育质量。那样可能就不会有大众化高等教育。但是，由于社会、政治、经济多种因素，大众化是不可逆转的。任何地方的解决办法都将是：创建廉价的精英大学替代机构，中央政府降低所有类型高等教育机构的生均经费，并将这两者结合起来。但是在欧洲国家，政府坚持的承诺是限制建立私立高等教育，① 同时使学生学费水平要与他们的实际费用接近，而政府现在又没有办法为贫困学生设立足够的学生贷款和奖学金项目，这一问题就变得更加尖锐了。只有少部分欧洲大学已经找到了向私立部门提供服务（或者开展联合项目）来获取重要支持的途径，或者通过它们的毕业生获得资助，这与美国学院和大学的办法类似。

美国高等教育的示范性

尽管有这些困难，或者还有一些保守派不愿意放弃中央政府的控制和财政支持，但欧洲高等教育系统正朝美国模式发展。其中"波洛尼亚协议"（Bologna agreements）表明了这个趋势：致力于固定学制的第一学位、学分转换制度以及统一的入学标准，这些只是朝向美国模式发展的一些可见趋势。欧洲高等教育系统朝此方向努力，不是因为美国是富有的超级大国，也不是因为美国大众化文化的影响力——这是其他国家许多机构美国化的一部分，而是因为美国高等教育作为一个系统已经按照"后工业社会"的时代要求，很好地改造了、规范了、结构化了。在后工业社会，鼓励知识和技术的生产和广泛传播，由此带来了社会的迅速变化和技术革命。这些情况，所有国家的决策者都看在眼里，认为（至少相信）有必要扩大高中后教育的规模。

但是，当欧洲大学在对相对大众化的学生数量而进行组织、治理和资助安排时，美国正相反，在大众化高等教育之前就已经拥有了大众化高等教育的框架了，这就是"二战"刚结束时实施的《退伍军人权利法案》。而普及

---

① The church-related universities in various European countries have a measure of autonomy, but are dependent on state support to almost the same degree as the secular institutions.

高等教育的结构是以开放社区学院的形式表现出来的，美国的社区教育在20世纪的头20年已经形成了，这甚至是在入学人数达到大众化阶段之前。

第一个大众化高等教育系统

为什么美国能够早于其他国家发展出大众化高等教育系统？是什么阻碍了欧洲的精英高等教育系统向现在的大众化高等教育系统转变？美国及其他国家是怎样向普及高等教育、终身学习和"学习型社会"方向迈进的？所有的这些问题都指向同一个方向，也就是朝着打破高中后教育机构里的正规学习与一生中其他学习时间的界限的方向，朝着将高中后教育融入到社会普通生活里的方向。

现代美国高等教育系统早在一个世纪以前已经日臻完善，而现代欧洲高等教育系统当时仍在发展当中。1900年，当美国只有4%的适龄人口能上大学时，美国高等教育系统就已经显现出了几乎全部的核心结构特征：研究型大学、文理学院和各种职业院校。它们都由各自的董事会管理，董事会授权强有力的校长及其行政人员领导学校，拥有结构完善的教师层级；而在选拔性院校中，教师通过学术声望获得提升，学术声望的获得与成果发表挂钩；教师为了事业的发展随时准备着在校际间流动。到20世纪初，在课程方面，选修制、模块课程、学分积累制和基于成绩记录的学分转移制度都已发展得很成熟。此时，学术系科也已覆盖了各知名的知识领域和一些不太有名的知识领域。[1]

确实，如果"二战"是欧洲高等教育朝大众化进程发展的一个分水岭，那么美国独立战争就是美国高等教育发展的一个分水岭。正是在独立战争期间的1862年，美国国会通过了《莫里尔法案》（Morrill Act），为创办新大学、发展现有大学提供资金。这就是人们所熟知的"赠地学院"（Land-grant Colleges）[2]（指的是为所有新学院提供经济来源）。赠地学院极大地促

---

[1] On the emergence of the American system from its Colonial roots, see Trow, "In Praise of Weakness: Chartering, the University of the United States, and Dartmouth College," in *Higher Education Policy*, 2003, 16, 9 – 26; and "From Mass Higher Education to Universal Access: The American Advantage," *Minerva* 37, Spring 2000, pp. 1 – 26.

[2] The terms "university" and "college" have been more loosely and promiscuously applied in the U.S. than is customary in Europe. Most of the land-grant colleges were or shortly became research universities, some were and remained four-year colleges. The language of the Morrill Act referred to "colleges".

进了美国高等教育多样性的发展，并在博雅课程范围内整合了技术课程和高等职业科目。赠地学院同样为美国高等教育带来了服务公众的精神，大学的职责不仅是为政府、为教堂和知名教授学者服务，也要为广大的社会服务。时光流逝，当州或联邦政府难以负担美国高等教育的成本时，正是那些为社会服务的美国大学的信念发挥了作用。这使得美国大学有权向一直受惠于大学的社会组织和其他机构寻求帮助。今天，欧洲高等教育受困于政府无力提供高等教育发展所需的资金。但很少有人注意到，在美国高等教育获得的经费中，从政府获得的主要资助和私人捐助给大学（无论是公立大学还是私立大学）的数额是基本相当的。

除了政治和组织创新赋予了美国在"二战"后高等教育在应付入学人数增长方面的优势外，在所有上述事实中还有一种精神：竞争、机构多样性、对市场尤其是对学生市场的反应能力。由于具有强有力的领导和多样性的经费来源所带来的院校自治特征，美国在其拥有大众化入学人数以前就已拥有了适合大众化高等教育系统的组织和结构框架。因此，只要增加高等教育入学人数就可以了。学生人数增加并没有对其系统产生多大压力，这一系统适应了增长和变革就不令人惊奇了。实际上，美国高等教育在过去一个世纪中的主要结构变化仅仅是社区学院的创建和扩张。社区学院可以通过学分转移很容易地与四年制学院联系起来，在某些地方，州政府和地方政府都鼓励加强社区学院与四年制学院的联系。远程教育目前在不断发展，一些是由营利性机构提供的，这些机构对美国高等教育多样性是一个重要补充，对普及高等教育也有着重要意义。

当然，今日美国高等教育在很多方面都跟它在 1865 年或者 1900 年时有所区别，但增长和发展均不需要对系统的基础结构进行变革。而欧洲大陆和英国目前正非常艰难地推进这些结构的变革。

当前（2005 年）欧洲高等教育面临的问题

目前，所有欧洲高等教育系统都在努力使它们自己的、非常陈旧古老的组织和课程安排适应大众化高等教育的要求。而欧盟对这些要求的核心反应体现在"波洛尼亚进程"（Bologina process）协议中。这份协议于 1999 年 6 月发表。"波洛尼亚进程"代表了更广泛意义上的欧盟高等教育政策。它旨在建立一个欧洲高等教育区（European Higher Education Area）。"改革"的核心体现在这一协议中，是朝着英、美的学位模式，本科三年制的方向发展，不论学位的名称是什么（在英国和美国，这是学士学位），和两年制的硕士学位，也就是已经被大家熟知了的"3/2 计划"，该协议还包括其他一些变革内容，但是基本上指的都是对于不同国家分散的课程、学术时间的安排进行合理化——或者正如"波洛尼亚进程"所说，"和谐化"——其目的是为了增加学生在协议国家之间的流动，部分是为了减少一些国家的学生在获得学位之前不断延长学业时间（或者至少是正式的入学）。[①] 政策中没有提及的是在欧洲的学术共同体中，可能执行这一新协议的国家的经费投入问题："波洛尼亚进程"直到现在很大程度上是一个"自上而下"的政治性驱动过程，根据著名学者盖·尼夫（Guy Neave）的观点，在许多国家，这将引起来自院校层面的抵制。

尼夫（Neave，2004）指出了"波洛尼亚进程"的规划者和这个计划的指定执行学者之间的距离：

"在他们自己的院校嵌入——其实是执行——这一政策。政策的执行是一个反复的过程。不断经过重新商议，遗憾地被删改，就像从世界的最高决策层到最低执行环节一样，通过一系列连续的政策决议环节。院校——下到教师、学校和科系——根据它们各自的理念和宗派对至高无上的政策进行重新阐释。每个院校对政策的解释都强调有利于自己的方面而把对自己不利的东西放在地毯下面。"

"在那些掌权者看来——教区长或部长——'政策回应'的表现和权威者原先脑中所想的差异很大。这是很让人沮丧的。自然地，这种沮丧有其自身学术用语——'变革抵制'，'象牙塔主义'甚至是我不时看到的'洪堡思想'态度。改革者所认为的这种固执反映了高等教育学生的基本特征，即高等教育也许依赖于自上而下的国家治理文化。同时也是'一个"不倒翁"或底部沉重'（bottom heavy）。因此，当我们从'学者的世界'看待院校的行为，支持'波洛尼亚进程'的线形假设，从国家政治的角度看，是值得质疑的。正是高等教育的'不倒翁'的性质使得波洛尼亚进程搁置一旁，或者不考虑它。我想，这确实是一个非常严重的错误。"[②]

---

①② For an informed, critical and skeptical view of the Bologna Process, see Guy Neave, Presidential Address to the 26th Annual Meeting of the European Association for Institutional Research, Barcelona, September 5th, 2004. See also the chapter by Hans de Wit in Vol. II of this International Handbook.

不论"波洛尼亚进程"的状况和命运如何，欧洲大学系统的真实现状（带着些期望）获得尽早或成功改革的希望不大。也许最受关注的应该是英国高等教育的发展，部分是因为英国（而不是美国）为"波洛尼亚进程"核心的学术时间表提供了模板——"3/2 计划"模式，其他国家是"和谐化"的对象。①

过去 20 年，英国高等教育的多种问题比欧洲大陆国家的问题更明显，因为传统上英国大学提供的教育质量是与"单位资源"联系在一起的——联邦政府对大学的支持是按照生均投入来评估的。这也定义了师生比，而师生比不断恶化的情况已经成了英国人的要务，欧洲大陆大学相对好一点。"单位资源"以一种显而易见的方式将扩张、资助和质量紧密联系起来，但也没能阻止英国政府在过去几十年里对学院和大学支持力度的不断下降，资金的不足最终导致政府同意大学向每个学生收取高达 3000 英镑的学费。② 而大学收取学费的能力主要依靠学生是否愿意支付学费。因此，收取学费数额在选择性强的和选择性弱的大学之间存在差别。即使学校收取了学费，资金还是严重不足。所以，许多研究者认为学费可能还会上涨。与此相反的是，欧洲大陆国家在高等教育快速增长时期仅注意院校数量的增加，入学人数增长，但没有关注师生比下降的问题。

比如在德国，布莱梅国际大学负责学术事务的副校长从"波洛尼亚进程"嵌入和实施的院校管理者的角度阐释了尼夫的观点："德国学士学位主要但未明确说明的目的是减少大学的过度拥挤，以此来削减联邦高等教育预算。第二个目的是与欧洲新的标准学位结构保持一致，可以使学生们更多地进行国际流动。但是，这一进程倡议缺乏内在的教学或者智力基础。我不止一次地在围绕引入学士学位的争论中听到如下声音：引入这一学位如何改进学生学习的内容及学习的方式，它如何能够增强学生在快速膨胀的观念和信息市场上的应变能力，它如何为学生的继续深造提供更坚实的基础，尤其是在专业和科研上。这都是关于如何省钱的，以及如何让学生们走出教室，而

---

① Recent moves toward devolution in the UK permits the Scottish university system to deviate from the English model. Scottish universities start with a four-year degree to the Bachelors, and will resist a move to a three-year degree. It currently can refuse to follow the English move toward tuition.

② See M. Trow, "The decline of diversity, autonomy and trust in post-war Britain", *Perspectives*, Vol. 8, Number 4, October 2004, pp. 7 – 11. Summary of a paper prepared for a conference on the White Paper of 2003, sponsored by The Center for Studies of Higher Education, UC Berkeley, and New College, Oxford, September. pp. 28 – 30, 2004.

且，如计划所愿让学生成为劳动大军。"①

但是，"波洛尼亚进程"背后更深远的问题是几乎所有欧洲高等教育系统都资金短缺，这根源于学校并不愿意真的向学生收取实际费用。"德国人不愿意为上大学付钱——除了极个别的学校，因此大学费用主要依靠税收——反映了他们根深蒂固的思想，认为政府有责任为公民提供教育。德国人的税率比起美国人是相当高的，他们希望这些能够反映在公共领域——包括大学教育——要免费，或者至少非常便宜。"②这不仅是德国人牢守的信念，也被写入联邦宪法。

除了欧洲致力于"免费"大学的现实外，大学又没有什么捐赠来源。"税收法这样规定，就不太可能使传统的捐赠基金扎根。"③资金短缺对于大多数欧洲国家的高等教育可能都会是一个长期的问题，尤其是那些刚刚加入欧盟的新成员国（也是最穷的成员国）。

抵制高等教育系统变革的形式是多样而相似的。例如，德国因为在大学多增加一个教席都很困难而声名狼藉。据一位研究者称："在德国成为一名教授的过程传统上包括在获得博士学位后，完成第二篇相当于学位论文的论文。所有教授职位申请者都必须获得所谓的'资格'，要求博士后候选人在教授的监督指导下从事数年科研，并撰写其他的论文。结果是，大多数德国学者在 40 岁出头可能成为全职教授［如果他们能够做到的话］。［新法］规定，到 2010 年将取消'资格'获取这一环节，使所有完成博士学位的学者六年之内就能获得初级教授资格——这是成为全职教授的唯一通道……［但是］2004 年 7 月联邦宪法法院（Federal Constitutional Court）的八名法官组成的小组委员会以 5 比 3 反对政府的法令，宣布 2002 年法令中关于在德国大学里设立新的初级教授职位的规定无效。"④

德国系统的保守主义——体现在管理者（länder）之间多样化的安排，要求他们必须就许多问题达成一致，保守而有力的教育官僚机构和法院，连同同样握有实质权力的讲座教授共同管理大学——这也许是非常极端的。但是，即使其他欧洲国家高等教育系统有更大的灵活性，还是没有一个国家在大众化高等教育下为维持大学的高质量而建立一个扎实的资金基础，也没有

①②③　Thomas John Hochstettler, "Aspiring to Steeples of Excellence at German Universities," *The Chronicle Review*, July 30, 2004.

④　Aisha Labi, "German Court Overturns Law Designed to Streamline Path to Professorship," *The Chronicle of Higher Education International*, August 13, 2004.

学院层面的自主权，更没有能够创造和提供大众化高等教育质量所需要的长久的和强有力的学院领导。①

院校的多样性问题、一批新的精英大学的诞生构成了对著名的美国研究型大学的挑战，也是对英国政治决策的一个挑战，即要允许征收差异化的学生学费。② 这样一个政策直接违背了一个国家对实现全国范围高等教育平等化的理想承诺。

即使欧盟内部的大学在学位结构普遍改革没有那么多问题，它们也同样会就新的安排在与美国大学达成协议时出现问题。"欧洲要协调整个大陆非常不同的高等教育系统的宏大计划遇到了出人预料的障碍：许多美国的研究生院表示不会承认欧洲的三年制本科生学位。"③但是，美国的大学却例外地接受英国的三年制本科文凭，因为它们了解该文凭的质量如何，也与文凭提供者打了很长时间交道，而精英的研究型大学还没有做好准备去接受欧洲大陆新的三年制学位。不过，学位结构改革的主要动力就是鼓励欧盟及美国大学之间的学生流动。

当然，真正朝向国家系统改革的进程在欧盟国家间的差异也是很大的。尽管欧洲学术界和大学系统具有很强的保守性，人们也不断认识到有必要引入一种新的模式，以改革目前高等教育系统和相关院校，增强精英高等教育向大众化高等教育顺利过渡的可能性，同时保留（或建成）一些世界一流大学。

必要的改革包括实现高等院校在形式和功能上的进一步多样化。随着系统的发展，降低学生来源和最后去向上的差异。不同社会里，已经出现一些

---

① Europe's difficulties in competing with American universities arise in part from the weight of European egalitarianism "which strives to provide a solid education to as many students as possible while refraining from rewarding exceptional talent." Martin Enserink, " Reinventing Europe's Universities," *Science*, Vol. 304, 5673, 14 May 2004, pp. 951 – 953. On the poor international standing of French universities, see Gilbert Béréziat, "Université Pierre et Marie Curie: France's number one university in the Top 500 higher education institutions in the world." Béréziat, President of the Universitaire Pierre and Marie Curie University notes that his university is "the leading higher education institution in France," though it ranks only 65th among world universities.

② For a brief overview of Europe's difficulties in competing with American universities, which emphasizes the weight of European egalitarianism "which strives to provide a solid education to as many students as possible while refraining from rewarding exceptional talent," see Martin Enserink, op. cit. On the current unhappiness in French universities, see Michael Balter, "Reform Plan Seen as Halting Step," *Science*, Vol. 292, 4 May 2004.

③ Burton Bollag, "Many American graduate schools are cool to Europe's new 3-year diplomas," *The Chronicle of Higher Education International*, Oct. 15, 2004.

大众化高等教育提供者，它们的称呼和形式有所不同：（a）研究型大学部分，授予学士到博士学位；（b）学院部分，主要致力于教学以及第一专业学位授予；（c）开放院校的系统，面向在职人员和成人学生，颁发资格证，帮助极少的一部分学生转入学院或大学；（d）开放大学，允许不同水平层次的学生通过远程教育学习，获得各种证书。

与大众化高等教育转换阶段相关的附加的改革包括要求学院能够从政府监管下获得更多的自由。包括允许院校以各种形式从"公众口袋"中获得一些经费支持，通过收取学费和为私立部门服务而筹集资金，还包括通过更为传统的研究或私人捐赠的筹集资金。

其他必要的高等教育改革包括强化校长的权力，无论以什么名义，在院校内形成强有力的、常规的、循环性的质量管理程序；形成一种程序，为外部对每个院校和科系的内部有效质量控制程序进行监管，并定期对这些程序进行常规的和周期性的审计。

每个处在扩张中的高等教育系统发展的社会都会出现一些变化，但并不是所有的变化都能明显地显现出来。那些被掩盖了的变化会给那些处于高等教育转向大众化或普及阶段的国家带来严重的问题。

本章没有探讨高等教育两个庞大且重要的系统：一个发展迅速，一个在缩小。日本社会正经历人口的大幅下降，这一点处于大学阶段的年轻人体会最强烈。日本高等教育在"二战"后迅速发展，日本教育家们对本章所描述的一些理念十分感兴趣，翻译了两本关于高等教育转型的研究著作（Trow，1976，2000a）。目前，更显著的问题是大学和教育部之间的关系，而不是对大学增长的调控。人口的下降对于大量私立院校影响很大，尤其是那些不太出名的学校，有些学校甚至已经关闭了。

同样的情况发生在中国，高等教育从非常薄弱的基础起步，快速发展，努力与快速发展的经济相协调，政府通过调配资源给以全力支持但没有很好地考虑公众的情绪和学术共同体的观点。中国学者对本章所描述的理念也很感兴趣，反映在他们翻译的一些本人近期关于高等教育发展和转型研究的文章上。（Trow，2001）

前　景

西方大学有形可考的历史已经有 800 年，现代研究型大学的历史只有150 年，没有人保证在下个 25 年研究型大学能够存在并保持它现在的形式。

对高等教育的未来趋势作出预测需要一些信心。西方社会中根深蒂固的力量不太可能发生逆转。持此观点的主要是马克斯·韦伯，他早在80年前就已经描述过我们这个时代主要的趋势是——民主化与理性化，具体到高等教育中，就是高等教育的大众化和普及。这意味着什么？这些趋势在下个25年将会表现出怎样的状态？根据对现代社会高等教育系统趋势的分析，一些研究者推测如下。

在2030年的高等教育图景里，所有的一切都更多：更多的院校、更多的形式、更多的教师和学生以及院校成员更加多样性。

发达社会的经济发展将增加对接受过高中后教育劳动力的需求，且接受只有中学教育程度的职业的规模和数量会减少。由于职业结构的"要求"，对于高等教育的需求不断扩大。高等教育的主要特征是为接受教育者提供适应变革的能力；它将继续成为在这个快速变化的世界里父母能给予孩子的极少数优势之一，而且越来越多的人已经意识到这一点。

职业的技术革新，商业成功和劳动力接受技能培训的关系将增强企业支持其雇员接受再教育的力度。许多先进的教育已经在私立部门展开；随着"学习中心"在企业内外的形成和发展，这种教育将迅速发展，以满足劳动力日益增长的对继续教育的需求。

私人商业、企业和个人将为他们所想要和需要的成人教育付出更高的代价。因为不同层级的政府对高等教育的投入会变得越来越少；同时，其他各种教育需求不断增长对公共资金也有太多的要求。结果是，学院和大学将更加成功地出售自己的服务和其研究生产的知识——满足个体和商业的利益。但是，政府将继续对一些高等教育机构提供经费支持（即使这些经费支持不够充足），尤其是那些与市场力量相隔绝的大学。

我们正朝着被称为"学习型社会"的方向发展，很大一部分人群将或多或少地持续接受各种形式的正规教育。在这些情境下，教育更加高度分化，在不同地点有不同形式，提供各种证书和文凭。持续扩散的远程教育将不断增加，教育和社会其他部门的界限将更加模糊。今天我们形成的一些区别如"高等"或"继续"或"成人"或"补习"或"深入"教育将渐渐难以区分，因为这些活动——不会如此泾渭分明——它们也是经济、政治、军事和立法的普通活动的一部分。另外，这类教育的"成功"不会通过所谓考试和测试来证明，而是通过个人在工作岗位上的表现或者为社会作出的单位服务来加以考核。这将会带来与政府资助不相关的外部评估和评价，且日益局限于学科而没有市场针对性。

　　更普遍的情况是，高等教育从精英到开放系统的大规模运动与所有形式的边界——院校和周围社会，科系和学科，教学和研究越来越跨学科，大学在私立商业，企业之间，正规教育和正流行的学习型社会中的非正规学习之间，有赖于新知识的不断增长和彼此之间相互渗透。①

　　这幅图景中最不确定的因素就是技术，尤其是通信技术。教育在近几十年里多次宣告"技术革命"的失败，我们不得不对下一个宣称表示怀疑。但是，在不久的将来，今天人们需要在很近的物理距离里所做的大部分事情也许可能通过电子的联系，即使在很远的物理距离之间也可以很好地完成。这将是一场教育革命。

　　但是教师和学生将继续聚集在叫做学院和大学的地方，或短或长，一起学习和研究，即使同样的学习过程同时正通过远程教育进行。人们希望彼此面对面，在物理距离允许的范围内自发地互动和交流，这无法通过技术复制，或者至少在下个 25 年还不太可能。

　　教育的一些形式，也许是最重要的形式，包括培养心智和个性，不仅是我们思考世界也是我们感受世界和观察世界的方式。这种我们所知的教育，要求人们相互关爱，这种关爱将超越彼此作为信息和技术载体的工具性的利用。这种关系能否通过电子的联系合理发展还不确定。

　　另外，知识最重要的形式是"缄默"知识，无法完全用语言表达或合理化，这类知识通过学习者与知识占有者的师徒传授或直接交往而获得。如果这是事实，类似于学院和大学这样的机构在教育的网络中心将继续得到维持，周围是其他未来学习型社会形式的各种先进的学习和教育形式。

　　表现学习型社会特征的机构、结构条件和态度在美国已经成型，就像大众化高等教育在一个世纪以前的美国就已经成型一样，只是等候大批入学者的到来。但是，学习型社会是应对经济、社会需求而自发发展的，这对于欧洲国家和院校来说，很难接受。总而言之，高等教育已经是政府的一个供应品，尤其是中央政府，要将其手中更多的对高等教育的控制权力转交给市场是（以后也是）很难的。

　　国家对高等教育的直接领导，其更广泛的影响是导致了高等教育系统进一步民主化的趋势，这实际意味着政府通过资源衡量院校的努力，即与欧洲大学一起反对收取学费，导致欧洲精英机构和研究项目长期的资金短缺。我

---

　　① On the emergence (or reemergence) of learning situations outside of colleges and universities, see M. Gibbons et al., *The New Production of Knowledge*, 1994.

们已经看到人们要求高等教育为每个人提供先进和继续教育，却缺乏精英高等教育需要的智慧资源。精英大学及其功能是脆弱的，无论是在政治上还是在财政上；在一定压力下，精英大学的研究活动将转向企业和研究实验室，它们的人文学者将转向人才库、博物馆和基金会。一个场景是杰出的欧洲研究型大学仍然会生存下去，但是，师生比会更高，更多的外部问责和管理——大学越来越成为其他公立或私立机构的附庸，越来越无法确定自己的角色和使命。它们将因此逐渐向大众化高等教育的其他机构一样发展，不同的只是它们的历史和文化积淀。其他场景的出现需要欧洲大学筹集更多的资金，行使更大的自主权。

民主化的主要特征之一表现在文化和机构层面，并受到平等概念的激情和力量的推动。比起私人领域，在公众领域更是如此。所以，在欧洲比在美国更明显，在美国，也是在公立大学比在私立大学更显著。平等的进程到了高等教育领域这一块，就意味着缩小精英与大众化的差距。与此同时，大众化高等教育将变得更多样化，并逐渐开放到普及高等教育。对高级文化的研究——人文学者、博雅学科——在某种程度上是与市场隔绝的，而且，对这些发展趋势将形成最大的抵制。但是，除了这些例外的学科和场所，高等教育在不久的将来在全球市场中会反映出自发的标准化和边缘差异性的商品特征。大学生活的称呼和仪式是一方面，信息革命是另一方面，这一发展可能会非常缓慢，并被传统的高等教育形式所掩盖，如此缓慢的发展以至于我们的后世子孙甚至不会注意到这一点。

参考文献：

Balter，M.（2001）．Reform plan seen as a halting step. *Science*，292，829.

Brennan，J.（2004）．The social role of the contemporary university：Contradictions，boundaries and change. *Ten years on：Changing education in a changing world*. Center for Higher Education Research and Information（CHERI）. Buckingham：The Open University Press.

Enserink，M.（2004）．Reinventing Europe's universities. *Science*，304（5673），951 – 953.

Gibbons，M.，Limoges，C.，Nowotny，H.，Schwarzman，S.，Scott，P.，& Trow，M.（1994）．*The New Production of Knowledge：The Dynamics of Science and Research in Contemporary Societies*，London，Sage Publications Ltd.

Neave，G.（2004，September 5）．Presidential address to the 26th Annual Meeting of the European Association for Institutional Research. Barcelona.

Parry, G. (2005). British higher education in the prism of devolution. In T. Tapper & D. Palfreyman (Eds.), *Understanding mass higher education: Comparative perspectives on access.* London: RoutledgeFalmer.

Trow, M. (1973). *Problems in the transition from elite to mass higher education.* Carnegie Commission on Higher Education. Berkeley, California: McGraw-Hill.

Trow, M. (1974). Problems in the transition from elite to mass higher education. In *Policies for higher education*, from the General Report on the Conference on Future Structures of Postsecondary Education (pp. 55 – 101). Paris: OECD.

Trow, M. (1976). Elite higher education: An endangered species? *Minerva*, 14 (3) (Autumn), 355 – 376.

Trow, M. (1979). Elite and mass higher education: American models and European realities. In *Research into higher education: Processes and structures.* Stockholm: National Board of Universities and Colleges.

Trow, M. (1981). Comparative perspectives on access. In O. Fulton (Ed.), *Access to higher education* (pp. 90 – 121). Guildford, England: Society for Research into Higher Education.

Trow, M. (1976, 2000). *The university in the highly educated society : From elite to mass higher education* (in Japanese). Tokyo: Tokyo University Press.

Trow, M. (2000a). *Essays on the transformation of higher education in advanced industrial societies* (in Japanese). Tokyo: Tamagawa University Press.

Trow, M. (2000b). From mass higher education to universal access: The American advantage, *Minerva*, 37 (Spring), 1 – 26.

Trow, M. (2001). *Selected essays on Martin Trow's educational thinking*, (in Chinese). Xiamen, Fujian, People's Republic of China: Xiamen University Press.

Trow, M. (2003). In praise of weakness: Chartering, the University of the United States, and Dartmouth College. *Higher Education Policy*, 16, 9 – 26.

Trow, M. (2004). The decline of diversity, autonomy and trust in postwar British higher education. *Perspectives*, 8 (4), (October 2004), 7 – 11.

第二部分

美国高等教育的特殊性

四 美国高等教育中的联邦主义[①]

Federalism in American Higher Education

　　同德国和加拿大一样，但与世界上其他国家不同，美国把教育（包括高等教育）的主要责任放到了州政府，而不是联邦政府。在美国，这一点反映出对中央政府的高度怀疑，这种怀疑表现在联邦宪法中的权力分隔。甚至在《美国宪法》的第十修正案（the Tenth Amendment of the Bill of Rights）中直接规定："宪法没有授予美国联邦政府的权力，而又未禁止各州政府使用的权力，保留给各州政府或其公民。"提供教育就是这些权力中的一项。

　　在美国，联邦主义可以被看成是国家高等教育系统治理和财政的主要决定因素。联邦主义这个概念对于美国高等教育来说强调地方政府的责任，通常是州政府，尽管有时候也会涉及县政府和市政府——以及它们与中央政府集中权力的关系。联邦主义也涉及来自私人的、非政府的支持，尤其对许多美国顶尖的学术机构，这些支持就变得非常重要——不管是"公立的"还是"私立的"。因此，美国高等教育中的联邦主义无法从美国高等教育是以新奇和独特的方式发展的这个更大的问题中剥离出来。因为美国高等教育规模如此巨大、多样，与中央缺乏协调而且对于招生、教师招聘和学位授予都缺乏国家标准（甚至州标准）。假如没有其他原因，那么基于以上理由，关于美国高等教育的性质和产生过程的讨论就必须涉及对美国生活中的联邦主义的性质及其产生过程的关注。

联邦主义在当代美国高等教育中的表现

　　美国高等教育管理中极端的分权（联邦制是其中一个方面）是由其规

---

　　① This Paper is Adopted From, Levin, A (ed.): *Higher Learning in America*. Baltimore: The Johns Hopkins University 2001, pp. 39 –66.

模和多样性决定的，分权也进一步促进了规模与多样性。1990 年，在 3500 所学院和大学注册的学生数总共大约为 1400 万人。在这些学生中，约 1210 万是本科生，190 万人就读于研究生院或专业学院。大约 78% 就读于"公立"院校。然而必须强调的是，很多公立大学也获得了私人经费资助，而几乎所有的"私立"大学也通过研究经费和学生资助的方式获得公共经费。

在将近 1400 万注册的学生中，大约有 540 万或者说多于 1/3 的学生就读于两年制的学院，这些两年制学院几乎都是公立的。超过 790 万人，或者说 56% 的学生被归类为"全日制学生"，因为他们符合院校公布的全日制身份的要求，尽管这些学生中的很多人同时也有兼职。有 600 万学生则是正式意义上的非全日制学生（Evangelauf, 1991）。事实上，近年来，非全日制学生的比例持续增长，年纪较大的学生，以及少数族裔学生——大部分是黑人和西班牙人，他们的数量和所占比例都持续增长。非传统年纪的学生——就是说，25 岁或者更大——占到了美国大学生的 2/5 以上，少数族裔的学生则占到了 20%，而女性构成了招生总数的 54%（"Almanac", 1988）。

美国学院和大学中学生的规模和学生群体的多样性反映了他们就学的机构数量和多样性。没有中央法律和权力管理或协调美国的高等教育。将近 2000 所私立院校由外行董事会管理。他们自己任命董事会成员；1560 所公立院校（包括将近 1000 所公立社区学院）不同程度地对州或地方政府"负有责任"，但通常却有一个外行董事会作为缓冲器，来抗衡州政府的直接干预，以保持院校较高的自主性。

公立大学之间在管理和资助方式上的差异是非常大的，无论是在本州内还是在不同州之间。例如，密歇根大学和加利福尼亚大学在面对政治干预时，都有能力要求州宪法保护它们的自主性；或许并非偶然，它们是美国国内最著名的公立大学。多年以来，它们都利用这种自主权获取多元的经费支持。目前，加州大学仅有 30% 的运行费用来自于州政府，这一比例在密歇根大学甚至更低——接近 20%。（更准确地说，它们是"州资助"大学，而不是"州立"大学。）相反，其他州的大学，它们的管理和政策则遭受了州政府的持续干预。其中，干预的程度细到每一项预算，州政府严密控制支出和限制任意支配资金等。

同时，观察者还可以发现不同州之间在法律和正式的组织安排上的对照模式。实际上公立院校和州政府权力之间的关系还因历史传统、院校领导的力量与性质，以及州长和主要立法者的价值观和他们对教育关怀的程度而异。在不同的州，人们不仅能够看到公立院校自主权的差异，就是在同一个州内不同的地区，其至在相同地区的高等教育机构之间也能看到。后者的典型例子就是加州大学的 9 大分校和加州州立大学系统的 20 所分校之间的差异，加州州立大学系统主要是本科院校，同时也授予硕士学位，但没有博士学位授予权（除非是与加州大学的一所分校或一所加州私立大学联合授予学位），因此很少作有资助的研究。加州州立大学不像加州大学享有宪法保护权，它的办学经费来源于州政府分项拨款。尽管如此，它至少有一所分校——加州州立大学圣地亚哥分校（California State University, San Diego）——鼓励其教师从事科研、写科研计划以获得外部资助，在成功获得外部经费支持的方面，它类似于加州大学的一所分校，而不是它自己所在系统的其他分校。

资助的多元化来源

经费的多元化是美国高等教育特征与功能多样化的核心。美国的高等学校不仅从中央政府、州政府和地方政府，而且也从诸如教会、企业、基金会、校友和其他个人等处获得资助；同时还以学费、提供食宿以及健康服务的形式从学生那里获得资金；还从其他顾客服务中，如通过大学医院向病人提供服务并收取费用。1988—1989 学年，所有类型的美国学院和大学的支出估计超过 1310 亿美元——用当时的美元衡量在 1981—1982 学年的基础上增长了 70%。去除通胀等因素，实际增长 31%，占到了国民生产总值的大约 2.7%（National Center for Education Statistics 1989, tables 126 and 133, p. 30, p. 36）。但是，各级政府提供经费的总和加起来还不到美国高等教育现有总经费的 50%，现在大约是 42%。联邦政府本身提供给高等教育的支持仅为 13%，主要是以对大学的研发支持和以合同的形式出现的专项。这个数据包括了对学生的资助，但不包括联邦政府的贷款和贷款补贴。（如果包括这些，联邦政府的贡献大约为 20%，而学生贡献则将减少相同的数量。）州和地方政府（主要是州政府）为高等教育提供了所需经费的 1/3。

学生本人（以及他们的家庭）提供了约 1/4 高等教育经费，而院校通过它们自己的捐赠基金和它们所提供的服务或经营的企业，如医院，获得了总经费的 27%。另外的 6% 来自个人、基金会以及从企业获得的捐赠、捐助和合作。简要地说，学生为高等教育提供了约 1/4 的经费（大约其中的一半来自于各种渠道的学生资助）；院校通过募捐、捐赠基金和从企业获得了 1/3；其余的部分来自于"政府"——就是说，县政府和市政府、50 个州政府，以及联邦政府所属机构。其中联邦政府所属机构提供的经费不受任何政策和行政部门协调的限制（National Center for Education Statistics，1989，tables 269，p. 292；"Almanac"，1990）。

当然，这些比例在美国的"公立"和"私立"院校之间是有差异的。必须强调的是，美国所有学院和大学都是受公共经费和私人资金混合资助的。例如，虽然公立院校通常从它们所在的州政府获得其一半的运行经费，私立院校从所在的州获得的资金为 2%，但是，私立大学从联邦政府获得的经费支持比公立院校要稍多些——其比例分别是 17% 和 11%。另一个大的区别在于直接交纳给院校的学费的重要程度；在公立院校中这个部分所占比例不到 15%，但却是私立院校所获资金支持的 40%（National Center for Education Statistics，1989，tables 270 and 271，pp. 193–294）。这个比例在不同类型的学院和大学之间差异极大（例如，无论在公立还是在私立院校中，研究型大学和四年制本科学院之间都存在巨大差异）。加州大学以研究和合约的形式从联邦政府下属机构获得大约 10 亿美元的研究经费，加州大学的年总预算是 60 亿美元。（顺便说一句，10 亿美元中的大约 1/3 是以"管理费"的形式，这笔管理费对半划分给州政府和大学管理层，前者成为普通基金，而后者则是一笔自由支配的资金。）

学生资助来源的多样化

在 1989—1990 学年，所有学生资助总额超过 270 亿美元，用现值美元衡量比 1980—1981 学年高出 60%，用实际价值衡量高出 10%。在这个总数中，大约 20 亿美元来自州的补助项目，大约 60 亿美元来自院校自身的资源，如直接捐赠和捐赠基金。其余的部分，超过 200 亿美元来自联邦政府，以学生补助、贷款和半工半读资助等系列复杂的项目形式。这 200 多亿美元中大约 2/3，或者说 126 亿美元，是通过各种贷款项目进行分配的（这并未包括在前文所提到的联邦资助项目中）。随着联邦政府资助总额的增长，以贷款形式出现的比例也随之增大；在 1975—1976 学年中，3/4 的联邦学生资助是以无偿的形式授予的（Lewis，1989）。但到了 1989—1990 学年，以无偿的形式提供的联邦学生资助已经降低到 1/3 左右（*Chronicle of Higher Education*，1989，A-31；"Almanac"，1990，p. 13）。

在 1986—1987 学年，大约一半（46%）的本科生获得了某种形式的资助；超过 1/3（35%）的学生接受联邦资助（"Almanac"，1990，13，20）。

用实际价值衡量，各种来源的学生资助在 1980—1981 学年的基础上增长了大约 10%，比注册学生总数的增长率略低一点（相对于那个时期大约增长了 12%）。不过，与"全日制当量"（full-time equivalent）注册数的增长非常接近。去除通货膨胀率的因素，来自联邦政府支持项目的资助从 1980—1981 学年以来减少了 3%。不过州和院校层次上学生资助幅度在增长（这部分现在构成了所有学生资助总额的 1/4 以上）弥补了联邦政府学生资助资金的减少。用实际价值衡量，在 20 世纪 80 年代的 10 年间，州政府对学生资助经费增长了 52%，而院校的直接资助则增长了 90%（Chronicle of Higher Education 1989，A-31）。在这个领域，如同在其他领域一样，州政府、院校以及它们的赞助者为高等教育提供了更多的支持，尽管这个变化是缓慢的，且并不反映在联邦政府责任的绝对下降上。①

州协调与支持中的差异

各州在对高等教育系统的组织、管理，或者说"协调"的方式上差别很大。在某些州，例如犹他州，协调委员会权力非常大，是个统筹管理整个州的公立高等教育的强权委员会。相反，加州高中后教育委员会（California's Post-secondary Education Commission）则相对没有什么权力，主要是作为州政府收集教育数据的咨询团体，而它本身也主要由它所协调的院校的代表来管理。在其他州，如佛蒙特州和特拉华州，甚至根本没有法定的协调实体（Kerr & Gade，1989）。

同样的，从美国的一个地区到另一个地区，与欧洲国家的区域差异相比，各州在如何支持高等教育上也大不相同。例如，在新英格兰（New England）和中、北部各州，私立大学发展较早，且倾向于抑制与大型公立

---

①　Looking at trends in state support over the past decade, it is clear that many states cut their support for public colleges and universities during the severe recession of 1980 – 1982 but that thereafter the levels of state support tended to rise about as fast as the economic recovery and rising revenures permitted. State tax funds for the operation of higher education (this does not include capital costs) were nearly $31 billion for 1984 – 1985, up 19 percent over 1983 – 1984 (Evangelauf 1985). By 1990 the states were spending nearly $41 billions on operating expenses for higher education, up 23 percent (adjusted for inflation) over 1980 – 1981. The current recession is causing a decline, not in state spending in higher education but in the rate of growth of state spending. Spending on higher education by the states in 1990 – 1991 was 11. 6 percent higher than two years earlier, but this was the lowest rate of increase in state support for higher education in thirty years (Jaschik 1990, 1).

院校的竞争。公立院校用了10年时间在那些州的其他地方发展起来，但仍然可以看到这种传统的影响。例如，在马萨诸塞州和纽约州，像哈佛大学、麻省理工学院、哥伦比亚大学和康奈尔大学以及许多富有活力的优秀私立高校抑制了公立学院和大学的发展，使公立大学黯然失色。相反，在一些西部的州，几乎没有私立高等教育。公立院校，如政府赠地建成的公立大学和社区学院，实际上垄断着州内的学位教育。这些差异从州政府提供的人均支持额度来看就十分明显。例如，1990年，50个州的高等教育人均拨款平均为159美元，但是在阿拉斯加州是312美元，到新罕布什尔州是67美元——两者接近于5∶1的差距。如果排除这两个极端的州，将第2名和第49名相比——夏威夷州和佛蒙特州——比例为2.5∶1。稍有不同的另一个指标——州政府每1000美元的财政收入中对教育的拨款额（这个指标试图反映州的财富状况，以衡量其"努力"程度）——得出了相似的结论，又是一个5∶1的比例。在这种衡量方式下，位于两端的州是怀俄明州（18/1000美元）和新罕布什尔州（3.5/1000美元）（Layzell & Lyddon，1990，table 2，pp. 23－24）。

教育系统联邦制的一个结果是，美国明显地在州与州之间支持高等教育的经费上存在巨大的差异（或者说不公平）。这一点可能是美国与欧洲高等教育系统之间最明显却又最少论及的差异之一。对于美国各州间或州内的公共服务方面，获得或接近平等的努力都需要中央政府大量的直接干预。联邦政府已经准备强力干预高等教育，以保护学生和教师的公民权利，这最明显地表现在对种族和性别歧视的潜在干预中，而且联邦政府通过直接给学生和研究人员提供联邦基金使之多少缩小一点各州间不平等的程度。然而，除了个别例外，联邦政府并没有尽力刺激州在高等教育上的投入，以弥补各州在财富或努力上的差异，也没有给予州政府非限制性的资金以支持高等教育。

在历史上最大的一个例外就是联邦政府通过第一个《莫里尔法案》（Morrill Act）对各州作出的贡献——这个法案显然旨在刺激各州在农业和技术教育方面的投入，从而要求各州为特定的目的提供"配套资金"（按一定比例）的原则——这在第二个《莫里尔法案》中最为明显（Brubacher & Rudy，1958，227）。第二次世界大战以后，杜鲁门总统的高等教育委员会（Commission on Higher Education）建议联邦政府采取"高等教育院校的普遍支持"计划，就是"在平等的基础上"给予各州联邦资金，基金的使用仅限于支持公立学院和大学（Finn，1978，p. 122）。但是这项试图使各州平等

化的努力失败了。1972 年教育修正案（the Education Amendments of 1972）
试图通过无限制的赠予来引导联邦资金直接给予院校，确立现在和可以预见
的未来联邦教育政策的努力又一次失败了。当前，除保护公民权利和自由的
领域以外，联邦政府不愿意（或者说宪法不允许）直接干预或影响各州的
高等教育政策，因为这样会弱化各州组织与资助其高等教育系统的权力。持
有更为强烈的平等主义本能的欧洲人和加拿大人，带着某种怀疑来看待那种
"自由"，并在总体上对此持批评态度。

　　对于经费、学生资助和州政府支持的多样性进行概括的目的是观察美国
高等教育中的联邦角色——这个角色在整体上是很重要的，但它对高等教育
系统的直接影响力却比一些州的影响力要小得多。自从联邦政府建立以来，
它在社会和经济生活的很多方面所扮演的主导角色是美国的缔造者们没有预
料到的。然而，它在美国高等教育中的作用却仅限于它对科学研究和对学生
的资助。

　　在以下的篇幅里，我将从殖民地经历中探索美国高等教育这种独特性的
根源，然后解释美国革命对于兴起于殖民地时代的高等教育的态度和安排的
影响，最后追溯独立战争之后高等教育的国家"政策"的产生——一种没
有被清楚地表达出来，而是被一个半世纪中的一连串事件所定义的政策，这
些事件塑造了今天联邦政府与高等教育之间的关系。

殖民地经历中的美国联邦制根源

　　尽管在现代国家、社会和经济都发生了很多变革，但美国高等教育系统
却深深扎根于殖民地时期。在那个时代，它形成了能够与世界上其他高等教
育系统相区别的特征，尤其是它的治理模式，以强有力的校长和外行董事会
为标志；它的形式和功能极其多元；它对社会、政府以及教会的压力具有显
著敏感性。① 在另一方面，我们非常熟悉殖民地学院，当时的殖民地社会团
体和政府对它寄予厚望。在 17、18 世纪，很多欧洲大学对它们所在的社会
还不具备核心重要性，还或多或少地将办学目标确立为仅服务于教会和培养
牧师或者为统治者培养歌功颂德式的精英。而美国殖民地学院被它们的创立
者和支持者当成在不利环境中求生存的力量。它们被当成是避免倒退回野蛮

---

　　① This section draws on my paper with（Sheldon Rothblatt）"Government Politics and Higher
Education: A Comparison of Britain and the United States, 1630 - 1860"（Rothblatt and Trow, 1992）.

时代、避免衰落到由印第安居民所构成的原始世界或丛林生活的重要工具，对那些早期的加尔文教徒（Calvinists）而言，当时的大学或学院还扮演了一个维持宗教学术和文化凝聚力的角色。而且，对于年轻的殖民地以及后来的边疆地区来说，文明和它的机构不能是继承下来的，而应该是创造和再创造出来的。因此，造就学问、有学识的人和学术机构都是必需的。正如亨利·梅所说："从一开始，如果可能也用来抵抗罪恶的话，殖民地教育的目的就是保护社会抵抗野蛮"（Henry May，1976，pp. 32 – 33）。

殖民地学院是作为公共团体建立的。学院创建之后，由公共权力赋予其特权，并部分由公共资金、部分由私人赠予和捐赠基金、部分由学费支持。公共的和私人的经费、功能以及权力的混合特征持续到今天成为美国高等教育的核心特征，使得公立和私立大学之间的区别变得模糊不清。美国人倾向于认为他们所有的高等教育机构都具有公共性，同时他们也允许其公立机构存在一定的私人性。正如赫伯斯特（Herbst，1982）认为的那样，人们不能把殖民地的大学看做"公立的"或者"私立的"机构，但可以看做是"地方的"，强调对给它们以支持和授权的殖民地的服务功能，而不是为其经费和权力来源服务的功能。尽管在19世纪，特别是美国内战（the Civil War）之后，"公立"和"私立"之间的区别清楚地凸显出来，但将美国高等院校看成是一个广泛的联系体，一端是靠近公立的另一端靠近纯粹私立的更合适（Kerr，1991）。

尽管在地理位置上，东海岸和后来不经意建立起来的定居区缔造了一系列各不相同、几乎完全自治的殖民地区，每一个殖民地区都通过一份契约和一个统治者与伦敦相联系，但彼此之间却在特征上、社会结构上、管理方式上相互分离。这就意味着，当殖民地院校建立起来的时候，它们在其起源、与殖民地政府的联系以及与宗教派系方面的联系都各不相同（Trow，1979）。因此，八个殖民地大学——如此多革命领袖的摇篮——获得合法的多样性。但是，它们之间仍然存在相似之处。它们不得不在缺乏学者团体的情况下被创建出来。在那个新世界里，没有学者行会、没有一帮有学问的人将大学纳入他们的权力范围。在缺乏校舍、没有确定的收入和学者行会的情况下，这些新学院的生存要求政府有更高的和连续性的兴趣进行支持和管理，因为这些学院对于殖民地已经变得太重要了，殖民地不能让它们衰退或消亡。而且，特别是在17世纪的正统教义为公共权力创建治理机器奠定了进一步的基础，公共权力在学院中有自己的代表，他们对学院掌握否决权和不断"巡查"与监督权。中世纪理念中，大学应该是包含大师和学者的自治团体当然也出现在殖民地学院创建者的脑海中，但是殖民地生活的现实环境迫使他们在继承这个遗产中进行了巨大的修正。①

在学院的管理中，学院的特许状明显地为殖民地政府保留了一个持续治理大学的角色，将殖民地官员直接置于董事会中，或者赋予法院和立法机关复查的权力。例如，在1748年新泽西学院（即后来的普林斯顿大学）的特许状（1748 Charter for the College of New Jersey）中，该州州长被任命为学院董事会的首席官员。在1766年女王学院（Queen's College，即后来的罗格斯大学）的特许状中把该地区的长官、参议长、首席法官以及首席检察官都包括在它的董事会中（Herbst，1982，pp. 86 – 87，111）。在18世纪美国狂暴的宗派主义氛围下，所有的殖民地都小心地限制着学院团体的权力，每一个殖民地都确保殖民地长官和立法机关作为"访问者"（visitor）的最终权力。即使在康涅狄格州，耶鲁学院的董事会成员都是公理教会的牧师（Congregational ministers），学院的特许状中耶鲁学院的董事会将学院院长和管理成员的权力保留给殖民地法庭，"法庭有权在需要的时候对学院规章、制度和法令进行监督，'当它们被认为不合适时'就会被撤销或终止"（Herbst，1982，p. 47）。赫伯斯特写道，这个特许状"保证了学校在特定的限度内的自治"，但是，"因此将法院的最终权力置于院校之上"。在殖民地时代的美国，不时会用到这些保留的权力。

哈佛学院（Harvard College）和威廉·玛丽学院（William & Mary College）——美国仅有的两所17世纪创立的教育机构——创立时受两个委员会管理，一个代表学院，另一个是外行董事会。然而在这两个学院里，"管理实践……很快失去了它的独特性，开始变得彼此类似，更像由一个委员会管理的学院。美国学院将由强大的、受尊重的市民们来治理，他们将为了他们自己和其子女的利益来管理这些高校"（Herbst，1982，p. 61）。具有讽刺意味的是，后来成立的学院或大学却集合起一个能够赢得尊重和具有一定程度专业权威的学者以行会的形式组成董事会。直到20世纪，教授会才成为美国院校管理机制中的重要组成部分，并且这只发生在那些最具声望的大学中，教授会能够利用学术市场的力量来迫使校长和董事会成员尊重和关

---

① At Harvard, for example, the charter of 1650 "exemplified a carefully rought compromise between a medieval tradition of corporate autonomy and a modern concern for territorial authorities over all matters of state and religion. The former was preserved, even though weakly, in Corporation"; the latter was institutionalized in the Board of Overseers (Herbst 1982, p. 16).

注大学的地位和特色。相对于在英国，特别是牛津和剑桥的强势而言，美国的学术职业相对弱势，对于两个系统的分道扬镳具有很大的影响（Trow，1985）。

殖民地末期，除了新泽西州特许设立了两所大学（现在的普林斯顿和拉特格斯之外），由于宗教信仰的多元，每个殖民地都获得了对学院的垄断权。在这个方面，每个殖民地对它的大学采取的行动就像英格兰对牛津和剑桥，以及苏格兰对它的大学采取的行动一样，赋予它们在本殖民地内授予学位的垄断权。美国殖民地政府试图以同英格兰政府在 18 世纪反对派学术团体扩大教育市场一样，阻止竞争教育机构的出现。结果是（无疑也涉及其他因素），在英格兰，反对派学术团体从未形成具有同等竞争力的学位授予机构，并且注定其失败或永久地消失，偶有一两所大学例外地获得巨大的声誉（Armytage，1955，pp. 128 – 140，153 – 156；Parker，1914，pp. 124 – 136）。但是，它们的存在——以及相关性——可以在殖民地对此的记述中看到。在 17 世纪 50 年代耶鲁学院发展的宗教派别之争的问题，耶鲁则被看做是比旧大学更好的模型（Herbst 1982，p. 77）。正如贝弗利·麦卡尼尔（Beverly McAnear）所发现的那样，"［18 世纪中期的殖民地高校的］缔造者……移植了英国反对派学术团体的教育系统的实质，并见证了这个系统的生根发芽"（Beverly McAnear，1955，p. 44）。在美国独立战争和内战期间，这些反对派学术团体与处在农业开垦区域的美国院校的繁荣有着更紧密的联系，而重大的区别则在于公共权力鼓励美国院校，甚至有时候以适当的经费支持院校发展。

所有殖民地院校都会得到各种类型的公共资金，尽管数量和频率各不相同。有的获得固定金额，用于弥补年度运行费用或者工资的不足，其他的用于建设和建筑维护的资助。弗吉尼亚州议会为威廉·玛丽学院提供一定比例来自皮毛、皮料，以及进口酒的税收收入（Robson，1985，p. 19）。这些补助金反映了殖民地和"它的"院校之间的一种有机联系，当院校被认为过分地使用了它们的自治权时，殖民地也会用权力对院校进行约束。1755 年，由于同该院院长的一场宗派主义的争论，康涅狄格州立法机关拒绝给予耶鲁学院 100 英镑的年度补助（Herbst，1982，p.76）。正如伯纳德·贝林所描述的遍及殖民地的普遍情形一样，"到处都缺乏来自一份独立的、可靠的、自我延续的收入的自治。教育中自我管理的经济基础没能发展起来"（Bernard Bailyn，1960，p.44）。

总之，殖民地政府对于它们院校的权力有三个基本的来源：授予或拒绝发放特许状，在特许权中保留政府持续性的权力以及公共拨款的权力。在特许权限内，殖民地在独立战争以前创立一些某些方面相似、其他方面不同的学院或"大学学院"——并且这些机构是在公共权力的提案下或强有力的私人赞助者的鼓励下创建的。这样的支持正好与 1830 年前的几十年间英格兰缺乏这种鼓励形成鲜明的对比。事实上，那时的英格兰充满来自政治的和教会的对某些新型高等教育机构，特别是那些建立在统治集团之外的院校的强烈反对或深刻抵触。正如上文所提到的，18 世纪下半叶，很多在英格兰建立的传统学术机构从未获得过中央或地方政府的鼓励，未能完全获得承认、未能获得授予学位的权力，这些都是导致它们短命或很快走向灭亡的原因。因此，它们对那些在 19 世纪建立新的英国院校的人并没有带来真正的用处或启发。相反，那些的经历为在美国的殖民地建立高等教育机构提供了技术方面的经验。在殖民地时代获得的创立新院校必需的技能和观念，连同为殖民地机构提供的管理模式，（在比英格兰提供的更好的环境下）这些模式直接导致了独立战争后高等院校的繁荣和发展：从 1776 年到 1800 年建立的高等院校，确切地说，有 16 所至今仍然存在，有 100 多所生存了 50 年以上，其他许多院校则是短命的（Robson，1983）。

美国独立战争的影响

在 1776 年前，殖民地政府和高等院校之间建立了更强或者至少和它的祖国（英国）与其高等院校之间的同样强的联系。但是《独立宣言》之后，这种关系发生了戏剧性的变化。在正式的意义上，独立战争将殖民地政府转变为州政府，并且在它们之上增加了国家联盟，即后来的联邦政府。然而，与此同时，独立战争通过强调新国家的根基在于公众主权、将政府置于"人民"之下以及个人和团体的自由与权利优先，从而削弱了所有政府机构的权力。"个人取代政府成为政治单位，"罗伯特·韦伯写道，"宪法和权利法案巩固了权力上的这次哥白尼式的革命……不像 18 世纪自上而下建立一个社会［独立战争以后的美国社会］，它是建立在一系列应对长期居住和事业发展的日常需要，而不是应对联邦的强制命令的基础之上的"（Wiebe，1984，p. 353）。

与这种从独立中产生的市民与州关系的新观念至少同等重要的是在阿勒格尼河流域（Alleghenies）以外的边疆地区的开垦，新边疆的开垦给了美国人一个走出定居的和继承了旧"欧洲"模式建立起来的殖民地的机会，并要求他们到边疆去创造，事实上是去发明在新边疆的自治政府的形式（Elkins &

McKitrick，1968）。高等教育也包括在开垦区的新的机构行列之中，在某些方面同殖民地的院校类似，而在其他方面则不同。它们把新开发的领土同原先的大西洋文化联系起来。在《独立宣言》之后的 25 年间建立起来的 16 所高校中有不少于 14 所是建立在新开垦地区的（Robson，1983，p. 323）。1800 年以后，教育的闸门打开，数百所院校在新老地区建立起来。它们中的大部分都很小且营养不良，很多在建立数年内就关闭了。这场教育活动大爆发的原因是在殖民地时期一直表现为政府—院校关系特色的三个条件的变化：限制性的特权，政府对院校直接管理的兴趣和高等教育的公共支持。

新的州，无论是那些建立在旧的殖民地之上的，还是那些在西部开辟了新土地的，都没有给予任何一个州立学院或大学完全的自主权，这表现了独立战争后州与社会机构之间格外不同的关系。州政府比独立战争前的殖民地更为及时地授予办学特许权，但是形式却截然不同。赫伯斯特讲述了 1762 年公理会教友反对哈佛自由主义一神论者（Congregationalists）在马萨诸塞州西部建立女王学院的努力。这个国家最古老的学院和它的管理者反对建立女王学院的提议，并辩解道，哈佛"是这个地区的垄断者，由最高法院支持和资助并为全州服务的"，"可以说是政府的学院"（Herbst，1982，p. 136）。美国高等教育必须摆脱作为历史惯例中高等教育的限制性特许权，必须摆脱为了保留给"政府的大学"的控制权，以及附加的权利或垄断。令人惊异的不是它最终被推翻了，而是它被推翻得如此轻易就像什么事儿也没有发生过一样，几乎没有引起人们太多的异议。

在独立战争以后，特别是在世纪之交过后，新建的院校轻易地获得了特许权，是独立战争为美国社会提供了战胜政府的象征和工具。特许权被胡乱地发给了那些准备筹建校舍和雇用校长的团体。[①] 尽管联邦制拥护者作了大量努力，但中央政府随着时间的流逝，并没有成为一个占支配地位的统治机构（与教堂一道），而仅仅是社会生活中的一个参与者，并且还不是其中非常重要的参与者。在 19 世纪 50 年代以前，几乎看不到中央政府在美国生活中的作用：没有国家银行，没有值得一提的军队，没有不断壮大的多数市民能够记得起的缴纳给官员的税收（Wiebe，1984，p. 353）。并且即使是更接近人民、承担基本教育责任的州政府，也将它们的角色限制为团体和社会多数人利益的工具，包括那些为多种动机创建高等院校的团体——文化的、宗

① On the funding of Allegheny College in western Pennylvania in 1815, see Rothblatt and Trow (1992), pp. 14 – 17.

教的以及以获利为动机的不同团体与不同团体的结合。

独立战争后联邦政府的长期高等教育政策

殖民地时期教会了美国人如何创办学院，并且从中产生了学院的多样性。独立战争使我们从州的，特别是政府的中心权力——无论是联邦还是州政府中——解放出来获得独立创立高等教育的自由。从合众国的建立到现在，这些新的自由通过一系列联邦高等教育政策得到进一步强化和巩固。虽然从未以明确的文字形式表达过，但却在那些具体决议或规定中体现出来，鼓励举办高等教育，扩大更大范围的民众接受高等教育的机会，将高等教育的贡献应用于社会实践和鼓励知识与学问的发展——这些举措并没有直接冲击院校自主权或是由宪法赋予的州政府对高等教育的基本责任。矛盾的是联邦政府对高等教育的参与不仅没有拉近它与高等教育的距离，反而使政府的权力被分散到了各个州，高等教育机构，院校中的个别成员、学生以及教师。这成为了一种不断自我否定的信条，联邦政府成了他人决策的协调者，而不是将自己的决策强加于州和大学。

自独立战争以后的五项重大决定有必要单独讨论。
1. 乔治·华盛顿（George Washington）总统和他的继承者们在哥伦比亚地区建立一所全国性大学设想的失败；
2. 1819 年最高法院关于达特茅思学院(the Dartmouth College）一案的判决；
3. 1862 年和 1890 年的《莫里尔法案》或者说赠地法案（Land Grant），以及 1887 年的《哈奇法案》(the Hatch Act)；
4. 1944 年的《退伍军人权利法案》(the Servicemen's Readjustment Act)，即熟知的 G. I. Bill 法案（the G. I. Bill Bill）；
5. 1972 年《教育修正案》(the Education Amendments)，我们继承的联邦政府的学生资助项目产生了广泛的影响，不但进行了扩展而且还进行了修订。

建立美利坚合众国大学的失败

考虑第一条，即建立国家大学的议案的失败。这项提议的失败是个政策决定，议案的失败可能是美国高等教育史上最重大的事件。

在我们国家的整个历史上，多种力量和动机在高等学校建立的背后起作用。在其中，正如上文提到的，包括各种各样的宗教动机、在边疆地区对倒退至野蛮时代的恐惧、对各种职业的需要、国家自豪感和地方主义、博爱、理想主义、教育改革，甚至土地投机的动机，或者上述所有因素的组合。但是，其结果是，院校数量的增加和多样性，院校之间对学生、资源和教师的竞争，刚好将市场因素和市场机制带到一个古老文化基础的中心——所有的这些都要求可能会抑制、限制或控制高等教育机构繁荣的中央权力的隐退。州政府也不能成为那个限制力量；在竞赛与竞争的压力下，在我们的历史进程中，它们已经放弃了创立大量能够达到同类院校标准的机构和项目。特别值得一提的是，没有一个有权授予（或拒绝授予）新的机构特许权的联邦政府教育部门，也没有一个卓越的国家大学能够以其他方式影响新教育机构。

作为一个国家，我们几乎有可能建立这样一个权力中心，最初由乔治·华盛顿，然后由后来的五位总统，尽管后来的五位总统没有太多热情，都试图在政府所在地哥伦比亚特区建立一所美利坚合众国大学（Trow，1979）。华盛顿，事实上，在他的遗嘱中为这样一所大学作了规定，并且在他给国会的最后一次国情咨文中强烈呼吁。他指出，国家大学将促进国家的团结——在当时，深受很多美国人关注的问题是，如何忠诚于他们的主权州，而不是忠诚于这个处于婴儿时期的国家。此外，华盛顿看到了通过聚集资金和其他资源创建一所真正的一流大学的可能性："我们的国家，为了它的荣誉，有很多有名望和有用的学院，但是它们赖以生存的资金太少，因而在不同的学科和不同的机构难以聘请到最有能力的教授，尽管他们都很优秀，但并不是最杰出的"[Hofstadter & Smith，1961，（1），p. 158]。

实际上，华盛顿的结论是正确的。在独立战争和南北战争之间涌现出来的众多院校都在竞争非常稀缺的资源，而且它们都在一定程度上深受营养不良之苦。处于边缘的学院的营养不良问题深受院校系统中的市场压力影响。国家大学的失败意味着，直至今日，美国高等教育没有一所单独的顶级大学。假如在我国的早期生活中，我们把资源都集中到了一所高水平的大学中，它可能已经能够同欧洲优秀的古典大学或者后来在德国或其他地方建立的杰出大学相提并论了。无论美国如何称呼它的高等知识机构，国家根本没有一所真正的大学——没有一所真正一流的大学能够像旧大陆的大学那样带领它的学生深入到知识的不同分支中去——这一情况直到南北战争结束以后。

一所国家大学能够深深地影响美国高等教育。作为卓越的大学，它将对国家的其他学院产生直接或间接的巨大影响，也包括对中等教育。它的准入标准、它的课程、它的教育理念，甚至它的教学方法都将成为希望将其部分毕业生送往这所华盛顿大学的每所学校的榜样。一个高标准的联邦系统必然会抑制下个世纪涌现出的数百所小的、半饥饿的州立或宗教院校的发展。因为它们根本无法达到美利坚大学的学士学位要求和它对研究生学业申请者设定的标准。在美国，建立美国大学的企图失败后，没有人质疑整个系统的高等学术标准问题，没有人提出这个原则：因为美国高等教育根本就不存在一个共同标准。在那样的精神引领下，我们已经创立了各种类型的机构，在不同的学术严肃性和学术标准层次提供教育。

达特茅思学院案

就我们现在所知的，在合众国早期的历史上，对美国高等教育的形式与特点产生过重大影响的另一个重要事件是：1819 年最高法院关于达特茅思学院一案的判决（Whitehead & Herbst，1986）。这是一个重大的判决，因为它确定了政府与私立机构之间的契约的标志性原则。最高法院的判决表达了联邦主义者的信念：即使为了公共利益政府也不应当干涉私立财产。约翰·马歇尔（John Marshall），当时最高法院首席法官曾经写道："我认为，立法机关干涉私人事务的管理，无论那些事务是属于一个公司，还是个人，都是同样危险和不明智的。"这种反中央统治的立场今天听起来非常保守，但是从另一个角度来看，那种激进的自由主义对高等教育的自由发展有着积极的影响。马歇尔和最高法院的同事们在达特茅思学院一案的决定是：一所私立院校的特许状就是一份合约，州政府无权取消已经建立起来的合约。这对于美国资本主义企业的成长和高等教育的未来发展都有很重要的影响。

建议改变达特茅思学院特许权争论的理由是：既然该校的建立是以造福新罕布什尔州公众为目的的，那么最好也能通过州立法机构，给予公众在该校运行中的发言权。州政府想要通过现代化的管理改进学习环境，为其变成大学创造一个框架，使其更为自由和更为世俗化，为共和主义（republicanism）创造环境。

鼓励创建"公共"机构继承了杰斐逊的传统，通过州建立"共和机构"满足新生国家的需要。在这种精神指导下，1816 年，新罕布什尔州立法机构通过了一项法案，赋予州政府更大的权力来"改革"达特茅思。联邦首席法官马歇尔裁决赞同学院理事会的决定，宣布州立法机构通过任何法律"损害合约规定的义务"是违宪的。而且，原先赋予学院的特许状本身就是一个契约（Hofstadter & Smith，1861，1，p. 218）。在很多方面，马歇尔的做法遵循了英国社会中关于教育机构的功能的传统观点。

达特茅思学院案的判决，阻止了新罕布什尔州政府对学院的接管，维持了州政府在教育事务中古老而温和的角色，反对那些寻求政府在社会和其机构的运行中发挥更大作用的人。马歇尔的判决对于保卫私人控制的院校，即使是穷困的院校的建立和繁荣也具有重要的现实意义。从那以后，私立院校的推动者们知道，他们一旦获得了州的特许状，将来就能很安全地控制这所院校。在这个判决之后，人们发现州政府不再可能完全控制高等教育，包括私立部分。

建立美国大学的失败和达特茅思学院向最高法院上诉的成功对地方创建学院的动力和私人创业而言都是胜利的。首先它为塑造整个美国高等教育的特色奠定了基础，对联邦政府在高等教育中扮演的角色设定了限制；其次为州政府对私立院校的权力设定了更为严格的界限。合在一起，这两个事件为个人和团体创立各种规模、形式和信仰的院校构建了一种无限制的特权。在独立战争和南北战争之间，几乎任何动机或动机与利益的组合都可以建立一所院校。并且从那以后，它的生存就主要取决于它是否能保证来自教会、富裕的赞助人、学生的学费，甚至可能来自州政府的支持。这样，新的学院相对容易建立，但不再有生存的保障。因此，出现了一种新情况，类似于活的有机体在生态系统中的行为——为资源而竞争，它们对环境的要求非常敏感，并且随着时间的推移，倾向于通过自然选择的残酷过程，以适应那些允许它们生存的环境。它们的环境中也有其他学院，以及后来的大学。因此，我们看见在这个迷雾中存在着一系列我们通常会联想到市场中的小企业行为的机制：对市场需求的焦虑和关注，随时准备迎合它的偏好，通过产品的边际区别寻找市场中的特殊位置，时刻准备为了市场占有率建立同其他生产者的共生和寄生的关系。至今，那就是美国高等教育的世界。

1862 年《莫里尔法案》

《莫里尔法案》确实是美国高等教育的一个里程碑，该法案促使了政府赠地学院和大学的创建。它距离中央政府第一次通过赠予政府拥有的土地来为高等教育提供支持已经有一段时间；实际上，在联邦条款（the Articles of

Confederation）之下，西北法令（the Northwest Ordinance）规定留出一些土地来支持西部保留地的高等教育机构。俄亥俄大学和其他一些学院一道，就是通过第一次赠地建立起来的。但是，《莫里尔法案》是在一个完全不同的数量范围内提供支持；1862 年，联邦政府为了支持地方的教育发展，给予州相当于整个瑞士或者荷兰面积的土地，大约有 1.1 万平方英里。并且它还以特别许可的方式做了这件事。关于院校类型或者学术领域的范围，以及关于教学内容等都没有硬性规定。唯一确定的就是把土地使用权交到州政府，州政府监督土地或凭证的使用；其中 5% 的土地可以出售，所得款项作为永久性捐赠资金用于投资；投资只能用来建一个或多个为农业、机械工艺，以及军事策略提供指导的院校，同时这些院校也可以包括传统院校科目；州对办学结果进行年度报告（Ross，1942，p. 68）。

该法案的受益者由州政府决定——它们中间有纽约的康奈尔大学、马萨诸塞的麻省理工学院以及康涅狄格州的耶鲁大学的谢菲尔德科学学院（Sheffield Scientific School）。在一些州，资金给了已经建立起来的州立的教育机构；在加州，大学是在当时的私立文理学院的基础之上，利用土地捐赠创立起来的。在俄勒冈州和肯塔基州，资金给了教会控制的宗教学院（Ross，1942，p. 75）。在其他很多州，尤其是在南部和西部，新的农业与机械学院利用土地赠予基金建立起来。

基本上，联邦政府将资金——至少是土地凭据——放在了树桩上，然后走开。部分是因为没有联邦教育行政机构来提供联邦指示并控制州政策，部分是因为没有人知道用联邦政府土地建立起来的教育机构应该像什么或做什么的统一意见。事实上，关于在这些新的院校里相对重视纯科学还是应用科学，实践经验和体力劳动还是旧的经典课程，在国会内外形成了截然不同的观点。联邦政府的方案是允许这些对立的力量在每个州以斗争的办法来解决。不用说，结果多样而混乱，特别是有些地方出现了渎职和腐败，到处都是一片混乱。但是也有丰富的想象力、创造性，甚至是天才——如纽约的艾斯拉·康奈尔（Ezra Cornell）和安德鲁·狄克逊·怀特（Andrew Dixon White）所阐明的那样。一些州以每英亩 50 美分的价格出售土地，其他的州可能要贵 10 倍。与此同时，教育实践和学术标准之间存在同样大的差别，这增加了美国高等教育中已有的高度多样性。

有人可能会问，如果尝试建立一个更整齐划一的系统，一个更理性的、协调一致的，一个在学术方向和标准上整齐划一的，一个由更高质量和薪水颇丰的教师队伍、训练有素的学生和有更充足的建大楼和买设备的资金为标志的系统，结果会是怎样？当然，我们在描述现代欧洲大学系统的创立——并且从第二次世界大战结束以来，它们正在努力破除那些限制性的约定和结构性的紧箍咒，困难很多而成功很少。

1944 年《退伍军人权利法案》

我们现在把 1944 年的《退伍军人权利法案》——原先的 G. I. Bill 法案——视为发生在美国高等教育中的最好的事情之一。它极大地扩展了上大学的想法，它将适龄青年的入学率从 1939 年的 15% 提高到现在的 50% 甚至更高，而且它为本科生课堂带来了严肃和成熟，这些是学生们从前不习惯的，但他们没有为此迷失。

但是，当时在对此事的讨论中没有人预料到它将会如此成功。那场讨论中的大部分预测是，大约 80 万退役军人会利用这个项目。但是，到 1956 年，当最后的一位"二战"退役军人拿到了最后一张支票时，共有 225 万人在它的资助下上了大学（Olson，1974，p. 43）。与此形成对照的是，英国有个相似的项目，"进一步教育和培训计划"（Further Education and Training Scheme），将大学注册数从"二战"以前的大约 5 万人提高到战后不久的 8 万人，引发了教育部关于教学标准可能降低的极大关注（Preston & Preston，1974）。在英国，那个项目遭遇了战后大学准入标准稳步提高的困境。因此，1987 年英国高等教育的入学率（占同龄人的 14%）基本上同美国院校 50 年前的注册率是一样的。

《退伍军人权利法案》的两个特征特别值得注意。首先，退役军人可以带着他们的学费和生活津贴到任何地方去，其中包括任何愿意接收他们的通过认证的院校，也可以到没有通过认证的高中后教育机构。当然，也存在边际不规范的情况：有腐败，有的拿了学费却不教任何东西，也有的学生只为了得到微薄的津贴而入学。但是，我们必须考虑一下阻止那些漏洞的成本；形式和监督的多样，稳步推进理性化和标准化，使评估、管理和认证更加容易。但联邦政府接受滥用立法权的可能性，可能也意识到了高等教育中的理性化，正如在别处一样，是多样性的敌人。而且，正如我们所看到的，整个联邦政策一贯地支持多样性。

其次，《退伍军人权利法案》的一个关键条款规定："执行（这个法案的）条款的任何部门、机构和官员都不能对任何州、教育机构……或者任何教育或培训机构施加任何监督或控制。"（Olson ，1974，pp. 17 – 18）当然，这是传统上宪法保留给州负责教育的部分。但是在那之外，我们还在这里看到同样的自我否定的条例——经费资助同学术影响截然分开——它标示着早期联邦政策的特征，并且成为 1972 年《教育修正案》的模板和先例，之后，它以贷款和助学金的形式对有需求的学生提供大量的、不分类的资助。

1972 年《教育修正案》

1972 年通过的联邦立法确立了高等教育的国家优先地位。各种联邦政府机构已经为其中的许多目标议题提供了支持，例如，科学实验室和图书馆，为目标学生群体提供支持，通过向研究生提供奖学金的形式加强关系国家安全和经济发展领域。在 20 世纪 60 年代和 70 年代早期，联邦政府大幅提高了对高等教育的资助，既包括对快速成长的院校进行资助，也包括对教育机会进一步扩张进行鼓励，特别是对历史上在高等教育中处于弱势的群体。

多数高等教育机构支持直接对院校提供无条件的资助。但是，国会的重要成员和由克拉克·科尔（Clark Kerr）领导的具有影响力的卡内基高等教育委员会（Carnegie Commission on Higher Education）则强烈地支持以需要为基础的联邦学生资助模式，而不是与注册学生数相关联的直接提供给学校的批量拨款。① 对《退伍军人权利法案》传统的肯定是这场讨论中的一部分，但是那些支持以需要为基础的联邦学生资助模式的人的动机是希望增强学生在市场中的权利，由此鼓励院校对学生需求模式变化作出反应。事实上后来颁布的修正案，也集中在学生资助，为院校提供资助只是标志性条款（例如，支持院校图书馆和某些学术设施的建设），这些新项目的主要内容是采取了联邦学生助学金和学生担保贷款的形式，特别关注贫困和有需要的或弱势群体。但这只是一个较宽范围的学生资助模式，没有对特定学习或专业领域设限。

这些立法是政客们为了使华盛顿平稳地渡过其周期性的预算削减和政治气候的变化创造的一个大规模、稳定的投票机制的结果，而不是高等教育界自身领导的成就。但是，这项法律更接近于选民的意愿，以直接资助学生形

---

① For a discussion of the debate in Congress and elsewhere leading up to the passage of this law, see Finn, 1978, especially, pp. 121 – 128.

式出现的联邦经费支持是保护高等教育机构自主性的最确定的形式。它能够防止联邦政府利用对高等教育的固定拨款在其需要时对接受拨款的院校施加影响。

随着时间的推移，在更广泛的社会层面上联邦政府的学生资助和用贷款替代学生助学金的立法不断扩大和完善。尽管在过去的 20 年里，很多对院校的资助条款已经逐步被淘汰，学生资助仍然是联邦政府在高等教育中扮演的最重要角色，与它同样起作用的是联邦机构为大学提供研发经费。

上述 5 个决定合起来是如何构成了一项政策？在回顾中，人们可能会想它们怎么会"成功"？我认为，在每个例子中，每一个决定都对美国高等教育的多样性有所贡献——多样的教育机构、多样的教育特征、多样的教育理念、多样的学术标准和多样的教育机会。在每个方面，公共政策都试图通过加强高等教育中的市场竞争削弱可能出现的中央权威制定了规则和标准。它通过向下和向外推行这些决定，给予教育消费者更多的资源和判断力，要求高等教育机构作出积极的回应来实现。美国国家大学的失败和《莫里尔法案》的通过，公共政策决定强化了州与联邦政府的关系；通过达特茅思学院一案和《哈奇法案》，强化了高等教育机构同州政府的关系；通过《退伍军人权利法案》和 1972 年《教育修正案》强化了学生与学校的关系。

当前联邦干涉的扩张

从早期将土地赠予投机者，鼓励其在西北部地区定居，到最近为有需要的学生提供佩尔（Pell）助学金，联邦政府的中心政策是在全社会越来越广泛地扩大和延伸高等教育入学机会。自"二战"以来，联邦政府把兴趣点放在了增强国家经济和军事实力上，因此，成为大学中基础和应用研究最主要的支持来源。这些直接给研究者和学生的资助承诺，仍然是美国联邦政府对高等教育最大和最显而易见的介入形式，其范围已经在上文中勾画出来了。美国联邦政府（以及大部分州政府）提供支持的另一个实质性的，但却是隐性的形式就是通过税收政策支持高等教育，联邦政府的税收政策中规定减免那些向高等教育提供捐赠的人（同时也包括其他许多种类的非营利"慈善"机构）的收入所得税。再者就是税典中规定给予家中有子女是全日制大学生、并为其支付一半以上学费的父母一定额度税收减免。

在过去的 30 年里，联邦政府拓展了对于高等教育的兴趣。其主要原因反映在高等教育对美国社会和经济的核心作用中。进一步对高等教育的介入反映在"二战"结束以来，联邦政府在研发方面不断增大支持力度。现在联邦政府分配研发经费的决定影响着整个美国科学的形式和方向。

核心问题之一是围绕"大科学"的竞争性要求建立的——像超导体、人类基因组图、哈勃望远镜的发射和太空探索等巨大而昂贵的事业，以及大学中研究者以个人或以群体形式发起研究的普遍要求。大科学相对于小科学在经费方面有着必然的竞争力，但是，它的每一个决定都如此昂贵和重大，以至于不可避免地把政治的考虑（和压力）放到了科学决策过程的核心位置。人们不断努力将这些决定从愚蠢的政治力量中隔离出去，以使其"独善其身"。但是，这些机制被州在国会和白宫内为联邦资金而竞争的传统给扭曲了，这里表现了平民社会中政治交易和分一杯羹（pork-barrel）的立法传统。

直到最近，由联邦政府与大学研究者签订的合同和研究资金的一部分被大学和州政府用做研究管理费的性质就很好地阐明了我关于联邦政府对美国高等教育的自我否定原则。收取管理费是用来补偿大学维持联邦资助的科学工作所需的研究设备的维护和运营的成本。这笔费用的多少是政府同个别公立或私立大学分别协商而定的，然后松散地进行监督，这种方式暗示政府机构主要是对其要资助的研究中需要的基础设施感兴趣，而对管理基础设施没有兴趣。最近披露的令人难堪的关于斯坦福大学不恰当或（部分）非法地使用这笔费用预示着将改变大学与联邦资助机构之间古老的、松散的关系，不仅仅是针对斯坦福，而是针对整个研究领域和大学（Hamilton，1991，p. 1430）。这个案例也将国会委员会（以及它们的员工）直接引入了研发经费中增加管理费的情境中。在很大程度上，美国高等教育机构摆脱政府严密监视而充分享受自由的原因是基于美国社会（以及它的政府机构）对高等教育较高的信任。如果那份信任由于斯坦福的丑闻而被腐蚀，院校自主权可能也会同样被腐蚀。要辨别这个事件对高等教育同联邦政府机构的关系产生的影响现在还为时过早。

一些研究联邦政府资助的观察家们确信，我们可能已经没有了回旋的余地。在《科学》杂志上的一篇社论中，菲利普·阿伯森（Philip Abelson）观察到：

> 一个特别令人沮丧的政府—高校的分界特征是：两者的关系在长期演变的过程中恶化了。"二战"后初期，二者之间有高度的互信，而没有行政监督。科学家自由地规划和实施他们的研究项目。后来，官僚们

接管并用很详细的预算和研究建议对研究项目施加影响。当然，那是一条通向呆板研究的路（1991，p. 605）。

他还援引了行政要求和规定的繁杂已经严重影响了大学科学研究的自由与质量。

在最近的几十年里，联邦政府——通过它的三个分支与其关注点联系起来——在对公民权利的保护方面变得活跃，其中主要是对美国高等教育机构中对少数种族、女性和其他弱势群体可能的歧视形式。这些活动影响到的范围包括种族和学术人事档案的保密性、学生录取与教师的任命和晋升活动的监管、科学研究中对研究对象的保护，并建立了很多管理联邦资助研究的规则和条款，这些条款都绕过了州政府机构，而把联邦政府直接引入高等教育机构的日常管理生活中。

这些发展与上面我所提到的联邦政府在历史上对美国高等教育没有实质性指导关系是不一致的。人们能够看到这些发展非常具有戏剧性，但是政策上的变化很有限。美国的学院和大学的基本特征与办学目标仍然是自己的董事会和州政府的权力。人们也可以看到，这些发展和取向标志着在高等教育领域联邦政策的特点与方向的急剧变化，联邦政府在保护公民权（它的定义在最近几十年被联邦法院扩大了）方面的作用在不断加大。同时也与美国高等教育规模的扩张、成本，以及美国学院和大学中教育、教学和科研对国家的重要性有关。对高等教育机构的公共信任的下降和联邦政府在保护所有公民平等权利方面的立法兴趣的下降，是否会导致美国高等教育机构和州政府及联邦政府之间的独特的、富有成效的三角关系发生根本的变化仍然有待观察。

参考文献：

Abelson, Philip. 1991. "Editorial: Federal Impediments to Scientific Research." *Science*, 251: 605.

"Almanac." 1988. *Chronicle of Higher Education*, 35 (1): 3.

"Almanac." 1990. *Chronicle of Higher Education*, 37 (1): 3.

Armytage, W. H. G. 1955. *Civic Universities: Aspects of a British Tradition*, pp. 128 – 140, 153 – 156. London: Ernest Benn Ltd.

Bailyn, Bernard. 1960. *Education in the Forming of American Society*. Chapel Hill: University of North Carolina Press for the Institute of Early American History and Culture at

Williamsburg, Va.

Brubacher, John S. , and Willis Rudy. 1958. *Higher Education in Transition*, p. 227. New York: Harper.

Chronicle of Higher Education, 1989. (6 September).

Elkins, Stanley, and Eric McKitrick. 1968. "A Meaning for Turner's Frontier: Democracy in the Old Northwest. " In Richard Hofstadter and Seymour Martin Lipset, eds. , *Turner and the Sociology of the Frontier*, pp. 120 – 151. New York: Basic Books.

Evangelauf, J. 1985. "States 'Spending on Colleges Rises 19 Pct. in 2 Years, $31 Billion for' 85 – 86. " *Chronicle of Higher Education*, 30 October, p. 1.

——. 1991. "A Record 13,951,000 Students Enrolled in College Last Fall, Education Department Survey Shows. " *Chronicle of Higher Education*, 37 (24): 1.

Finn, Chester E. , Jr. 1978. *Scholars, Dollars, and Bureaucrats*. Washington, D. C. : Brookings.

Hamilton, David. 1991. "Stanford in the Hot Seat. " *Science*, 251: 1420.

Herbst, Jurgen. 1982. *From Crisis to Crisis: American College Government*, 1636 – 1819. Cambridge: Harvard University Press.

Hofstadter, Richard, and Wilson Smith, eds. 1961. *American Higher Education: A Documentary History*. 2 vols. Chicago: University of Chicago Press.

Jaschik, Scott. 1990. "States Spending $40. 8-Billion on Colleges This Year; Growth Rate at 30-Year Low. " *Chronicle of Higher Education*, 37 (8): 1.

Kerr, Clark. 1991. "The American Mixture of Higher Education in Perspective: Four Dimensions. " In *The Great Transformation in Higher Education*, 1960 – 1980, ch. 3, pp. 27 – 45. Albany: State University of New York Press.

Kerr, Clark, and Marian L. Gade. 1989. *The Guardians: Boards of Trustees of American Colleges and Universities*. Washington, D. C. : Association of Governing Boards of Universities and Colleges.

Layzell, Daniel T. , and Jan W. Lyddon. 1990. *Budgeting for Higher Education at the State Level: Enigma, Paradox, and Ritual*, table 2, pp. 23 – 24. Washington, D. C. : George Washington University.

Lewis, Gwendolyn L. 1989. "Trends in Student Aid: 1963 – 64 to 1988 – 89. " *Research in Higher Education*, 30: 547 – 561.

May, Henry. 1976. *The Enlightenment in America*. New York: Oxford University Press.

McAnear, Beverly. 1955. "College Founding in the American Colonies, 1745 – 75. " *Mississippi Valley Historical Review*, 42 (1): 24 – 44.

National Center for Education Statistics. 1989. *Digest of Education Statistics*, 1989. Washington, D. C. : US. Department of Education, Office of Educational Research and Improvement.

Olson, Keith W. 1974. *The G. I. Bill, the Veterans, and the Colleges*. Lexington: University Press of Kentucky.

Parker, Irene. 1914. *Dissenting Academics in England*, pp. 124 – 136. Cambridge: Cambridge University Press.

Preston, H. , and H. M. Preston. 1974. "The Further Education and Training Scheme. " In Selma J. Mushken, ed. , *Recurrent Education*. Washington. , D. C. : National Institute of Education, U. S. Department of Education.

Robson, David W. 1983. "College Founding in the New Republic, 1776 – 1800. " *History of Education Quarterly*, 23 (3): 323 – 341.

——. 1985. *Educating Republicans: The College in the Era of the American Revolution*, 1750 – 1800. Westport, Conn. : Greenwood Press.

Ross, Earle D. 1942. *Democracy's College: The Land-Grant Movement in the Formative Stage*. Ames: Iowa State College Press.

Rothblatt, Sheldon, and Martin Trow. 1992. "Government Policies and Higher Education: A Comparison of Britain and the United States, 1630 – 1860. " In Colin Crouch and Anthony Heath, eds. , *The Sociology of Social Reform*. Oxford: Oxford University Press.

Trow, Martin. 1979. "Aspects of Diversity in American Higher Education. " In Herbert Gans, Nathan Glazer, Joseph R. Gusfield, and Christopher Jencks, eds. , *On the Making of Americans*, pp. 271 – 290. Philadelphia: University of Pennsylvania Press.

——. 1985. "Comparative Reflections on Leadership in Higher Education. " *European Journal of Education*, 20 (2 – 3): 143 – 159.

Whitehead, John S. , and Jurgen Herbst. 1986. "How to Think about the Dartmouth College Case. " *History of Education Quarterly*, 26: 333 – 349.

Wiebe, Robert H. 1984. *The Opening of American Society*. New York: Vintage Books.

五　美国的阶级、种族与高等教育①

Class, Race and Education in the United States

对于美国阶级、种族和高等教育的思考源于为经济合作与发展组织，简称经合组织（OECD）的一个委员会提交的一份重新审视和评估加利福尼亚高等教育的报告。有意思的是，经合组织在这份报告中似乎把加利福尼亚州（简称加州）看成是一个经合组织中有主权的国家。经合组织高等教育部这样做的最初想法是有其内在必要性的，因为美国高等教育规模太大，且过于多样化，根本不可能对其进行全国性的研究，而且又没有一个单一的政府组织接受这样一份研究的报告。同样困难的是加州作为一个州不仅幅员辽阔且人口多元。最近一次普查显示，加州拥有 2900 万人口。因而，对加州高等教育进行"全国性研究"的想法至少是可行的，毕竟，在美国，教育从宪法意义上看是州政府的责任。

这份报告大部分是由该委员会主席，牛津大学的哈利瑟（A. H. Halsey）教授起草的。这份报告非常完美，对美国高等教育的特质赋予了同情和理解，这是为数不多的外国观察者才能做到的。

在这里，我想插入一点与主题相关的个人观点。哈利瑟教授一直以来是一位社会学家，而不是一位马克思主义者。巧合的是，他还是一位具有伟大而且仍旧强势的英国传统观念的基督徒和伦理社会学家。为此，顺便说一句，我对他无比尊敬。这一传统赋予平等和友爱的社会本质以伟大的道德和政治价值。② 哈利瑟教授关于加州高等教育的报告自然反映了这些价值——并不是采用粗鲁的、教条的或者训诫的方式，而是以精辟的方式表现了一个

---

① A version of this paper was read at the seminar sponsored by the National Board of Universities and Colleges in Stockholm, Sweden, on September 20, 1990.

② The values are set forth with clarity and historical specificity in Halsey's book (with Norman Dennis), *English Ethical Socialism* (Oxford, 1988), as well as in others of his writing.

充满智慧与学识的观察者的见解和洞察力。他的观察与我的截然不同（和其他大多数美国人也不同）。这对于像我这样坚信一种不同社会和政治传统的人们来说是一种异乎寻常的激励。

在美国，大众化高等教育，甚至在许多地方已经实现了普及高等教育，某大学与全世界其他相似的大学一样具有同样的功能。但是有一点对我们来说是独一无二的：它是社会合法化的主要手段，它围绕着广泛的机会平等原则（在原则上是平等的）向所有的人开放，为他们提供一种通过自身努力和天赋提升并改善自己职业和生活环境的机会。美国 3500 所通过认证的学院和大学面向众多类型的学生群体开设了不同水平和标准的课程，为学生和社会提供广泛的服务。它们中的大多数提供自由和通识学习课程，是学生们进入中产阶级的主要途径，或者谦虚地说，进入中低阶层职业的途径，在多数国家要获得这些中低职位根本不需要高中后教育。这些学院和大学鼓励学生通过全日制或非全日制的学习进一步提升自己的预期。如果这些学院和大学自身并不具备这样的能力，可以提供转学的机会让学生到其他地方获得进一步的教育，并不像许多欧洲国家的高中后非学历教育机构为需要进入的学生设立许多限制。因此，这一教育模式影响和增强了美国价值观中的极端个人主义。而这些价值观与强调集体合作和通过共同努力平等分享共同利益（或多或少平等）的社会主义原则是完全相左的。美国高等教育作为一个系统向有才能和怀有美国梦的人敞开实现个人职业追求的大门。大众化高等教育在现代社会中为美国梦提供了一个清晰的、现实的制度选择。它不同于社会主义者的阶层身份认同和横向忠诚（Horizontal loyalty）原则。这些对立观点的悬殊差别引起了尤金·德布斯（Eugene Debs）的关注，他是美国最后一位社会主义领导人，拥有大批的支持者（1920 年美国总统选举中，他赢得了 100 万追随者的选票）。他号召他的追随者，部分属于工人阶层："和你所处的阶级一同前进，而不是脱离它"。

美国大众化高等教育（在某种程度上与其他地方一样）[①] 深层次上是与这种社会价值观对立的，因为它提供了一个值得称道的选择："超越你自身

---

① In western European countries, fewer youth of modest social origins have taken advantage of the call to mobility inherent in mass higher education, in part because of tight restrains on access to higher education, restrains chiefly through a class-linked stratification of the secondary school system, and of related requirements and standards for entry to higher education. But institutions of higher education everywhere serve to weaken working-class ties and affiliations.

的阶层，而不是与之同在。"这种不需要解释的口号（精确地说"不需要解释"是由于所有的美国人都能理解它）触及了美国社会的根基，包括工人阶级和外来移民。在美国，一个长期存在的传统是父母对孩子充满激情地说"我希望你们生活得比我好"。更好的生活并不能够通过集体和政治方式获得，而是通过更多和更好的教育，最近的几十年则指的是通过大学教育。当时的一位哈佛教授乔治·提克诺（George Ticknor）在 1825 年阐述了一个不言而喻的道理。他说："在当时，在我们国家，几乎所有的父亲最诚挚的希望就是让自己的孩子能够获得比自己所能得到的更好的教育。"① 同年，在美国边疆开垦区的纳什威尔大学校长宣称"每一个人，如果他想摆脱不起眼的小工身份，他就必须付出努力接受通识教育。"② 160 年前，"每个个体"而不仅限于欧洲的"绅士"都被告知可以通过接受教育走出"临时工"的阶层。但是，美国在长达一个多世纪的时间内，高等教育并没有向多少人提供社会流动的机会。一直到"二战"之后，它才实现了向全社会提供机会的承诺。通过教育获得成功机会的意识的确很早就产生了，这些愿望并不是出自激进的领导者，而是出自那些有稳定职业的中产阶层，他们确信他们的声音表达了普通中产阶层的心声，而不是那些政治的极端主义者。

高等教育作为贫穷的年轻人实现阶层流动工具的思想贯穿了 19 世纪的整个美国。但是，却有赖于 1800 年之后美国大学数量的增长，大学之间激烈的竞争，这一竞争影响了上大学的费用，从而使得大量的贫困学生走进了校园。这一时期的历史学家奥尔门丁格（Allmendinger）指出：

> 在 1800—1860 年，贫穷的年轻人，或者被形容为"贫困"、"赤贫"甚至是"乞丐"，大量地聚集在新英格兰的大学里。他们来自机会很少的山村，进入了汉诺威、威廉镇或者是布鲁维克的小型学院。实际上，在纽约州和俄亥俄州政府让这类学生迁移到西部之前，就已经开始吸引——起初是以几乎一种无法察觉的形式——学生人口。这些学生既不想拥有新的农场，也不想成为家乡农业无产阶层中的雇佣工人。相反，却加入到了一个由乡村学生和教师组成的知识分子群体中来，渴求

---

① Frederick Rudolph, *The American College and University* (New York, 1962, p. 216).
② Ibid, 214.

成为中产阶层中的职业工作者。①

19 世纪前半叶，美国学院数量的激增主要是因为政府对建立学院没有
什么政治限制。之前的殖民地时期，像今天的许多国家一样，政府通过
（美国的殖民地政府）颁发特许状来控制学院和大学的建立，并通过颁发特
许状允许学院和大学授予学位。每一个政府几乎都利用政治和宗教上的理由
来限制高等教育机构的数量；此外，新增的大学都受到政府补贴，并保证它
们持续生存下去。就如同在其他方面一样，美国革命极大地弱化了中央政府
对于高等教育的控制权。美国宪法规定教育（包括高等教育）完全脱离联
邦政府的权力范围，宪法使得革命之后各地如雨后春笋般建立起来的独立学
院同时避免了来自联邦政府和州政府两方面的直接控制，同时，也废止了政
府用公共经费支持大学的承诺。在大革命和内战时期新出现了几百所大学，
其中许多都是由具有竞争力的基督教教派资助的，它们并没有太多学术性和
社会性的要求，只是根据学生的需要，向贫苦学生提供受教育机会。为贫困
的年轻人创造接受大学教育的机会不是"二战"后期的民主革命的事，而
是在 19 世纪前半叶，美国已经开始这场运动。19 世纪，在美国，尤其是高
等教育脱离了国家控制之后，这为美国高等教育大众化创造了可能性。然
而，这种可能性直到"二战"之后才得以完全地实现。②

这种强调个人理想、机会和成就的精神贯穿在美国历史之中，但是却在

---

① David F. Allmendiger, Jr. . *Paupers and Scholars*: *The transformation of Student life in Nineteenth-Century New England* (New York, 1975), 8. Allmendinger did his research on poor student in the emerging college of New England, but I believe that the patterns he describes were also to be found in the much larger number of small, modest, largely denominational colleges springing up along the western frontier. Indeed, the as now "one clear sign of the presence of the poor was the increasing maturity of the student population. . . . Men in their middle twenties now enrolled in large numbers, along with boys in their early teens. . . . Many had stared trades, and then having changed their minds, had continued in their work to get money for education. This brought about a mixing of the social classes, as well as ages. " (p. 9) It was crucial that these new, mostly "private" colleges were cheap, not too far away, provided charity (i. e, student aid) and were not too particular about their student's academic preparation. The students' education was also substantially subsidized-indeed, made possible-by the tiny salaries paid to the teaching staff who themselves did not have the dignity of the guilds of learned men in the old countries.

② On this broad development, see Martin Trow, "American Higher Education: Exceptional or Just Different?" in *Is America Different? A New Look at American Exceptionalism*, ed. Byron Shafer (Oxford, 1991, pp. 138 – 186); and Sheldon Rothblatt and Martin Trow, "Government Policies and Higher Educaion: A Comparison of Britain and United States, 1630 – 1860," in *the Sociology of Social Reform*, ed. Colin Crouch and Anthony Heath (Oxford University Press, forthcoming).

革命期间和革命后采用了特殊的力量，与社会主义者强调集体主义精神、机会和成果的原则恰好相反。它与代表集体主义精神的组织，特别是工会组织以及欧洲上个世纪的社会主义政党（或社会民主党）也不一样。在欧洲国家，围绕社会主义政党，出现了许多文化机构，这些机构——学校、报纸、体育俱乐部、公司等——不仅仅是一种政治或者经济运动，也一同构成了另外一种亚文化结构。结果是在获得国家胜利之前，社会主义首先获得了生活上的成功。① 这个亚文化群使得每一个工人都与他所处的阶层紧密地联系在一起，不鼓励阶层之间的流动。甚至所提供的成人教育也旨在提高工人们的道德和文化水平，而不是提供给他们走向中产阶层的方法和途径：这些机构向这个亚文化群提供的是典型的"人文主义"教育，以此来提高这个群体中工人阶级成员的文化水平，而不是提供给他们那些可以脱离本阶级的能力的职业课程。例如研究显示，英国工人们利用闲暇时间在机械学院的学习和后来在工人教育联合会里的学习都是围绕着文学和"纯科学"，并不是专业工程方面的内容。②

　　大众化高等教育是与以阶级为取向的社会和以阶级为取向的机构如工会为敌的。在美国，此种现象一直存在，自从入学率增长之后，包括原来那些高中毕业就直接就业的人也走进了校园，这种现象更加明显了。第二次世界大战是一个转折点，战时的努力在最初几年产生了一个准社会主义者的社会，却根本没有影响个人主义社会风气（一部分学术和知识界精英除外）。"二战"后期，美国工会拥有40%的产业工人，这是参加工会人数比例达到的最高点。之所以能够达到如此的高度，主要是依赖于战时政府的要求，企业要与政府之间签订合同允许工会组织劳动力，这项政策部分反映了有组织的劳工与北方民主党派的紧密联系。同时，在某种程度上也是因为工会在组织战时劳动力和支持战争上的重要作用。随着战时条例变得无效，伴随着政

---

① On the concept of an "occupational community" in the American context facilitating the development of class-based institutions, see Seymour Martin Lipset, Martin Trow and James, Coleman, *Union Democracy* (Glencoe, Illinois, 1956).

② Writing in the 1920s, Lillian Herstein observed that the differentiation between adult and worker's education... has been stated and can be accepted. The responsibility of providing schooling for those who are seeking a way out of industry by means of education can be placed on the public schools. Worker's education should concern itself, let us grant, with those who are willing to be the apostles of a new order. "Labour education," says Mr. Horace Kallen... "should become conversant with control rather than escape." From "Realities in Workers' Education," in *American Labor Dynamics in the Light of Post-War Development*, ed J. B. S. Hardman (New york, 1928, pp. 378 –379).

府在经济上的直接干预，以及稍后不久工会所代表的（钢铁、采矿）工业的衰退，工会中劳动力的比例开始急剧下降。"二战"后的数年内，当进入高等教育的人数从 150 万增加到 1400 万，并且进入大学的同龄人比例从 15% 增加到 50% 左右时，非农业劳动力在工会中的比例从"二战"时的 40% 下降到 1988 年的 19%，而在私营部门这个数字也降到了 14%。① （加州数据也显示了相同的情况：1951 年在工会成员中非农业工资的工人占 41%，而 1987 年只有 19% ）②

我并没有暗示这些数据之间存在着一种简单直接的因果关系，例如说，那些没有加入工会的人都进入了大学。两组数据的指向反映了在经济和社会领域里更为基本的变化。这些变化同样发生在其他国家，但是在美国却呈现出典型的个人主义特色。这一情况的出现源于那些在任何地方都作为工会运动中心的传统重工业和类似采矿、货运等大型的要求体力操作的工业的衰退，同时要求中学后教育水平的其他职业开始大幅增长。在美国，意味着在那些旧的培养社会和职业精英的高等教育机构中，学生数量的增长。同时也意味着，带有机会主义和社会流动性的个人主义思潮的增强。所有可能阻碍个人流动的枷锁都被削弱了，这不仅包括工会成员，也包括邻里关系和朋友关系。例如，对这些关系进行修正，使之成为个人流动的工具，比如，家庭关系的改变。对大多数人（不包括那些能够将大量的财富与资产遗留给下一代的少部分社会精英）来说，家庭不再是个人承继社会地位的根基，而成为了个人职业生涯发展的平台和起点。将金钱和社会地位优势转化为能够获得更多更好的正规教育，从而为个人的成功和社会的流动提供更好的机会。"职业"这一概念在这里变成了个人在所从事的工作中有计划地一步步向上移动的结果，而不是在生活中不断地寻找或是变更工作的结果。在美国，实现这个途径的主要手段就是接受高等教育。没有接受大学教育，是很难找到一份属于自己的职业的。并且"职业"是个人固有的财富，而不是一个组织或一个阶级给的。

在美国，大学的生存主要依赖于适应多变的社会和地域流动性的社会环

① Bureau of Census, *Statistical Abstracts of the United States*, Washington, D. C. 1990, 689, p. 419. Calculated from data in the U. S. Dept. Of Labor, Handbook of labour Statistics, Bullletin 2340 （Auguse, 1989）, Table 68, p. 290, *Historical Statistics of the U. S.* : *Colonial Times to* 1970, Series D927 – 939, pp. 176 – 177.

② California Department, *California Almanac*, ed. James, S. Fay and Stephanie W. Fay 4th ed. （Pacific Data Resources, Santa Barbare, 1990, p. 235）.

境。正如乔治·霍曼斯（George Homans）展示的那样，早在 18 和 19 世纪，新英格兰的农场主（不是农民）就注意到了这种状况：只有 1/5 的子女从父辈那里接管农场，其中只有 1/25 的农场能够在家庭中连续经营三代。正如美国人所追求的那样，新英格兰农场主的孩子们为了到西部寻求更好的土地或是在其他的行业中寻求机会而选择离开自己的农场。那些仍然是农场主的人们对于土地也没有多大的兴趣，而是更加关注个人怎样能变得更好：在大多数情况下，变得更好包括上有农学院的赠地学院，并充分利用学校的农业研究和示范基地。

　　"二战"之后，工会活动有所下降，因为它不能够适应社会流动。工会是固化同一阶级的内在工具，工会是个人职业发展和流动的阻碍，除了对于那些把工会工作作为职业的少数人（许多的工会领导人都受到良好的大学教育，他们来到工会是出于意识形态的目的，而不是基于阶级的共同意识）。在美国，工人运动中，缺乏一个稳固的社会主义政党及其相关机构，这进一步减少了通过与阶级有关的组织以劳工运动实现社会和解的个人流动与发展的可能性。虽然，这种可能性直到今天还能够在瑞典和英国找到。

　　美国激进的个人主义精神是与那些把社会看成是以地位群体、阶层、企业行会为基础的组织的保守观念相对立的。人的命运（或韦伯所宣扬的命定说）与大型的社会实体紧密相连。这种保守思想植根于许多欧洲社会中，无论是社会民主党还是保守党执政。在美国，市场力量（个人主义在经济上的反映）到处处于主导地位，超越了更多经济组织的集体主义模式，市场理念却受到欧洲高等教育系统的抵制，或者是在其准入制度中建立严密限制。这种限制是把大学入学与高中的选择性紧密联系起来、缩小消费者的购买力，从而限制（至少是延缓）了作为服务于社会的而不是服务于国家，也不是服务于那些为国家服务的精英阶层的高等教育系统。

　　纵观历史，由于多种原因，美国社会本身为社会主义理想及其机构的发展提供了一个极其不友好的环境。封建主义历史的缺失、早期白人广泛的选举权、边疆的扩展、资源相对的富足、种族的多元、宗教根基以及社会流动性，所有的这些都可以解释为什么美国社会是世界上唯一的没有大规模社会主义运动或社会主义政党存在的工业化国家。① 尤其是在过去的半个世纪，

---

　　① The literature on the problem is very large. See, for example, *Failure of a Dream? Eassys in the History of American Socialism*, ed. John H. Laslett and Seymour Martin Lipset (Garder City, N. Y., 1974).

大众化高等教育成了这种"不友好环境"中的一个重要因素，并在不同的方面产生着影响。例如，大众化高等教育，尤其是在"二战"之后的高等教育规模的大幅扩张，从劳工阶层和中下阶层中吸收了很多有能力的优秀青年男女——他们不仅非常聪明，而且具有充沛的精力和进取精神——从而造成了劳工阶层的人才枯竭，并削弱了劳工组织的能力。

　　具有讽刺意味的是，那些在与雇主们或企业老板们谈判时，在与流氓头目们结成联盟时也强调社会流动和生活中要"努力进取"的控制和管理工会的领导人们，他们很容易结盟。为个人成功的生活而奋斗的强烈愿望促使美国各阶层的人们竞相寻求不同的途径，包括合法的或是不合法的。合法途径包括土地买卖、创建企业和接受教育。历史上，后两者成为了不同群体在不同时代向上流动的选择。所谓的不合法，当然主要就是指包括蓝领也包括白领在内的犯罪，这在社会中占有一定的比例。白领的犯罪使对商学院学位的需求剧增，或者至少通过高等教育以获得犯罪需要的技能和机会，其中包括技能的学习和关系网的建立。这些不同渠道之间存在的竞争贯穿了整个美国历史，这样的竞争为我们许多的文学作品甚至是电影提供了素材。"二战"以来，它们之间相互补充，虽然有人可以在没有大学文凭的情况下在一个种族聚居区经营杂货店，但是只有在接受了大学教育之后，他才能成为一名无所不知的咨询者，为现代城市生活提供丰富的服务。

　　但是，所有这一切——各种流动的渠道向普通人敞开，和他们背后的野心强烈地侵蚀了包括工会在内的所有依赖阶级稳定和集体进步的社会组织机构。[1] 通过接受教育，把最优秀的和最聪明的年轻人从工会中吸引出来，虽然这只是部分现象，但却反映了阶级侵蚀的机制。

　　通过回顾美国工会在历史上的盛世，我们可以看到同样的情况，大工会的建立——钢铁工人、汽车工人、机电工人以及后来工会代表大会——都是20世纪30年代经济大萧条时期出现的。这一时期先于美国高等教育大发展，虽然用欧洲人的标准来衡量，当时美国高等教育已经具有很大的规模了。即使这样，对于出身贫苦的或者工人阶级的年轻人来说，接受高等教育的机会仍然不多。[2] 对于普通工人，与阶级条件相关的劳工与资本家之间的

---

　　① This applies also to research universities, which try（with only partial success）to harness the individual ambition of scholars and scientists the welfare of the institution.

　　② For more detail, see Martin Trow, "The Second Transformation of American Secondary Education," in *The International Journal of Comparative Sociology*, II No. 2（September 1961, pp. 144 – 166）.

斗争似乎很常见。新的工会组织——在一定程度上是由社会主义者领导的，比如由沃尔特·鲁瑟（Walter Rewther）和他的哥哥领导的美国联合汽车工会。他们对通过劳工运动来重塑美国社会的政治、经济及其本质特征抱有远大理想。这些工会可以唤起成员们的极大忠诚，并可能会替代"不断进取"的生活的指导原则。对于工会而言，这可能不是一个公正的评价，因为在那些年里，个人获得成功的机会并不多。尽管如此，在美国这可能是首次，也可能是最后一次，有大量的人群希望看到工人阶级运动的发展，一场真正对两个政党都具有分量和影响的运动。罗斯福民主联盟阵营甚至为那些激进的有梦想的工会领导人在将来成立自己的工党敞开了大门。

当然，类似的希望是存在一些历史依据的，西欧的民主社会党和工党不是在 30 到 50 年前从这样的自由资产阶级政党联盟中脱离出来的吗？难道美国就不可以重复那段历史吗？有些人无论如何都相信会是这样。

在经济大萧条期间，还有一个重要的因素促成了工人阶级机构的形成。那就是在美国历史上第一次产生了这样一个大规模的失业的从学院和大学毕业的学生群体，他们中很多人来自工人和中下阶层。他们出身于社会主义或同情社会主义的家庭里。这些人被称做"红色尿布宝宝"（red diaper babies），早期利用相对开放的高等教育制度进入了免费的公立大学，例如纽约市立学院和费城天普大学。此外，其中很多年轻人自身都是社会主义者，包括民主主义和共产主义两类。对他们来说，在 20 世纪 30 年代，工作前景非常渺茫。一些人从事经济学和社会学领域的学习后，在"新政"的支持下，在日渐扩大的社会福利部门找到了工作，相信自己以这样的方式才能够对美国不成熟的社会主义作出贡献。一些人则把自己的一生都押在了新工会中，他们有的在商店当学徒，然后慢慢担任工会的官职。有些人则直接被派到工会的管理层，并成为其中的一个职员，作为极具政治倾向和社会主义倾向的领导者的助手或是顾问。那些从校园走进工会的年轻人，有的是共产主义分子，还有美国社会民主党成员。但是过了不久，工会的领导仅为很小一部分的大学毕业生提供了真正意义上以意识形态为工作前景的职位。①

由于"二战"的爆发，开展大规模工人运动的政治梦想，以及通过工

---

①　At the end of World War II, when C. Wright Mills did the study reported in his *New Men of Power* (New York, 1948) his sample of American labour leaders was distinctly better educated than the American adult population. Already a quarter of the American Federation of Labour and a third of the CIO leaders had been to college, as compared with only 10 percent of adult Americium.

人运动建立体现社会主义理念的独立工党的设想消亡了。① 1948 年，杜鲁门当选总统，理所当然地结束了这一梦想，因为劳工运动必须在民主党的控制下进行。战争时期压抑的需求激起了空前的繁荣。此外，政府内的经济学家们也从战争和"新政"中学到了如何通过中央政策的干涉来避免严重的经济萧条，缩短和减缓经济衰退。经济的增长以及美国《退伍军人权利法案》的颁布鼓励和支持了百万退伍军人重返大学校园，民主情绪的扩张和高涨席卷了整个社会，激发了对于高等教育极大的需求。由此，高等教育系统开始不断扩大以适应这一变化。在所有的欧洲国家都存在相同或者类似的趋势。但不同的是美国民众对于不同层次教育的需求刺激了教育的供给。高等教育阶段，并不存在资源或者学术标准的限制。1950 年，综合性的中等教育系统已经实现了高中学生 50% 的毕业率。到 1990 年，这个数字上升到了75% 。在战后几十年内，在"有总比没有好"、"让未来去关心质量和标准，现在让我们为尽可能多的人提供尽可能高质量的教育，在这样的公开的或不公开的信条指导之下，美国建立并开放了数量众多的不同性质和不同种类的大学，甚至在某些年份里，几乎每天都有一所大学出现"。

因此，在 1940—1970 年的 30 年里，全国高等教育注册人数从 150 万增加到了 850 万左右。到 1991 年，全国所有的学院和大学中注册人数增加到了 1400 万左右。大约有 2/3 的高中毕业生在毕业之后的 7 年之内接受了各种形式的高等教育。这就意味着占适龄人口的一半左右，占整个劳动力市场的44% ，当然也包括那些年长的接受了不同程度高等教育的人群。

战后，高等教育巨大扩张改变了民众对高等教育的看法，他们从来没有想到这样的事情能够现实地发生在他们身上。因此，从 1890 年到 1940 年的半个世纪里，高中教育曾是许多高中毕业生进行社会流动的途径，而在1990 年之后则是高等教育。这 50 年见证了在全国范围内，州政府支持的庞

---

① I remember going to a meeting of a democratic socialist group in 1946. It was addressed by a young Irving Howe, later to become the distinguished literary critic, professor and editor of a small socialist journal. He gave a gloomy speech, anticipating a major economic collapse in America, an event which, in his view, would give socialists an opportunity to create a mass party. (It was perhaps always handicap for socialists in America that they had to seem to hope for, and not just predict, depression and misery, before they came to the cheerier part.) I was a bit skeptical of the imminence of a depression in America and afterwards asked the speaker how the socialist movement would respond if there were no depression. His answer, with its hard realism, surprises and impressed me, "If capitalism can buy the workers off with low unemployment and good wages," he said, "it deserves to win. " Howe was betting his life that it could not meet those tests. It could, and it did.

大的中等教育系统的发展。在 1945 年之前，高等教育在现实生活中已经是社会流动的工具，特别是对那些来自乡村并想从事教学的青年人和那些把教育看成是如此珍贵的少数种族，如犹太人和亚美尼亚人。直到"二战"之后，高等教育才被广泛地视为谋求职位和社会流动的可行性工具。

　　"二战"作为各种观点和态度的分水岭也表现在美国的大众化高等教育中，这一点在约翰·斯坦贝克（John Steinbeck）于 1939 年出版的巨作《愤怒的葡萄》中也有所体现。这是一部描述了美国 20 世纪 30 年代经济大萧条时期，来自俄克拉荷马州和阿肯色州（美国历史上的"俄克拉荷马州流动工人"）成千上万的贫穷农民迁移到加州的小说。这次大迁移可以与"二战"之后从其他国家迁入加利福尼亚的移民活动相提并论。这些移民包括墨西哥人、来自中国香港和新加坡的华人、越南人、朝鲜人以及菲律宾人。与俄克拉荷马州的移民一样，这些来自环太平洋沿岸国家的新移民都是普通的穷苦贫民，他们很像 1860—1925 年早期的欧洲移民。但是这些群体在利用教育的文化适应策略的程度和方式上差别迥异。与其他许多反映大萧条时期的文学作品一样，《愤怒的葡萄》是一部充斥着社会主义价值观的小说，表达了对于雇主剥削工人的愤怒以及对种种不平等的谴责。这是一部关于阶级斗争的故事，即使采用了一种非意识形态化的方式，它也表现出了那些由于大萧条而从尘暴地区迁徙到加州的工人斗争。

　　在小说的结尾，成为工会组织者的游历传教士凯斯（Casy）被一家农业公司雇用的打手打死，流浪工人的罢工也被破坏了。在混乱中，汤姆·乔德（Tom Joad）负伤了，但是他还是杀死了公司的恶棍，从而成了一名逃犯。他在离家不远的田地里躲藏了几天。他的家人靠着采摘棉花取得的微薄工资为生。乔德的妈妈来到他藏身的地方给了他一些食物，并告诉他必须离开以免被捕。他同意了，并慷慨激昂地回答说，他将继续凯斯的工作并将成为工会的组织者，与像他一样的贫苦人们一起反抗富人和剥削者。妈妈问他到哪里才能够找到他，他的回答在半个世纪后仍使我们深受感动：

　　　　唉！可能就像凯思所说的那样，一个农夫没有属于他自己的灵魂，只是大灵魂中的一小点——那没有关系。我将游荡在黑暗之中，我存在于任何地方——任何你看得到的地方。任何为饥饿而斗争的地方，我就会存在……当警察殴打我们的同伴的时候，我会出现，当小伙子们变得疯狂而呐喊的时候我也会在其中……当我们的人们在他们所建的房子里繁衍和生活的时候我也会在那里。①

　　汤姆走了，为他的人民，为那些受大型公司和它们的巡捕警察以及暴徒摆布的普通贫民而战。一个人用自己的全部生命去战斗，去提升他的阶级，而不是脱离这个阶级。就像凯思所说的那样，一个人没有属于自己的灵魂，只是大灵魂的一小点。

　　汤姆把自己藏在一个地下洞穴里，一个靠近妈妈和其家人以及其他棉花采摘者借以谋生的棚车附近。汤姆·乔德没有对妈妈说出来的是：

>　　妈妈，我必须得走出去并实现我的梦想。这是我弄清楚我是谁和我是由什么构成的机会。所以，妈妈，我会沿着这条路去富若斯诺（Fresno）州立学院。如果它们不接受我，我将去附近的任何一个社区学院，在学期间，我会靠自己的努力付学费，并获得学士学位，然后取得执照，或许还有工商管理学位，从事房地产的生意。我可能成立一个小小的咨询公司来挣钱，然后为你和爸爸还有罗塞莎恩（Rosasharn）与孩子们建一个有四个浴室和一个游泳池的大房子。

　　汤姆没有那么说，但是在另一部分小说里，出于不同却同样真实的美国传统他也许会这样做。汤姆没有说出来的话本质上是上文提及的美国内部或者外部移民所想说的，同时也是"二战"以来大多数汤姆的追随者想说的。这些来自俄克拉荷马州的移民，包括他们的后代（汤姆和他们的朋友的后代）开始涌入了加州的学院和大学，这些学院和大学在数量与规模上都得到了巨大扩展以适应这样的社会需求。自"二战"结束后，很少听到"与阶级一起提升"的评论。更多的是要求为所有的人，包括富人、穷人、黑人、白人、棕色人种等，通过教育，尤其是通过高等教育来为他们的个人发展创造更多真正平等的机会。

　　在美国历史和大众文化中，流传着关于社会主义者的英雄故事，故事讲述了靠自己的才能努力成功的人。这些故事经常描述在努力中的孤独以及与家庭、阶层、种族群体和朋友分离的极大痛苦，这是另一种斗争形式中的另一种牺牲。我们可以从有关边疆拓荒者的故事和莫伯格（Moberg）的有关瑞典居民迁入美国的故事的伟大史诗著作中看到这种牺牲。这不是因为单一

---

①　*Grapes of Wrath* (New York, 1972, p. 572). First published in 1939.

的社会关系、阶级关系或是种族关系，而是源于各种内容交织在一起的关系。这同样是一种扭曲的牺牲。我们看到无数的电影和小说描述了这样的人物，他们来自城市贫民窟和东部大熔炉城市的社区，然而伴随他们的是梦想的破灭和理想的受挫。但是，"二战"之后，那些故事已经转变为进入学院和大学，在这里高等教育取代了失败或者犯罪。

如今，我们很少听说有关青年男女如何为了能够走出他们的居住区（洛杉矶美籍墨西哥人贫民窟）进入加州大学洛杉矶分校和法学院，或者成为律师事务所的合伙人或者是为从政而奋斗的故事，也听不到非洲裔美国人脱离"项目"的英雄事迹，这里的"项目"指的是在加州大学伯克利分校附近为他们修建的公共住房设施，后来这些设施变成了贫民窟。这些英雄故事正等待着被传述。我们没有听到它们被传述或许是因为对于经历过这些的人来说不算英雄事迹，或者是因为叙述者们忙于奋斗而没有时间写下来。

在某种程度上，一种文化可以被定义为它所承载的负罪感。总的来说，整个欧洲国家对工人阶级感到内疚，对他们在 19 世纪和 20 世纪早期为快速工业化所作出的牺牲感到自责，对他们失去获得医疗保险、身心修养、娱乐、良好教育、经济保障、老年保险和分享社会成果的机会而感到自责。在过去的几个世纪，特别是在过去的半个世纪里，欧洲国家出台的许多政策目的都在于改善和减少与阶级有关的不利条件。

相反，在美国，无论是个人还是群体，对于劳工阶级并不感到自责。当然，美国有大量的成文法规来帮助那些"不走运的人"或者"弱势群体"。其中一些是联邦法律，但是更多的是州立法。

美国拥有比欧洲国家更多的社会法律法规，给予我们的这些保障甚至超出了我们目前的所需，大部分的法规并不是基于阶层负罪感的立场而定。如果我们有任何一项关于社会或是经济方面的政策，那教育政策并非用来加强工人阶级的力量或者改善阶级条件，而是要消除阶级制度。我认为美国梦指的就是到最后每个人都将自力更生或是成为专业人员，而高等教育是达致这两种成功的主要途径。

如果美国人对"劳工阶级"不感觉内疚——即使他们接受这一事实的存在，但是，作为一个民族，我们对于历史上的种族关系却感到深深的内疚，特别是对黑奴的历史以及国家利用复杂的社会和立法机器（尤其是州这一层面）把非裔美国人置于从属地位而感到内疚，这种状况从内战后国家重建一直到 20 世纪 50 年代和 60 年代最高法院作出的大量裁决和立法，它标志着美国种族关系革命。当然现在仍然存在许多这样的种族情绪，虽然民意调查总是显示种族情绪有所下降。在公共政策层面，当然，政策主要由白人选民所选举的立法者制定，其中的共识却是牢固和永久的。这类旨在保护特殊的族群利益的政策有一个通用的术语，叫做"反歧视法案"或"平权行动"（affirmative action）。"平权行动"渗透到了整个美国社会，包括私营企业的雇用政策，公共住房政策，联邦雇用和在私营部门中进行商品与服务的政策，等等。但是没有哪个领域的反歧视政策比在高等教育政策中体现得更加明显。平权行动不仅体现在公立大学回应来自政府和立法的压力中；同时也体现在私立大学中，主要反映了强大的集体支配意识。这种集体意识同样反映在公共经费支持的大学中。它的影响与那些权宜之计是大学回应政府和利益集团等外在压力的融合。

"平权行动"是一种观念和一系列的制度政策的集合，就"平权行动"，引发了激烈的辩论和争论，主要围绕政府的种族或族群的干预政策是以为该群体成员的成功和发展提供"机会均等"为目标，还是在与其他强势群体相比，以可持续的方式来保证弱势者的"结果均等"为目标。机会均等与结果平等的差异是十分巨大的，这个话题也一直成为争论的焦点。在美国，所有这样的问题，即当群体或个人应享受的宪法权受到侵犯时联邦最高法院有最终决定权。

尽管对于高等教育中反歧视应用范围存在尖锐的争论，一定的政府和机构干预防止竞争性精英的自由放任在一定程度上是适当的。在我们的学院和大学里，对反种族歧视法案还是有共识的，那就是，一定形式和适度的"平权行动"是适当的和必需的。

"平权行动"与我们的阶级政策和种族政策形成了鲜明的对比。我可以通过观察高等教育领域来捕获这样的不同或差异，即在最近的 30 年内，我从未听到有哪一位加州的立法者要求为工人阶级家庭的子女增加进入大学的机会而呐喊。此外，经合组织关于加州高等教育的"评论"并不能说明有多少伯克利的学生是来自于工人阶层，我们的数据根本不是为了这个目的而收集的。在经合组织的报告的第二章"高等教育的计划与市场"中讨论了"教育与阶级的形成"和"教育与社会选择"，是分析欧洲高等教育系统使用的分类。但是作者在这样的分类中却没能讨论加州面临的特殊问题；本节缺乏必要的数据，而且对于加州进行的讨论也不应该基于这样的一套术语。这个章节的论述全部都是基于欧洲人的观点和理论，脱离了加州的社会现实，与报告的其他部分形成了鲜明的对比。

运用传统的社会分层和社会流动模型对加州社会进行分析是失败的。这也就更加帮助我们阐明了美国的排他主义。无论在哪一个发达国家，在不同的时代对个人的一生，高等教育都是作为社会流动的工具和载体存在的。社会通常以个人的工作和职业属性、工资收入、社会地位、同类之间所赋予的身份认同或者是这些特征结合而形成阶层地位的。20 世纪末的加州，教育不再是通往更高社会地位的工具和途径，因为它本身就是个人身份和地位的主要标志。将个人"放置"在社会中，人们通常会询问他所就读的"学校"（大学或者学院）和是否完成并取得了学位以及所学的专业。1987 年，年龄在 25 岁以上的加州学生中，没有完成高中学业的学生仅为 20%，将近一半进入了大学，这个比例在同龄人群体中更高。[①] 在任何一个特定时间被雇用变得不那么重要，因为人们常常会更换工作或者职位。他们做什么或者将要去做什么与教育的关联极小。教育能更好地反映出他们的生活方式、态度及其忠诚，而不是区分他们是否是体力工人、自主经营者或者是其他传统社会分层中的某一类人。

种族是加州另一大特色。如果人们知道了一个人的种族和所受到的正规教育，那么就已经基本上了解了这个人。与此相反的是，在加州很少有关于阶级的统计数字，官方的统计集中于民族和种族数据。立法机构不断强调高等教育应该付出特殊努力招收、留住处于不利地位的少数族裔群体的重要性（在加州，这包括了非裔和西班牙裔美国人，而不包括绝大部分有亚洲血统的人，他们太成功了，所以不符合特殊福利的标准也不能引起平权行动的关注）。大学的许多政策以种族问题为中心，收集大量关于种族和民族分类的资料，对平权行动的讨论（大部分是关于如何在大学里得到加强和更有效的执行）主要在学术界和学系以上层面展开。

和美国其他地方一样，在加州，学生入学政策受到了平权行动的强烈影响。举其中一个例子说明，在加州大学伯克利分校的非裔美国人和西班牙裔的入学学生比例从 1983 年的 11% 上升到了 1990 年的大约 25%，他们所占的比例增长了几乎 1 倍以上。亚裔的入学比例大约保持在 28%，而白人的入学比例从 58% 下降到了 40%。[②] 这种结果的出现主要由于针对不同的种族和民族群体采取了不同的入学政策。美国的学院和大学也广泛采用相似的

---

① *California Almanac*, 65.

② Office of student research, *Berkeley Campus Statistics* (University of California at Berkeley, Fall 1990), tabel 10A, p. 31; and *Applicant Numbers and Percentages*, 1981 – 1982 to 1988 – 1989 (University of California at Berkeley, Feburary 19, 1989), table 18.

政策。其他多数学校的数字没有加州大学那样富有戏剧性，仅仅是因为它们拥有相对较少的少数种族申请者而已。

这里人们可能会问到两个方面的问题：（1）我们如何解释这类戏剧性的政策？（2）为什么没有引起反对种族歧视的白人及其父母的强烈反对呢？

两个问题的答案部分是由于美国白人对于特定少数群体，特别是非裔美国人和美国印第安人所产生的我前面提到的负罪感；另一个原因的产生与建立一个真正意义上的多种族社会这样一个全国性共识相关联，体现在种族代表性方面成功的非裔美国人和其他少数族群中的人所占的数量与其在整个人口中的比例大体相似。他们在所有包括政治、经济、军队和教育等社会机构中占有的领导地位与社会中其他种族在领导地位上的人的比例大体相似。在社会所有机构中取得领导职位，即使没有获得学位，拥有一定的高等教育经历也是必需的。所有这些，用一句话，高等教育是这些所有平权行动政策的背后推动力，——通过竞争绩效政策实现个人社会流动。

非裔美国人和西班牙裔美国人在国民生活中的某些领域取得了显著的进步，但是在其他方面相对较少。在这里，我主要指的是非裔美国人。近来，来自墨西哥的移民处境和他们在某些方面相似，但是与其他少数群体却不同。

非裔美国人在我们的军队中担当着重要的角色。参谋长联席会议主席，科林·鲍威尔（Collin Powell）将军就是其中的一位，在伊战中是军衔最高的军事官员。非裔美国人在政治方面也表现不凡，许多人被选为地方或者是市政官员，不少人进入了国会。全国几乎每一个大城市的市长都是非裔美国人。此外，其中一位甚至当选了弗吉尼亚州的州长。

总体上，非裔美国人在经济领域或在经济组织和学术组织中的领导力要逊色很多。后一点可以用几个数据加以说明。1988 年，全国有 635 人获得了数学和计算机科学方面的博士学位，其中只有 2 人是非裔美国人。同年，总共有 500 人获得了大气、海洋和地质科学的博士学位，其中也只有 2 人是非裔美国人。同样的问题还表现在物理和自然科学领域：同年（1988 年），数据显示只有 5 位美国出生的非裔美国人获得了人类学博士学位；经济学领域 11 位，政治科学 7 位，社会学 14 位。[①] 美国全国共有 3500 所高校，其中的大部分要求拥有博士学位的人才能获得终身教职。

这其中体现出来的是美国非裔族群所面临的教育障碍是多方面的而且非

---

① National Science Foundation, *Women and Minorities in Science and Engineering*（January 1990），Table 47，p. 151.

常严峻。问题可以回溯到他们在基础教育的表现以及他们在全国学术能力测试（national tests of scholastic aptitude）的成绩上。非裔美国人进入大学的学生比例并不能够反映他们所代表的人口比例。像伯克利这样的大学录取的非裔美国人学生比例比他们在加州所代表的人口比例要高，但是从全国角度上分析，即使大部分学校在很多学术和财政上采取了向非裔美国人倾斜的政策，他们在学校中所占的比例也只有 7%，而他们在人口中所占的比例为12%。这与 20 世纪 60 年代种族革命前极其低的数字相比已经有了很大的进步。但不幸的是，在过去的 15 年里，这个 7% 的数字比例并没有太大的变化，事实上，这个比例在年轻的男性非裔人群中有所减少。

此外，非裔美国人在毕业之前更容易辍学，而那些从大学毕业的学生，与他们的白人同学相比，较少选择进入研究生院继续学习。

以上这些也就能够解释为什么美国的大学和研究生院竭尽全力地招收非裔美国人，希望他们中的一些能够表现很好，进入研究生院学习，然后其中的一些人能够从事科学和学术研究工作，另一些人也可以从事新的或传统的行业，从而不仅为这些机构而且为非裔美国人群体提供领导和范例。

美国的大学，不仅限于加州的那些大学，一直在付出巨大的努力从中学甚至是小学中开始挑选那些具有天赋的少数族裔年轻人并鼓励和资助他们进入大学学习。通过这些相关的途径，美国高等教育已经成为将非裔美国人从一个低下的种族等级转化为一个具有民族性的群体而进行的全国性努力的重要组成部分，并且是非常主要的一部分。等级是一个社会分类，等级的成员身份永久性地限定了一个人的命运，甚至比阶级更为苛刻。而在美国历史上一个民族性团体身份是指一个人的血统，但原则上并不限定他们现在和将来的社会发展。个人与民族群体联系的强化和本质在于自愿性，是人们将其作为达成个人成就的辅助手段，这些关系将不会成为个人进步的阻碍，但是，这些准则背后的现实总是在不断变化。在美国，对于大多数来自欧洲的民族来说是极好的，但是，对于近来的墨西哥移民和非裔美国人来说却是存在着诸多的问题和麻烦。"二战"以来，对许多的亚洲移民来说，不管是新近的移民还是早期移民的后代，被当做是一个民族而不是一个种族群体的问题而日渐凸显。如今，对于亚裔美国人的偏见已经不多见。① 种族认同仍然是非

---

① Instances of "Japan-bashing" and several violent attacks against Asian Americans as reported in the press in 1992 are deplorable but do not invalidate my general point about the acceptance of Asian Americans into American society.

裔美国人的一大障碍——虽然处在中产阶级、受过良好教育的成员要比没有受过良好教育的人境况要好些。因此，教育始终是非裔美国人获得种族地位的最快途径。

美国对民族而不是种族身份和关系的偏爱是有历史渊源的。整个美国没有显著的有关种族关系的记录。而另一方面，美国却拥有相当多的关于民族关系的记录。包括同化和融合来自世界各地的人，使之最终成为美国公民的过程。学者们始终在讨论"大熔炉"这个比喻是不是描述这个过程的最佳方式，抑或是争论有没有必要使用其他的措辞来描述整个过程的本质和内在机制。不管他们如何选择，来自爱尔兰的基督徒和天主教徒相处融洽，其他亦如犹太教徒、阿拉伯人、马龙派教徒、土耳其和亚美尼亚人之间都相处融洽。多民族组成的社会是我们的好社会的一个模型。它包含了与本民族的文化渊源相连的可能性。同时，民族团体作为一个整体进行流动的历史图式反映了团体中个体成员的同时流动。我们从一个民族团体中在经济与社会最底层的贫穷的移民们的第二、第三、第四代人身上看到了这种流动的模型。最初的移民们经常居住在民族群落（有时被称做少数民族居住区），说着自己的母语并努力为自己的孩子们创造机会。下一代人获取了更多教育，然后从原来居住的地方迁入任何可以实现个人抱负，发挥个人才能和实现成功的郊区。这种民族关系在第三代甚至是第四代人身上仍然表现得很牢固，但是仅是在帮助而不是阻止个人流动的情况下才表现出来。

其实，这不过是一种过于简化的社会现实，但却大概体现了大众的印象和情绪。在某种程度上，美国人认为事情就应该是这样的。20 世纪 60 年代的种族革命运动、法律的重大变革，个人情绪和院校行为等类似的变化将美国黑人纳入到这个模型中来。20 世纪 60 年代给非裔美国人提供了政治与社会自由（在某种程度上也提供了经济上的富足）。其中，允许一半或者 2/3 的非裔美国人融入到美国的主流生活中来，非裔美国人已经成为一个上升的民族团体，而不是地位低下的和受歧视的等级，他们或许有 1/3 的人生活处于中等水平（有职业而不是工作），还有一半的人或许生活在相当稳定的工人阶层，但仍然有 15% —25% 的非裔美国人（占总人口的 2% —3%）处于下层阶级。他们大部分生活在中心城市，存在许多问题：犯罪、酗酒、吸毒、家庭关系破裂和责任的丧失、虐待儿童和配偶以及依靠福利生活等。所有这些构成了美国社会最大的问题。然而，对这些重大问题和这群人的研究上，我们还没有取得显著的进展。

对其余的非裔美国人而言，如果变化的速度不是太慢的话，那么这种变

化是可见的和可以理解的。从一定的标准来说已经很快了，比如，对于 19
世纪 60 年代在美国的爱尔兰人或者 20 世纪 20 年代的意大利人来说。但是
对于 20 世纪 90 年代的非裔美国人而言，这个变化的速度却是无法接受的。
一方面由于美国人民对于他们特殊的负罪感，另一方面也因为所有公民的权
利和机会的标准得到了普遍的提高。此外，非裔美国人还指出他们不是新的
移民，作为一个群体非裔美国人比大多数生活在美国的白人群体和所有的亚
洲人群体都要长久。

　　不过，贯穿于美国人民生活尤其是高等教育中的平权行动是一种有意识
地将非裔美国人作为一个整体实现从种族身份向民族身份转变的行动，主要
通过个人在美国社会中地位的提升促进这种行动。从另一个角度看，非裔美
国人用一代人的努力所实现的，爱尔兰裔美国人或瑞典裔美国人可能需要两
代人的努力，或许意大利裔美国人和波利人则需要经历三代人的努力才能实
现。总之，这是一系列用来改善和增进种族或民族群体中个体成员成功机会
的政策，对于他们来说我们整个社会都有一种特殊的负罪感。不只是政府，
许多社会机构也在努力改善不利群体的生活机会，帮助他们走出困境。另一
个共同的目标是为那些优秀的非裔美国人在社会各种机构中担任领导职务创
造条件。

　　最后具有讽刺意味的是，那些原本用来为社会中处于不利地位的，弱势
的人改进和提供平等生活机会的政策，却由于政策本身为某些特定的民族和
种族赋予的巨大优势，使那些在种族中处于有利地位的成员，特别是那些领
导者，通过强调他们的种族成员关系，而不是独立于这一群体关系中来获取
好处。这些模式，包括与之相联系的意识形态方面的主张和要求，造就了一
种新的、永久性的种族团体认同，它区别于原有的非自愿的、弱势的身份，
是一种自愿的、优势的身份。

　　这些新的种族认同和文化自治比那些基于阶级的机构，如工会和社会主
义政党中的横向黏合度要强得多。与劳工阶级的身份认同不同，大学并不拒
绝"种族意识"，那些对上大学有信心的少数种族群体通过自己的下一代将
"种族意识"带入校园。显然，黑人和西班牙人最初的种族认同的主张产生
于一种共同的生活经历，但是他们是否期待一种共同的命运却不是很明确。
这向少数种族群体的领导者提出了特殊的挑战，他们必须与强加给他们主要
种族认同的机构作斗争——那些机构的主要目的是教育人们在激烈竞争的世
界中更好地生活，反过来强加给少数种族群体种族认同的机构对此又漠不关
心。目前学院和大学正在通过大学课程的多元文化主义（multiculturalism）

使种族认同的重要性得到合理化和强化，并通过多元文化观教育和培养未来的种族团体领导者。大学课程中的"多元文化主义"和课堂外的社会种族隔离对大学中新形成的种族横向联结（horizontal bounding）形成了巨大的张力，也为大学提出了能否使社会放弃种族隔离的考验。而危险在于，这种新的、永久性的和自我意识的种族团体概念模式，相对于旧有的强调个人事业和成就的多民族社会下的阶级模式更加难以同化。这对高等教育提出了更多的问题。最起码向我们揭示了公共政策经常会产生不恰当和无意识的效果，有时候，在解决问题的同时也会产生同样大的新问题。但是美国的高等教育对于那些具有讽刺性的历史和政策已经有了一些应对的经验。

六 美国高等教育的独特性①

The Exceptionalism of American Higher Education

前　言

在本文中，我将讨论美国的高等教育系统与其他发达工业国家的高等教育系统的一些区别。显然，归纳西欧和日本高等教育的共同点有很大的困难（我没有讨论东欧国家，因为它们关于高等教育地位和职能的基本理念与西欧有根本的不同）。而且，对于像瑞典和日本、意大利和英国这样差异很大的国家的教育系统的归纳必然会过于宽泛，不可避免会偏离对某一教育系统的认识。但是，总的来说，西欧和其他国家（包括日本）的教育系统与美国有着巨大的差异，这使美国的教育系统的独特性凸显出来。

美国和其他国家高等教育在形式和结构上的区别非常模糊，这是因为我们对教育系统中各种元素都用了相同的称谓。我们都有教授和讲师、学院和大学、研究所和实验室；我们都授予尽管不完全相同但却相似的学位。而且，国际范围的科学和学术研究不仅非常模糊而且几乎没有差异。在世界范围内学院和大学中教和学的基本构成要素是学科，而学科的存在具有国际性。美国的社会学家很容易与在巴黎的、斯德哥尔摩的或者东京的社会学家交流。因为他们阅读相同的书籍，解决相同的问题。物理学家、哲学家和经济学家也是如此。任何一个国家学术团体的研究工作都带有国家特性，但是在国际上这个学科的关系就像一个国家的方言与普通话之间的关系一样。因此，描述或者理解一些学术活动，尤其是现代科学和学习的进步、科研和学术成果时，很可能会着眼于（如果不是完全忽略）国家之间教育系统的差别，与导致这些差别的独特的社会和历史环境。

---

① See Martin Trow and Thorsten Nybom (ed.) *University and Society: Essays on the Social Role of Research and Higher Education.* London: Jessica Kingsley Publisher, 1991, pp. 156 – 172.

然而，不容忽视的是美国和欧洲高等教育系统在很多方面存在巨大差别。我将从以下十个方面简要阐述美国高等教育与世界上其他高等教育的不同。

对待高等教育的态度

首先，美国有自己对教育的信念。对于凡是被说服来接受教育的人，我们有广泛的全国性的教育系统来保障其接受教育。我们不断告诫年轻人高中辍学的代价和危害，并通过电视和在考试手册背面向年轻人宣传，鼓励他们上"自己选择的大学"。美国人对接受各种形式高中后教育的价值和效果有一种近乎宗教信仰一样的理念。世界上没有任何一个国家会作这样的保障并拥有这样的信念。我们支持这个信仰，给每一个希望继续高中后学习的人提供教育机会。这些人大部分都在分布广泛的社区学院中学习。社区学院在学生入学时不要求有高中毕业证书。

美国已经实现了大众化高等教育，并在实现目前高等教育规模之前就建立了相应的结构框架。在 1900 年，尽管美国只有 4% 的适龄人口上大学，但美国高等教育中的核心结构都已经建立起来了。理事会、务实高效的校长和行政人员、良好的教师晋升架构。在一些选择性强的大学中，建立起了与发表文章挂钩的学术晋升制度和大学之间人员流动制度以促进教师的职业发展。在课程方面，自由选课制度、学分积累和以学习成绩为基础的转学制度都在 1900 年就已经设计好，学科设置覆盖了所有的知识领域，尽管有一些学科鲜为人知。所有这些都是建立在竞争、学院多样性和对市场的回应能力（尤其是学生对市场的适应性）上的。大学自主权是通过强有力的领导和多元经费支持而实现的。总之，美国大众化高等教育的组织和结构框架在实现数量上的大众化以前就建立了，后来所需要的只是数量上的增长。

之后，美国高等教育发生了什么？当然有规模的扩张和数量的增长——学生数量、大学的数量、教师、研究经费等方面大幅攀升。但是除了扩张和增长，20 世纪美国高等教育最重要的结构变化是社区大学的发展、它与四年制大学的关系，以及学位与继续教育和职业教育的关系。学术自由在目前的情况下要比 20 世纪初更为广泛和坚实。这要部分归功于美国大学教授联合会（AAUP）的工作。除此之外，联邦政府对学生提供大量而广泛的资助，包括奖学金和贷款。这些资助并不是取代了原来的学生资助，而是在原有基础上的补充。联邦政府部门对学校科研的支持力度是 90 年或者 50 年前

难以想象的。募集资金的机制、校友组织与后来发展起来的大学各类球队在
20世纪初就已经形成。目前，它们的发展更是远远超过人们的想象。虽然
在最顶尖的大学中没有教师工会，但是它却普遍存在于几百所一般学院和大
学中。20世纪90年代初期的美国高等教育，令人印象最深刻的不是它与现
在教育的区别，而是它与现在教育系统在基本结构、多样性、任务、管理、
财政方面的巨大的相似性。

　　为什么美国能够在一个世纪以前就建立起来这样独特成熟的高等教育系
统，使它不需要改变基本结构就能够适应高等教育的大幅扩张？部分原因在
于19世纪美国中央政府的软弱，同时宪法规定各州应对自己的教育事业承
担主要责任。这意味着，当时的美国并不存在一种全国范围的教育标准，而
在其他国家，正是这一标准限制了新的教育机构的建立，从而阻碍了高等教
育的迅速发展。独立战争以后，美国新建的大学不必满足高等教育标准即可
获得州政府的特许。因此，南北战争后的短短几十年内，仅有300万人的俄
亥俄州就已拥有37所高等教育机构，① 而人口数高达2300万的英国却只有
4所大学。到1910年，美国已建立了大约1000所大学与学院，拥有30多万
名学生。而当时法国16所大学的招生总数仅为4万人，相当于美国大学教
师的数量。

　　"二战"后，包括英国在内，多数欧洲国家的高等教育入学率从3%上
升到了5%。战后40年的时间里，除英国外，西欧各国的高等教育入学率
均上升至25%—35%，这取决于不同的国家和不同的计算方法。而这一阶
段，大约14%的英国青年选择到一些具备学位授予资格的机构或课程班学
习，这一数字多年来一直比较稳定。当然，战后欧洲各国高等教育的迅猛发
展都得到了本国政府的大力支持，在欧洲几乎没有私人兴办的高等教育，一
些教会大学以及与商会有关的教育机构普遍规模不大，触及不到国家的宏观
政策，而这些高等教育机构的教学与科研资金绝大多数都来自中央政府的财
政支持。

　　欧洲战后教育兴盛的原因是多方面的，但是不存在私人动力。在西欧，
随着第二次世界大战的结束，民主呼声越来越高，人们要求获得更多接受中
等甚至高等教育的机会。同时，中等教育与福利制度的发展也使越来越多的
人萌发了继续深造的愿望。欧洲各国政府也逐渐认识到，教育，尤其是高等
教育，对发展经济与军事力量对国力的重要作用。于是，高等教育成为了不

---

① F. Rudolph, *The American College and University: A History.* New York 1962, pp. 47-48.

少国家人才发展战略的重心。

尽管战后世界范围内高等教育获得了一次飞速发展，与欧洲各国相比，美国的教育系统更加庞大，也更具多样性。美国共有 3500 所注册院校，1400 万在校生占适龄人口总数的 50% 。由于教育机会的便捷，约一半以上的美国人都接受了高中后学分教育。① 美国高等教育的规模并不是中央政府计划和政策决定的结果，而是取决于社会对高等教育的需求，以及教育机构制定的录取标准与教育费用等因素。

公立与私立高等教育

美国高等教育有公立与私立之分，各层次的私立大学与公立大学相比毫不逊色。尽管目前（1991 年）全美 4/5 的学生都进入公立大学学习，私立高等教育机构仍是公立大学的榜样。比如，全国排名前 10 位的大学中，私立大学就有 8 所，前 20 位的研究型大学中有 15 所为私立大学。同时，提供全美最好的四年制本科教育的大学仍然是私立四年制大学，虽然这些私立大学只是区域性教育机构，其办学目标也非常现实。在每一个机构层次上，公立大学与私立大学之间存在师生流动与教学思想交流的情况。这种关系在工业发达国家并不多见。（日本情况可能有点例外，除地位较高的由国家兴办的传统上的帝国大学占据高等教育的制高点外，日本高等教育中有很大一部分也属于私立性质。）与此相反，欧洲国家则由于一些政治与历史方面的原因不鼓励私人涉足高等教育，因此私立教育机构往往得不到政府的支持与特许，没有自主权和决策权。尽管现在一些欧洲国家已经允许高等教育寻求私人支持，但私人资金在整个欧洲高等教育经费中的比例还不到 5% 。②

----

① It is hard to estimate the proportion of the college age cohort who go on to some form of post-secondary education, since so much of higher education is also "continuing education", available all through life. About 75% of young Americans finish high school. In a follow-up of the high school graduation class of 1972, roughtly 2/3 of those graduates report having had some exposure to higher education seven years later, which would mean about 47% of the cohort, and about 35% had earned a bachelors degree by 1984. See C. Adelman, a basic statistical portrait of American Higher Education. Paper prepared for the Second Anglo-American Dialogue on Higher Education. Princeton/NJ, Sept. 1989.

② R. Geiger, The Limiting of Higher Education: A Comparative Analysis of Factors Affecting Enrollment Levels in Belgium, France, Japan and the United States, Working Paper of the Higher Education Research Group, Yale University New Haven/Conn. 1980, p. 18, and R. Geiger, Private Sectors in Higher Education. Ann Arbor 1986 (Geiger, 1986).

　　与之相比，美国高等教育最大的不同之处也许不在于它拥有一批数量众多、地位显赫的私立大学，而在于其私立大学与一些公立教育机构中资金来源的多样性。今年（1988—1989）美国高等教育经费为 1350 亿美元，占国民生产总值的 2.7%。① 各级政府提供了近一半以上的高等教育经费，这其中还不包括联邦政府在学费等方面给予学生们的直接资助，这一部分是通过学费和杂费体现出来的。来自联邦政府的教育资金包括科研与发展经费仅占高校资金总额的 25%。不包括联邦政府为学生提供的助学金，目前该项费用的数额为 100 亿美元。州和地方政府（主要是州政府）的财政支持占 1/3，其中包括联邦政府直接支付给地方政府的部分。教育机构本身的捐赠基金收入与其他来源占 15%。如果将联邦政府对学生的资助视为政府财政支出的话，联邦政府的资助比例将上升 23%，学费对大学的经费支持与联邦政府的支持基本持平。最后的 6% 则来自个人、基金会与私营企业的捐赠与投资。②

　　当然，具体数字在公立大学与私立大学中会有所不同，但必须强调的是美国所有的大学都拥有公共与私人资金的支持。比如，1985—1986 学年，公立大学 45% 的经费来自各州政府，而私立大学中的该项资金比例为 2%。但是，私立大学获得联邦政府财政支持又比公立大学高，比例是 11% 与 1% 的关系。另一显著不同则在于私立大学中，学生交纳的学费与各项服务费用所占比例非常大：在公立大学里，它们仅占学校总收入的 1/3，而在私立教育机构，这项比例为 2/3。③ 这一点在更好的学院或大学中尤其明显。比如在公立研究型大学与四年制大学之间这一数值就有所不同。

　　即使在像伯克利这样的公立研究型大学中，州政府的财政支持也没有达到运行费用的一半。其余则来自联邦政府的研发经费、捐款、捐赠基金、学费以及一些服务性收入，如大学附属医院中病人所交纳的医疗费。④

　　在过去的几十年里，美国高等教育经费的来源进一步多元化，其中联邦

　　①　"Facts in Brief", in Higher Education and National Affairs, Sept. 1988, p. 3, and U. S. Department of Education. National Center for Education Statistics, Digest of Education Statistics. Washington DC. 1988. p. 29, Table 23（Digest, 1988）.

　　②　Trow, M. American Higher Education: Past, Present, and Future, in Educational Research. Vol 17, 1988, p. 19（Trow, 1988）.

　　③　Digest, 1988, p. 140.

　　④　University of California: The Last Five UC Budgets, in UC Focus Vol 2, 1987, p. 21, and Profile 1990.

政府对学生的财政资助、学费以及私人捐赠都呈现出快速增长的趋势。与此同时，"二战"后，英国高等教育经费的来源却越来越单一——教育费用与助学金都由中央政府负责——这一现象直到近期才有所改变。"二战"以前，英国大学的管理费用中仅有 1/3 来自中央政府，战后，这一比例上升至 2/3，20 世纪 60 年代中期以后，则高达 90%。[①]

部分课程中的通识教育

美国高等教育以致力于向所有（至少大多数）本科学生提供"自由"或"通识教育"而闻名于世。而这在其他国家，只有作为大学预科的少数高中里的学生才能享受得到，并且他们的正式课程里没有"通识教育"一项。整体上看，欧洲的高等教育注重专业性，强调专业训练。美国的学院和大学采取的是"通识教育"，而其他国家是在高中实施的。这是由教育的综合性决定的（按照欧洲人的说法）。这一做法可能导致了美国中学教育的弱势，中学的目的是为了使尽可能多的年轻人完成中学教育，并获得进一步深造的机会。目前，在美国大约 75% 的高中生都能够进入大学学习，而法国相应的学生比例仅为 30%，英国还不到 20%。美国同年龄段的人中大约 50% 接受过一定形式的高等教育，英国约为 14%，法国则为 25%。

选修制度、模块课程、单位学分制作为学术通用货币

美国高等教育的另一个独特之处是模块课程和与之相对应的学分制[②]，学生必须完成一定数量的学分才能获得学位，这与其他地区通过一次考试或一篇论文来决定是否授予学位的做法有所不同。单位学分是美国大学目前的货币。学分可以相加，并能够在不同专业与学校间进行转换，如此一来，学生便可以暂时"中止学业"，待重新想开始学习时，以前学习积累的学分并没有浪费，而是被完整地"保存"在成绩单上。此外，学分制还极大地方便了学生转学，同时将继续教育与早期教育联系起来。然而，尽管这一制度

---

① Th. W. Heyck, The idea of a University in Britain, 1870 – 1970, in History of European Ideas, Vol 8, 1987, pp. 205 – 219, and P. G. Moore, "University Financing 1979 – 1986", in Higher Education Quarterly Vol 41, 1987, pp. 25 – 41, Government policy is currently to reduce that proportion.

② S. Rothblatt, Modular Systems. Paper prepared for the Anglo-American Conference on Higher Education. Princeton/NJ., Sept. 1987.

增强了教育体制的灵活性，使学生们在获得学位或证书前能够两次或三次甚至不限次地调换学校和专业，但它却削弱了在一所学校一段时期内集中学习的效果。

学术职业

美国学术职业与其他国家相比有着明显的不同。总的来说，欧洲大学里的院系往往只有一名教授，若干名助教。从 19 世纪初直至第二次世界大战，讲座教授一直是大学里的核心人物。在德国，大学教授代表着其所负责的学科，他们不仅承担着教学、指导、科研等工作，还与其他教授们一同管理着各院系的教职员工，甚至要从他们的同伴中选举出校长管理大学。直到"二战"后，甚至到 20 世纪 60 年代中期以后，欧洲大学里的普通教师与学生才获得了更多院系与学校的管理权。这一管理体系被最终确定下来，并经过各种委员会的多次讨论，决定无论是教授还是低级教师、学生，甚至一些非教学人员都能够通过成员间的选举进入管理层。在许多欧洲国家，这类选举由于与整个国家的政党角逐关系密切而显得政治色彩浓重，政治团体因此直接进入到学术机构的核心。

与欧洲大陆相比，英国大学里的教授们并没有如此巨大的权力，这主要是因为在牛津与剑桥大学存在一批学院理事，这些人实际掌握着大学下属各学院的管理权。在伦敦大学与外省大学中，教授的权力有所增强，然而，由于"绅士民主"的传统，英国并没有出现欧洲大陆国家中的寡头教授。与欧洲大陆国家类似，英国大学里的教授人数仅占教师总数的大约 10%。相对而言，美国的学术等级没有如此森严，这一点可谓独树一帜。讲师、助教、副教授等都有机会晋升为教授。正是由于所有的助教都有可能成为教授，两者的利益并不相矛盾，同时，在助教成长为教授的过程中，前者也逐渐认同了后者的价值观。因此，在大学的管理机构中，他们已不再是大多数欧洲大陆国家里有着自身特殊利益的"非教授教学人员"。助教授与副教授不仅享有自主权，还参与院系与学校的决策，这些无不体现了美国大学中的平等氛围。①

---

① Also below, p. 167, for discussion of faculty freedom.

治理结构

美国学院和大学的管理与英国和欧洲大陆相比有着本质的不同。在除英国之外的其他国家中，教育部或类似的机构在以下几方面都起着主要作用：（a）教师的任职上，特别是教授；（b）大学间的经费分配上；（c）入学的标准上；（d）授予学位的标准上，如考核和论文要求等。在大多数情况下，这个部门设在中央政府。在德国，州政府承担高等教育的主要责任，在波恩（Bonn）的财政部负责支持科学研究。因此，治理高等教育的行政人员主要是在政府部门里而不是大学。相比之下，在美国早期没有联邦教育部，目前的教育部在高等教育方面发挥的作用也很小，主要负责管理大规模的奖学金和学生助贷。在美国的私立学院和大学，整个行政治理机构设立在大学内部并且辅助大学校长工作。在美国公立大学大多数的行政人员也为校长服务，尽管一些决议掌握在州政府的某个部门或手里（在不同的州和不同级别的大学之间有所区别）。行政管理机构和人员是在大学的内部还是外部对大学自主权都有着决定性影响。

学术领导

在美国，一所学院或大学的校长既是行政领导也是学术领袖。[1] 他由董事会任命并对董事会负责。由于有董事会的信任和支持，校长在学校中拥有很大的权力。相反，欧洲的学校（除了英国）没有董事会，而且通常校长的权力比较弱，以前由教授选举产生，而现在通常由大学里不同级别的人投票产生。校长通常只是各种管理委员会的主席而且任期相对较短，任期结束之后会回到教授的职位上。在欧洲大陆，校长与一名由政府部门任命的长期任职的行政官员共同工作，这位行政官员对学校的财政和大部分行政决议负责。这位行政官员在德国叫"政府任命的大学学监"，拥有政府的长期任命，通常在大学里拥有很大的权力。与美国大学校长不同，欧洲权力薄弱的校长对内部资金分配、大多数学术问题或学术人事安排没有最终决策权。

---

[1] Trow, M. Comparative Reflections on Leadership in Higher Education, in *European Journal of Education* Vol 20, 1985, pp. 143 – 159 (Trow, 1985).

董事会

美国学院或大学都设有董事会，它既能确保大学肩负起对当地、地区或国家的责任，又能使学校避免政府的直接管理和干涉。尽管在大多数公立学校是由州长来任命或担任董事会主席，但是董事会通常对学校有最终的合法权力，并维护学校的利益。在欧洲，学校对社会的责任是由学校以外的部门和政府官员来监督的。欧洲大学有着抵御政府干涉学术事务的传统。因此在学校内部有高度的学术自由，有讨论和辩论的权利。但是除了教学的自由，大学很少有权力管理学校的规模和形式，入学或毕业的标准，学校的特点和职能。与许多其他方面一样，英国处于美国和欧洲大陆之间。除了牛津和剑桥大学之外，英国大学的确有董事会，但权力比美国的董事会弱很多。作为政府的工具，英国的教育科学部和新近成立的大学基金委员会不断地，或以威胁的形式，加强控制的角色，这很类似于法国和德国的情况。[①]

职业技术学习和继续教育

几乎每一个欧洲国家都已经创立了很多不授学位的高中后教育（主要是职业和技术教育）机构，这些机构通常不包括在"高等教育"中，入学要求与大学也不同，学生们不能从这类学校自由转入大学，因为它们提供短期课程而且不能授予相同的学位。这类学校大部分是"二战"后创立的，目的是为地区提供简单快捷的高中后教育满足地方或区域需求，提供技术和职业培训。而技术和职业培训是很难在传统的大学里扩大规模的，甚至一些大学根本就没有提供这样的培训项目。

在美国，这类高中后教育是由社区学院提供的。非常不同的是，社区学院在美国被理解为是高等教育庞大系统的一部分，社区学院的学生可以转入授予学位的大学，而且社区学院的教师是在四年制大学和研究型大学里受过教育的。美国的社区学院与许多四年制的学院和大学，既有公立也有私立的，都为成年人提供"继续教育"，以便于他们跟上所在职业领域的最新发

---

① Trow, M. "Comparative Perspective on Higher Education in the UK and the US". In *Oxford Review of Education* Vol 14, 1988, pp. 81 – 96, and Trow, M. "The Robbins Trap: Britain Attitudes and the Limits of Expansion", in *Higher Education Quarterly*, Vol 43, 1989: 1, pp. 55 – 75.

展，或者学习新的领域。而且在社区学院还可以接受非职业技术教育。在欧洲，传统大学并不为成年人提供继续教育，而是由与传统大学不相关的教育机构提供。

既服务于社会，又服务于国家

美国高等教育除了研究和教学以外，还广泛地服务于任何有需要并负担费用的社会组织。这是必然的，因为美国学院和大学得到了社会广泛的支持，而不只是由州政府支持。大学收取学费、获得个人捐助、公共和私人研究的支持，它们已经变成了州援助的大学（state aid）而不是州支持（state supported）的大学。相反，欧洲大学没有这种服务于社会的义务。它们是国家建立的，由国家财政支持，按照国家的要求工作。从 19 世纪早期到最近，欧洲大学大量地（虽然不是全部）为国家培养毕业生从事各种公共服务（包括教学，在信仰新教国家从事宗教事务）。学生的数量受到国家需要雇员数量的限制。1976—1978 年，联邦德国的毕业生中有 2/3 至 3/4 从事公共服务；在瑞士和丹麦大约为 2/3；在法国 3/4 的艺术类学生和 60% 的科学专业毕业生进入公共服务业，只有 17% 的毕业生到私营企业工作。1978 年，英国 44% 的毕业生进入公共行政、教学或国有企业工作，45% 继续学习、从事科学研究或学术职业。[①] 甚至在意大利，虽然有很高的大学入学率，公共服务仍然是大多数毕业生的就业目标。但在最近几年，公共服务业可提供的职位剧减，尤其在教学与研究方面的职位减少。同时，欧洲高等教育中的民主意识增强，大大减弱了大学与公共服务之间的相关性，迫使毕业生着眼于公共服务业以外的工作。在一些国家这一现象已经加速了工商业管理的专业化。

但是，欧洲大学中的服务概念受其与国家关系的影响，大学只按公共政策或政府部门的要求做事，而很少关注政策中或政府部门没有提到的社会中出现的新需求。而且，在欧洲，政府向大学提供全额经费，这使大学更不关心当地或地方工商业的需求。在过去几年，一些欧洲国家开始鼓励高等教育机构与工业界形成更紧密的联系，而且取得了不同程度的成功。同时，一些国家的政府，像英国，已经压缩了对大学的预算，目的是迫使大学到工商业

① H. Wasser, "Instrumental versus Disciplinary Curricula: A Comparative Perspective", in *European Journal of Education*, Vol 20, 1985, p. 69.

中寻求支持。在政府大幅削减经费后，一些大学（比如索尔福德大学）在与工商界合作方面取得了很大的成功。但是对于长期以来没有建立与社会联系机制的大学，或者是没有资源服务于地方兴趣的大学来说，这种政策不是很有效。

当然这种概括有很多例外。欧洲高等教育的"美国化"，不是体现在扩大入学率或减少专业课程上，而是反映在日益增长的对工商业需求的认识上和来自工商业资助的增长。这种现象在英国的一些大学和多科技术院校以及法国的一些大学中最为明显，它们通常直接由当地商会赞助。又比如意大利的都灵大学，因为它与菲亚特汽车公司的紧密联系被人们称作"菲亚特大学"。

这绝不是美国高等教育特殊性的全部特色。美国高等教育系统的其他特色体现在上面那些被引用过的资料中。例如，美国学生的相对年轻化，多数人远离家乡求学，多数大学与宗教有着持久的联系。这一切使美国大学比欧洲大学更加乐于承担对学生身心发展方面的责任。这些促进了大学内部学生服务的高度职业化，比如在健康、咨询、住宿、校内体育等。从事这些工作的人员大部分是非学术的专业人士。这些专业人员对校长负责。他们为校长提供可以直接调配资源、人事、资金的权力。这些是欧洲的大学校长所不具备的。

美国高等教育的这些特殊性还可以产生其他的特色。比如，美国高等教育的高度自主权、模块课程和没有全国统一的入学考试，使得大学设立新课程、新专业、新的研究领域、跨学科课程和其他创新变得相对容易。

审视上述提到的美国高等教育的独特之处，为我们提供了更为宽泛的视角，这种宽泛的视角是围绕着高等教育中的"精英"、"大众"和"普及"而展开的。① 总体说，直到"二战"前，欧洲的高等教育为精英教育，适龄学生中只有3%、4%或5%的大学入学率。"二战"后，欧洲高等教育规模有了相当大的增长，适龄学生的入学率由15%、25%上升到35%。

这种从精英教育到大众化高等教育的变化，不仅仅是大学规模的扩大，或者新学院和大学的创立，还包括学生和老师对高等教育态度的根本转变、大学的组织结构、大学财政和治理、中学教育结构、高等教育入学标准、教师的聘任和进修、课程和校园规划等许多方面上。但是"二战"以来，欧

---

① M. Trow, Problems in the Transition from Elite to Mass Higher Education, in *Policies for Higher Education*. General Report on the Conference on Future Structure of Post-secondary Education. Paris/OECD 1974, pp. 55 – 101.

洲高等教育在没有改变大学结构的基础上扩大规模，这种在原本设计为精英教育的结构中扩大规模，使得欧洲高等教育遭遇很多困难。这些困难在 15 年前就变得非常突出，当时多数欧洲学位授予大学入学率达到 15%（英国的比例保持在 15% 以下，以保持所有学位授予大学形式、结构、标准方面的精英要求）。相比之下，美国大众化形式的高等教育结构在 100 年前就已经建立起来了。由于美国高等教育招生范围较广和入学标准松散，使得美国高等教育有自己的问题，本科生教育质量就是一个被反复讨论的热点。①

但美国高等教育总体上是一个成熟的系统，没有当代欧洲高等教育的诸多问题。我们是怎样建立了这样一个独特的、适应性强的、反应迅速的系统是下一部分的主题。问题的提出，需要与英国高等教育的历史和组织进行比较。下一部分美国高等教育与英国高等教育之间所作的很多对比、分析在许多方面也会适用于美国与其他欧洲大陆国家的情况。当然个别地方可能不适用，因为英国高等教育也有自己的一些独特性，而且美国高等教育与任何一个国家高等教育系统相比都有明显的不同。

潮流与反潮流：欧洲高等教育的"美国化"

关于美国高等教育的独特性，可以从许多不同角度进行审视：美国与其他国家之间，大学与大学之间，社会与社会之间存在差异的性质和范围，造成这些差异的根源包括历史的、地理的、人口的、文化的和价值观的等各方面的因素；在特殊与一般层面上，美国和其他国家的特殊性也表现在发展的同一性或多元性上。在最后一节中，我将指出目前多数欧洲社会的高等教育朝向美国式的形式和结构发展的趋势，这在我看来，是其内在地朝向大众化高等教育发展的趋势。然而，我并不认为这些趋势将必然导致未来几十年内美国和欧洲之间高等教育差异的缩小。有几个原因，其中包括欧洲国家和教育系统对于高等教育美国模式扩展与分化以及美国大众化高等教育持续演化的强烈抵触。

在任何情况下，我都指出欧洲高等教育系统朝向美国模式发展的三大趋势，这些变化也许可能（也许不可能）在未来几十年缩小欧洲与美国高等教育系统之间的差距。

---

① E. L. Boyer, College：*The Undergraduate Experience in America.* New York 1987, and A. Bloom, *The Closing of the American Mind.* New York , 1987.

1. 所有欧洲国家高等教育机构的功能进一步多样化——在教育机构之间，有时是在教育机构内部的持续分化，这反映出学生的构成越来越多元，主要表现在社会背景、学术准备与能力、年龄的差别、在高等教育中的经历，以及未来职业选择等方面。这一持续增长的多样性的原因是由高等教育从精英教育转向大众化高等教育的结果，是学生数量增加，学生群体的变化及对所学内容的不同需求决定的。

这一朝向多元化的趋势在有些国家遇到了阻力，尤其是在那些政府垄断或者接近垄断高等教育的国家中。多元化给中央政府管理制造了麻烦。因为管理那些具有不同成本、职能、招生政策、教学标准、课程类型的大学更加困难。更进一步，多元化不可避免将带来大学之间和大学内部之间的不平等，包括学生成绩、师生比例、社会上的地位和威信等方面的不平等。因为大学之间不同的管理和职能，以及大学招收了不同水平的学生和老师，所以存在不平等是自然的。

然而，尽管这些不平等是多元化中所固有的，但是当一个国家存在垄断高等教育系统时，情况就变得非常尴尬。面对过去具有平等地位的机构当中的不平等时，公共权力机构会觉得不自在，因此，政府为了减少这些不平等，通常采取在入学和学位授予方面要求共同的标准，对教师实施相同的薪酬计划，相同的政府预算方案，相同的研究支持、校园建设和资金投入等措施。这些重要措施，部分是官僚机构对大学实施标准化管理的一种反映，同时也反映出一种规范：就是几乎所有社会中的人们都要求政府平等、公正地对待那些依赖于它的所有机构。这些所谓平等趋向是公共管理机构和官僚化管理当中所固有的本质。相反，多元化的内在趋向产生差异的现象在这里被视为不平等。

政府教育管理部门可以在国家高等教育系统内部采取一定的多样性措施——比如，在高等教育机构中维持三到四个明显的层次。就像英国的高等教育中有大学、多科技术学院和各种继续教育的机构等；法国的综合大学、高等专科学校和高等技术学院；在加利福尼亚州，系统多样性体现在加州大学（有9所分校），加州州立大学系统（有19所分校）和120所社区学院。在每一个例子中，这种形式上的差别部分原因是大众化高等教育提出的高等教育系统多样性的要求。但在上述各例子中，都存在着要求同类型的各机构间地位平等的巨大压力。在某些欧洲国家，甚至存在着要求减少不同类型的机构间存在的特征、使命和支持水平上差异的其他压力（如在英国的大学和工艺院校间）。

政府教育管理部门在鼓励建立真正多样性大学上的困难的另一方面原因是当其选择的时候，作出或修改决定需要符合政治要求。要政府教育管理部门承认自己不清楚高等教育的哪一种形式应该是未来发展的方向，要政府声明所有的形式都应得到鼓励是一件难事。政府教育管理部门的政敌们很可能会发出责难：“决定何种发展模式是最佳方案并选择它是你们的责任；其他的做法是在浪费资源，尤其是在资源稀缺的时候，这样的浪费更加糟糕，应受到谴责。”当一个政府被指责为没有能力决断某一新兴的公共高等教育系统应该采取何种模式，而继续支持某些被证明为几乎无效和不足的模式时，它该如何辩解？唯一的问题在于，当这些创新的大学或项目启动的时候，人们根本不清楚哪一个可能会取得成功。但是，在政治上表现出权威、决断力和掌控能力，对当政者们来说是迫不得已的。他们需要显得强硬、明智、无所不知和果断，这迫使政府当局在设计高等教育系统时表现得过于自信。用另一种方式看，如果政府要用公共经费来资助多种形式的机构，会有人指责政府是在有意支持那些可能会失败的机构。这种指责可能是对的，只是当时没人知道其中哪些机构最终会失败。

美国人接受高等教育中的竞争同其他有组织的社会生活方面一样，认为竞争是对无法预知的未来作出计划的最有效的方式，而欧洲人基本上不这么认为。尽管由于竞争存在着无法预计的资源浪费，造成了机构多样性，但是其中总能产生一些比国家权力部门设计的能够更好地适应未来的教育机构。密歇根州的大湍流市（Grand Rapids）是一座中心城区人口达 25 万，城市周边居民达 40 万的工商业城市，它是美国不受限制的继续教育市场和继续教育竞争的典型案例。该市是美国办公家具的生产中心[①]，有着一所州政府资助的区域性大学——大河谷州立大学（Grand Valley State University），向约 9000 名学生提供至硕士学位而非博士学位的教育，主要是传统的全日制教学。该大学在市区外几英里处有座漂亮的校园。在大湍流市内的校区则比较普通，主要提供研究生阶段的教育，涉及社会福利、教育、公共管理和商业研究。同时大湍流市利用以下机构也提供各种科目的继续教育，其教学点大多是租的。

（1）密歇根州立大学（Michigan State University），大型州立研究型大学；

---

① Trow, 1988.

（2）西密歇根大学（Western Michigan University），一所区域性州立大学；

（3）弗里斯州立学院（Ferris State College），一所区域性州立学院，如同大河谷州立大学；

（4）阿奎那斯大学（Aquinas College），一所私立的教会学院；

（5）戴温波特大学（Davenport College），一所私立的颁发商科学士学位的学院；

（6）乔丹学院（Jordan College），一所私立学院；

（7）大湍流市社区学院（Grand Rapids Community College），本科学习的前两年教授获得学位所需学分的课程，加上许多非学分制的职业教育；

（8）凯尔文学院（Calvin College），一所私立的教会学院；

（9）大湍流浸礼会神学院（Grand Rapids Baptist College），一所私立的教会学院；

（10）肯德尔设计学院（Kendall School of Design），一所专业学院。

可能有人认为这些足够满足需求。但并非如此，大河谷州立大学得到密歇根州价值 3000 万美元的经费，在大湍流市建设了一座大规模的教学楼作为扩展继续教育的主要设施。大学的工程学科连同专门研究工作环境的学系将一起搬到那里，后者主要向在职的成人学员提供学位和工程学研究生课程。此外，这些学院和大学之间很少计划和协调。

所以在这个有代表性的美国城市，我们看到了一个近乎自由地提供继续教育的市场，其中的一些大学完全自给自足，一些则是部分受政府补贴。人们会问：怎么会有这样残酷的竞争？答案看来是：对于每所大学来说，更多的学生意味着更多的资金——无论是来自于学生的学费还是州政府提供的招生预算，抑或是两者兼有。而且，继续教育对于教育提供者来说可以获得更大范围的支持。所以，提供教育者积极地招生，这就是创建一个学习型的社会，他们都对消费者的兴趣高度敏感。最重要的是，这一切的背后都离不开"供给创造需求"的前提条件。

对于许多欧洲人而言，美国的这种继续教育显著的缺点是不必要的多样性、缺乏协调性或中央的质量监管、无效的重复、资源浪费以及缺乏可持续性。对于所有这些批评，美国式的标准回答是让市场说话："我们不会变得无效而浪费，不然我们无法生存。"这种用"看不见的手"的市场机制发展高等教育的方式不需要一个精心设计的教育、政治或哲学理论依据。如果学生们继续入学并付学费，那么提供教育明显是必要的而且是迫切的。

对我而言，这个故事展示了美国高等教育的五个特征，而大多数欧洲国家高等教育并不具有这些特征。同时也可以解释美国继续教育的特有形式。

（1）每所大学的高度自主权和不需要什么地区部门批准就能够自由进入市场的能力。

（2）在美国广泛接受的信念——教育是件好事，并且每个人都应该接受尽可能多的教育。

（3）事实上，高等教育在招生数量上没有上限。当然，在进入具体的学院或者大学时是有限制的，但是对进入某一类大学系统没有限制。

（4）大多数公立大学或大学系统是根据学生人数获得政府经费，因此，学校会尽可能多招收学生。

（5）在美国（要看它是如何被定义的），很大一部分继续教育是由学生学费来支持的。这意味着，很多继续教育是不与其他公共利益竞争的，比如社会福利、其他层次的学校教育、道路、健康等，而是竞争学生的个人消费。通常当需要在不同公共服务领域之间分配稀缺资源时，会引起公共政策讨论。但是因为继续教育是以自给自足的形式存在的，不与其他公共服务领域竞争稀缺资源，因此，就像过去一样，其规模扩大不需要调控。

欧洲的教育系统拒绝走向这种不加控制的市场驱动的竞争。然而，在很多国家，未来的几十年中，高等教育发展的特点是大学内部和大学之间的各种力量的关系变得紧张。这种紧张关系一方面来源于日益显著的学生差异和知识爆炸，另一方面来源于政府对高等教育的约束。

现今在欧洲所有高等教育政策问题的争论中，向成人学生提供教育的重要性问题已经达成了广泛共识，其中既有社会公平方面，也有技术进步和经济增长方面的原因。然而，对于继续教育的抵制也很强，特别是在一些传统的大学和科系中，一些人认为教育在职成年学生显然并非是精英教育——19世纪和20世纪的大部分时间里——应有的特征。

可能欧洲的继续教育会采取其他的形式，会在有效应对社会和工业的快速发展和无法预知的条件时表现出其相对的优越性——换言之，通过别的途径引进多样性。与此同时，在未来的几十年中美国的高等教育将会与其他事物一样继续变化，把更多在职的继续教育并入我们传统的学院和大学里，进一步模糊大学和社会、生活与学习的界限，如今大多数的在职学位、学分教育都是由企业和军队提供的。[1]

2. 高等教育的发展和民主化与其他各种因素一起促成了大学和各种非大学形式的高中后教育之间发展更为密切的组织联系。后者在各个国家有着不同的形式：高等职业学院、师范院校、音乐/美术/戏剧/护理/农林牧渔/行政管理和其他各种专门学校；教育拓展服务和其他形式的继续教育以及开放式大学。多年来，在很多国家，这些学院以非理性的方式发展起来；它们主要是某些特殊利益群体或强势政治家努力的结果。它们有时颁发证书，有时颁发学位，但普遍与大学颁发的证书不同。所教授的课程内容往往相互重复或与大学里的课程重复。通常来说，这些学院（至少其中的部分公立学院）处于不同政府部门的监管之下，有时候每个政府部门都有各自的培训学校。但是这些学校的学生很少能够升入大学。我们认为这类非大学形式的高等教育没有清晰的定位。

政府可以使这一部分的高中后教育，至少其中公立的部分进行区域划分和其他行政方式使之合理发展，——在瑞典就是如此。但那些建立了这种机构的特殊利益群体以及提供赞助的部门往往会成功地抵制这种规范化措施。

我注意到这些教育机构目前很少提供直接升入大学的机会，这种情况可能会有所改观。最近一项在很多国家进行的研究发现，那些成年后希望继续接受教育的人们，更有可能是已经接受了部分这种教育的人。[2] 渴望受到更多的教育是一种习性，是一种通过受教育本身获得的一种习性，如果如此，那么将有更多的此类非大学性质院校的毕业生希望能够继续接受高等教育，寻求大学里更高的学位和更多的研习机会。对于优秀的人来说，这样的机会普遍存在。我估计随着这种需求的增长，对于成人学生们而言，要"辗转"进入大学并获取学位会变得更为容易。

在很多地方我们可以看见一种趋势——大学里成人学生数量的增加对于大学教育本身产生影响，包括课程、教学模式、学生的资助和师生关系。大学里抵制高等教育这种趋势的人来自与传统教育关系密切的年轻人（最近多为女性），他们通常来自社会上层或中上层家庭，他们的思维和性格总是定位在精英教育模式中。成人学生通常来自社会中下层（也就能够解释为

[1]　N. P. Eurich, *Corporate Classrooms: The Learning Business*. Princeton/Carnegie Foundation for the Advancement of Teaching 1985, and S. K. Bailey, Academic Quality Control. Washington DC/American Association for Higher Education 1979.

[2]　Learning Opportunity for Adults. General Report (Vol 1) Paris/OECD, 1977.

什么他们没有在中学毕业后直接进入大学学习），他们寻求高等教育更多的是为了掌握技能而不是经历性格熏陶；他们对大学中什么应该构成合理高等教育的概念可能不感兴趣；他们使得大学看上去更像是技术性或工艺类院校，这暗示了大学地位有所降低。

尽管如此，我还是认为更多成人学生进入大学学习的趋势将会延续下去——其中包括很多先前有着非大学形式高等教育经历的人，各地的大学也将进行改革以适应这一潮流。在这种情况下，私立高等教育机构（不管在哪里）凭着自己更强的适应能力将占得先机。

3. 在很多欧洲国家我们看见另一种潮流，即强势大学校长的出现——当然这一职位在不同的国家和大学中有着不同的称呼。这一潮流源于我之前提到过的多样性发展趋势，也源于高等教育机构所面临的迅速变化的环境。首先讨论最后一点：如果大学的特征和使命在社会上已非常清楚，并且社会中所有的大学都彼此相似，除了它们的历史独特之处，那么政府就可以从机构之外以可预测的方式或相当常规性地对大学进行管理；如果各部委的官员从外部对大学的行政和财政事务进行简单的管理，教育机构的学术生活就能够获得相对持续的发展。或者在另一种模式下，如果教学机构有着相对清晰稳定的功能，那么它们可以由自己内部的学术委员会来治理——如牛津大学和剑桥大学。或者是由讲座教授或教授委员会管理，这种情况下校长的权力非常弱，过去很多欧洲的大学都是如此。这两种模式都建立在变化缓慢的外部环境和对于大学使命的广泛共识的基础上。但是随着高等教育机构特征多元化，大学与所处环境的迅速变化，大学不得不去适应新的情况。这就需要权力中心具备某种果断性和自主决策能力，如同我们发现在高效的商业机构中一样。果断和快速的行动以适应多变的市场和经济条件是商业活动的主要特性。我认为，一个强有力的大学领导应该是能够为一个高等教育机构指明新的发展方向的权威，能够在大学发展机遇到来的时候抓住它，能够在竞争日益激烈的学术界里从各个层面上领导该机构（学术上、政治上、管理上、象征意义上）走向成功。[1]

我并没有低估欧洲高等教育系统中对于这种趋势的很强的文化和体制上的抵制。面对凌驾于自己之上的强有力的行政管理者，无论是国家行政部门、强势的学术委员会，还是过去几十年中在很多欧洲的大学中发挥着管理作用的学者、员工和学生组织都不会轻易买账。所以，我认为强有力的大学

[1] Trow, 1985.

校长制不会在美国之外很快盛行起来，特别是在欧洲的公立高等教育中。但我们仍能在欧洲之外的很多国家看见这种趋势，特别是在私立大学中，它们有着创立规章制度的自由。① 我认为在将来的几十年里，这将是私立大学发展略领先于公立大学的一个组织特征。私立大学不仅能够产生强有力的领导，而且也"迫切需要"这样的领导，以便在没有像公立大学所具有的经济保障条件下立足于社会。② 在政府给予公立院校和大学更多自主权，赋予其更多自主责任和职能的情况下，它们也必须给予学院和大学的校长更多的决策权。

结　论

本文探究了美国的高等教育和当代其他国家的高等教育之间形式上的一些差异。也涉及了一些美国高等教育独特性的历史。在写作过程中，我曾经提到美国社会和政府的许多独特性对美国独特的高等教育系统的产生与发展的影响方式。但美国高等教育的第三个重要独特性在本文中几乎完全被忽略了，那就是美国高等教育对于美国社会和美国民主的影响。比如，很多研究结果都支持"高等教育对于受教育者的态度有深刻而持久的影响"的主张。③

如果同时伴随法律和制度行为的改变，人们态度的转变就会使得社会关系发生实质性的变化。例如，"二战"后的美国社会对于黑人的敌意平稳降低，白人公民在住房和工作以及受教育权等问题上更愿意与黑人分享同等待遇。这些态度上的变化与高等教育有着很紧密的联系。我认为，"二战"后美国社会各种族关系发展的巨大进步是由两方面因素促成的，大众化高等教育的发展和与之相随的种族偏见的显著减少。若事实如此，那就表明了美国高等教育对于社会生活作出了非常巨大的贡献。美国的学院和大学意在消除种族和性别歧视的"平权行动"等政策可能会促成一个黑人中产阶级的形成与发展。在一个有着国家标准进入大学的社会中，这些政策将无法贯彻。

---

① Geiger, 1986.

② Though most "private" universities on the Continent, eg., church-related universities in Belgium and the Netherlands, are fully funded by the state, and resemble the public institutions in their governance arrrangements.

③ H. H. Hyman, C. R. Wright, *Education's Lasting Influence on Values.* Chicago 1979, K. A. Feldman, T. M. Newcomb, *The Impact of College on Students* (Vol 2). San Francisco, 1969.

　　不过，这仅仅是美国高等教育对美国社会影响的一个直观的例子。如今深入而广泛地根植于美国人生活各方面的高等教育机构，必然对美国的社会生活产生各种影响：政治的、经济的和文化的，既有正面的也有负面的影响。也许，正是美国高等教育系统和社会间的联系才是与"美国高等教育独特性"这一主题最密切相关的因素。

参考文献：

Adapted from a paper presented to a conference on "American Exceptionalism · A Return and Reassessment", Nuffield College, Oxford University, England, April 14 – 16, 1988.

F. Rudolph, *The American College and University*: *A History*, New York 1962, pp. 47 – 48.

It is hard to estimate the proportion of the college age cohort who go on to some form of post-secondary education, since so much of higher education is also "continuing education", available all through life. About 75 percent of young Americans finish high school. In a follow-up of the high school, graduation class of 1972, roughly two-thirds of those graduates report having had some exposure to higher education seven years later, which would mean about 47 percent of the cohort, and about 35 percent had earned a bachelors degree by 1984, see C. Adelman, *A Basic Statistical Portrait of American Higher Education*. Paper prepared for the Second Anglo-American Dialogue on Higher Education. Princeton/NJ, Sept. 1989.

R. Geiger, *The Limits of Higher Education*: *A Comparative Analysis of Factors Affecting Enrollment Levels in Belgium, France, Japan and the United States*, Working Paper of the Higher Education Research Group, Yale University New Haven/Conn. 1980, p. 18, and R. Geiger, *Private Sectors in Higher Education*. Ann Arbor 1986 (*Geiger*, 1986).

"Facts in Brief", in *Higher Education and National Affairs*, Sept. 1988, p. 3, and U. S. Department of Education. National Center for Education Statistics, *Digest of Education Statistics*. Washington DC. 1988, p. 29, Table 23 (Digest, 1988).

M. Trow, *American Higher Education*: *Past, Present, and Future*, in *Educational Rescarch* Vol 17, 1988, p. 19 (Trow, 1988).

Digest 1988, p. 140.

University of California: *The Last Five UC Budgets*, in *UC Focus* Vol 2, 1987, p. 21, and *Profile* 1990.

Th. W. Heyck, *The Iden of a University in Britain*, 1870 – 1970, in *History of European Ideas*, Vol 8, 1987, pp. 205 – 219, and P. G. Moore, "University Financing 1979 – 1986", in *Higher Education Quarterly* Vol 41, 1987, pp. 25 – 41, Government policy is currently to reduce that proportion.

S. Rothblatt, *Modular Systems*. Paper prepared for the Anglo-American Conference on Higher Education. Princetion/NJ. , Sept. 1987.

Also below, p. 167, for discussion of faculty freedom.

M. Trow, *Comparative Reflections on Leadership in Higher Education*, in *European Journal of Education* Vol 20, 1985, pp. 143 – 159 (Trow, 1985).

M. Trow, "Comparative Perspectives on Higher Education in the UK and the US", in *Oxford Review of Education* Vol 14, 1988, pp. 81 – 96, and M. Trow, "The Robbins Trap: British Attitudes and the Limits of Expansion", in *Higher Education Quarterly* Vol 43, 1989: 1, pp. 55 – 75.

H. Wasser, "Instrumental versus Disciplinary Curricula: A Comparative Perspective", in *European Journal of Education* Vol 20 1985, p. 69.

M. Trow, *Problems in the Transition from Elite to Mass Higher Educatin*, in *Policies for Higher Education. Gencral Report on the Conference on Future Structures of Post-secondary Education.* Paris/OECD 1974, pp. 55 – 101.

E. L. Boyer, *College: The Undergraduate Experience in America.* New York 1987, and A. Bloom, *The Closing of the American Mind.* New York 1987.

Trow, 1988.

N. P. Eurich, *Corporate Classrooms: The Learning Business*, Princeton/Carnegie Foundation for the Advancement of Teaching 1985, and S. K. Bailey, *Academic Quality Control.* Washington DC/American Association for Higher Education 1979.

Learning Opportunities for Adults, General Report (Vol 1) Paris/OECD 1977.

Trow, 1985.

Geiger, 1986.

Though most " private " universities on the Continent, eg. , church-related universities in Belgium and the Netherlands, are fully funded by the state, and resemble the public institutions in their govemance arrangements.

H. H. Hyman, C. R. Wright, *Education's Lasting Influence on Values*, Chicago 1979, K. A. Feldman, T. M. Newcomb, *The Impact of College on Students* (Vol 2). San Francisco 1969.

第三部分

美国高等教育中的

市场与问责

七 论大众化高等教育与机构多样性[①]

On Mass Higher Education and Institutional Diversity

前 言

我很荣幸也很高兴能被邀请在此次由尼尔·谢尔曼（Neal Sherman）和以色列－美国富布莱特委员会组织的会议上讲话。我曾长期与以色列有着密切的联系，而我也很高兴能有机会跟大家通过这样的方式来谈谈以色列的高等教育。虽然这种形式与人在那儿不太一样，没有了一边喝咖啡、吃饭，一边进行非正式交谈那样真实的会议味道。但是我现在只能将那种愉悦留到以后有机会再说了。

今晚，对你们来讲是今天早上，我将以一个美国人的观点来谈谈以色列的高等教育。我没有必要告诉你们，就是无论我说什么，我都没有暗指你们的制度和机构与我们的是一样的，或者应该是一样的。我们的社会与学院和大学之间存在很多差异，这些差异不仅仅是由我们两个国家大小的巨大差别而造成的。我们在某些方面不一样，在另外的方面有相同点。举例来说，我们都是由移民组成的国家，这就为我们的学院和大学赋予了特殊意义。我将以此为背景探讨这些不同和相同之处，进而讨论我们的高等教育与你们的高等教育的相关性。

然而，对于我们所有关注高等教育的人来说最根本的挑战是，我们不把学院和大学当成单单是专门创造和传播知识的机构，即研究和教学，而是当成在每一个现代社会中有着广泛功能的核心，它们对社会有着广泛的功能。这虽然是一个老生常谈的话题，但却是真实的，就是所有现代社会都依赖于

---

① Paper read through interactive video connection to a conference on Israeli Higher Education, in Tel Aviv, organized by the United States-Israel Educational Foundation, April 8, 2003. Published as part of a series on University Education and Human Resources, by the Samuel Neaman Institute for Advanced Studies in Science and Technology, Technion-Israel Institute of Technology, May 2003.

高等教育在更高层次的知识与技能方面提供福祉与保护，高等教育的这一功能广泛地根植于社会之中。

高等教育功能和形式的多样性

但除了人们所熟悉的高等教育创造和传播知识的功能外，在美国和其他一些国家，高等教育还是目前使社会秩序合法化的核心机构，这一核心角色使得它看上去大致是正确和恰当的。在美国，高等教育的目的是给所有美国人一个机会去发挥他们的才能，并把志向转变为成就。这是个人身份的主要来源，同样也是技能、才干和知识广度或深度的来源。

因此，高等教育已经不再是单纯的社会装饰品，大学中的学术与科学造就和培养了学生的思维敏感性，培养了能够展示和体现文化本质和文明的知识精英。我们的学院和大学仍然在这样做。除此之外，随着高等教育的扩张和多样化，高等教育已成为重要的社会机构，其中一部分院校拥有许多功能。我们不应该问大学的任务是哪一项，虽然许多人仍然这么问，大学的目标是什么？你们和我们的学院和大学中都有许多不同的目标。

就像我们的院校服务于多样的功能一样：为经济、为政府、为军队、为公民建立合法化社会——尤其是通过新公民的社会化，高等教育服务于日益多样化的学生群体，它们来到我们的学校，有着不同的动机、才能和兴趣。学生多样化和学校的多样性联系非常紧密：随着时间的推移，随着学生的多样化高等教育机构也变得越来越多样了。

多样性不仅出现在院校之间，而且也出现在每所院校内部。在同一所院校内我们越来越多地教育和培训不同类型的学生。这样就使学校的管理制度变得越来越复杂，此时我们越来越多地呼吁建立一个松散的治理模式，这种治理模式集合了强大的集中管理（central administration）与内部决策，其内部决策的趋势是把决策权交到能够影响决策和作出决策的层次上。是由院校内部影响的，院校内部也有能力作出决策。这一挑战——在学校内部将强有力的集中权力与明显下放的决策制定相结合——是大众化高等教育，变化的速度和院校功能多样化所出现的核心问题。这里现代工业和大学是彼此影响的。

即使是历史悠久的精英研究型大学，以创造基本理论知识、纯知识，而不是以生产应用于社会的实际目的的知识为骄傲的大学，也正在进行角色转换。基础知识和应用知识之间的区分已变得越来越不清楚了，这是由于商业、工业、政府和军事领域对寻求任何新知识的应用和生产性价值产生了浓厚的兴趣。无论这些新知识的创作者觉得它是否有用。商业公司和政府现在都进入大学实验室寻求新的知识和思想，应用新知识对企业和政府都是至关重要的，关系到两者的生存。

在所有这些方面，以色列的学院和大学与美国的学院和大学类似。

在这两个社会中，高等教育在过去30年中的增长十分迅速。这种增长，特别是两个教育系统的增长速度，已对两个社会高等教育的性质产生了巨大影响。在美国，大众化高等教育使某种形式的学院或大学与社会的联系不断扩大。这一现象巩固了大众化高等教育系统，并为普及高等教育提供了基础。在以色列，我的感觉是，二三十年前，高等教育最基本的功能是服务于学术精英，后来逐渐地向大众化高等教育方向转变。［我非常感激几篇非常有用的文献为我提供了以色列的数据，其中一些来源于尼桑·利摩尔（Nissan Limor）规划和预算委员会的高等教育理事会和美国尼曼（Neaman）研究小组撰写的论文。］

现代社会中高等教育急速扩张与多样性使大学和大学系统承受了一系列的压力和困难，最初这些大学和系统并不为适应迅速变化和多种功能而设计的。这些问题有很多并且财政、治理、大学入学、教学模式彼此依赖。在本文中我想侧重于大众化高等教育的出现对高等教育带来的问题进行阐述：就是如何根据大学扩张、多样性功能及学生来创造和维持院校的多样性。

历史悠久的研究型大学，它们有着良好的国际声誉和威望，高水平的学术研究，丰富的图书资源和实验室，还有其相对优势的研究资金，与政府的联系，教师和学生在社会中有很高的地位，所有这些使它们对所有其他类型的院校施加了强大的拉动作用。在社会中，其他正在发展中的院校往往模仿这些名牌院校的模式，并在许多情况下，希望尽可能仿效它们，并随着时间的推移，可能被接受进入那些由名牌大学所组成的排他性小圈子中，赢得威信，并获取维持威望和杰出学术人员所需的资金。当然，有很多新的院校认识到不能指望太快实现这些目标，但对许多这样的院校来说，著名大学仍然是作为一所大学应该努力奋斗的榜样。成功取决于高标准，因此，在招收学生上更有选择性，在教师招聘上，招聘在研究型大学中获得了学位并愿意作研究的人。这些院校开始觉得它们理应被叫做大学了，理应拥有颁发学位甚至更高学位的权力，它们有能力发起并支持科学研究。

我在这里谈论的不是美国，我描述的是在许多国家新的学院和大学中，以不同的程度，出现的社会与学术力量：两年制院校向往成为四年制能够授予学士学位的院校，四年制院校希望增加硕士学位授予权，那些有学士以上学位授予权的院校又要求当局给予其博士学位授予权，而在这些院校中当然需要有研究能力的教授。这种倾向，荷兰学者安特·埃尔津加（Ant Elzinga）已经将其称作"认识漂移"（Epistemic drift），是很自然的并具有强大的力量；它不仅仅是一个为院校带来更多威信和地位的自然向往。我们发现这种趋势来源于现代大学深层观念中，不仅局限于我们和你们的社会中。研究型大学受到 19 世纪德国模式的强烈影响：这一模式将科研与教学紧密联系在一起——其关系如此密切以至于让那些来自与教学科研没有联系的一些学者和专家觉得奇怪，既然这些院校声称自己是高等教育机构，却没有把教学和科研联系在一起。

如何保持大学形式和功能的多样性

在现代社会中，高等教育政策的一个核心问题是如何维持院校的多样性，其中也包括许多以教学为主，没有明显研究实力的院校，如何抵抗走向一个共同模式的研究型大学的压力。升格为研究型大学的运动不管能否实现都是非常重要的，因为不管成功与否，这种想成为研究型大学的意愿形成了目前学院与大学发展的特色。因此，这些学校不是以自身的目标或相似院校的目标来评价自己和成功，而是用剑桥大学、乌普萨拉大学、哈佛大学、麻省理工学院、希伯来大学的目标与任务来评估自己。这注定会出现挑战与不一致性。

这些院校的和个人的抱负，往往被看成是唯一值得称赞的努力，追求更好、更强、更大，每一方面都追求更高标准。人们很难拒绝这一美好的愿望。这个问题是每一个国家的高等教育系统在发展和变得多样性过程都需要面对的。在一些欧洲国家，我们发现这些愿望引发院校工作走向理性化、标准化——这就是说，多样性趋于消失，院校朝着千校一面的方向发展——而与此同时，我们看到在同一个国家内也存在其他的反对所有的大学同质化发展的力量。而且，对每一个国家这些矛盾冲突产生的结果不同。

使得系统走向趋同，使得院校采取类似的目标和发展特点的力量究竟有哪些？

1. 在许多现代社会中，无论是政府还是社会，都有强烈的平均主义的态度和价值观。现代社会中，一些群体和部门的人有一种观点，认为大学之间的不同，尤其是政府支持力度的大小是不平衡的，而所有的不平衡都是不平等的。这种情绪迫使不同的大学迈向共同的目标、共同的治理形式和对不同的高等教育机构采取相同的资助模式。

2. 独立于上述想法之外的，还有一种行政喜好就是在每一个民主国家中，在行政权力范围内，所有的高等教育机构都应该得到同等的待遇。这实际上是行政人员准则之一，同时也使政府更容易地用同样的一套政策和财政预算模式管理日益壮大和复杂的高等教育系统的准则。这种单一管理模式，至少看上去，更加容易和有效。这是其中的解释之一。

3. 新的非研究型院校给政府施加压力，希望能给它们和那些历史悠久的研究型大学平等待遇，并将此列为一项解决平等问题的公共政策，以促成其地位的提高。其中内容包括学校的使命、入学机会、课程和经费等，使它们有机会从事科学研究与研究生教育。

在这些力量共同存在的社会里，我们可以看到另一套力量，也是在平等原则下，反对各个高中后教育机构统一模式的倾向。我说的是倾向，而不是已经实现了的结果。其中包括：

1. 强大的传统保守势力，认为应该保持历史最悠久的研究型大学的历史地位，将其与后建立的大学区别开。

2. 除了这些传统势力外，还存在大量的和更为多元的高中后教育机构，它们是为了满足学生对高等教育的需求而出现的非四年制教育机构。学生们各有不同的兴趣和能力使新的教育机构承担了新的使命，它们为这些院校找到并创造出新的使命。

3. 一些国家政府不愿意像支持高水平的大学一样支持大众化高等教育中出现的新的院校。在30年前，我就曾指出，世界上没有一个国家，即使是美国，能够有足够多的经费像资助精英研究型大学那样去资助所有新的高等教育机构。这一事实表明要么保持教育制度的多样性，要么像英国一样，对高等教育机构采取人均经费的分配模式。

在不同国家各种力量平衡的方式不同

如果我们同意高等教育的同质化对教育和它所服务的社会是有害的话，

当同质化的压力随着系统的扩张和成本的增长而增加，那么我们可能会问，在面对这些压力时系统多样性如何得以维持？在许多国家，多样性依赖于传统研究型大学的强势，因为其他大众化高等教育机构的建立是围绕着研究型大学对自己特性和成本的保护的，这些新建的学院有着不同的名称、不同的资金安排和与政府不同的关系。在英国，一个重要的例外就是，一个强大而坚定的政府打破大学的力量，以降低成本，弱化它们的特权和自主权，并最终在 1992 年将它们与理工学院合并——对于合并两个截然不同的院校系统：不同的治理结构、教学形式、入学机会、拨款和学校文化，英国政府这样做并没有引起广泛的讨论或辩论。

"二战"之后，现代社会中高等教育大众化总是通过现有师范学院和技术学院的升级和规模扩大实现的。大量无法进入研究型大学的学生为这些学校提供了新的生源，也有一些学生想要一种不同的、更实用的教育，为以后的职业发展做好准备，使得他们有资格进入一个半新的或全新的行业，比如，从职于日益增长的社会福利方面的工作或当中学教师。

但具有讽刺意味的是，当这些院校已存在了数十年，并建立了自己的地位、职能和各种形式的质量后，它们和在政府里面的同情者开始提出大众化过程中出现的高中后教育机构与那些历史悠久的精英大学不平等的问题。后者也在继续成长，并增加了了新的专业学院和社会服务功能。奇怪的是，那些历史悠久的大学也开始建立一些新形式的学院与那些大众化高等教育中出现的新型学院和大学竞争。问题再次出现：为什么这些院校的区别那么大，不只是在政府如何对待上，而是在资金上。平等问题，形式和功能上的同质性与多样性问题——这一问题的提出往往是新建的最优秀和最雄心勃勃的新学院针对历史悠久的精英大学的地位提出来的。

所以我们发现院校向上漂移的现象几乎无处不在。

正如我前面所说，在英国，答案或许是明显地合并两所学校，创造新的大学，再通过一个复杂的外部监管资金运作的系统来防止新大学取得显著科研能力。在一定意义上讲，在英国高校成功合并后，其多样性通过各种形式的合并非正式地复苏了，新的机构也试图发展研究能力。据我所看到的，没有一所新大学已经具备强大的研究能力，但它们浪费了大量的时间和精力去尝试着这么做。结果，它们都经历了不必要的失败。因此，广义上讲，在英国，维护或复苏系统多样性是建立在新建大学试图把自己变成研究型大学失败的基础之上的。

在一些国家，还有另一种做法，就是要求大学系统扩张，以此促进最大和最雄心勃勃的新院校发展，从而在原则上使所有的新学院向上浮动，但管理这项运动是由中央建立向上浮动的标准来实现的。

对院校上浮的另一做法是不作任何政策回应，容许院校随着时间的推移找到自己的职能，但在授予更高学位上保留一些控制权，在某种程度上，通过对这类问题不采取明确政策来避免争议。

加州高等教育总规划对院校浮动的回应

不同国家使用这样或那样的手段来处理伴随大众化高等教育而产生的高等教育机构多样性问题，较为成功地保护了机构多样性，同时反映了大学功能和学生的多样性。但是，可能最为成功的例子是"加州高等教育总规划"。半个世纪以来，学者、学术管理人员、官员和政治领导人都曾来加州学习如何建立这样一套制度，在保证大众化高等教育的同时又保持精英大学系统。既然有这么多人知道"加州高等教育总规划"如何运作，那在这里就没有必要对它进行详细论述。但它的起源是特别让人感兴趣的，或许也不是那么广为人知的。

1951—1952 年，加州人口迅速增长。新高校，包括社区学院，几乎每天都在出现，以满足不断增长的需求。但那是在地方与州立法机关的推动下发展的，局面相当混乱。而且人们也不确定对所有这些机构如何管理和如何进行经费投入。立法机关特别关注的是各机构都会向立法机关施加压力以满足它们的需要，并与其他机构竞争经费。立法者不喜欢在自己的家乡地区与强大的选民们进行谈判，而且往往在没有把握的情况下说不。

与其试图自己解决问题，加州的立法者明智地让加州的高等教育自己拿出一个解决问题的方案。他们首先任命了一个小型委员会，其代表来自加州大学和新兴的四年制教师学院，也包括许多师资培训机构和快速成长的社区学院，还包括来自加州的私立高等教育的代表，并明智地选择了私立大学的一个代表担任委员会的主席，因为这个计划对私立部门影响不大。加州立法机关要求该委员会在一年内拿出一个针对加州高等教育组织和财务的计划。如果在一年内不能拿出这个计划，那么州立法机关则会自己写一个，这对所有相关方来讲都是一个威胁。

在加州大学伯克利分校校长克拉克·科尔（一位劳工关系等诸多领域的专家）的领导下，该委员会在短时间内提交了一个报告——你可以猜测，真正通过该报告是充满火药味的。它的建议被立法者和政府管理者所接受，然后写进了法律。半个多世纪以来，这个规划经历了无数次重新审视，也被略微地改动过，但是它的主要特点仍然和原始规划所设计的一致——其中的智慧与可行性经历了时间的检验。

基本上，目前高等教育机构无限增长，并呈现了混乱的无政府状态。这一状况将在未来几十年的整个现代社会中出现，"加州高等教育总规划"创造和规定了加州高等教育层次，每一个部门都有自己的主要责任范围，尽管它们之间也有重叠的功能和任务。

当时加州大学，在科尔的领导下，以伯克利分校和南边的洛杉矶分校为基础，准备扩大规模。加州大学垄断了加州公立高等教育中的科研和博士学位授予权以及医学和法学专业教育。正在出现的四年制学院——如今它们有24所分布在该州的各个地方——构成了一个新的院校系统，称为加州州立大学——它拥有大学的尊严和地位，但是却没有科学研究的使命和任务；主要任务是教授大量的学生使之取得第一学位和在许多新出现的职业领域当中授予专业硕士学位。最重要的是，它的这一办学目标是永久性的；那就是，不鼓励它成为研究型大学。最后，社区学院被松散地组织在一起，由100多所学院组成。为那些想在学院和大学中取得第一学位的学生提供学术准备，或者对想尽快就业的人提供技能和职业培训。如今160万学生在社区学院学习，绝大多数在读的学生是已工作的半日制学生，也有一部分是全职学习的。在有些校区学生还可以住校。"加州高等教育总规划"规定这些社区学院在任何条件下都不能通过转变课程，使自己从一个职业培训学校转变成有学术性课程的四年制的有权授予第一学位的大学，尽管它能够提供学术课程为学生转学作准备，职业培训课程仍然是社区学院的主要功能。

这个"规划"还规定，不同大学录取学生的标准不同。加州大学系统录取前12.5%的加州公立高中毕业生——或者同等标准的来自私立高中或其他州的申请者。加州州立大学系统录取前33%的高中毕业生。社区学院则被定义为一个开放的学院——就是向所有的高中毕业生开放，甚至没有高中文凭的人也可以上。（顺便提到，社区学院也对非法移民开放。这个观点是如果你不能找到驱逐这些非法移民的办法，那么社会最好还是教育他们并使他们社会化，让他们成为美国人。另外，这里面包括不同的权力：移民事务是一项联邦职责，而教育则是州内的和地方的责任。）

人员的跨部门流动而不是大学的跨部门流动

这个"规划"禁止不同功能的学院跨层升级，但它积极鼓励不同功能院校之间的学生流动。举个例子，我知道有个家庭，女儿被录取到加州大学的一所分校，一年之后转到州立大学的一所分校，寻求更实际的特殊医疗专业训练，而这个训练项目在任何一个加州大学的分校内都没有。还有一个家庭的孩子对他高中的学习没有什么兴趣，毕业后被录取到附近的一所社区学院，两年后，他得到了进入加州大学的机会，并获得学士学位。如我指出的，学生在校际间的流动不仅仅得到允许而且还会受到鼓励。再举个例子，为了使在社区学院和州立大学学习的学生在两年后顺利转入加州大学，加州大学对录取的一年级学生的数目是有限额的。加州大学和加州社区学院之间对于学生的流动也是有协议的，这个协议是由学术委员会而非管理者制定的，大学接收来自社区学院，在同等学术课程上学习出色的学生。从社区学院转入加州大学的学生与在加州大学的同学享受同等待遇。他们在社区学院前两年的学分也会得到加州大学的认可。

　　另外，加州大学教授会的领导者们和社区学院达成共识：社区学院中提供的与加州大学等同的课程，在学生转入加州大学时就不需要再进行考核。这项政策是成功的，事实证明这些转校的学生和他们在大学里学习的同专业的学生一样基本上都学习很好，毕业率相同。如果坚持去测试社区学院学生同等课程的质量的话，你可以想象大学将会有多少麻烦，这将会导致无限制的质量评估摩擦和院校间关系的敏感问题。

　　我要说的是，转校学生的数量在加州大学的入学人数中占了很大一部分，但他们毕竟是社区学院学生总数的一小部分。而社区学院中的绝大部分学生不会通过选读与大学同等的学术课程来达到转学目的，他们学习与职业相关的课程来获取一些技术上的认证，或者很多情况下，什么认证也不要。

　　此外，社区学院的工作范围也是相当广泛的，它们自成体系。一些社区学院临近硅谷，为工程师们提供高级的技术课程，这些工程师都已经取得了第一或者第二学位，他们在社区学院学习是为了与他们领域内的最新发展同步——而不是为了获得更高的学位或者资格。这些课程的学习要求也没有那么高。社区学院在设计和提供与各个职业领域相关的课程方面有相当丰富的经验，只要这个领域有着大量的需求就会提供相关的课程。

　　当然，决定一个院校能颁发什么样的学位或证书以及该校是否具备研究能力并提供研究生教育，决定了教育的费用，包括资金费用和运行费用。30多年前我就写道，这个世界上没有任何一个社会，当然也包括美国，足够富裕以至于用精英研究型大学教育的人均经费标准支持大众化高等教育系统。研究型大学教育从此以后变得更加昂贵，高等教育的支出在任何地方都比国民生产总值和通货膨胀的增长速度要快。"加州高等教育总规划"接受这个事实，并从实质上拉开加州大学、州立大学与社区学院学生的费用差异。但是加州总规划接受这样一个事实：那就是加州大学的费用与加州州立大学和社区学院的费用存在实质性的差异。总规划限制了学生进入高消费水平的大学，却不限制他们进入高中后教育。这在美国高等教育中是相当罕见的原则，给予学生第二次，第三次，甚至第四次的机会。我们不再需要去决定我们人口中多少比例的人有不同程度的高中后教育的经验，因为高中后教育向所有人开放直到生命终止。顺便提一下，本科教育人均支出在各个部分之间区别并不是很大，只有在研究生的教育和研究上才有明显差别。

我并不是说以前加州大学和加州州立大学之间不存在矛盾，加州州立大学并没有完全放弃扩大在某些领域授予博士学位的权力。最引人注目的是在教育学领域，它们可以与加州大学合作授予博士学位。另外，加州大学在管理自己的预算上比州立大学拥有更多的自主权。其中，部分原因是州政府认可和保护大学的自主权，另一部分原因是支持大学的经费来源非常多样，它们从州政府得来的只占到预算的1/4。比较而言，州立大学则是大部分由政府提供经费——也通过学生的学费补充，更像欧洲和以色列的大学。但是从平衡的角度上看，这种设置是很稳定的而且运行良好，它的主要原则也是毋庸置疑的。在1952年，州政府有规划高等教育并将其纳入法律的政治意愿。如果在今天，一个更加平均主义的时代，"加州高等教育总规划"能否通过立法，我怀疑。

强势的校长和院校的自主权

让我转到另外一个问题上，这个问题在除美国之外的很多国家都存在，就是弱势校长的问题。多样性问题、院校自主权和强有力的院校领导的关系非常紧密。当系统发展时，中央政府常常发挥重要作用以期控制大学的办学目标，经费开支，这就不可避免地以牺牲院校的自主权作为代价。以色列的情况不同，在那里我发现院校在规划和预算委员会的良性监督下最大程度上保护它们的自主权。当院校寻求新的发展定位，新的经费筹措模式和招收学生方式时，院校自主权会扩大院校的多样性。

传统的大学系统建立在欧洲模式的基础上，这种模式的院校由校长领导，校长通常是通过竞选由教授会，有时候还有学生代表和非学术职工选举产生且任期较短。此外，校长也常常从学术成员中选举出来。这种类似的结果产生出一个弱势的校长，或者更加广泛地来讲，一个弱势的中心管理体系，校长更像是各种委员会的主席，互相调度的监督员，而不具有发起和影响院校变革和执行改革的主要行政官员的能力，也没有控制预算的实权。

这种模式有很深的历史渊源，作为保护学术自由的一种方式——学习和教学的自由，是非常不同于院校自主权——防止州政府或者教会中非学术力量的介入。一个弱势的管理是一个保守的势力，使内部的学术改变——服从于教授们的意愿，而教授们常常满足于现状，害怕重大的变革。当社会和知识改变缓慢时，弱势管理对于学术改变的代价，也就是对教什么和学什么而言——常常需要等待一代人的努力——学者们的观点是保护学术自由。但是如今的大学或院校需要快速灵活的应变能力，因为学习伴随着科学知识的爆炸，院校的本质、学生和目标都发生了变化。

现在，在任何发达国家，大学和政府里面的有识之士都认识到强大的大学或院校领导的重要性。其中大学或院校领导对董事会负责而不是对学者或教授会（Academic senates）负责。在这里我是一个拥有很多教授会经验，但，我是一个从来没有管理经验的人（仅仅领导过一个小研究中心）。所以我很自然地站在教授会一边。但是，像我这样，支持在大学或者院校里面强势校长领导权的人，我也看到要对大学和学院实施有效管理，这个强势的校长必须对大学的学术有深刻的理解与同情，在进行决策时与教授会进行协商。在加州大学我们说教授会、教授会中的委员会和各院系的学术人员"共享治理"（shared governance），在课程、学术人员的任命和晋升，还有学生的录取方面拥有非常大的权力。但是当谈到学校广泛的发展方向，比如，各个科目资源的分配，学校规模和任务的确立，人均预算——这些类型的决定由校长与大学董事会和相关学术管理人员在协商下产生。

作为一个长期活跃的教授会成员，我认识到，当我们与一个强势的校长而非弱势的校长合作的时候，我们会更为有效率。强势校长可以做大事，作出重大的改革，提出重要倡议——当他通过与教授会协商作出上述决定时，教授会对他有很大的影响，这种影响比起对于一个弱势的校长来讲要好得多。

大学需要强势的领导力这一事实被许多国家广泛地接受，但是许多人看上去缺乏政治意愿或者能力去实现这一变化——巨大的变化。所以在一些国家一些改革已经制定了出来——举个例子，比如在英国和德国，校长的任期已经延长。但是学校主要行政人员的权力在许多国家依然是有限的。这是一个严重的问题。举个例子，当教授们退休或者到其他院校去了，谁会占据这些位置？传统上，在许多国家，院系内部拥有这个任命权，这已经是受到立法或者一些政府机构保护的，这些院系可以自己填补这个空缺。但对于院校或者国家来讲这不一定是最好的选择。大学领导们应该拥有权力以学生兴趣为导向，以知识改变为基础，去重新分配学校资源。院系和教授们会自然地充满激情地保护自己的利益。校长和他任命的教授们，是唯一代表整个学校及其利益的，应该有能力超越教授会、院系或者教授个人的狭隘利益——在我的理解中这才是真诚协商的含义。

高级管理人员作决定必须与决策可能影响到的相关学术单位协商。大学治理的质量大部分取决于咨询关系的质量，还有双方彼此长久发展起来的信任。这就是大学的文化，特别是在教授和管理人员之间建立起来的信任的质量，那才是大学中决策质量与道德状态的关键所在。但是这些都建立在一种假设上，这个假设就是最终的资源重组决定权是在董事会任命的校长而非教授们手里。

合法多样性

学术地位与研究能力的联系是如此之深，以至于在一些人看来保护高等教育中的多样性是在高等教育机构之间维护或创造一个等级制度，其中研究型大学在最顶端，而后是技术性院校、教学性院校、开放大学、不能颁发本科学位的高中后教育机构和面向所有学生的院校。

我个人的意见是这种对高等教育院校中的地位层次的承诺是一种势利，没有任何其他种类的势利比这种势利更站不住脚的了。让我来建议两个其他代替的途径处理这个层次多样性取向的错误，一个是象征性的，另一个是完全实质性的。几年前一群关心高等教育的欧洲学者和官员来考察美国人是如何处理高等教育问题的，他们选择来到新泽西州。我碰巧那时在普林斯顿，见到了一些来访者，有些人我已经认识了。他们全部都向我表达出他们的惊讶。出席会议者有普林斯顿的院系领导者，也包括普林斯顿（Princeton）大学和拉特格斯（Rutgers）大学的校长，会议地点设在一个州立的社区学院。选择在社区学院开会是一个无意识的事，与不同类别的院校的地位没有任何联系。

但是更加实质的是，"加州高等教育总规划"将加州大学和接近120所社区学院结合成一个紧密的联盟。非常简单，加州大学明白它作为一个具有高度选择性和受到重点支持的研究型大学的生存必须依赖一个广泛的和开放的院校系统，过去是这样，现在也是这样。这些院校可以录取大量的不需要加州大学教育的学生，或者是没有加州大学所需要的学术能力和动机的学生。如果没有社区学院和加州州立大学的 24 个分校，加州大学将会承受扩大规模满足大量社会需求的巨大压力，我们都知道，那将会是加州大学的末日。尽管加州大学在宪法中尽量保证自己的自主权，从州政府只获得大约25% 的运作经费，以降低对州政府的依赖——这些都是对自主权的强力支持，但是没有其他两类公立院校系统的缓冲器作用，加州大学是不可能维持它在这个国家作为领袖的公立研究型大学的独特地位的。

结　论

在总结我的讲话内容时，我并不是用多元高等教育系统中不同部分之间的关系掩盖各部分内部的问题与矛盾——最起码的问题是每一个部分都想要有更多的钱，但是我能说的就是要解决每一部分的问题必须对其他部分有一个统筹的考虑，如国家高等教育系统的其他的部分和合作者，这比起只关注各自的问题、困难和资源更加重要。

八 研究者、政策分析师与
政策知识分子^①

Researchers, Policy Analysis and Policy Intellectuals

从研究到政策的关系模型

托斯顿·胡森（Torsten Husén）在他最近（1982）发表的论文中叙述道，研究和政策之间的关系远比先前看起来的要复杂和隐晦。利用卡罗尔·韦斯（Carol Weiss）和莫里斯·科根（Maurice Kogan）等人丰富的论述，再加上他自己丰富的经验，胡森认为在教育研究领域，韦斯列出的七个不同的模型或应用研究概念中至少有两个经典模型与研究和政策关系模型无关。其中之一是"线性"模型，指的是从整齐划一的基础知识到应用研究，然后发展到应用；另外一个是"解决问题"模型，即研究的目的是填补某个知识领域的空白，而这些知识对于政策的抉择是至关重要的。所以与政策分析无关是因为它们忽略了现实世界所发生的事情。胡森把其余模型合并为两种。第一种是"启发式"（enlightenment）或"渗透式"（percolation）模型，在这一种模型中，研究通过进入行动者的意识并塑造他们讨论关于不同政策选项时所使用的术语，以这样的（而且是很重要的）方式间接地影响政策。第二种是"政治模型"（Political Model），指的是政治决策者有意地利用研究来加强论据，为已有的决策辩护，或者为了掩盖研究中有争议的问题而避免作出不受欢迎的决策。

这两种模型中，第一种"启发式"或者是"渗透式"模型更引人瞩目，因为通过这种模型进行研究直接影响政策，而不是为政策制定辩解或避免作

① Originally published in *Educational Research & Policy: How Do They Relate?* T. Husen and M. Kogan, editors. oxford: Pergamon Press, 1984.

出决策。进一步而言，渗透式模型及其机制和过程非常深入，能为决策的问题提出挑战和反思。

胡森论文的主体致力于从各个角度去探索研究者和政策关系的复杂性，特别强调研究者和政策制定者之间相互作用的各种力量和条件。这些都有助于解释为什么当研究对政策产生影响时，通常是以复杂和间接的方式，而不是以古典的更简单直接的方式，因为古典的更简单直接的方式现在已备受质疑。

胡森说：

> "渗透"的过程是非常微妙的，而且在许多方面，都是无影无形的。直接的接触，无论是面对面的还是通过阅读充满术语的学术报告，似乎都起不了太大作用。应该认真研究"中间人"（middle-men）的作用，因为这一点很关键。人们可以通过中间连接机制来识别整个"非正式网络"。报纸、刊登通俗研究成果的杂志、政治家的朋友们和他们周围的工作人员都起着重要作用……一些私人资助的研究团体在传播财政中立和财政平等这一思想中也起到了重要的作用……"渗透"对立法人员、教育部的高层官员或州政府教育委员会的意义尤其深远。（Husén，1982，p.5）

乌尔里克·泰希勒（Ulrich Teichler）最近在一篇未发表的论文中描述他关于"研究对高等教育的影响"的一些初步想法时写道：

> （研究的）基本的假设是研究高等教育发展和对决策产生影响的方式在很大程度上受研究人员和政策制定者之间互动的基本环境的影响。在德意志联邦共和国，高等教育研究条件令人担忧：行政官员往往会掌控重要数据的收集，他们相信行政人员自己而不用借助于研究就可以解决所有问题，甚至怀疑研究者的政治倾向。不过，也有例外的行政官员，他们能接受研究者和他们的研究议题。换言之，研究者非常渴望自己担任政治角色。（Teichler，1982）

类似地还有鲁尼·普里姆弗斯（Runé Premfors），他利用林德布洛姆（Lindblom）和维尔达夫斯基（Wildavsky）的著述宣称分析是一个比研究更广的范畴，包含了"理性认知"，这一理性认知与我们研究所需的数据基础或许密切相关或许无关。

一般来说，研究在公共政策制定当中的角色被夸大了。社会科学家往往低估问题解决机制等各种形式之间社会相互作用的重要性，甚至在分析似乎为政策选择提供基本标准的情况下也是如此。社会相互作用——在问题解决背景中有两个基本形式：政治和市场——通常是成败与否的决定性因素。当理性认知分析以各种姿态出现时，它通常表现为"党派性的分析"（partisan analysis），分析原则就是与已有的政策立场保持一致（Premfors，March 1982，p.1）。

和胡森一样，普里姆弗斯并不完全认同当政策的来源和决定因素都不知所踪时，研究和分析仅仅是使政策合法化的唯一手段，他继续说道：

然而，我们正在处理一种复杂的关系。用知识解决社会问题的文献在最近几年竭力阐述政策分析和社会研究得以进入这些过程的种种方法……短期内没有效果并不代表将来没有影响。事实上，分析没有向政策制定者和分析师提供他们经常追求的"客观的"标准，但是这并不能阻止此类活动逐渐地渗入到对问题的定义和选择的形成中（同上）。

这里，普里姆弗斯所建议的是，一是分析和研究，二是社会相互作用，两者并不是最后作出决策的替代形式，而是起到相互互补的作用。市场行为和政治行为均受分析和研究的影响，但是就像这些评论人员普遍认为的那样，渗透过程通常是经过知识和思想缓慢地渗入到问题的定义和选择的形成中。市场行为如何受到研究的影响是一个有趣的问题。从表面上看起来市场的一些参与者，比如，学生在选择一所大学或职业时参考了由评论人员、知识普及者、学校辅导员和职业顾问们对教育研究的发现所进行的宣传和解释。多年前，科尔曼（Coleman）和其他一些人作为先驱者提出了一种有益的研究方法，他们研究了决策中个人影响的作用（Coleman, *et al.*, 1957；Katz, 1957）。

在探讨这一复杂问题时，最好避免进行过早的跨国概括。即使我们把自己限制在教育领域里，国家之间在教育决策制定的地点和方式、这些决策制定的集权和分权程度、在何种程度上作出何种决策上是千差万别的。对于教育研究和分析的发展与组织工作在何处进行、由谁发起和有何种约束等方面都存在差异。所有的国家都存在差异，泰希勒称为"研究者和决策者之间相互作用的总体气候"上各自迥异。的确，泰希勒提醒人们必须比较不同国家的"互动气候"以解释一个特定国家中高等教育研究影响的潜能和不足（Teichler，p. 4）。

研究者和政策分析师

在其论文中，胡森自始至终都提到了"研究者"，毫无疑问他指的是大学聘用的社会科学家。他认为研究者和政策制定者之间存在巨大的差异，在某种程度上这种差异起源于不同的训练、不同的时间和条件限制、不同的工作情境，而这些恰恰是大学的社会科学家区别于决策者、政治家与政府行政人员的特征。

我想谈的是在政策制定的过程中另一类参与者对研究和政策的影响——这类参与者有时非常像一个研究者，他们限定一个问题、作出分析、收集和解释新的数据；有时又像一个"中间人"，为决策者汇总和解释其他人的研究成果；有时自己又是一个决策者。这种参与者在美国被称为"政策分析师"，但在别的国家可能有不同但类似的称呼。

在过去的 10 年美国和其他地方见证了政策分析师这一行业的兴起。政策分析师所受的训练、思维方式和工作条件就是为了拉近研究者与决策者之间的距离，使系统知识更加直接、迅速和贴切地应用于公共政策问题。我先试着比较与对照研究者和政策分析师，看他们——包括政府内的职员和政府外的研究者在内，是以何种方式使研究变成政策的。也就是说，我的分析并不意味着政策分析的产生在任何方式上解决了胡森、韦斯与其他人指出的研究和策略的关系问题，但是看看这个新兴行业如何影响事件的整个过程，以及在解决一些旧问题的同时又如何滋生出新问题——理性的、政治的、道德的等——我认为还是非常有意义的。

通过汇集社会科学中的一系列成果和思想，政策分析作为一门正规学科，10 年前就发展起来了。这些成果和思想包括在"二战"期间发展出来的以数学为基础的旨在提高军事行动效率的行动研究——其中有潜艇的部署、袭击的安排和护卫舰队的管理；除此之外，还有发展于 20 世纪 50 年代和 60 年代的新式的微观经济学；公共管理工作中长期存在的传统研究；政治科学中最近逐渐走强的行动主义理论；组织理论；应用社会学和社会心理学中的某些理论，以及新出现的公共政策中法律的作用，等等。大约在 1970 年，公共政策研究生院在许多美国一流大学中建立起来，例如，哈佛大学的肯尼迪学院，普林斯顿大学的伍德罗·威尔逊学院，得克萨斯大学的林顿·约翰逊公共事务学院，密歇根大学和明尼苏达大学的公共政策学院，以及加州大学伯克利分校的公共政策学院。12 所一流大学现在算是建立了真正的公共政策研究生院，几百所其他大学通过它们的管理学院、公共管理学院或工商管理学院提供政策分析方面的项目内容。由于社会科学和法学的融合性，一些学院还聘请了科学家、工程师和其他对公共政策问题感兴趣的人员。这些研究生院大部分提供两年制的研究生教育，通常授予公共政策硕士学位。它们的毕业生直接进入国家、州和地方政府的公共服务部门，或者任职于公共问题的智囊团或私人机构，例如环保组织、教育部门、海外贸易机构等。但是这些"私人"机构与公共政策密切相关，它们实际上所做的很多事情是为了影响公共政策，所以在这些机构工作的公共政策分析师的工作条件与在政府部门工作的分析家相似。

　　政策分析师所受的训练有几个方面值得强调。众所周知，公共政策的训练横跨几个学科。跨学科是必需的，首先是因为政策分析汇集了早期各个学科的特点，这个领域本身反映了哈罗德·拉斯韦尔（Harold Lasswell）称为"政策科学"的不同思潮的融合和相互联系（Lerner & Lasswell，1951）。更重要的是，这种训练必须是跨学科的，因为问题呈现在决策者面前的方式就是跨领域的。众所周知，真正的决策并不理会学科的界限：它们中总是有政治的、经济的和组织的成分，可能还会涉及法律的、教育的、生物的或其他技术方面的内容。

　　也许政策分析师与学院派的社会科学家对比起来最显著的特点是政策分析师接受的训练要求他从决策者而非学科知识的角度来观察和阐述问题。在工作中，他接受决策者的约束和价值观念，其中包括他所承受的政治压力、提案的政治可行性、经费预算、提案实施的法律环境、实施的困难、组织的形式、人员的招募和培训，以及鼓舞人们按政策目标行事的热情。如果他受过良好的训练，他对计划的成本与效益、决策中的权衡比较、取得的社会功效以及政府和市场各自的优势是什么应该一清二楚。总之，政策分析师试图从决策者的角度看问题，但是他使用的那一套智力、分析和研究的策略，恰恰是政治家和公务员所缺乏的。他本身就是，也会被训练成政府中决策者身边的研究者，即便是不在政府，则为"在野政府"或一些希望在下一次政坛交替中自己人上台的智囊团或利益集团服务。当然，不是所有的政策分析师都是大学所理解的"研究者"。但是通过对社会"问题"的研究以寻求"解决方案"，正是这样的研究才能对公共政策产生最直接的影响。

　　相反，公共政策学院的教师跟他们训练的学生迥然不同，但是在一定程度上，他们又像他们训练的学生。教师都是科班出身，无一例外地拥有博士学位，训练他们的社会科学家都是对公共政策感兴趣的，他们也作政策问题的研究，但大体上不像他们将在政府或准政府中工作的学生所作的研究。这些教师被詹姆斯·Q. 威尔逊（James Q. Wilson）称为"政策知识分子"，他们的学生才是政策分析师——是在政府内外为政策导向的客户服务的工作人员和官僚。大学中的政策知识分子和政府中的政策分析师的关系与胡森和韦斯所谈到的"知识蔓延"（knowledge creep）和"研究渗透"（research percolation）问题很类似。所以我再回到这个问题。

让我们看看胡森所描述的"研究者"的一些特点，大学中由研究者的本质而引发的研究与政策之间的一些"隔离"（disjunctions）问题。人们或许会说，之所以产生政策分析领域和政策分析师这个新兴行业就是要求他们为了准确地满足政策制定者在决策过程所经历的同等限制内进行分析和研究。所以说，政策分析的目的在于拉近胡森所说的研究和政策之间的"距离"。他描述了研究者的三个不同于政策分析师的工作条件。

1. "研究者通常在……大学中完成他们的任务。……他们倾向于使用自己在研究生学习期间所学到的规范来进行研究。他们的成果要接受同行评议，他们把同行评议看得比公共机构中的客户所作的评价更加重要"（Husén, 1982, pp. 4 - 5）。与之相比，政策分析师更多的是为政府或非正式的政府机构如布鲁金斯（Brookings）研究院和兰德（Rand）公司，或是大型私人商业机构工作。他们在研究生院中所获得的研究范式强调为客户服务，向顾客解释并阐明问题，为顾客指明可以使用的政策选择和可行性评估，如成本、可能效力、政治可行性、实施难易程度等。所选择的标准与政策决策者自己在计划和选择行动路线时所使用的标准是一样的。分析师接受训练的主要目的是能在他所识别的不同行动方案中推荐较好的方案，并用适当的论点和证据支持他的建议。

政策分析师所作的许多研究，甚至可能是绝大部分研究，都没有机会发表，也不接受同行评议，当它展示在公众面前时差不多已被大量修改，否则就会以匿名的形式，甚至以别人的名义出现。一个分析师的声誉不是在学术氛围中树立起来的，而是在他所效劳的机构中，尤其是在政府机构中，在虽然小但却非常活跃的分析师团体中，在立法工作人员中，在智囊团中，以及在了解他的工作及其质量的特殊利益集团中建立起来的。不可避免的，就是借助于讨论和评价这个平台——在类似于分析师和学者的"隐形学院"中——寻找我们需要的"漂流"（drift）和"蔓延"（creep）机制与渗透过程。通过这一过程，发现研究和证据是如何得以影响政治的。

2. "研究者在高度的训练和专业化中工作，这就意味着他们倾向于将问题从整体中切开成'片段'，使它比复杂的全球性问题更容易把握"（Husén，1982，p. 5）。

与学者相比，分析师尽可能地跨学科，在他们选择思想、理论和研究方法时会遵循问题的要求，而不是用理论和学科的方法来选择和解决自己的问题。这并不完全是成功的，部分是因为他们学校的教师们对跨学科的各种研究方法和角度都不是很熟悉，还有就是初出茅庐的分析师，作为他们的学生，不可避免地对一些特定类型的分析更加熟悉和适应，而忽视了另外一些。可是，假如他是一个分析师，他就要像决策者那样看问题，这一要求使得未来的分析师们跨越单个学科的界限，将问题作为一个整体而不是"片段"来处理。

3. "研究者在能够处理的问题上、能够使用何种评论性语言和有多少时间可以支配用于完成一项研究等方面比决策者受到的限制要少得多……（Husén，1982，p. 5）"。

分析师通常被指定了研究方向，或者在有限的政策范围内作研究。这并不完全阻止他们自行决断；实际上，他们在阐明问题和考虑问题答案的范围中有非常多的主动权（Meltsner，1976，pp. 81 - 114）。从研究者的角度来看，被控制的分析师仅仅是"一个被雇用的枪手"，按照他的上级所说的去做。但是从分析师的角度来看，即使在一个限定的政策问题或领域内，自行决断权的范围还是相当大的。例如，在某一个特定区域内如何控制大气污染，这一问题能够用多种规定的方法来解决，从为不同的工厂和企业制定排放量的标准，到对排出的污染物收费，要求排污者为排出的一定单位的污染物埋单，等等。这些问题是政治的、技术的、经济的、法律的和标准化的，它们并不是被政治和行政决策者预先决定的。

诚然，政策分析师通常比学者有更加紧张的时间安排。在我自己所在的大学里，学生们习惯于在48小时或72小时内，使用现有的数据、研究和建议分析各种政策问题，这种练习帮助他们为立法听证会或制定修改法律的谈判所带来的强大的时间压力作准备。别的练习给他们一周的时间，一项重要的研究相当于一篇硕士论文的话，会给他们 6 个月的时间。工作时间的紧张程度也不尽相同。分析师会慢慢变得娴熟，知道谁在什么领域作过什么研究，能够在何处找到关于此问题的已发表的或未发表的研究或数据。对于分析师来说，知识渊博的人们是研究的中心来源，电话和计算器、电脑和图书馆都是学生们的重要装备。

　　然而当分析师很快学会将思想变成数据、将数据变成思想时，他们已经严重依赖于已有的统计数字和别人所作的研究。分析师很娴熟，很大胆，在于他们敢于将社会生活的不同方面作出类比，能够用一个领域内的研究成果作出另一个领域的决策。分析师所作的研究有时是不能达到学者对于问题的深度和完整性的研究标准的，比如在他的研究文献综述，或相关研究成果的评论方面。然而在政治环境中时间和其他压力下，分析师深谙自己所做的不是大学的研究项目，更多的是会议中的感想、奇闻和一般智慧。他的报告涵盖了以成本和收益的比较数据为基础的各种行动方案，他坚信他的报告一定胜过朋友和其他顾问之间的闲聊。

　　就像我先前所描述的那样，政府中的政策分析师具有研究者的一些特征，但是他们身上官方的色彩更重。他们身上有一些正如莫里斯·科根等人所说的"中间人"的特点，因为他们都是负责联络的专业人士（Kogan, Korman, & Henkel, 1980, pp. 36 – 38），他们比"中间人"更加活跃，更有研究主动性，他们常常自己也是决策者。

　　人们总是说研究影响了决策者——如果研究者是一个大学的社会科学家，那么他们是离决策者很远的人，他们有着自己关心的问题、政治见解、利益和偏见。但是，政策分析师在政府内部直接影响各种行政决策，却很少见诸报端，不会被政治家所争论，也不会被摆在立法机构的桌面上讨论，然而却有很重要的作用。瑞典可以提供很多行政决策的例证，其中一些决策就是受行政内部和外部研究影响而产生的。

　　加州大学就是一个例子，它一半的预算——用来支付学校运行成本、教师工资等费用——来自加州政府。大学准备这笔预算并将它纳入州长的预算是一个复杂的过程。大学预算中很重要的部分是按照公式进行计算的。比如预算支持程度与招生水平联系起来，这一规定已经在大学核心行政部门的预算分析师和州财政部的预算分析师之间协商了很多年。这些公式实际上是官僚政治条约，在互相理解的基础上，使大学获得较高的财政保障和可预见性，而不是人们从报纸上进行推测。新闻从来就不报道这类事，只有在立法机构的辩论中和州长的讲话中方能觅得踪迹。

这些公式并不涵盖突发事件。尤其是在加州大学这样的机构中，它本身富有流动性和多样性，充满各种各样的活力和创新，每时每刻都在诞生新的专业、要求新的设施，从而需要公共资金。每年大学的分析师和州财政部的分析师都会针对新旧资源的需求进行谈判。他们虽然各自为营，但往往是同一所研究生院和系的学友，许多人就是伯克利公共政策学院毕业的。在这些谈判中，大学提出的"有说服力的观点"会受到奖赏，也就是说，如果论据是从好的官方视角提出的，那么学校要求额外资金援助就会被接受，这一新的提案才能出现在州长的预算中。这些项目中的问题是分析师们提出的，他们通常会使学校资助计划与本州可资助的活动相关联，他们常常使用过去的数据来说明这些活动的内容和所需成本。打个比方，大学想让州政府修改更新教学中使用的科研设备的拨款公式，想让助教们得到更好的待遇，想要州政府承担某些体育设施的花费，想让政府支持为底子不好的学生开设的补课课程，等等。为了获得这些资金，大学的分析师们会研究不同的系、所中实验室器材的实际使用寿命，并将这些数据与其他大学和商业实验室的器材寿命进行比较，还要研究大学中助教的使用和分布情况，并且说明助教的工作对所教的课程有何贡献，他们也要研究什么人使用体育设施，使用的目的是什么，等等，这些都不是板上钉钉的事情。谈判者中存在一个广阔的价值认同空间，但是对上述这些要求论证质量的高低对于决定它们是否能被接受起着至关重要的作用。正常情况下，这些要求的拨款总量非常之大。公共生活中有很多地方需要行政人员行使决策权力，虽然他们经常很聪明地否认自己实际上制定政策或决定的权力，而只是在"执行"它们，然而，当我们反思研究对政策的影响时，我们不应忽视兼具官方色彩和技术专家色彩的公共部门领域，在那里，研究者和决策者合而为一成了政策分析师。大学中的研究者需要明白，不是所有的研究都要经过一个复杂关系网的过滤，才能进入另一个"决定结果"的复杂过程。有的研究可以很快很直接地进入决策层，研究是为他们设计的，也是由他们亲自作的。

在一定程度上，作为一个新的行业，尽管面临联邦政府、州及地方政府预算削减和聘用人员下降的形势，政策分析行业在美国仍然蓬勃发展。看上去，不管公共支出增长或减少，对政策分析师的需求仍然旺盛。预算紧张给政府造成的问题甚至比预算扩张、增加公共项目和服务带来的问题更加棘手。在预算削减的情况下，政府并没有减少用于社会服务的公共支出的绝对水平，只是减少了增长率而已。无论如何，公共生活正在变得越来越精细，政策分析师也不愁没有工作。

政策分析师面临的四个问题

但是不要以为政策分析行业的出现以及随之产生的研究生院、杂志、行业协会和为其提供定义和自我意识的会议就能解决研究和政策分析的关系问题。那是因为，如果政策分析师解决了其中一些问题，他们同时也会制造出新的问题。这里我想讨论政策分析领域现存的四个问题，虽然在此领域并不只有这四个问题。但我要讨论的这四个问题都会在很大程度上影响分析师工作的质量和对政策及决策的影响。

第一，政策分析师和教育中的学术研究都面临的一个难题就是政策分析较少利用民族志的方法，也就是说很少观察客户行为和非正式谈话。这导致的后果是政策分析师只是使用了官方的统计数据；一旦这些统计数据是错误的、误导性的或是不充分的，分析师的工作就会存在瑕疵，变为具有误导性的和不充分的。比较而言，大学的研究者更倾向于质疑研究数据的质量，虽然我感觉他们也很少质疑官方数据的质量。

第二，公共政策分析的结果、报告及建议不仅受到分析师及其客户个人好恶的影响，分析师也同样会考虑到诸如问题本身、现象、变量等因素。由于他处在官方的位置，就不可避免地会受到种种约束，比大学中研究者受到的制约更加严重。

第三，分析师身处大学之外，会面临两方面的压力，一方面是客户的需求和客户对他的要求，另一方面是他对知识忠诚的职业操守，其中包括找出负面证据，对他所熟悉的或知道的内容自由表白或发表看法。官方色彩的研究机构对学术道德和职业操守限制颇多。的确如此，一个分析师如何应对自己作为一个政策分析师的职业身份和他对政治雇主与客户的双重忠诚是政策分析的核心道德问题，道德问题并不像人们想象的那样无关紧要。

第四，我想谈谈政策分析师和政策知识分子的关系，因为这一关系与政坛上的沟通和说服密切相关，更与决策过程中通过研究成果、思想和设想的启迪从而进行"决策结果"息息相关。

民族志方法的缺乏及其后果

正是因为民族志方法的缺乏，政策分析师对公共政策的贡献很有限。民族志的方法指的是对顾客行为的直接观察并对这些行为的重要性进行报告和估计，这种方法非常耗费时间。它包括对数据的原始收集而不仅是对数据的分析。打个比方，就像是政府机构采集的统计数据。政策分析师经常在严格的时间限制下工作，如果一个人想要和一群人生活在一起，天天观察他们，并被他们了解和接受，在给定的时间内几乎是不可能的。那些使用其他研究方法的人会用金钱和助手来弥补时间上的不足，但整体上来看，对于他们是不可能采用民族志研究方法的。

政策分析师之所以抵制民族志的研究方法是因为很多学科秉承检验这一经典的研究方法，这种方法也被公共政策学院所采用。大多数民族志的研究方法不使用量化统计，因此很难证明假设。对民族志研究方法的部分抵制，还在于使用这种方法的人很难摆脱研究者的偏见。专业民族志研究人员对个人偏见的控制体现在系统的质的研究方法的训练中。但他们的发现很难对外行人解释清楚。政策分析和人类学不同，人类学家的作品是让另外一个人类学家欣赏的，而政策分析是做给包括政客等外行人看的，而且必须要能够说服这些人才行。实地考察的方法并不深奥，但却不足以用来说服外行人，这种方法得出的数据对外行人没有说服力。一个可信的研究很大程度上得益于研究方法，这才是政策研究的核心所在。这也就能解释为什么政策分析看起来那么高不可攀，使用的模型和统计数字也那么深奥难懂。因此，比较而言，民族志方法看上去不像深奥的自然科学那样具有说服力和权威性。

政策分析师对民族志没有兴趣的另一个原因是，民族志倾向于分解现象，而公共分析总是概括现象，所以这两个学科不能相容。公共政策分析对社会生活的细节没有兴趣，其中的原因在于政策实施的具体环境不同，针对这种环境的变化，很难制定与之相适应的法律、规则和政策。大部分的政策分析都是基于武断的简化，其中主要的一点就是把类似的活动、人、现象划归到一个类别，因此应对它们可以共用同一套的假设和规则来处理。民族志研究持续不断地挖掘政策和政策分析中的不足，在某种程度上，民族志的研究是对宽泛统一的法律和规则的颠覆。但同时，民族志的研究又提供了另外一个视角，对政策对象来说，这种研究可以加强政策分析的能力以应对社会和经济生活的丰富与多变性。

民族志学者对政策分析师也充满怀疑，因为这个学科倾向于揭露政治上的丑陋现象。当民族志学者考察一个机构或者社区时，他们常常会获悉一些关于规则和法律是如何被歪曲和破坏的信息。但是分析师和他们的上司对于揭露黑幕毫无兴趣，而民族志学者却往往乐此不疲。

最后，民族志看上去并不是那么严肃并难以获得的技巧。分析师可以想象这样的生活是待在图书馆里，或更好一点待在电脑控制台前，或者坐在办公桌前摆弄着计算器和录音机。分析师们很难想象他们在街角晃悠，待在教室里，或者去一些普通的地方花时间调查社会政策问题。对于有着很高的技术和特殊才能而从事政策分析的人来说，民族志根本就不是高尚和合适的工作。很少有政策分析师受过记录、分析并把自己作为理解社会生活的工具的训练。简言之，他们不是人类学家，而且他们发现使用民族志实地考察的研究方法是非常困难的，因而他们宁愿掌握应用计算机的新技术或者是获得问卷的调查研究的能力。

上述原因是分析师们不愿采用民族志研究方法的一些理由，这些理由也同样适用于大学里的研究人员。民族志的方法可以使政策研究更有效、更准确，公共政策没有采用民族志的方法，不能不说是一个严重的缺陷。没有民族志的田野调查方法，我们就不会明白为什么有些公共政策成功，而另一些却失败了。

一个典型的例子就是在所有先进的工业化国家，我想没有例外的，都面临如下一个问题。最近几年，国家劳动力统计数据显示青年劳动力失业率上升，这个现象的后果远比经济衰退来得严重。对于这一数据人们反复讨论，也给出了各种解释，还有一些大型项目来专门研究这个越来越严重的社会难题，但几乎没有人能透过数据来问一下原因，是不是越来越多的年轻人苦苦地寻找工作却总是一无所获。我们应该做的是，大多数政策分析师没有对这些数据的质量和意义提出疑问。具体来说，青年失业率的数据并没有反映近些年来工业化社会的一些发展，也没有反映福利政策的慷慨，这种慷慨使年轻人更易于得到公共资助，而只有在他们"失业"的情况下才能拿到这些资助。这些数据同样没有反映一些能够短期雇用年轻人的灰色或隐性经济的快速发展，这种雇用所提供的职位是无法人为控制的，无法上报，当然也无法纳税（Trow，1979）。进一步说，这些数据无法反映年轻人的文化，他们对工作休闲态度的改变等。在工作休闲态度方面，未婚年轻人在可接受的工作种类和工作时间的长短上可能会更挑剔（Roberts，Noble & Duggan，1982）。我认为，田野调查对于更好地了解不同年轻人多元的和变化的工作态度是非常必要的。它能帮助我们更好地理解那些隐性经济的规模和其中年轻人所扮演的角色，甚至还能在某种程度上帮助我们明白宽松的福利政策是如何鼓励年轻人在毕业后的一段时间里或结婚或安顿下来之前"不工作"的。

本人补充一点，年轻人失业在西方并不是没有问题，只是官方数据告诉我们关于年轻人失业的特性和范围太少了。对于政策分析师而言，他们非常依赖官方的青年失业率统计，而这些官方统计并没有为有效解决公共政策的问题提供一个良好的数据基础。如果这些数据无法真实地反映全国年轻人的失业情况，假设这个问题可以演变为两三个完全不同的问题，那么我们的公共政策和项目就应该对问题的本质作出回应，这依赖于中央统计局所提供的粗糙的仅有常识性意义的数据是不够的。

但是政策领域与其他领域一样，政策分析师的时间，他所捕捉到的问题的本质和他如何解决问题等都受到各方面的限制。这些限制使得他不可能深入到官方数据的背后去探寻原因。同时，作为政府部门的分析师，也不会对同属于政府的统计部门的数据进行批评。因此，可能只有那些相对自由些的大学学者才会质疑官方公布的青年失业率和社会生活其他方面的数据。政策分析师对官方数据非常依赖恐怕会妨碍他们在某些领域制定出好的公共政策。

上述内容在很多别的国家适用，但是瑞典是个例外，因为瑞典公共记录保留的质量很高，内容涵盖很广，而且瑞典是个同质性很强的国家。当一个国家的民众同享一种文化时，它的参与者就不会去深究其文化特质。他们生活在其中，如果想知道人们的感受，只需要观察周遭别人的生活，再加上自己的经验就可以了。这个原则不管对学者、公务员，还是政策分析师都适用。一个国家的文化越多元，有时甚至变得陌生和难以理解时，民族志研究就越重要。要想理解我们这个复杂的世界，我们先要研究我们生活的社会。这对于有着不同种族和种族亚文化的美国来说，尤其重要。例如，少有几项对美国北方城市黑人生活的人种志研究显示他们的生活方式和价值观与那些社会福利项目预先假设不同（Liebow，1967；Stack，1974）。我现在怀疑瑞典也是如此，因为越来越多的居民来自其他的、特别是地中海沿岸的国家，而正是这些人更应该成为公共政策研究的对象。

本人的第二阐述基于1966年出版的颇有影响力的研究专著"科尔曼报告I"（"Coleman I"）（Coleman，1966）。科尔曼报告I的主要成果在于它揭示出了学校之间在统计上的一些差异，例如，每个学生的人均花费、生师比例、教师的受教育程度、校舍的建筑质量等——如果不将家庭背景因素考虑进去，这些数据对学生的学术成就几乎或者基本没什么影响。而且，不管是白人还是黑人的情况都一样。这份报告还表明在同一所黑人和白人混合的学校里，黑人的学业成就取得了一些进步，但在同一所学校，却没有什么证据反映白人学生的退步。但是这些研究发现揭示出来的学校特征与能够产生很大影响的家庭环境相比实在太微乎其微。然而就是这些发现却被作为强有力的证据，甚至成为必要条件来武断地将黑人和白人合校。

后来的分析和讨论让许多人认识到科尔曼报告对"学校效应"的衡量没有抓住微观层面上学校和学校教育产生的实质影响：孩子们是否在学校学习了和他们学了多少东西。这些层面包括教师如何引导课堂、校长如何管理学校、学校的秩序和规则、被称为学校特有的机构文化和价值，等等。学校的这些特征是很难通过大规模的普查来获取的，甚至在大规模的普查过程中发生了什么也不明了。民族志的方法把学校当做机构和社区来研究，帮助我们更好地了解一些细微但却强大的因素，因为这些因素使得某些学校和教师在面对同样的学生时教学效率变得更高。政策分析师以及许多教育研究者都比较关注学校的投入与产出，而民族志研究使我们得以看到以前研究者所无法看到的盲区，看看学校里面都发生了什么，民族志研究者观察到的不仅仅是教学技巧，他们把学校当成一个社区来看待。詹姆斯·科尔曼（James Coleman）很早就在他的书中写过学校里青少年社会化的特点（Coleman，1961）。我们需要回顾一下这些理念和见解，看看20年前他所看到的在高中学校里的社会压力今天在多大程度上仍然存在。

通过仔细观察，"学校效应"研究可以为我们打下坚实的研究基础（Wax & Dumont，1964），从而可以为学校制定更好的公共政策。但是我认为，此类工作应当由大学的研究者来完成，而不是由公共机构里的政策分析师来做。

问题的约束性

政策分析师面临的另外一个局限是在时间、空间及相关不可知因素制约情况下处理问题的环境。研究的约束性对政策应用产生的影响可以从决策者如何使用科尔曼报告中得出。科尔曼的报告涉及学校和家庭特征对学生成就产生的影响。黑人和白人同校是未来15年发展的方向，也是目前的一个热点问题，科尔曼报告成了一个中心参照物。对城市学校的种族融合，正如科尔曼和其他学者最终不得不承认的是通过校车强迫黑人学生和白人学生融合的方法实际上促使了白人家庭纷纷逃离城市，这种做法使得学校融合的努力化为乌有，而且严重影响了许多美国城市的特点和竞争力。这种做法所产生的影响让人始料未及，如果人们事先知道事情会是这种结果，那么这场由校车所引发的争论也可以用不同的方式去处理，结果也就会不一样。问题的约束性，就像科尔曼所观察和研究的那样，既受限于他的研究小组的立法权限，也受限于那个时候他对一些大城市以政治边界划分的居住格局和强制融合所产生的流动性等方面问题的无知。我的观点是当时没有人看到美国公立教育的质量和特点不仅会受学校本身特色的影响，也会受它所在城市特点的影响，而反过来，城市本身也会受到公立学校种族比率变化的影响。对一些有目的的社会活动所产生的没有意想到和没有预见到的结果，我们不断会有渺小和被打败的感觉。我从大学中进行的政策导向的研究中得到佐证，但使我疑惑不解的是，受限于官方工作环境的政策分析师们竟如此片面地将他们所研究的问题狭义化，甚至于比其他社会科学家更让人惊讶和感到不快的是他们以如此微不足道的创造性对生活和机构进行政治干预来回应社会问题。另一个说明约束性问题的影响来自我们对过去历史的一种假设。几年前，我反思一个历史事件的重大意义，那就是美国当时没有建立起一所由联邦经费支持的国家大学，乔治·华盛顿任总统期间多次提议建立一所这样的大学，继任的五位总统也支持这个提案（Trow，1979）。当探索这个事件（或者不是个事件）时，我多次问自己，如果我或我的同事生活在华盛顿时代，而他又来询问我们关于建立一所国家大学的提案时，我们关心高等教育的人该如何回答，又该给总统一个什么样的建议。想象一下1800年以前的那些政策分析师，我确信我们在那个年代一定会强烈地劝说华盛顿总统或者其他接受我们意见的人执行这一提案，建立一所国家大学。毫无疑问，这所大学将成为这个年轻的国家教育领域最强大的教育机构，它亦会对这个国家的其他大学、学院、公立和私立学校及中等教育学校产生强大的和积极的影响。我们的建议会满足所有政策分析的要求。但现在看来，如果我们那样做了，我们将大错特错。我相信如果当时建立一所国家大学，不管它对华盛顿总统和那些政策分析师多么具有吸引力，它确实会对美国高等教育的发展产生不利影响。

但是带有这一假设的政策分析师对总统进行的建议只有在200年之后人们才会发现是错误的，尤其站在整个高等教育系统发展的高度，或者是从福利社会的整体来考虑。就像我们分析的那样，问题本身有一定的约束性，如果那样做了，那结果是把自己本身局限在某一个联邦大学的竞争力和特色上，还有这个大学短期内对其他高等教育机构的影响方面。更为重要的是，这样的提议在那个时代肯定会超出任何政策分析师的质疑。我们的目标和华盛顿总统一样，就是考虑那个时代创造这样一所出众的，有着杰出教师群体、先进课程设置和最高学术标准的大学的可能性。一所美国大学，如果像华盛顿总统所期望的和政策分析师督促的那样建立起来，也会成为上述所描述的高水平大学。但这样一所顶级大学不管它如何杰出都会阻碍和限制此后150 年全美国的各种类型大学的快速发展，甚至在不可遏制的数量增长过程中不可避免地阻碍大学发展的多样性。美国高等教育系统的发展是适应美国社会的结果。

现在，没有政策分析师能够跨越两个世纪对同一个问题提出合理的建议同时得出对社会其他机构产生的后果。他所能做的只是对事件本身进行思考和揣测。假如国家大学像华盛顿总统所希望的那样建立起来，我真不知道他还会下达怎样的三级和四级命令。但是，如果那件事情真的发生，我们的未来会是多么的不同，由此从我们对美国国家大学的案例的反思中可以得出一个具有普遍意义的经验，那就是我们给决策者提供的建议，总是局限于项目的质量，局限于目标人群的短期效应上。我认为这贯穿在政策分析师的训练及他们的工作环境中。对大学研究者来说，受限的程度要小一些，因为他们能够在相对长的一段时间里去考虑各种各样的因素。当与大学的社会科学家相比，我们可以清楚地看到政策分析师所受到的主要局限是什么了。简单地说，就是分析师没有同样自由选择和宽泛设定问题的权力。大学的研究者有自由这个优势，或者说他们拥有潜在的自由优势可以提出问题，挑战任何假设，可以随意地探讨事物之间的因果关系，然后将它们与自己的经验联系起来。

这并不是说政策分析师，甚至是政府中的政策分析师在对问题的选择和问题的形成方式上没有任何选择权。分析师在他的研究中有并且可以运用相当大的主动权，但这种选择权的广度和性质将随社会和机构的不同而不同。即使同一个国家，不同的政府、不同的部门或同一个部门下的不同分支，都会有不同的选择权。一个值得我们关注的问题是对于一个分析师来说在不同的工作条件下，他可以使用的选择权的范围，他们是否和怎样利用这些选择权，同时使用这些选择权对他们的工作和公共政策所产生的影响又是什么。

职业角色和官方角色之间的张力

政府中的政策分析师面临的第三个问题是他的职业角色和作为政府部门雇员之间的关系。作为政府雇员，他要间接地为政府的项目和政府的目标服务（Trow，1980）。当政策分析师既是雇员又是专业人员，又是行政人员，有时又是政治委派人时，这种多重角色引发了一系列的道德问题。上述每一个社会组织中都有各自不同且合理、清楚的规范和期望。但政策分析师不是专属于任何一个组织的。他不是任何一个组织的专业人员、公务员或政客，但是他又表现出上述所有人的特征。这也是为什么当他遇到问题时无法确立他的指导准则，找不到他们效忠的对象等巨大不确定性的来源，此类问题会经常出现在他的日常工作中。

与这个问题相关的是，到底谁是政策分析师真正的"顾客"，他又倾向于谁的利益？谁是他的直接上级，还是部门主管？是政府的部长们，还是机构外的顾客或选民，或者是"公众的利益"？对于他的职业他又能尽到几分责任，遵守职业操守中要求寻找真理和说真话的准则？这些职业标准与其他许多要求——政策分析师客户的多样化直接导致了他在职业生涯上所面临的困境，引发了道德的多重复杂性，而大学研究者不会遇到这些问题，即使遇到他们也可以选择不去理会。

政策知识分子和政策分析师

托斯顿·胡森在他的论文中指出了研究和政策之间关联的几种模型。和我一样，他最终得益于有启发作用或渗透作用的模型。他引用了卡罗尔·韦斯（Carol Weiss）来论证研究的"渗透"是如何贯穿政策制定的整个过程中的，研究并不是通过某些具体的发现或者建议才得以进入政治领域，而是"通过逐渐影响人们看待问题的方式来达到泛化和有倾向性的渗透"（Weiss，1979）。

我认为，就研究对政策的影响而言，人们存在广泛共识，政策研究的许多（但并不是全部）领域都是以这种微妙且难以测量的方式进行的。这些是不是表示政策分析师在政策制定者的后面亦步亦趋，按照制定者的要求准备论文和报告，即使决策者还没有搞清楚议题和问题的特征或选择？这就是政策分析师和研究的"渗透"的隐喻相吻合之处。换言之，当对研究的概念进行公开辩论和讨论时，感兴趣的人们会一直讨论下去。当讨论内容变得透明了，某个政治人物决定把它放在执行的日程上时，争辩就演化成了政策。政府中的分析师不可能常作基础研究，也不可能不作长期研究，在很大程度上他其实是一个研究的消费者和使用者，有的时候是研究的看客。在对问题进行讨论和讨论产生的文献过程中，他是积极的参与者。在美国，在公共政策学院受过教育的分析师尤其需要参加讨论训练，因为他以前的老师，和他的老师在其他的政策学院或者相关的专业和学系的同行，都在如《公共利益、政策分析、公共选择与政策研究》和《政策分析和管理》等类似的期刊上发表自己的研究或对别人的研究发表评论。这些大学的作者和研究者中有些人就在政策学院从教，詹姆斯·威尔逊称他们为"政策知识分子"（policy intellectuals）。他对这些研究者对政策影响的看法与韦斯和胡森关于渗透模型的观点相近。回顾政策知识分子在过去 10 年中的角色，威尔逊这样写道：

> 如果知识分子的影响在政策细节中没有被发现，那无疑是真实的，因为影响不是直接的。知识分子使用概念化的语言，利用有影响的范式和实证案例……这些对制定政策的人来说都是可以接受的设想。知识分子提出框架，并且很大程度上验证关于这种语言和范式正确与否。最有影响力的知识分子是那些能够将那些概念和理论与实际需求、政治活动家和政府官员的意识形态联系起来的人。（Wilson，1981，pp. 31 - 46）

威尔逊比我们有过之而无不及地弱化研究本身的作用，转而反对强势知识分子的说服力。

> 在历史上任何一个阶段，一个颇有影响力的观点——也可以说是一个有影响力的知识分子——应该是能够对政策问题提言简意赅的意见，并与政治精英们的特殊核心价值观保持一致……澄清并得出有说服力的理念得益于争辩的力量，以及谨慎的使用类比……如果这个过程涉及某种证据和论证，应该表现在他们的学术生涯中而不是他们的公众生活中。用论据和事实增强问题的说服力是大学知识分子应该具备的技能和应该履行的义务。（Wilson，1981，p. 36）

但威尔逊会同意有一些人——比如科尔曼和胡森等人，他们既是研究者又是政策分析师。他们对当今政策问题讨论的贡献表现在他们的研究工作与政策分析中的质量和雄辩性的奇妙组合上。人们可能会说，他们的研究工作和成果能够进入到政策讨论的范畴，主要是因为他们自己是政策知识分子，他们的著作有着不同寻常的分量和权威。确实是这样，在上述两种情况下，他们的研究成果在出版后被别人发现并采用，在采用过程中别人的解释与他们自己的解释和喜好却非常不同。

政策知识分子在政策辩论中独立于他的研究。这一点非常重要而且值得仔细研究。我想这样一个有准备的政策辩论的影响在不同政策领域是不相同的。很有趣的一点是，那些大学里的政策知识分子和受过这些教师训练的政策分析师所产生的复合影响，或者是这些知识分子和那些受过训练并读那些政策知识分子的书的分析师之间的复合影响。分析师试图去理解政策知识分子的意图，为政府政策制定者提供报告的准备工作中使用他们的论点而产生复合效应。这些人的论文、报告和备忘录为政策分析师提供了独特的切入点使他们的观点进入决策委员会会议和政府的对话中，这是政策知识分子自己无法做到的。

政策分析大众化与利益集团

　　美国的政府，不管是华盛顿还是州政府一直处在变化中，变得越来越开放，对于组织良好的特殊利益集团的需求也很重视，它们已经不再被传统的精英所垄断了。就教育领域而言，杰罗姆·墨菲（Jerome Murphy）曾说过：

　　　　州政策系统不再受州立教育体制所限，对一些利益集团敞开了大门同时也对公众开放。大量的政策改革也反映了政府对这些集团的重视。
　　　　而在政府内，最重要的变化是立法官员和州长越来越重视教育事项。由于担心资金、学校质量和一些社会问题（种族融合等），州政府通常会用新职员和专家挑战教育系统的学术权威，最终消除教育在政治之上的特权。
　　　　而在政府之外，还有一批不同的参与者……例如一些新的游说人员尽力促进平等，他们或许代表城市地区，或许代表穷人、黑人、西班牙裔，或许代表一些弱势群体、残疾人、女童等。过去 10 年当中，一批由学者、基金会负责人、律师、政府官员、社区组织者和市民小组所提倡的州立学校财政法律改革就是为了这个目的而实行的。还有一些群体，则致力于改革效率和效果，推行综合计划、改善预算方案、建立问责制、制定毕业标准和为学生与教师选拔进行考试等。而最近，某些群体开始提倡消费税率限制的改革，有些游说者则提倡"公共利益"。（Murphy，1981，p. 128）

　　所有这些利益相关者和活动（部分由于大众化高等教育）引发了不同的反响，各种要求、诉讼和反诉讼动辄搞到法院。立法者、当选官员和他们的下属都能感到上述种种压力。针对这些压力和要求，政府的分析师们通过他们的职业反应模式提供了一些制衡措施，以确保稳定性、可预见性和合理性。这并不是说，那些政治活动家和他们的施压群体是不成功的，但一个政府机构如何回应有组织的政治压力会受到行政与立法官员和为其效力的匿名分析师们的影响。并且正是通过这些分析大众化，一些大的或不同的想法才会在讨论中发挥作用，这些想法通常是狭隘的、地方性的，通常是从历史和比较的角度来看问题，在连续的讨论中，政策知识分子们会把问题发表在专业杂志上。

就政治的结构和政策领域引发争论的特点这两个方面而言，瑞典和美国非常不同。在特殊情况下认真和谨慎地研究实际政策的形成和实施能解释其社会交往模式，这种模式经常是在政策领域中决定决策结果的关键所在（Premfors，1982，p. 2）。在日益复杂的社会交往网络中，政府机构中政策分析师和大学中政策知识分子的关系在美国将会变得越来越重要，在瑞典和其他西方国家也同样如此。

结论：研究与政治修辞

很自然，我们这些处在研究群体中的成员非常关心我们所作研究的确凿性和我们研究的机构与过程的说服力。我们中的一些人，对我们的研究是否会在制定政策和形成决策方面起到作用充满兴趣，若是真的有影响，它们又是如何进入决策过程并且影响决策结果的。

如果研究本身不具有全部颠覆性的话，那么我们的研究或许就是有用的，因为它反映了政策研究具有一定的价值，这种价值独立于真理、质量以及它对政策的影响。这是因为在民主社会，社会研究也是政治讨论的一种方式，是自由民主政治的表达方式。政治分歧越来越多地用研究和分析的语言形式来处理，类似于"成本效益"（cost-benefit）、"贸易交换"（trade-off）之类的经济词汇开始进入日常的政治和政府工作语言，而且社会研究和民主政治的关系越来越密切。这是因为，首先，就民主政治而言，社会研究是一个过程，它不是抗议和示威，而是说服。其次，这种说服依赖于道理和证据，并不是使用强权、传统、个人魅力或是法律权力。研究发现的吸引力不是其他人用武力或威胁来强迫产生的，亦不受政治操纵。政治操纵是依赖于对有差异知识的掠夺和操纵者与被操纵者之间的觉醒。研究的吸引力在于理性的探求，从头到尾都以理性的方式，并且和固有的社会价值一致。马克斯·韦伯曾经说过，社会学对政治的贡献不在于证明了最终目的，而在于它帮助澄清了方法和目的之间的联系，甚至还促进了这种联系的"透明化"。所以作出选择时，人们会更加意识到方法和想要达到的结果的一致性。社会科学试图去做这些时，它就变成了政治说服机制的一部分，根植于政治之中，至少这种说服机制立足于对理性和知识的探求。没有必要担心这将降低我们对研究的质量和真实性的职业操守，社会研究对自由社会的贡献并不是在于研究发现，而是在于通过肯定理性和知识的相关性来促进政治的民主。

参考文献：

Coleman, James S. , Katz, E. , and Menzel, H. , "The Diffusion of an Innovation Among Physicians," *Sociometry*, 1957, 20, pp. 253 – 270.

Coleman, James, *et al.*, *Equality of Educational Opportunity*, Washington D. C. : U. S. Government Printing Office, 1966.

Coleman, James, *The Adolescent Society*: *The Social Life of the Teenager and Its Impact on Education*, New York: The Free Press of Glencoe, 1961.

Husén, Torsten, "Two Partners With Communication Problems: Researchers and PolicyMakers in Education," paper presented at the Symposium "Researchers and PolicyMakers in Education: How Do They Relate?" held at Wijk, Lidingo-Stockholm. June 1982.

Katz, E. , "The Two-Step Flow of Communication: An Up-to-Date Report on An Hypothesis," *Public Opinion Quarterly*, 1957, 21, pp. 61 – 78.

Kogan, Maurice, Korman, Nancy, and Henkel, Mary. *Government's Commissioning of Research*: *A Case Study*, Department of Government, Brunel University, 1980.

Lerner, Daniel and Lasswell, Harold, Editors. *The Policy Sciences*, Stanford, California: Stanford University Press, 1951.

Liebow, E. , *Tally's Corner*, Boston: Little, Brown, 1967.

Meltsner, Arnold, J. , *Policy Analysts in the Bureaucracy*, Berkeley: University of Galifornia Press, 1976.

Murphy, Jerome T. , "The Paradox of State Government Reform," *The Public Interest*, 64, Summer 1981, pp. 124 – 139.

Premfors, Runé, "Analysis in Politics: The Regionalization of Swedish Higher Education," paper presented at a conference on "The Functions and Problems of the Urban University: A Comparative Prespective," City University of New York, New York, March 1982.

Premfors, Runé, "Research and Policy-Making in Swedish Higher Education," paper presented to the Symposium "Researchers and Policy-Making in Education: How Do They Relate?" held at Wijk, Lidingo-Stockholm, June 1982.

Roberts, Kenneth, Noble, Maria, and Duggan, Jill, "Out-of-School and Out-of-Work. . . Is It An Unemployment Problem?" *Leisure Studies*, Volume I , No. 1. January 1982.

Stack, C. B. , *All Our Kin.* New York: Harper and Row, 1974.

Teichler, Ulrich, "Some Remarks Regarding a Project Proposal 'Research on Higher Education and Its Impact,'" April 1982, mimeo.

Trow, Martin, "Aspects of Diversity in American Higher Education. " in Herbert Gans. Editor, *On the Making of Americans: Essays in Honor of David Riesman*, Philadelphia: University of Pennsylvania Press, 1979.

Trow, Martin, "Moral Dilemmas of Policy Analysis and the Ploicy Analyst," Graduate School of Public Policy Working Paper #104, University of California, Berkeley, April 1980.

Trow, Martin, "Reflections on Youth Problems and Policies in the United States," in Margaret Gordon, Editor, *Youth Education and Unemployment Problems*, Washington D. C. : Carnegie Foundation for the Advancement of Teaching, 1979, pp. 127 – 164.

Wax, M. L. , Wax, R. H. , and Dumont, R. V. , Jr. , *Formal Education in an American Indian Community.* An SSSP Monograph. Supplement to *Social Problems* , 1964, 11, No. 4.

Weiss, Carol H. , "The Many Meanings of Research Utilization," *Public Administration Review*, September 1979, pp. 426 – 431.

Wilson, James Q. , "Policy Intellectuals and 'Public Policy,'" *The Public Interest*, Summer 1981, pp. 31 – 46.

九 高等教育中的信任、市场和问责：
一个比较的视野①

Trust, Market and Accountability in Higher Education:
a Comparative Perspective

导　言

　　近来，围绕着美国学院和大学认证系统出现一些新问题——美国的学院和大学认证是一个独特的系统。它是由公、私立学院和大学一起自发组织起来的区域性学会。该组织机构会定期地组织相关学者组成评估委员会对其成员学院和大学进行评估，检查其成员学院和大学的办学情况。首先，该委员会会报告被评估的学院和大学是否符合办学条件；其次，如果不符合办学条件要提出进行自身改进的意见。1994 年，在美国，一个直接的立法问题就是要让联邦政府或者州政府在评估过程中起到更重要的作用，从而引发了关于问责问题的激烈辩论。但这场辩论却是如此空洞，并被错误地利用了。针对这个问题，纽约的梅隆基金会（Mellon Foundation）和普林斯顿大学组织了一个三人委员会，我是成员之一。其目的是让我们提交一份报告，这一报告应该将问责问题放入一个更广阔的，更有启发性的视野中。② 在之后的 6 个月中，

　　① Paper prepared for a seminar organized by the Society for Research into Higher Education, Oxford, June 12, 1996. Published as "Trust, markets and accountability in higher education: a comparative perspective," Higher Education Policy, Vol. 9, No. 4, 1996, pp. 309 – 324. My thanks to Oliver Fulton for his critical reading of a draft of this paper.

　　② Patricia Graham, Richard Lyman and Martin Trow, Accountability of Colleges and Universities: An Essay, The Accountability Study, Columbia University, October 1995. For a fuller discussion of the American scene, see Martin Trow, "On the Accountability of Higher Education in the United States," in William G. Bowen and Harold K. Shapiro, eds, Universities and their Leadership, Princeton, Princeton University Press, 1996, pp. 15 – 63.

我们三人走访了大学校长、学院院长、政府官员、位于华盛顿的高等教育学会、区域认证机构的领导以及其他相关人员。最终，我们撰写了一份报告。这份报告包含了对美国认证体制改革的具体建议，并在整个美国获得了广泛的认可。然而，不幸的是，关于认证改革的讨论被随之而来的国会选举淹没了，因而深层次的问题依然存在。

本文以比较的视野探究同样的问题。许多比较观察是在我的研究和直接经验中产生的，这些研究和经验既发生在华盛顿，也发生在美国与欧洲的学院和大学治理中。我之所以作这样的对比，其中的原因之一在于欧洲现在已经有许多关于问责的文献，这些文献大多数都采取了质量评估的讨论模式，还有另外两个原因促使我从美国的经验开始。第一，由于欧洲高等教育机构有更大的自主性（尤其是英国之外的大学），就像美国学院和大学一样，深深地陷入了市场力量之中——我们开始看到大学科学研究的商品化问题。但是，在更广泛的意义上来说，欧洲与美国高等教育形成鲜明对比的情形能够让我们更清楚地看到问责的潜在本质。问责是学院和大学与周围支持它们的社会相互联系的三种基本途径之一，另外两种途径则是市场和信任。每所大学都与其周围的社会以及支持它的社区相联系，通过这些不同的联系——当然，这些联系随着大学种类的不同而不同——每所大学都与它所处的社会和支持它的社区形成某种社会约定。通过这些约定来阐释与规定三种连接途径的相对分量和联系的形式。但是，a. 这些约定也随着大学的不同而不同，并且，b. 它们现在都处在变化之中。让我们先按顺序分别看一下它们当中的每一种情况，之后分析它们之间的关系。最后，我将就教学与外部问责之间的关系给予一些说明。

首先，问责是向他人报告、解释、证明、回答关于资源是如何使用的，产生了何种效果的一种任务和责任。问责在不同的社会中采取了不同的形式，与不同的行动以及不同的支持方式相关。问责的根本问题是：谁应当问责？为什么要问责？向谁问责？通过什么方式问责？以及问责所带来的各种后果。

其次，显而易见，当学院和大学获得经费支持时，它们会即时提供商品和服务作为回报，这时高等教育通过市场与社会建立联系。有时，买家面对多种多样的卖家，同时，卖家也面对着多种多样的买家。最明显的例子就是美国的私立学校，它们完全依赖于学生的学费；反过来，这些学校向学生提供了技术和职业技能，帮助学生开始一份工作或一种职业。

绝大多数美国教育机构都与市场有着各种关联，虽然这种市场要素经常被其他种类的关联遮盖而变得模糊了。在欧洲，市场仍然是一个相对次要的因素。从整体上看，欧洲国家没有为高等教育提供市场。欧洲政府不喜欢高等教育市场的观念以及由此产生的对高等教育质量和地位的潜在影响。英国政府从口头上将高等教育与市场联系起来，但是自从政府控制了大学所提供服务的价格、数量以及服务种类之后，大学的运行并不是以市场为机制的，而更像是命令经济。①

第三个高等教育与社会间的基本联系是信任——就是通过公共机构或私人团体向高等教育提供支持的信任，而这些团体并不要求获得支持的教育机构提供特殊的商品和服务以换取这种支持，也不要求对基金如何使用作出详细且明确的解释。英国财政部（和当时的教育与科学部）在大学基金委员会撤销前（在撒切尔实行改革前）通过该机构向大学提供一揽子拨款。这就是建立在信任基础上的支持案例。信任是大学一直为之努力的事，就像过去的一个世纪大学一直在做的一样。信任是美国大学（公立或私立）能够获得私营机构或个人大量捐赠的核心组成要素，美国的捐赠机构或个人对学院和大学没有提出问责问题。信任确实是学院和大学自治非常重要的基础，因为它们可以筹集到大量的私人资金，同时还得到政府的支持。政府将这些资源的使用权交给学院和大学，且通过此方法授予这些机构极大的自主权。

从问责的基本功能上看，首先，问责的目的是为专制权力设限，限制权力腐败（包括欺诈行为、操纵行为、渎职行为以及其他）。在服务于这些功能时，问责增强了机构的合法性，这些机构（包括学院和大学）通过向适当的组织和权力机构报告它们的活动来履行其职责。另外，问责也强迫机构批判性地审视自身的运行，迫使机构允许外部批判性的评估，维持和提升自身工作质量。除了这些限制权力和提升质量功能以外，问责还可以被用做（而且确实已经被作为）一种规范大学办学行为的工具：工具的使用是通过问责所要求的报告和通过报告机构必须明确地或隐讳地满足问责标准而实现

---

① The UK has introduced the rhetoric and vocabulary of the market into higher education? Much talk about customers, efficiency gains, marketing and the like? But without allowing the emergence of real markets, Not long ago some universities were responding to a quasi-market situation by buying some active researchers along with their bibliographies (or perhaps the other way around) to improve their standing in the next round of research assessments. This was perfectly rational market-oriented behavior; but on hearing about it the then Director of the Higher Education Funding Council (E) was quite irritated, made clear that is not what he had in mind, and suggested that he would be looking for some way to stop that kind of behavior. It is difficult to explain to Americans that the UK has the ideology of market relations in higher education without markets.

的。原则上，问责是对过去的行为进行各种总结和报告。在总结和报告过去的同时，也对未来产生影响，并对影响范围有所预期。通过问责预期对未来的行动形成影响。因此，它是外在力量影响大学办学行为的结果。这种影响在指导意义方面的广泛性上可能会有非常大的不同。问责为大学在政策执行过程中提供了一定水平的自主权，这一自主权使学院和大学处于外部规范机构的直接要求之下，这些外部机构要求通过问责来保证学院和大学在某个特殊政策和方向上保持一致性，并且以系列报告的形式来保证这种一致性。①

但是，这提醒我们问责是一把双刃剑。它在世俗社会中得到了一个普遍良好的印象，但是我们必须记住问责是以机构责任为代价的。在高等教育中是以学院和大学的责任为代价的。一方面，问责是信任的一种选择，对它的加强经常包含了相伴而生的对信任的削弱。与问责相随的是人类行为的犬儒主义。但是信任在学院和大学与支持它们的社会团体的关系中非常重要，不只是对于学院和大学，尽管信任有时会受到侵蚀。②

与此相关的并且使教育者格外感兴趣的是：由外部人士问责削弱了院校的自主性。向他人报告的责任经常会误导学院和大学的绩效使其顺从外部期待。这里有一个（或者至少可以说曾经有过一个）对高等教育机构的自主权评估的特殊例子。

由外部人问责，依赖于责任的本质，它可能会与学院和大学中的一些敏感问题或保密性问题发生矛盾。例如人事决策，以及在财政紧缩时讨论对各院系和单位的安排，这是最明显的例子。这样问责是有效治理的敌人，它要求学院和大学说实话。因为由外人问责在很大程度上都包含着处理社会关系的特征。外部问责同时也占用了专家学者们管理他们自己的时间，定义他们

---

① The nature and detail of required reports can and often do have effects on institutions quite apart from the policies which they are designed to implement. The heavy burden of the many and lengthy reports which marks the current system of central government funding of British universities has effects on them over and above the problems for British universities generated by central government policies and cost cutting.

② The two most successful federal programs in higher education in American history? the Morrill Land Grant Act of 1863 and the GI Bill after WW2? were both marked by relatively light oversight and little accountability for the large sums expended. Both were attended by a measure of corruption in the administration of the programs. But most people would see the gains to American society from both these programs as far outweighing the costs, both the legitimate costs and those of corruption. I believe that this was true in both cases less as a result of considered policy than of the small size of the federal bureaucracy at both times available for oversight. Nevertheless, the examples do raise questions about the bearing of accountability, of its nature and detail, on the effectiveness of public policy, perhaps especially in higher education.

自己工作的自由。并且，当这种问责通常是将普遍的判断标准用在多种不同的大学中时，也有害于学院和大学之间的多样性。

但是，无论它给我们带来什么样的困惑，问责内涵中所体现的责任是民主社会的核心，而且还朝着马克斯·韦伯所说的"生活的基本民主化进程"的方向发展。在生活的基本民主中传统权威变弱了，对传统精英的信任变弱了。为了满足各种各样宣称有权力判断学院和大学行为的团体，大学需要更多正式的并具有开放性的报告和论证。就像我刚才提到过的，问责在权力执行上有一个主要约束，这种约束存在于被问责人或机构对问责者不喜欢听到的话和行为所采取的行动。

在欧洲，人们很少讨论高等教育与市场机制和社会信任的关系问题。因为过去市场并不是影响欧洲高等教育的主要因素，在欧洲，市场作为影响大学科学研究的商业要素才刚刚开始。人们也没有过多地讨论信任问题，因为人们还没有认识到它在大学生活中的作用，或者是因为无论是政府还是大学都没有把信任看成是有能力对政策和行为产生直接影响的因素。在美国，信任却始终是院校自主权的一个核心因素，人们投入大量的时间、想法和努力与向学院和大学提供支持的社会群体创造和维持这种信任。在美国社会中，没有任何一件事情可以像美国社会对高等教育失去信任及信心这个事实更让教育者们感到特别恐慌的。目前经常有人指责美国的大学已经失去了社会的信任，他们主张迫切需要用更严格的问责和评估标准取代没有具体标准的、松散的、逐渐缺失了的信任，并主张州政府对高等教育问责和增强州政府对大学的管理。

在英国，我感觉到信任在过去15年中从大学中的退出更多的是一种政府政策，而不是社会态度转变的结果。如我所说，在受到政府质疑时英国大学没有在信任的基础上发展出一种政治机制，能够将社会中的信任转变为一种直接的政策支持。这也许是英国实施了70多年的精英大学政治所付出的代价。其中包括在雅典神庙中关于伟大与宏伟之间的高谈阔论，一方是神职人员，另一方是那些政府官员与部长大臣们。这些分属于两个不同阵营的人们一起接受同样的教育，一起上同样的大学。尽管这种安排有使人满意的地方，大学仍旧不是十分清楚当它面对一个非绅士首相的时候，它应该怎样做。或者换句话说，大学不知道应该怎样激发社会力量并把这种力量变成政治支持，使之在面临真正的政治考验时能够通过民主社会中真正的政治工具保护自己。（我的英国朋友会提醒我，当大学仅仅招收5%的同龄人，并且看不到将服务社会当做自己任务中的一个重要组成部分时，大学在社会中便没有那么多的支持。）然而，公民社会中的各种组织之间都存在某种关于信任与支持的潜在联系，并且可以通过这种联系产生政治影响力。长期的旧精英政治的结果使得英国大学看起来似乎没有必要将这种潜在力量变成一种政治现实。

我们倾向于将美国私人和基金会对高等教育的科学研究的支持联系起来谈信任问题，也在州政府与高等教育的关系中思考它。大学中的信任植根于平时人们对这个词语的感情和态度中。信任也可以在法律和资助安排中被制度化，并且因此从更广义的社会的态度中获得一定的独立性。① 我已经提到英国的大学拨款委员会（University Grants Commission，UGC），它就是表达信任关系的特征和工具之一，尽管英国的例子提醒我们信任也可以去制度化，使来自政府方面的信任表现得应该更为广泛，并以多种方式展示出来。许多政府已经采取了各种各样自我否定的法令，主动通过向学院和大学捐款、通过直接拨款模式将拨款与招生直接联系起来、通过一揽子拨款和多年长期资助、通过其他激进的方式分配公共研究经费（就像美国的情况）等给予大学更多的管理权。在美国为大学提供研究支持的资助机构与大学之间缺乏协调使得它们与中央政府的政策相隔离。但是，我们看到政府方面的信任水平在上升，举例来说，瑞士政府在给予瑞士大学更多自主权的同时，政府还捐赠建立了两所私立大学。同样，在法国我们看到了权力的去中心化趋势，老套的高度集权化的拿破仑大学系统不能再继续了。确实，上面的案例说明在许多国家，政府减少对大学监管的随意性，甚至延迟对大学的监管行动，给予大学一定水平上的信任的情况随处可见。英国例子的重要性引起了我们的注意，政府对大学的信任在许多情况下是一种无奈或鞭长莫及。欧洲大陆国家正在放松传统的政府管理大学模式。再一次，英国被排除在此做法之外，因为英国政府已经开始加强了对大学的控制权，而英国大学以前曾经比欧洲大陆的"伙伴们"更为自由。

具有讽刺意义的是，问责实施得越严格、越具体，能够揭示大学问责的潜在现实就越少。在这里，奥利弗·富尔顿（Oliver Fulton）和我本人以前的研究形成了我目前的观点——英国大学，无论是新的大学还是老的大学一直受控于高等教育拨款委员会（HEFC）。该委员会不断改变和加强对大学的要求。大学也已经习惯了向大学教育拨款委员会提交报告。从研究的角度讲，我们当然清楚地知道院校是如何处理它们向拨款委员会提交的报告的：它们所关心的是从矬子里拔大个（矬子的士气会受到怎样的影响？）；极为

---

① Though these sentiments remain the underpinning for both law and institutionalized forms of funding.

感兴趣的是在截止日期之前正式被出版社接受——这种兴趣在一些情况下会使教师们为了出版日期将一篇学术论文从某杂志收回转而投到另外一份杂志上，仅仅是为了争取论文出版日期。对明星教授的招募意味着会伴随着许许多多的出版物和荣誉。从教学方面来讲，我们看到许多为即将到来的现场检查而准备的紧张演练，整天的时间都花在接受检查过场之中，每时每刻和每一次对话都是为了最完美的效果而设计和演练；更有甚者，有的大学还为此雇用咨询师以达到在检察委员会面前表现出最好的效果——他们经常自己扮演检察委员会成员，以便这些老的著名的大学可以了解那些从新大学中来的检察委员会成员会怎样评论他们的教学方法。并且，在这些场景的背后，大学注册官、财政官和计划官费尽心机把半日制学生的数量换算成全日制学生的数量使之满足大学拨款委员会的要求。确实，从某种意义上讲，他们看起来是全日制学生；比如，对于数学系的学生来说，至少在他们拿到学位时，他们也非常像是物理学家。我在这里并非想要揭露接受问责者对问责成功而设计的诡计。一个国家最好的大学管理者们只是为了大学的经费和排名把大量的时间和精力用在编造和操作那些向大学拨款委员会提交的报告或信息中，设计许许多多小诡计其目的都是为了钱。但是别忘了，他们是有经验的大学管理者，却没有将宝贵的时间和智慧用在解决大学中具有挑战性的管理和财政问题上。这些大学在当初雇用他们时是为了他们能有创造性的解决大学的经费问题，而非以上文提到的不利于大学发展的形式来管理大学。

无论以何谓之，这些做法都只是名义上的问责。它更像是一个战败国的统治者向战胜国的统治者表示服从而呈上的求和书，或者是在计划经济中一个国有企业或农场为瞒骗政府所编写的生产报告。在所有这些例子中，说真话的习惯受到侵蚀，报告一直向上流动，报告的内容与现实之间的联系越来越少。当这些向上的信息强大到影响了从中心向下流动的荣誉和资源时，我们就会看到这些报告越来越不能发现或是说出真正的现实，而是越来越多地变成了公关文件，吝啬于真实，特别是在报告中很难看到大学的真正问题和短处。但是问责依赖于说真话，因此一个核心问题就是怎样创造一个问责的系统，这个系统不会去惩罚说真话，而是对说真话者给予奖励。

问责的不同形式

问责的形式随着环境的不同而不同。在美国，联邦政府并非这个系统的主要参与者，美国高等教育系统对来自"社会"的正式问责主要通过"认证"。我们的国家报告推荐了大量的关于这个系统的改革。

在英国，就像我们所知道的那样，刚好相反。正式的问责非常强大和直接，其中很大一部分是通过直接与经费挂钩的质量评估而得以实现的，另外，也通过外部的关于教学质量的评估。同时，与许多其他政府指令性报告和问责工具相结合。这就极大地影响了信任，并且排除了市场的积极作用。

在许多欧洲国家，高等教育由国家资助，国家掌握了支出的权力，问责主要通过财政和学术审计（呈增长趋势）实施，而不是采用与经费挂钩的对高校工作的直接评估方式。正如约翰·布伦南（John Brennan）观察到的，"质量评估很少以外部规章的单一形式存在。在实现问责制的过程中，它所扮演的角色更容易受到现存外部控制力量的影响。这些外在力量主要是通过经费和立法的形式形成政府规章和市场的运作。上面两种绩效实施的不同形式都非常重要（前者传统上在欧洲大陆比较普遍，后者在美国更为多见）。这也可能是质量评估角色弱化的原因。而如果二者都被弱化（就像英国那样），我们是不是可以推测问责在质量评估中的角色将会被强化？"①

但是一些支持的形式是以三种形式的混合关系表现出来的：举例来说，在许多美国学院和大学，学生学费的支付依赖于他们（以及他们的父母）对大学的信任度，属于市场交易性质。但是这种支持形式也带来了很多麻烦，院校需要通过公告向学生及其家长汇报院校用学费都做了些什么。校友（alumni）也对美国院校（无论是对公立院校还是私立院校）作出了很大的贡献：他们的支持在很大程度上源于对院校的信任，并在某种程度上也表达了另外一种问责，使院校卸下了发布各种各样公告的担子。我们在欧洲和美国的高等教育中可以看到的是复杂的与多样的问责形式、信任以及市场机制的混合。这种学院和大学与支持它们的共同体之间联合的方式随着不同种类的机构、不同的部门、不同的行为、不同的资金保管者而不同。为了了解大学和大学系统所面临的问题，就要先了解这三种关系形式，先要了解平衡三种关系形式的本质和为大学提供支持的共同体之间的平衡。举例来说，高等教育中正式问责可以被看做是市场力量弱化情况下对信任的替代——现在的英国就属于这种情况。而且，要了解改变这些力量之间平衡所产生的影响——改变大学与其共同利益团体之间的关系的方式。这甚至对我们理解院校和政府政策会有帮助。

---

① John Brennan, "Authority, Legitimacy and Change: the rise of quality assessment in higher education," Quality Support Center, The Open University, n. d. , 1996, p. 7.

问责的诸方面

在我们进一步讨论之前，我们需要指出在高等教育中问责的两个维度或者说是两个方面：第一是内部与外部问责的区别；第二是法律/财政问责与学术问责（道德的和学者的①）之间的区别。

在第一个区别方面，外部问责（external accountability）是学院和大学对它们的支持者以及最终对整个社会应该肩负的责任，学院和大学有义务证明它们正在忠诚地完成自己的使命，正在诚实、负责任地使用资源，并且正努力实现外界提出的合法要求。内部问责（internal accountability）是指学院和大学的各个部分之间是怎样完成任务的，完成得如何？是否正在努力了解哪里需要改进？以及为了达到这样的改进又做了些什么？外部问责就如同审计，为对学院和大学的信心与后续的支持提供依据；而内部问责则像是一种研究，由学院和大学对机构内部的运行进行询问和分析，通过调查和行动来达到改进的目标。我们公开发布报告②的主要目的就是使外部问责的形式和实践增强而非削弱内部问责的效力。

在第二个区别方面，在法律/财政问责和学术问责二者之间存在交叉关系。法律/财政问责是指学院和大学有责任报告资源的使用情况：是否正在按照法律的规定运作？是否将其资源使用到了提供这些资源的目的领域？资源使用的问责有其自身的惯例和规范，由内外部中立实体所进行的财务审计是管理这一问责的良好机制。学术问责是指学院和大学有责任向他人（院校内外部的人）报告使用这些资源在促进教学和公共服务上都做了些什么，取得了怎样的效果。关于学术问责的争论往往多于关于法律/财政问责，因为管理投入的规则要比评估教学研究产出的规则更清楚。我们可以看到，在形式上两种不同的问责是如何实现和加强的：一个是通过财务报告、审计和法律诉讼实现的；另一个是通过学者和学术管理者之间及其与外部人士就学院和大学对行为所进行的对话实现的。

在美国，通过认证向外界提供整个学院和大学学术质量的问责是当下诸多问责形式中最具争议的一个。在很大程度上，美国的外部学术问责主要以

---

① I include "moral" as an aspect of accountability to stress the obligations of higher education to groups and individuals who are part of a support community but who are not in the narrow sense "stake holders". One example might be foreign scholars; another might be secondary school teachers.

② Graham, et. al., 1995. *Accountability of Colleges and Universities*, op. cit.

认证的方式存在，这种方式与高等教育质量的改进无关；在一些情况下，它隔离了学院和大学对自身教育行为所实行的有效监控。在另一些情况下，它显然妨碍了学院和大学在改进自身方面所作的努力。因为外部问责鼓励学院和大学向问责机构报告它们的优点而非弱点或失败之处。甚至鼓励学院和大学掩盖自身的弱点和失败之处。只要认证还仍然被看做是学院和大学自我管理的途径，其他选择甚至是更好的方式就会被忽略。甚至，围绕着认证，发生了许多讨论。围绕这个问题，我们的国家报告①提出了一个核心建议：我们需要将认证从院校质量的外部评估转变为内部审计，在内部审计中，每个院校自我计划适合于进行自身院校内部质量控制程序的批评式的自我检查模式。这是一个为欧洲所熟悉的建议：它是欧洲一流学者围绕这一问题的著述中最核心的议题。②

对信任的强调是社会与高等教育相联系的关键因素，但这并不意味着我们要对学者们以及院校中存在的缺陷视而不见。它将我们的注意力聚焦在谁应对谁负责以及在何事上负责的问题。当然，在每个国家，都有病态学术现象的存在。确实存在一种张冠李戴的现象，一些学者和整个院系将劳里·泰勒（Laurie Taylor）从一个讽刺幽默大师转变为了一个冷静和拘谨的人类学家。这些病征（Pathology）中最为普遍的是——随处可见——研究型大学中的一些学者很少甚至从不作研究。在研究型大学中，教师们的教学任务很轻，以便让他们从事研究和学术发现；如果他们不作研究，他们就把自己的终身教职变为了一个挂职的了。这是学院和大学需要解决的问题，是通过外部审计监控院系和大学内部的自我审查的问题，而不是单凭中央政府的财政方案就可以解决的问题。如果我们尝试着从外部解决这个问题也许会造成更大的麻烦。英国是唯一一个我所知道的为了经费意图去评估整个院系的国家。学术研究是由个人和研究小组（不断增长的跨学科倾向）完成的，而不是院系完成的。英国的经费管理模式，在我看来，将一个管理单位的概念与研究

①　Graham, et. al. , 1995. *Accountability of Colleges and Universities*, op. cit.

②　See, for example, Guy Neave, The Core Functions of Government: Six European perspectives on a shifting educational landscape, National Advisory Council (the Netherlands), June 1995; M. Trow, "Reflections on Higher Education Reform in the 1990s: The Case of Sweden," in Thorsten Nybom, ed. , Studies in Higher Education and Research, The Council for Studies in Higher Education, Stockholm, 1993: 94; Guy Neave and Frans Van Vught, eds. , Prometheus Bound: The Changing Relationship Between Government and Higher Education in Western Europe, Oxford: Pergammon Press, 1991; Guy Neave, "The Politics of Quality: developments in higher education in Western Europe 1992 – 1994, European Journal of Education, Vol. 29, No. 2, 1994, pp. 115 – 134; and Frans Van Vught and Don Westerheuden, "Towards a general model of quality assessment in higher education, " Higher Education, 28, 1994, pp. 355 – 371.

单位的概念混淆了，并且给院系造成了一个新的病征——阻碍了跨学科研究。

我已经强调了这三种力量——问责、信任以及市场——通常在某种情况下相互关联，特别是问责和信任，它们经常处在一个特殊的紧张关系之中，有时相互支持，有时却相互争执和矛盾。举例来说，信任对成人和他们所属的机构来讲并不是盲目的，而是假定了不同种类的非正式问责，它们是正式问责程序所不认可的。其中之一就是学术行会（院系和学科）对其成员进行问责。当专业或学术规范受到侵害时我们会听说此类问责，例如反复出现的学术剽窃问题以及研究成果造假问题。实际情况是，学术丑闻证明了学术规范的权力受到了侵害，而适当的惩罚制度会强化学术的规范。

另外一种非正式问责就是个人问责，此时的问责由个体内心的道德实施。这种问责价值是被内化了的。一些人在他们的学术生涯中仍旧按照他们所坚持的标准进行思考，这些人做事情没有外在的限制和强迫性，他们将学术看做是满足荣誉、忠诚或者按大学的优秀公民来要求自己。所有这些形式都是一种内在指向，就像戴维·理斯曼（David Riesman）在许多年前所提出的那样，是与问责的正式要求无关并且与其对立的一种问责。因为正式问责的内在要求是对专业或者个人责任持怀疑态度，所有国家的精英大学的学者们应该对他们作为教师和学者的工作实施正式的外部问责，学者们实际上也是这样做的。

在英国，就像上面提到的，现在看见曾经被学者称为个人和职业责任的问责已经消失。在学院和大学中的个人与职业责任的问责曾经使美国和英国社会引以为荣。①传统上，英国大学的学者们被看成是"绅士"。在大学里，男女学者们根据教授职业规范，根据大学赋予他/她们荣誉的认识，根据他/她们的社会出身而约束其行为。② 这就是为什么在高等教育由精英向大众化的转变过程中，英国政府在过去的 10 年里费尽心机却把学者们对信任的要求置之度外，简单地将大学中的学术成员——学者、科学家、讲师和专家们——变成雇佣者，而且仅仅是从组织人事上入手，因而使高等教育大众化过程变成了一个羞辱人的闹剧。大学教授就像其他机构中的雇员一样，必须对投资者所提出的处罚规则和动议表示服从，像英国政府其他雇员一样必须

---

① On the Continent, academics have had something of the status of civil servants, and with obvious exceptions in dictatorships, were by virtue of their special work accorded a considerable measure of academic freedom in universities which were not as autonomous as in the U. S. and Britain.

② Of course these concerns for personal and group responsibility for behavior were and are not confined to "gentlemen." For a recent discussion of these issues in Victorian England, see Gertrude Himmelfarb. The Demoralization of Society, New York, Vintage Books, 1995, pp. 143 – 169.

向那些对荣誉、道德和信任知之甚少的官僚说明他们的行为。在这样一个世界中，学术生活中对个人责任的要求常常受到嘲笑和讥讽，人们试图利用大学生活中的个人责任取代旧大学中的学术特权，但是它却与国家高等教育的政策相悖（当然，大多数组织中都是如此）。① 学者们对他们个人的工作，或者对专业规范、责任感的要求，对于那些不熟悉这些词语和没有个人责任感的人来说是不可理解的。不幸的是，当学者不得不公开要求个人责任感或职业地位时，他们已经变得非常弱势了。信任只能是自由获取的，而不能是被强迫的。在特罗洛普（Trollope）的小说里，当一个绅士要求以绅士的标准对待他时，他就已经不再算是绅士了。

但是，作为高等教育三个基本力量之一的信任的衰退并不完全是以私人企业的管理模式重构高等教育，并加强中央政府监管权力的政策结果，尽管英国的案例给我们留下这样的印象。一个例子就是，"二战"之后，在欧洲大陆，信任的衰退内在于高等教育大众化的过程、教育成本的大幅度提高（特别是公共财政）以及高等教育机构的多元化发展之中（这些多元的高等教育形式没有一个声称自己是精英高等教育的学术权威）。② 在欧洲而不是

---

① For a fuller discussion of the motivations and consequences of central government policy toward higher education in the UK. see my "Managerialism and the Academic Profession: The Case of England," Higher Education Policy, Vol. 7, No. 2, 1994, pp. 11 – 18. These issues are currently the object of study by Oliver Fulton and myself.

② I am skeptical about widespread claims of a deep decline of trust in higher education in America, since that is a convenient, and indeed almost a necessary condition for introducing greater regulation by way of more formal accountability. There is considerable evidence in various measures of tangible confidence and support that trust in American colleges and universities has not declined in recent years as is widely assumed, though there is no doubt that it occupies a different position in the public mind than it did before, say, 1966. Over the decade 1981 – 1991, total enrollments continued to grow (by 14%) despite the fact that colleges and universities were raising their tuition rates much more rapidly (by 54% in constant dollars) than the Consumer Price Index; during that decade the differential in income between college and high school graduates grew very sharply, by 88%; private giving to colleges and universities increased by 66% in constant dollars; federal support for academic research increased by 53% in real terms between 1981 and 1991; the number of foreign students in American colleges and universities grew by 31%; and measures of "satisfaction" in surveys of students and recent graduates have not declined in recent years. (Source: Ross Gotler, "Indicators of Confidence," memorandum prepared for the Accountability Project, Columbia University, March 2, 1995.) On the other hand, between 1981 and 1995 the proportion of people who expressed "a great deal of confidence" in "major educational institutions such as colleges and universities" fell from 37% to 27% on a national poll, though it has been rising slightly in recent years. (The Harris Poll 1995 JHJ17, March 6, 1995.) In this poll higher education "rank [ed] third on the list of institutions in which the public has the most confidence.... the public's loss of faith in higher education lags behind its loss of faith in institutions on the whole." ibid. There is certainly room for debate on this issue and its implications. See Accountability, op. cit., pp. 3 – 5.

在美国，在过去的 40 年间，招生人数的大量增长不仅使得高等教育成了一个与国家福利事业的竞争者，而且也出现了关于高等教育质量和标准的问题。对"质量"的担忧是在所有欧洲国家削减高等教育预算的时候出现的，至少在人均教育经费上恶化了，而且这一情况在加剧。紧接着又出现了仅仅可以称做为"评估产业"的一个产业，它参与到高中后教育教学和研究中，对存在的所有问题进行评估、撰写报告、提供咨询。而评估又与联邦教育经费挂钩。在所有这些中，英国是个例外，主要原因可能是英国对"经济衰退"的异常担忧和英国大学在面对一个不友好的政府时，如玛格丽特·撒切尔政府和约翰·梅杰政府，政治上表现得非常软弱。政府对早期建立起来的机构表现出非常不信任，尤其是对大学，将大学视为衰退现象的代表。

当把这些压力与大众化高等教育的进程和无处不在的问责联系到一起时，很多欧洲国家出现了一种抵制大众化高等教育的力量。在许多国家，不断增加的高等教育多样化系统不可能通过一个中心进行有效的管理。在不同国家，如瑞典、澳大利亚、法国和荷兰的大学在最近几年中获得了越来越多的自主权。就像布伦南指出的，"在欧洲大陆，出现了一个普遍的偏离国家权威的运动。"① 我不了解其他国家，也许除了澳大利亚以外也出现了与英国类似的高等教育管理模式：减少正规院校的多样性，中央政府变成了高等教育的管理机构，并对大学实施了更为严格的控制。

这就出现了一个诱惑，就是夸大了在过去 10 年或者更长的时间内英国政府强加给学院和大学的特殊作用和高度干预的问责形式。但是，在过去的 15 年中，也存在改变英国高等教育的其他基本力量：适龄高等教育入学人数大幅增长，单位资源急剧下降②，随意地合并两个教育系统，这些都是英国大众化高等教育快速发展背后的力量。新的管理和问责形式代表了这种转变的不同方面。尽管它们自身具有独立于其他力量的重要影响。但是，在财政紧缩和学生人数增加的情况下，并不一定要求系统合并。而且，信任、市场和问责三种力量也不要求大学拨款委员会的出现，更不需要中央苦心经营的控制工具。对高等教育的管理应该说有比这些更好的选择。

如果说美国对高等教育"质量"的担忧比较少，那是因为美国的高等

① Brennan, po. Cit. , p. 3.

② Lord Dainton, using official figures, calculates that the average unit of resource? That is, " the average amount of recurrent income per student from government directly and also from fees in respect of British and European Union students," declined between 1972/3 and 1995/6 by two-thirds, with worse to come. (Hansard, the House of Lords Official Report, 570, no. 56, 6 March 1996, p. 310.)

教育系统是多元化的，而且，我们从没有任何一个承诺凌驾于成千上万所学院和大学之上的普遍标准。在文化事务中，我们不羞于市场的作用。就像路易斯·哈茨（Louis Hartz）提醒我们的，与欧洲刚好相反，在美国，市场先于社会（Hartz，1995）。[1] 这一点并没有把我们的学院和大学从定义或保持特色和目标中解放出来，大学的特色和目标市场是不能完全定义的。不过，这在很大程度上减轻了强大的外部问责体系对美国院校的压力。

教学评估和测评

我已经指出了更强的问责在英国所产生的压力，特别是对直接教学质量评估所产生的压力。这一压力主要产生于高等教育大众化对教师和学生的影响。在学生上，大众化高等教育机构招收了更为多样化的学生群体，例如不同的阶层，不同的年龄，不同的兴趣以及不同能力的学生。这些机构也同样招收了不同类型的学者，他们的来源日益多元，来自非特权阶层的比例逐渐增加。学生和教师不断增长的多样性促使课程和教学发生根本性的变化。即使在新生都具有同样的学术潜质的情况下，他们的兴趣和动机也是不同的。大众化系统中的教授和讲师们不能指望学生可以靠自己主动学习；学生只能学习他们被教授的内容，这一点逐渐成了惯例。因此就更加强调教学的独特技术性，教学就是讲授（和评估）的技艺，并且将学生和教学过程，而不是教学内容，放在教育事业的中心，这就是教育领域的哥白尼革命。在这方面，就像在其他方面一样，中等和高等教育之间的区别很小。

高等教育的增长和多样化，伴随着在教学方面的变化要求社会和高等教育系统放弃大学内部，甚至于学科之间的广泛的统一的学术标准的想法——虽然教育管理部门要求统一标准。但是如果学生以不同的水平和难度获得学位或证书，这个学位和证书的意义势必会发生改变。高等教育放弃它的黄金标准，学生在大学院系中获得的学位越来越多地由大学的名誉（和名声）而定。但是如果学生们作为大众化高等教育的产品不准备进入公众服务、教学、高级专业学习或者研究生教育领域，学位对于这些学生来说除了作为一个一般的证明拥有某种文化能力，已经掌握该如何学习，可以学习更多并且展示了通过课程和得到学位所需要的自我约束能力以外，就毫无意义。

在英国，就像在其他地方那样，系的规模的扩大，使一位教授成为他所

---

[1]　Louis Harta, *The Liberal Tradition in America*, New York, Harcourt Brace, 1955.

在系里每个人工作质量的担保人是不可能的，而且雇用年轻教授的标准也变得更为多样化。因此政府和大学试图建立更为理性的评估方式和程序确保质量。其一是因为旧的质量保障机制在新的情境下失去了可信度，其二是由于这个系统已经非常昂贵并且正在变得更为昂贵，其三是由于政府担忧大学在面对不断加剧的全球化经济竞争中不知道该如何表现。在美国人眼中，人们对于质量保障问题的焦虑一方面是由于大学中信任衰退造成的：到处都是能力差的学生和不合格的教师。另一方面的担忧来自于那些能力差的学生和不合格的教师在大学中的所作所为，特别是在那些新成立的、人均教育经费非常低的非精英大学里。

然而，在美国，尽管这些问题所带来的压力与英国以及其他一些欧洲国家相比还算小，美国一些州政府已经对公立学院和大学提出了要求，就是以从院校那里获取更多的关于办学效率和绩效的证据。这种评估教育质量的方法是通过考核个体学生在各项任务中的表现去衡量教育效果的，而后把考核个体学生的绩效结果进行整合，形成"业绩指标"（performance indicators）。但是这一学术"产出"的衡量方式仅仅抓住了绩效的一小部分，并没有包括高等教育对学生生活以及社会生活的贡献。

但是我们也许会问，为什么我们需要将对高等教育产出的评估限制在那些对学生行为业绩的客观测量之上？我们有许多其他方式去评估高等教育的影响，不仅针对学生，还可以针对整体高等教育机构和社会。我们期待高等教育系统对整个社会发挥怎样巨大的影响？我们怎样衡量高等教育的影响？举例来说：减少种族和种族偏见的程度；或者使人们在经济变化中更有能力改变他们的工作、技能以及他们的职业；或者激发人们在他们的一生中进行继续教育；或者使那些比他们的父母希望并获得更多学校教育的人学会养育子女。

我们是否应该将父母毕业 25 年后他们的孩子获得成功的速度作为 1970 年学院和大学的业绩指标？我们建立了许多保护环境、保护受虐妇女、改善犯罪的司法系统或者帮助新移民及情绪失调人群的机构，这些政府外的机构都致力于使人们的生活更为民主且富有同情心，这些机构都是由许多大学毕业生们组成和领导的，而我们又怎样衡量这些机构对于社会的价值呢？大学毕业生在这些机构中的领导力或参与率是否也能作为院校业绩评估指标？

人们假定教育是一个过程，应该有可测量的产出。这就是为什么所有关于教育产出的量具都有欺骗性的原因。我们为了授予学位和文凭可能需要衡量一些东西，但是我们不需要通过考试测量教育效果的幻觉。教育对学生的影响是不可能全部搞清楚的，它伴随着学生的整个人生当中，并且在其不同的生活阶段以不同的形式出现。这些影响与许多其他力量和因素相互混合，这些力量和因素是高等教育所不能控制的——在这些力量和因素之中，有的是学生自己的性格特征和他所生活的环境的作用。同时，教育对学生生活的影响也具有许多不同的形式，这些形式中最重要的一些是无法测量的。高等教育的主要功能之一就是拓展学生的视野，我们鼓励他们使其比未受我们影响之前志向更为远大，而这一功能就是不可测量的。学院和大学尽其所能地教育学生，使他们拥有许多新的想法，这些想法是属于学生们自己的，而不是别人思想的傀儡。这不是一个在中学获得的自我概念，它存在于那些大多数有机会获得高中后教育的人们的心中。没有任何正式的评估可以测量学生们不断增长的自信、自我效能、创造力和思考能力。如此，难道我们还能够怀疑大学教育是给我们最好的产品之一吗？仅仅认为只有像我们这样的人——专业学者、知识分子——才有这样的能力培养学生的自信、自我效能、创造力和思考能力是功利的而且是错误的。我们越来越清楚创造力和原创性，以大胆和创新的方式进行思考的能力是学术或者商业中成功的核心因素。我们竭尽全力去教授人们怎样思考以及怎样更为有效地思考，但是他们在多大程度上成功地将此运用于实践不仅是他们怎样思考的结果，更是其他特征（思维、习惯以及生活环境）的综合作用的结果。高等教育对学生真正和实质性的影响贯穿于他们整个生命过程，并且与超出教育高墙之外的其他力量和经验紧密相联。

我们可以看见教育的过程，我们可以感觉到贯穿于其中的知识和能量，但是我们不可能清楚地看见大学对社会生活所作出的贡献，我们也不可能测量出某些教师对学生持久的影响力。但是我们这些能力的缺乏并不能使我们丧失判断一个机构做什么是好的、做什么是坏的能力。这就是通过内部评估而进行的内部问责。如果内部评估比那些外部授权的认证者做得更富有成效，那么大学主体自身和各个单位内部进行严肃认真的、周期性的评估则具有真正的成效和重要意义。大学失去自主权的原因和后果是它们放弃对自身事务管理应负的责任。在这些关键性的责任中，就是它们对教学和研究质量的内部监管。但是创造和运行一个严肃的、严格的内部质量评估需要通过外部监控，不只是关于教学质量和教学成果，而且也要关注自我学习和自我批评的程序。这些内部评估在实践上的效果，才是连接内部和外部评估，并且让它们相互支持的方式。

关于交流和信息革命的影响

前面我已经讨论了学院和大学在西方以公认的形式存在了 800 年之久，在北美存在了 350 多年，以众所周知的形式在美国存在了大约 100 年之久。最后，我要探讨一下我们正在经历的信息革命对学院和大学问责的意义与启示。关于问责问题的作者们对信息革命的问题已经做了一些回应，并委托一位专家作了一个内容丰富的关于教育技术形式对今天高等教育影响的报告。① 但是，在我们的报告中之所以没有讨论这个问题，是因为信息革命还处于最初的起步阶段，并且人们还不清楚它对未来高等教育产生影响的本质。尽管这个影响的轮廓还不清楚，但我相信这个影响将会是巨大的。我相信它将使得学习在某种程度上更为普及，并且为院校提出很多关于怎样更好地教授不同部分的大学课程的问题，或者修订大学课程使其与这种新的教学模式相一致。

由新技术带来的新教育形式的一个明显的影响就是在一些学科中，越来越多的教学采取了电子形式，弱化了教师和学生在同一时间、同一地点进行学习的重要性。这为大学对教学质量的管理、监督和控制提供了方便的同时也带来了麻烦。这无疑增加了那些向千里之外的学生提供教学的机构完成任务的难度。因为这些学生对获得真正的知识和技能远比获得好成绩或多余的学术文凭感兴趣。高等教育的问责假定一所著名的高校拥有可辨识的边界，聘请具有公认水平的教师，教导具有一定数量的为了获得某种文凭而入学的学生。但是这个新的技术却威胁着这一假设，并且开始模糊高等教育和终身教育之间的界限，终身教育甚至更受欢迎，这一现象使得对于任何人的评估、认证或者问责都变得更为困难。

20 年前，我发表了一篇关于在所有发达国家中教育系统和院校从精英模式向大众化模式过渡的论文，并且指出伴随这一过渡所带来的许多张力和困难（Trow，1974）。② 1974 年的那篇论文也包含了对高等教育未来走向普及的讨论，我相信伴随高等教育大众化的趋势，高等教育普及是自然的，是不可

---

① Pamela H. Atkinson, "Distance Education in Institutions of Higher Learning in the United States: A background paper for the Study on Accountability of Colleges and Universities," October 1995, po. cit.

② "Problems in the Transition from Elite to Mass Higher Education". In *Policies for Higher Education*, from the General Teport on the Conference on Guture Structures of Post-secondary Education, pp. 55 – 101. Paris: Organisatio for Economic Co-operation and Development, 1974.

避免的。

那时关于高等教育普及的最好例子就是英国的开放大学（open university）和美国的社区学院，两者都是真正的开放学院。其中开放大学可以授予学位，而社区学院提供可以向其他授予学位的学校转换的，使之能获得学位的学分。它们在当时比任何其他学院和大学都容纳了更多的学生，它们向外延伸的能力也是很强的。向普及或者说大众化高等教育的方向前进的运动在欧洲应该更快才对。但我低估了这些转变的困难程度，以及社会和政治对这部分社会生活领域的改变给予的压力。并且，在过去的5—10年间，甚至更晚，我们才在英国看见旧系统的真正转变，而不仅是旧精英系统的膨胀和稀释。

但是现在，非常突然的，普及性的高等教育不再是次要的和边缘性的，或者是未来的现象了，而开始成为转变教师和学习者、雇员和教育、工作和学习、高等教育和社会其他部分之间关系的力量与承诺。目前发生的信息革命就在我们的生活中，通过互联网体现出来的。在美国以及其他地方，许多人开始学习利用这些技术提高新得到的能力。而了解信息革命给高等教育究竟带来了什么样的变化则是更加困难也更加缓慢的工作。因为人们把更多的精力放在了新技术在教育应用的可能性上——举例来说，设计更为精致的课件——而不是分析它们所带来的长期的以及短期的影响。我相信，这些教与学的新形式将会对学院和大学的特征产生极大的影响。同样，也会影响到大学对支持它们的社区问责的能力。

我感觉到在欧洲对于这些问题的讨论远远少于美国，尽管许多新技术的诞生是在欧洲大学和工业中产生的。其中的原因也许是由于这些新的技术产生于政府的控制之外，也许是因为欧洲社会科学家羞于讨论这些建立在技术发展基础上的问题。不论何种原因，这些欧洲和美国的高等教育现今面对的问题——规模扩张问题、经费问题、组织和管理问题、质量问题、内部和外部问责问题以及信任下降问题——在不久的将来都会受到正在发展中的信息革命和远程学习的极大影响。

参考文献：

Austin, D. (1882) "A Memoir", Government and Opposition, Vol. 17, No. 4, pp. 469 – 498.

Baldridge, J. V. (1971) *Power and Conflict in the University*. New York: John Wiley and Sons, Inc.

Caston, G. (1982) "Academic Tenure and Retrenchment: The US Experience, *Oxford Review of Education*, Vol. 8, No. 3. and "Leadership in Universities", unpublished manuscript.

Cerych, L. (1984) "The Policy Perspective", in Burton R. Clark, ed. , *Perspectives on Higher Education: Eight Disciplinary and Comparative Views.* Berkeley: University of California.

Cheit, E. (1973) The New Depression in Higher Education-Two Years Later.

Berkeley: The Carnegie Commission on Higher Education Clark, B. R. (1970) *The Distincitve College.* Chicago: Aldine Publishing Co.

Clark, B. R. (1982) "Governing the Higher Education System", in Oliver Fulton, ed. , *Access to Higher Education.* Guildford, England: Society for Research into Higher Education.

(1983a) "The Contradictions of Change in Academic Systems", *Higher Education*, Volume 12, No. I.

(1983b) *The Higher Education System.* Berkeley: University of California Press.

(1998) *Creating Entrepreneurial Universities: Organizational Pathways of Transformation*, Pergamon, the IAU Press.

Cohen, M. and March, G. (1974) *Leadership and Ambiguity.* New York: McGraw-Hill.

The Conference Board of Associated Research Councils. (1982) *An Assessment of Research Doctorate Programs in the United States: Biological Sciences.* Washington, D. C. : National Academy Press.

Corson, J. (1960) *Governance of Colleges and Universities.* New York: McGraw-Hill.

External Review Committee. (1981) "The Biological Sciences", University of California, Berkeley.

Internal Biology Review Committee. (1981) "Final Report", University of California, Berkeley.

Lane, J-E. and Fredriksson, B. (1983) *Higher Education and Public Administration.* Stockholm: Almqvist & Wiksell International.

Lipset, S. M. , Trow, M. A. and Coleman, S. (1956) *Union Democracy.* Glencoe, Illinois: The Free Press.

March, J. G. and Olsen, J. P. eds. (1976) *Ambiguity and Choice in Organizations.* Bergen:

March, J. G. (1980) "How We Talk and How We Act," Seventh David E. Henry Lecture, Urbana Illinois: The University of Illinois at Urbana, Champaign.

Peck, R. D. (1983) "The Entrepreneurial College Presidency", *Educational Record*, Vol. 63, No. I.

Premfors, R. , ed. (1984) *Higher Education Organization: Conditions for Policy Implementation.* Stockholm: Almquist and Wiksell International.

Roose, K. D. and Anderson, CT. (1970) *A Rating of Graduate Programs.*

Washington, D. C. : American Council on Education.

Smelser, N. J. (1974) "Growth, Structural Change and Conflict in California Public Higher Education, 1950 – 1970", in Neil Smelser and Gabriel Almond, eds. , *Public Higher Education in California.* Berkeley: University of California Press.

Trow, M. (1976) "Elite Higher Education: An Endangered Species?", *Minerva*, Vol. XIV, No. 3, pp. 355 – 376.

(1990) "The University Presidency: Comparative Reflections on Leadership. " in *Values, Leadership and Quality: The Administration of Higher Education*, The David D. Henry Lectures 1979 – 1985, Urbana, Illinois: The University of Illinois Press, pp. 94 – 146.

(1993) "Federalism in American Higher Education," in Arthur Levine, Ed. , *Higher Learning in America: 1980 – 2000.* Baltimore and London, The Johns Hopkins University Press, pp. 39 – 67.

(1998), "Governance in the University of California: The Transformation of Politics into Administration," in Detlef Müller-Böling et al. , *University in Transition*, Gütersloh, Bertelsmann Foundation Publishers, pp. 265 – 286.

Weick, K. (1976) "Educational Organizations as Loosely Coupled Systems", *Administrative Science Quarterly*, Vol. 21, pp. 1 – 19.

第四部分

加州大学学术治理
变革的案例分析

十 加州大学的治理：
从政治向行政的转型①

Governance in the University of California:
the Transformation of Politics into Administration

前 言

加利福尼亚大学（以下简称加州大学）拥有 9 所分校。其庞大的资产和众多机构与全世界相连。它的运行经费超过 110 亿美元（1996/1997）②，学生人数超过 16 万，同时还拥有近乎相同数量的职员。在加州，这所大学是公立高等教育的三大组成部分之一，另外两所分别是加州州立大学（USU），该校有 33 万学生，22 所分校；还有就是社区学院。社区学院在全加州有 100 个办学点，参加课程学习的学生超过 100 万。根据法律，加州大学在公立学校中拥有授予博士学位的垄断权和相当的科研垄断权；它招收加州学习最优秀的高中毕业生。另外十分重要的一点，即加州大学允许学生在其他两所公立院校系统修满一定学分后转入本校，事实上也确实如此。与公立高等教育并行的是众多的私立大学和学院，其中最著名的是斯坦福大学和加州理工学院。

要想对这样一所大学的治理结构和过程进行概括需要写出一部大书，遗

---

① Paper prepared for a German-American conference "The University in Transition", March 17 – 21, 1997, Berkeley, California. Published in Higher Education Policy, March 1998, pp. 1 – 15. This paper might equally as well have been subtitled "The minimization of conflict".

② If the budgets of the three big national laboratories administered by the University are excluded, the operating budget of the University is then about MYM8. 5 billion. Of this, only about MYM2 billion come from the state of California. So the University is not precisely a state university, but a state-aided university. But those phrases do not properly define the relationship of the University of California to the state's government.

憾的是，目前还没有人写出这本书。为了讨论这个系统是如何治理的，无数关于它及其内部或大或小的决定是如何作出的，不是一篇论文所能囊括的。因此，与其描述大学治理的主要因素，我宁愿选择揭示我认为是大学治理和管理形式背后的首要目的和目标。我相信，如果我们把它们视为体现在加州大学治理中两种被广泛接受的原则的话，我们就能很好地理解大学的治理和行政管理。因为，目的和目标是董事会、总校校长、分校校长和学术人员所共同认可的办学原则，是加州大学如何处理外部关系和进行内部管理的行事原则。这两个原则首先是大学自主权的最大化——大学自主决定事务的能力；另外一个是追求卓越——或者说是如何在每个可能的部门、服务和活动方面成为或继续成为全国最好的大学。后者是被尼尔·斯梅尔塞（Neil Smelser）称为"竞争卓越"（Competitive Excellence）的原则———一种通过与国内外其他一流研究型大学相比较而定义的卓越。①用通俗的话说：我们想当第一，我们希望能够自己管理自己。这些不仅仅是空洞的原则或理想，它们是正在指导和评估大学大部分行为的准则。

这两个价值或原则之间是彼此强化的。大学自主不仅使大学在学术聘用和晋升方面，而且在权限范围内，使大学在招生和非学术人员的聘用上也保持精英主义。反过来，这种对竞争卓越的积极追求使大学在世界范围内建立起一种良好的声誉，而这正是大学自治主要的保障和支持力量。

这些准则结合在一起使得大学在很多方面可以抵制来自外部的政治压力，以及党派政治势力对学校治理的介入。前一种抵制，即对外部政治压力的抵制，显然保护了大学的自主权；在美国这样一个平民主义和政治化的社会，抵制外部政治压力是一项长期的斗争，对加州的公立大学来说尤其如此。大多数参与者认为，在大学内抵制政党政治活动是确保大学由竞争卓越的原则指引的，确保英才管理的必然选择。而且会使那些真正优秀的学院才能保持自己的学术质量和学术领导地位。

众所周知，政党政治，也就是政党和利益的政治在美国始终是一场激烈的角逐。纵观我们的历史，任何公共机构在多大程度上是令人满意的或者说是可能独立于政治影响之外一直是人们关心的核心问题。大多数欧洲国家采用的方式是创建一个在自己能力所及范围内独立于当前政治潮流的公共服务

---

① Neil J. Smelser, "Growth, Structural Change, and Conflict in California Public Higher Education, 1950 – 1970," in Neil Smelser and Gabriel Almond, eds. , Public Higher Education in California, Berkeley, University of California Press, 1974, pp. 9 – 143.

体系。在一些欧洲国家，以德国模式为例，大学自主权的获得在某种程度上是通过将学者和科学家作为公共服务体系的成员来看待，并由此使他们的知识活动免于受到直接的政治影响。

美国的大学自治不是这样的。但问题是，美国大学，尤其是依赖公共经费的公立大学如何免于政党势力的操纵和政治的直接影响。不是所有美国大学在这方面的努力都是成功的，也不是有史以来都是同样的成功。加州大学在抵制政治影响方面的突出成就（尽管不是全部），应该部分归功于它自身作为一个组织机构所获得的非凡成就。当然人们也能看到大学所经历的大量具有政治意义的内部冲突。近年来，大量的外部政治压力也向学校袭来。公平地说，尽管存在这些压力，加州大学仍然保持了大部分的自主权，这当然是和美国其他公立大学相比较而言。这些概括的判断需要大量的论述使之更具有说服力。但是与其讨论这些政治争端和压力，我建议将抵制那些压力作为我们治理机制的核心目标和功能，并尽可能使导致这些压力的因素远离大学，我正在探讨的问题是加州大学治理在做什么，确切地说，要做什么，而不是说它们是或曾经是如何成功地解决那些复杂的问题的。

对政治的抵制

加州大学对政治影响抵制的基础首先体现在 1879 年加州宪法中，该宪法声明大学是"公共信托机构"（public trust），它的组织和治理应该"完全独立于一切政治和宗派的影响，并在任命董事会和处理行政事务方面拥有自由"。①州宪法的这一条款并没有减少州长和立法官员们对大学的特征和方向的影响力，但它却建立了一个强大的象征性力量，赋予了大学抵制国内政治干扰的自主权。② 此外，这项条款的其他内容确立了州政府对大学经费支持的一揽子（block grant）模式，这样就使得政治家无法通过预算的手段干涉大学的内部事务或内部管理。州政府并不直接向系、学院或分校提供经费，而是将经费直接拨给加州大学，然后大学根据自己的需要决定内部经费的分配。很难说立法者和州长们对表达对大学运行方面的倾向性意见会有什么顾

---

① Verne A. Stadtman, *The University of California 1868 – 1968*, New York, McGraw Hill, 1970, p. 82.

② Symbolic, because University lawyers are reluctant to actually test the constitutional protection in the courts for fear that it would not sustain the weight of institutional autonomy placed on it.

忌，很难说他们不会将大学预算与他们对大学的办学意愿相联系，也很难说他们不会并迫使大学遵从他们的意愿。实际上，大学主要管理人员要花大量时间与州行政和立法部门的官员们打交道，大学对州政府关心的问题是十分敏感的，作为公立大学本应该如此。但在原则上，大学一直在努力保护的是最终由大学自己决定应该从事什么样的活动和怎样支配办学经费。[①]

加州大学保护自己免受政党政治影响仅依赖于 1879 年加州宪法还是远远不够的。此外，这种对来自外部政治影响的抵制已经延伸到大学内部，导致大学对政治活动的厌恶和对行政管理而非治理的偏好。让我们简单看一看大学试图将政治在大学中的作用最小化的其他做法。

加州大学并不民主

减小政治对大学影响的途径之一是不要搞过多的选举，而且在大学的治理结构中投票场合是非常少见的。尽管加州大学可能会在其他许多方面都很好，但是它并不民主。这对于像它这样明显处在平民主义的国家中最平民主义的州的大学来说也许有点奇怪。在这个州，重要的法律和财政收入来源一般都要经过全体选民才能得以实施或通过，这些法律凌驾于州众议院立法委员会制定的法律之上。但是，从学校董事会开始，总名额为 25 人的董事会中有 18 个位置在出现空缺时是由届时在任的州长直接任命，这些董事会成员负责董事会的实际工作，剩下 7 人是由州政府官员直接出任的。这 7 位中有 4 人是从州政府官员中选出，这 4 位董事会成员在一般情况下从不参加董事会的常规会议。有 2 人是从加州大学校友会中选出来，一般任期为 1 年。[②] 第 7 人就是大学校长。由州长任命的 18 位董事会成员服务期为 12 年，以确保他们的服务期将超过任命他们的州长的任期。董事会成员可以连任，原则上不能被解聘，除非他有违法行为；事实上，还从来没有一个人被解聘过。所有这些选择董事会成员的方法都是为了使他们能独立于任命他们的州长而设计的，至少随着时间的推移能够实现这种独立性。

---

① The Legislature often attaches "budget language" to a budget it passes, indicating its interests in the way the budget used by the University, and pointing to particular activities or conditions it wants to see the University honoring. The University is sensitive to these indications of the Legislature's wishes, and can anticipate having to explain how they were followed, or why they were not. But the University will not conform to such "instructions" if they seem to violate its sense of its own autonomy.

② The Regents themselves elect a student regent for a one year term.

董事会在大学教授会的建议下任命大学总校长，并根据总校长和教授会的建议任命所有分校校长。分校校长任命所有高级学术或非学术管理人员，包括教务长和学院院长，后者又根据各自院系的建议，任命系主任，有时也会有其他系的教授会参与。当然，要进行大量与任命有关的磋商，但基本上学术管理人员是由他们的上一级官员任命的，而且可以并且偶尔确实会被他们的上一级官员解聘。与欧洲的差异是非常明显的，而且很大程度上说明了美国学术官员的权力比他们国外的同行要大得多。顺便说一句，所有这些学术官员，除了系主任之外，一般都没有服务期限制，这是使他们的职位权力得到进一步强化的另一方面。

教授会和学术团体

如果我们试图在大学的什么地方寻找到民主的话，那就是大学的教授会。但是在这里我们也会看到民主政治过程中有利于任命程序和决策一致等令人反感的一面。这种模式是行会的而非官僚体制。但是就其形式而言，行会并不比官僚体制更民主。

首先来谈谈教师团体。加州大学的教授会由全体学术人员组成，从最年轻的助理教授到退休的荣誉教授。在教授会中所有成员地位平等，都享有全部的权利和自由。事实上，有必要强调在美国学术界，不仅是在加州大学，被认为理所当然的是几乎每一位获得教职的助理教授在机会成熟时都会晋升为正教授。业绩和市场会影响一个人的晋升速度，但是晋升主要还是与薪水有关。还没有哪位教师最后不是教授的或者不可能晋升为教授的。因此在教授的层级上没有明显的利益冲突，也没有必要在管理结构中，分离出优秀教师代表，或者通过选举和竞选活动更为细致地划分和界定各类教师代表。

此外，与美国其他一流的研究型大学一样，加州大学没有教师工会。也就是说，教师们不会集体就薪水、工作条件、补贴等问题同有关当局讨价还价。这样，在大学的组织结构中心没有一个组织致力于培养和收集大家的不满，然后，为争取自己在更大范围内的社会政治团体中的地位而寻找结盟者。正如我已经说过的，教授会包括大学中助理教授以上的全部正式教师和部分有资深学术成就的行政管理者，他们通过各种委员会管理各项事务。但是这些委员会大部分不是由选举产生的。除极少数特例外，比如，教授会中的任命委员会由选举产生，任命委员会的任务是组织每所分校的委员会——

该委员会被称为委员会中的分委员会①，一个人要想成为该委员会的成员，不需要四处游说拉选票。事实也证明凡是想要当选任命委员会成员的人，结果都不会当选。该委员会的候选人是由他的朋友或追随者提名的，然后教授会其他成员根据候选人或是他的提名者的品质，进行投票表决。因为没有选举活动，教授会成员的选举过程与外界的一切政治关系都保持一定距离。这样安排的一个结果就是，被选举或任命的任何教授会成员对任何选民派系或选民组织都没有必要的义务，他们可以根据自己的判断和良知、根据他们自己的想法去工作。没有这些外部承诺，会消除教授会中任命委员会成员对他人或组织的妥协和折中，这才是教授组织一切行动的基础。有人甚至可能进一步建议在大学的治理组织结构中排除小团体和党派组织，其主要目的就是使（有时是长期的）大学的决策在教授会组织内部和行政管理官员之间容易达成共识（有时是长期的）。

与美国其他研究型大学的教授会相比，加州大学的教授会拥有更多的正式权力和权威。简明扼要地说，教授会拥有下列主要职责，即审定所有分校的学术计划，任命或晋升学术职务，还有更为模糊的职责是制定学生的入学标准——尽管在过去的两年里这一直成为大学争论的焦点。除此之外，教授会还会对学校的一切事务提供咨询和建议。但是，其影响力因提出的问题而异。除了教学、研究、招生和评估以及教师任命和晋升外，教授会还会对管理人员提出的计划作出反馈：当这些建议与学术价值和程序不一致时对其进行否决、改进和完善，并最终使管理人员的决定和行为合法化，最终使全部教师相信他们的兴趣和价值得到了保护。所有这些在大学里被称为"共享治理"（shred governance）。总之，教授会通过咨询和建议的方式开展工作，寻求一致意见，通常是非常缓慢的。明智的管理者会考虑到这点并且会很有耐心。当必须尽快作出决策时，或者是管理者声称他们要尽快作出决策的时候，问题就出现了。但是，当教授会和管理人员合作得很好时，不论在分校还是在总校校长办公室，所采取的行动和决策具有一定的合法性，都会得到要求把大学的一切事情都做好的教师团体的默许。在大学校园，教授会的存在和工作针对学术人员学术和科学领域之外的许多微小事务，教授会的存在及其工作在校园内给那些超出学者学术和科研范围之外的大量远程活动创造了一个称之为"责任疏忽"的氛围。对普通教师而言，教授会和教

---

① Each campus arranges its own Senate rules. Currently, most campuses, but not Berkeley, also elect their Divisional Chair as well as their Committee on Committees.

授会中的各种委员会都是为了保护教授以各种各样的形式真正的从事教学和科研工作而设立的。

大学和州政府间的协定与官僚协议

对内部政治争端的厌恶总是和大学抵制外部的政治压力相联系的。在内部，正像我已经描述的那样，我们没有工会，没有为争夺官位而政治化的斗争。但除此之外，大学会采取一些措施尽量减少对一般问题的争端和冲突。例如，国内外在教师团体和行政管理官员、行政人员或决策者之间，通常会引发争议的一个问题是学术报酬的标准——对于所有学科，或对于不同级别的学术人员。至少自"二战"以来，在教师团体和内、外部的权威之间，加州大学从来没有就薪水问题产生过大的争端。大学中没有人评论这个独特的事，人们不认为这是个问题。这怎么可能呢？简单地说就是我们不讨论我们自己的工资计划，而是让其他的美国大学为我们做这件事。这是通过和州立法机构及州政府中相应的官员达成的协议来实现的。加州大学的工资按照职位级别的高低与 8 所美国一流的研究型大学（4 所公立的，4 所私立的）的工资相当或略高于它们的标准而制定的。这些大学的工资是公开的，加州大学用它们的工资水平作为参数。原则上是加州大学如果要在吸引一流学者和科学家方面具有竞争力，那么加州大学的教师工资就必须与其他院校相当。当然，我们的工资会随着加州的经济形势有所波动，政府当局原则上能够接受我们必须与其他几所大学的平均收入相当或略高于的做法。而且如果在经济形势不好时我们的收入偏低了，就必须在经济好转时补上。[①]当然，个别教师会按照某种不同的方法来协商他们的个人工资，但是为避免争执他们也只能以大学与州政府签订的协议作为总的指标。

这个例子描述了加州大学内、外部的政治联系。对于教师工资问题，大学以平等的身份与州政府就教师工资的制订进行讨论并签订协议；在决策中，教师工资的决定权并不在政客或官员的手上，相反教师工资已经形成了一个公式（方案），这一公式（方案）的形成在很大程度上远离政界。因

---

① "The governor's budget for UC also calls for… employee pay increases equivalent to an average 2 percent salary increase… and additional funding equivalent to a 3 percent parity increase for faculty. That funding would bring faculty salaries to within 1.6 percent of the average pay at UC's eight comparison institutions. This is a priority of Regents, who hope to close the faculty salary gap by 1998 – 99." "UC begins discussion of long-term fee policy." *UC Focus*, Vol. 11, No. 3, February/March 1997, p. 7.

此，教师的工资问题就不会引发大学内政治团体或派别形成问题。这是从政治向管理的转变，正如列宁（Lenin）明确地告诫我们的，但在当时，可能也是我们能选择的最佳方案。

的确，几乎从一开始，加州大学就通过各种可能的途径形成了使大学的运行脱离政治舞台的习惯和策略。大学的经费问题也是通过与州政府官员达成稳定的共识和协议公式的形式进行拨款。这些协议涉及诸如州政府的生均、师均教育经费，州政府对大学校舍和教学设施的维护的状况和范围，还有设立教师工资和加薪的协议。这些协议有效期要比州长及其他当选官员的任期要长，这就为那些对此有敌意或想要对此做一些政治手脚的州长及政府官员们设置了一个重要的屏障（最近几十年来，我们已经有一些两党的记录），一个稳定的基础使大学有能力、有信心为大学制订长远计划。负责保管这些协议的总校长办公室的行政人员们会反驳我说它们并非像我所说的那样稳定；这些协议经常要接受审查和讨论，而且需要高层管理者和大学校长仔细处理。是的，这当然是校长办公室工作的重要组成部分，即使在20世纪90年代初的财政紧缩之后，人们在进行大学预算时在某种程度上依然采用了那些方案和协议。这些方案和协议大大地削弱了政治对大学拨款和运作的直接影响。

我刚才提到，当大学的高级行政管理人员与州政府官员，就大学生活的某个方面以及州政府拨款进行协商时，他们之间几乎是平等的。加州大学具有相当的能力从政治上保护自己，但主要不是通过党派之间的政治手段来实现的。加州大学有80万名校友，其中包括现任的州长，大约30%的州政府立法委员。加州驻华盛顿的国会议员中有1/4是加州大学毕业的，同时还有许多企业和工业界的领导人。加州大学校长理查德·阿特金森（Richard Atkinson）曾经注意到在众多令人瞩目的商业领袖和企业家中，比如英特尔公司和太阳软件公司的首席执行官都毕业于加州大学。①此外，加州大学也付出了大量的努力以对大学的忠诚和感情为纽带将自己的学生及校友们联系在一起，情感成了大学从物质上和政治上得到校友支持的潜在基础。但是，这种支持并不仅仅依赖于感情和忠诚，大学对各种形式的公共服务付出的努力赢得了许多从没有到过该校的新朋友，并加强了与不同社会团体和派别的关系。社会上潜在的政治支持有助于保护大学免于为政治利益而对大学生活的直接干涉。在相当程度上，正是大学潜在的政治力量使得大学免受直接的

---

① Annual Financial Report, University of California, 1995 - 1996, p. 5.

政治干预。这一潜在的政治力量直接产生于大学长期以来坚持的公共服务政策，这是保持大学自治能力的一个主要因素。

　　州政府与加州大学之间的另一个也许是最重要的协议是"加州高等教育总规划"，它诞生于克拉克·科尔之手，并于1960年被写进州宪法。这一规划对减少政治在大学生活中的角色也起到了积极作用。它用一种权威的方式，确定了大学和其他公立高等教育院校之间的关系。当然，在加州大学和加州州立大学之间存在分歧，分歧不仅限于州政府用于高等教育有限经费的分配上，事实上，"总规划"限定了分歧的性质和范围。例如，它消除了被有些地方称做"学院上浮"的可能性——非大学机构寻求获得综合性大学地位的倾向，包括增加研究资源和授予博士学位的权力。在许多国家，大学一直担心那些非大学机构升格为综合性大学并与之争夺研究资源。也正像大学所担心的那样，院校上浮的结果就是研究资源的稀释以及大学学术标准的降低。"总规划"通过把加州高等教育明确地划分为三个部分来防止上述情况的发生。① "总规划"明确规定不管加州州立大学在州政府里多么不遗余力地游说，它都不能被提升到加州大学的地位。这样便在政治领域之外解决了一个大问题。当然，该规划确认加州州立大学可以授予硕士学位，而且它们的大多数毕业生会在加州大学继续接受研究生教育。它们虽然不是研究型大学，但仍有大学的名气和声望。欧洲的大学教师和政府官员几乎无法想象，达成不从事研究的承诺这一如此特殊的妥协对大学来说有多困难。

　　加州大学运用这种方式减少了内部分歧，也减少了与州政府的分歧。1996年，在所谓的"加州大学的预算动议"中，加州大学总校长把州政府拨款的分配权力下放到9所分校。这种分配权自然引发了各分校及其与总校长办公室间的长期纷争。取而代之，在与分校校长的协议中，校长办公室同意按照每所分校注册学生人数的多少来分配拨款。这样校长办公室变成了向分校分配州政府拨款的通道。如此一来总校长办公室在大学的政策和实施上失去了一些影响力，但是却有效地消除了每年分校之间针对政府拨款的纷争。

　　进一步而言，现在加州大学正在探索与州政府签订另一份协议的可能性，使州政府"承诺加州大学至少拥有州政府总拨款预算部分流通股份，

---

① In addition to the three public segments — UC, CSU and the community colleges — the Master Plan also recognizes and provides a place for California's many private colleges and universities.

目前大约为 4% ”①。计算公式将从现行拨款水平开始，并使州政府承诺在未来注册学生数量增长和加州人均收入增长的基础上对大学经费支持作出调整。② 它同时将学生学费的增加同加州的人均收入的增长联系起来。这项协议将减少学生对于立法委员会的政治影响，允许学费缓慢而可预知地增长，同时使来自政府的大学拨款部分保持稳定。如果州政府同意的话，目前看起来可能同意，这又是一个在政治范畴以外解决一系列纷争的案例。

将大学的内部冲突减小到最低必然会有它的负面影响：以行政管理取代治理。以行政管理取代治理政策隐含的原则是尽可能将州政府、董事会和总校长办公室作出的决策下放到分校，然后由分校到学院、系，并落实到那些最具有学术决策能力的个别教师。这项政策必然会削弱总校长办公室的权力而加强各分校校长的权力，大部分移交到分校的权力还在分校校长的手中，他们并不急于像总校长一样移交手中的权力。各分校校长们的权力目前也通过迅速增加的私人捐赠得以加强，几乎所有捐赠都是给分校校长而不是给整个大学的，这使分校校长手中掌握了一大笔可以自由支配的资金。③ 所有这些都是以“一所大学九所分校”的理念和总校长的变革及领导权为代价的。其中也有整个大学系统与各分校教授会权力和影响力的结果。

但是总校（校长办公室）与各分校之间的权力平衡本身就是一个有争议的问题。我这里的观点是以上所述的大多数经费分配方案加强了管理的作用，削弱了加州大学治理和决策的作用，将加州大学的管理重心转移到了分校。而具有讽刺意味的是，这些规则或公式都是在总校长的倡导下建立的。今天的大学，比起 5 年前的联邦大学而言，基本是一个由各分校自主的大学联盟。但总校长办公室仍然有重要职责需要履行，其中之一就是缓冲来自州政府的政治力量对大学中各分校的直接压力。

---

① “UC begins discussion of long-term fee policy,” op. cit., p. 1.

② The potential agreement is embodied in AB (Assembly Bill) 1415 (Bustamante), “The Higher Education Partnership Act of 1999,” published by the University of California, July 8, 1997. My thanks to Associate Vice-President Lawrence Hershman, Director of the Budget for UC, for a helpful conversation on these issues, though he is not responsible for my interpretations of its effects on governance.

③ For example, Berkeley received over MYM182 million in 1996/97 in gifts from 66000 contributors. “Direct state support now accounts for 38 percent of the campus's budget, compared with 52 percent in 1985.” (“Campus Gets More Gifts in 1996 – 97,” *The Daily Californian*, August 8, 1997.) Of course many of those gifts are earmarked for particular uses by the donor, but that still leaves large sums at the discretion of the chancellor.

一所受缓冲保护的大学

加州大学，包括它所有的分校，通过总校校长办公室而非分校校长与加州政府打交道。也就是说，真正从事教学和科研的分校得到了大学总校长办公室的缓冲保护。在那里，有的是谙熟与州行政和立法部门等打交道，并能防止政府干预大学内部事务的管理者们。高级管理者花费大量时间处理来自州政府的许多问题。这些问题大学学者和科学家们是一无所知的。总校长办公室不仅缓冲来自州政府对于各分校的直接干涉，而且还缓冲州政府通过大学董事会对所有分校校长的干涉。因为，大学董事会掌握着大学生活各方面的权力，并有效控制着大学的财产。董事会是大学的内设部门，而不是一个政府的分支，这对大学的自主权是至关重要的。

董事们对避免公开讨论某些具有争议问题以及延缓就某些政治敏感性问题采取行动有相当大的空间。尽管不总是如此，但通常情况下，时间可以使人们对某个问题的热情减退，或完全避免其发生，或是采取低调的行政手段而非大张旗鼓的政治手段去解决。眼下有一个例子，是关于为同性恋者提供学校津贴的问题。

"一个包括沃德·康纳利（Ward Connerly）董事在内的看似不大可能存在的联盟逼迫加州大学为同性恋者提供津贴。但加州大学的行政官员——正在摆脱这个有争议的'平权行动'所带来的痛苦——一直在努力使这一问题避开公众舆论。'我们知道它是一个难以捉摸的问题，我们并不回避它，但是我们有更棘手的问题需要马上处理。'一位不愿透露姓名的董事说。"①

市场取代政治

还有一些别的力量和因素削弱了政治对加州大学的直接影响。其中之一是各种学术市场中竞争的作用。我曾谈到大学的重要价值，这一点舆论一直使其明确化，即"竞争卓越"——大家都希望加州大学成为并被看成是美国最好的大学。②加州大学的声誉整体上是9所分校及其院系和专业学院声誉的集合。此外，加州大学还非常成功地让州长和主要立法官员认识到树立

---

① Pamela Burdman, "UC Pressed on Partner Benefits," *SF Chronicle*, 5 April, 1997, p. 1.

② This is a central concept in the essay by Neil Smelser, *op. cit.*

竞争卓越这一理念的重要性和实现这一理念所要付出的代价。由于这种共同的价值观总是明确体现在学校的决策和行动方面，人们也就很少有争议。举一个家门口的例子，20世纪60年代末，与加州大学伯克利分校竞争力相当的几所主要研究型大学有的已经成立、有的正考虑成立公共政策研究院。其中最著名的可能就是哈佛大学的约翰·F. 肯尼迪学院。伯克利一位著名的政治学家成功地说服学校创建了这样一所学院，这所学院有自己独特的风格。如果大学不想在学术和科学训练以及专业教育知识领域都取得领先地位的话，它的创建就会充满争议。

举一个大一点的例子。在20世纪80年代中前期，有迹象表明伯克利的生物学科质量已落后于它的主要竞争对手。这一不受欢迎的发现立即引起重大反响：为了拯救学校的生物学科，学校领导（时任伯克利分校的校长和副校长）和该校的一流生物学家一起共同制定了变革性计划，包括重组生物学科的基本结构，建造新的实验大楼，以进行高级的生物科研和工程研究。① 这项行动几乎完全绕过了大学教授会，而是由学校的高层行政人员和首席科学家们推选出来的生物学专家委员会参与制定——这样做根本没有遭到大学教授会的反对。为保持竞争卓越，争当第一，如此重大的关键性决策是不能由当时那些分校教授会中的外行能够制定的。教授会和主要行政管理者一样认可并接受这一事实。②

任期快满时，田（Tien）校长和他的德国同事召开了一次会议。他讲了一个具有戏剧色彩的故事，就是他刚刚以高薪从另一所大学挖来一位生物学家。为引进这位人才所建实验室的费用高达四五百万美元，这笔钱是校长呼吁一位热心人士捐赠的。故事反映了市场、校长和信任结合起来的力量对大学管理中政治的取代作用。减少政治对学校影响的主要目的就是确保校长有权采取这种戏剧性的行动。校长通过招聘一位著名学者和科学家来说明他可以动用手中的权力和他所募集的经费并非偶然，因为正是这些杰出的学者和科学家共同决定着大学的办学质量，继而决定大学在世界上的排名和声誉。哈佛大学和普林斯顿大学没有宣扬过它们以这种方式所取得的成就，但它们的校长和教务长却恰恰做了这样的事情。这就是我们为什么称主导这种行为

---

① Part of this story is told in Martin Trow, "Leadership and Organization: The Case of Biology at Berkeley," in Rune Premfors, ed. , *Higher Education Organization: Conditions for Policy Implementation*, Stockholm: Almqvist and Wiksell, (1984), pp. 148 – 178.

② The current Dean of the Biological Sciences has made reference to this reform as necessary "in order for us to maintain a high visibility [in biology] in the country".

的原则为"竞争卓越"或者说是对卓越的竞争性追求。

信任是取代政治的另一种关键行为。招聘上面提到的那位科学家需要来自募捐者的信任，因为没有人会真正为他的捐赠资金的实际去向负责，虽然学校会陈述或展示对捐赠的感激之情。从这个故事中我们还可以看到大学教授会所表现出的信任，本来大学教授会应该讨论这位科学家是否符合伯克利的聘任标准，而不是通过经费谈判或委托的方式让他获得这个职位。我想大学教授会能够默认这个任命的主要原因是他们对竞争卓越的一致认同以及他们对大学在全国范围内享有的声誉的共同的自豪感，声誉在大学里是一股非常强大的力量。我们可以看出在大学中权力和权威可以集中在分校校长手中很长一段时间，足以让他提高学校的声誉，提升学校在同类院校中的学术地位。而这也是大学自主功能的一个体现。加州大学一定程度上说是公立教育机构，但在更大程度上又表现出私立法人实体的特征。我们所谓的治理在很大程度上就是为了让它保持这种状态。

关于行政管理的规模，支撑大学的人员多样性和大学自治

我一直在讲关于弱化大学内部、大学和周围的环境，特别是同州政府之间有组织的政治争端。但是如果事实如此的话，这些行政管理者在做什么呢？按照欧洲的标准，加州大学行政管理者的数量是巨大的，单单在总校校长办公室就有大约一千名雇员，还有更多的人分散在每所分校。这里有几个答案，其一是，与科学和高等教育相关的政府各部（包括财政部）在我们这里是设置在大学机构之内的，而在别处这些人可能是政府行政人员或者是管理者，在我们这里却属于大学雇员。

另一个原因能更好地解释这个问题，我只需要指出社会中的那些对大学有着真正兴趣的社团和组织，它们是大学支持系统的一部分——它们为大学提供资金或提供政治支持，或两者兼有。我们重新审视这些社团和组织，请记住大学正在雇用许多人来处理大学和这些组织之间的关系。这些组织的名单包括：州政府、市政府、联邦政府的各个不同、彼此不相关的部门和机构，大学的大型而重要的校友会，代表着相当数量的加州大学非学术职员的工会联盟，每年向大学捐赠大量款项的基金会和友人，其他学术组织，给大学颁发认证的认证机构，还有同大学有着越来越重要和日益增长的联系的商业公司。以上只罗列了名单的一部分，当然我们也不应该忘记那些为了真实

或者想象的冤情而把我们告上法庭的个人和团体，为此大学需要雇用大批律师为学校辩护。我们利益的多样性，大学和社会中其他部门，以及政府的关系，特别是我们财政经费来源的多样性是大学自主的关键，这也是为什么大学管理人员的数量多和人员构成多样性的原因。①

加州大学治理的 "失败"

第二次世界大战以后，至少有四次事件使人们强烈感觉到在大学内出现了外部政治。第一次是在 20 世纪 40 年代末期和 50 年代早期，强烈的反共产主义期间，当时校长和大学董事强制大学教师宣誓不是共产主义者，并签字为证。然而，却遭到了教师们的反对，许多著名学者和科学家宁愿辞职也不愿意宣誓，还有一些没有签字的人被大学解雇②。这个特别的宣誓后来被撤销了。第二次是 1967 年，在州长罗纳德·里根（Ronald Regan）的压力下，董事会解雇了科尔校长，里根对科尔不满的原因源于"自由言论运动"③。第三次是在 20 世纪 80 年代和 90 年代，许多的教师敦促董事会结束对在利沃墨尔和洛斯阿莫斯的两个国家实验室的管理，但最终没有成功，因为这两个实验室从事与核武器和其他常规武器的设计研究。第四次是在 1995 年 7 月，董事会作出决定在学生录取和学术任命方面停止给予特殊种族和民族群体以优先政策。④

所有这四次事件，都带有强烈的政治色彩，这种政治色彩是由强行进入大学的社会问题引起的。在第一次事件中，教师面临着董事会、高级行政管理人员及外部的压力，但是由于教师的反应不同而分成了两派。在第二次事件中，解雇科尔引起了支持他的教师的强烈反响。在其他的两次事件中，教师几乎被均匀地分成了两派，现在可以肯定地说，在全部四次事件中，我所描述的治理过程都没能使大学免受外部政治情感和压力的直接影响。对大学

---

① Though there are legitimate questions about whether it has to be quite as big as it is.

② David P. Gardner, *The California Oath Controversy*, Berkeley: University of California Press, 1967.

③ Verne A. Stadtman, *op. cit.*, pp. 487 – 493. The story will be told in detail in Clark Kerr's forthcoming history of his own service to the University of California.

④ One perspective on these events can be found in Martin Trow, "A Divided UC Faculty Seeks a Path to Consensus on Affirmative Action, " *Public Affairs Report*, Institute of Governmental Studies, UC Berkeley, Vol. 37, No. 2, March 1996, pp. 9 – 13.

产生的长期伤害，表现在最关键的问题上就是这些事件在这所大学内部，在董事会和校长之间，在管理人员和教授会之间导致的信任危机：一种以"共享治理"为核心的，通过非正式的安排与磋商才能够实施的。我个人的价值判断是，有关"宣誓"的争端，更加剧了大学中对董事会和校长的憎恨，这种憎恨只有在很长时间以后，当校长和大部分与之有关的董事会成员离开后才会消除，但结果可能加强了加州大学在面对外部压力时的自主和学术自由。开除科尔很明显是由于州长个人对科尔校长的敌对引起的外部粗暴干涉，这引起了大学内部的普遍不满，因此这一事件对管理几乎没有产生什么不好的影响。实际上对于宣誓的争端，反响是如此强烈。当时应该采取政治动议解雇校长使人们可以以此为鉴。至于由工程师和科学家发起的迫使大学结束对两个国家实验室管理的活动是通过大学治理的正常程序进行的，就我个人的观点来说，这对大学的整体学术气候没有多少影响，特别是在冷战结束以后，两个实验室的工作开始转向民用项目的开发。① 最后，关于"平权行动"的辩论在大学内仍在继续。它对大学内信任氛围的影响可能比其他几次事件更深远。各方都积极努力修正由于 1995 年 7 月董事会的决定对大学治理程序所产生的恶劣影响。但是还要几年之后我们才能对争端带来的影响作出全面的评估。

结　论

我曾经建议过大学治理的核心功能应该是抵御外部党派的压力，允许大学有选择性地作出反应，而且尽可能从大学内部排除党派政治。这种努力的目的是为了保护大学的自主权，保护大学自己作出决定的能力，无论是在智力上还是在物质上，都能自主治理自己的生活。加州大学的治理和行政管理的目的都是为了尽可能保证大学在内部可以作出重要的学术决定，并尽可能让学校在自己特色的基础上，通过我们称为"共享治理"的方式服务于竞争卓越。不论是为了第一种目的还是为了第二种目的，我们不会永远成功。由于这些令人戒备的防护性原则，我们甚至不敢肯定这些令人羡慕地加以保护的原则未来可能会是什么样。但是可以肯定地说，那些就是我们追求的目标和原则，我们通过它们来治理大学，无论从何种意义上讲，即使在不久的将来我们仍然会通过它们来治理大学。

---

① This controversy should perhaps not be labeled a failure of governance, but is included as an example of the intervention of national political issues directly into the life of the University.

十一 加州人对学术自由的新定义[①]

Californias Redifine Academic Freedom

【摘要】

这篇命题文章探讨了加州大学教授会对学术自由的新规定和对教学中存在的潜在争议或政治问题的新政策。文章认为，新规定没有充分考虑到对学术标准的不利影响。以前的大学政策是，教师不能利用教学来"影响"或"改造"学生；而新规定则把这一权力交给教师，相信教师的"能力"，允许他们向学生兜售自己的政治观点，而没有建立任何非偏见性的教学实践指导规则。

2003 年春，加州大学校长理查德·阿特金森向加州大学教授会提交了一份修正案，该修正案是关于大学教师在课堂上如何处理政治上和学术上有争议问题的若干规定。现有的这方面规定即大学教师"学术人事守则"（Academic Personnel Manual）010 号（APM，010）是在 1934 年，罗伯特·乔丹·斯普若尔（Robert Gordon Sproul）任校长时期制定的，现在阿特金森校长用大学教师"学术人事守则"（APM，015）取代了"学术人事守则"（AMP，010）。新规定内容如下：

> 大学旨在追求知识、传播知识，并在寻求真理的过程中培养学生。任何改变或企图进行的改变都是渎职。大学行使这一功能时，不可避免地会涉及政治、社会或宗教内容，教师要进行仔细审视和分析，而不是一味说教；更要避免武断下结论，要不作价值评判，要直面事实本身。
>
> 大学建立在对智慧和知识的信仰之上，它必须保障自身的独立自由，必须维护真理，驱除谬误。它的职责是为那些理性智慧而不是感情

---

① This paper from Research & Occasional Paper Serioes：CSHE3. 05，http：//cshe. berkeley. edu/. Also published in *Academic Questions*. Summer, 2003, Vol. 16, No. 3, pp. 36 – 48.

用事的人提供解决问题的环境。大学自由的本质是有能力的人在课堂上的自由。为了保护这种自由，大学有权阻止无能的人或把自由当做鼓吹平台的人滥用大学声誉。

　　阿特金森在对提交给大学教授会的那份建议书中论述道：现有规定已经"不合时宜"，在解决加州伯克利分校课堂中有争议的问题时，它显得"毫无用处"。该建议书初稿是由伯克利分校法学教授罗伯特·C. 波斯特（Robert C. Post）应校长之邀而起草的。提交的修正案已经在 2003 年 6 月份大学教授会中的学术委员会（Academic Council of the Senate）会议上获得通过，并在 2003 年 7 月 30 日提交到教授会代表大会（Assembly of the Academic Senate）通过。修正案被称为"学术人事守则"015 号（APM，015)，具体如下。

"学术人事守则" 010 号修正案——学术自由

　　加州大学致力于坚持和保护学术自由的基本准则。这些准则反映了大学使命的本质，即发现知识、将其传授给学生和更广义上的社会。学术自由的准则是保障探索和研究的自由、教学的自由、言论和出版的自由。这些自由使得大学在课堂内外能够发展知识，并有效地传授给学生，传播给公众。大学也致力于培养学生独立思考，而这些只有学生和教师在学术探究和专业伦理的范围内，在课堂上能够自由表达各种观点时得以实现。学术自由的实践促使教师在进行教学、学术科研或以教师身份从事其他活动时应有的职业关怀。这些职业关怀的基本内容在教师行为规范（The Faculty Code of Conduct）中有充分体现（APM，015）。

　　学术自由要求教学必须只能按照专业标准进行评估，以保持大学追求真理和形成知识。这些标准的内容和性质，必须由专业领域内的专家和权威群体作出决定。教授们运用这些评估标准的能力通过大学与董事会的议事规则加以认证。在大学董事会的议事规则中建立起一个位于行政管理和教授会之间的共同治理系统。学术自由要求教授会对于学术标准负起主要责任，教授会要完全符合专业标准地行使其职责。

　　作为大学雇员的教师受到美国联邦宪法（Constitution of the United States）和加利福尼亚州宪法（Constitution of the State of California）的充分保护。这些保护也囊括了大学教师学术自由中的任何权利和责任。

3月12日，阿特金森校长在教授会代表大会上报告了对2002年秋天伯克利分校有争议的写作课程的审查过程。显然，已有的对学术自由的说明没能解决目前的问题。这门备受质疑的课程"巴勒斯坦抵抗运动下的政治与诗歌"（The Politics and Poetics of Palestinian Resistance）是一门巴勒斯坦诗歌写作课。该课程大纲中写道"思想保守者应寻求其他课程"，这种排他性的要求对大学来说是无法接受的。而在大学之外，人们对于这门课的内容也有广泛的讨论。讨论中渐渐明朗的是，人们开始认识到这门课程只是致力于表明巴以冲突中巴勒斯坦的观点，它并没有义务去教授同一问题的多种观点和事实。但"教师在多大程度上把个人的政治观点融入到课程当中仍是个争论"。根据现行的大学"学术人事守则"010号，探讨巴以冲突与"客观中立"的要求是相悖的。所以，对这门课的异议不仅因其狭隘的排他标准（已经被修正过），也因其对有争议的问题所作的处理。新的修正案对处理加州大学课堂上类似事件进行了新的规定。现在，教师可以按自己的想法持有任何偏见，他只受制于自己的判断。而这确实能让修正案在解决有争议的问题时"更有用"，即让教师跳出论文堆，挑战他们的偏见。这一点如果按"学术人事守则"010号规定是无法实现的。

对"学术人事守则"010号的另一个重大修正是加州大学的教师们基本上不太了解此规定，在实践中也忽视了此规定。因此，如果不在大学里普遍推行，修正案只是在理论上符合普遍的做法而实际并没什么用处——这也许就是校长所说的现有规定"不合时宜"的原因。但是新的修正案不再对教师课堂教学中教授内容的"客观性"提出硬性要求，而是根据教师的能力在非常宽泛的范围内允许教师提出相对合理的解释。

这个对教师"能力"的规定并无实质性的内涵，加州大学所有教师在教学上都理所应当是"有能力"的，只要看看学校的聘任依据就明了了，都是依照学术教师任用和提升的严格程序来进行的。所以提及教师的"能力"根本就没什么标准，它根本就没有将教学排除在正式的学科能力之外。我们都知道，寻求知识和真理，必须超越学科界限，寻求一种学科观点与另一种学科观点之间的关系，这一能力要求是跨学科的，一个教师如果能够做到跨越学科教学，他将会得到加速提升或当选为年度教师，而不是受到责难。

用"学术人事守则"015号代替了"学术人事守则"010号，我们将得到什么或者失去什么？

1. 首先，与目前的讨论相反，原来010号中并没有规定禁止教师对讨论的问题发表自己的看法，也没有阻止教师在课堂上传播自己的观点。所谓的"客观中立"是要求教师在教学中的一种道德责任，要让学生意识到同一个问题存在着多种看法和观点。教师有义务让学生意识到我们所谓的"消极依据"、想法、争论和知识，正如马克斯·韦伯在其经典论著中提及的——"【教师的】党派立场是不合适的"。他这句话的意思并不是指教师与党派的正式关系，而是认为任何政治倾向和思想偏好都有可能影响到教师在课堂上呈现教学内容的方式。

韦伯或是任何其他大学教师，也许能够理解这一点，要让教师在教学中掩饰他们自己的偏好是不太现实的要求和期望。的确，韦伯认为教师自身的价值观和政治立场影响研究课题的选择是完全正当的。而一旦选定了某一个研究课题，他们有发表与研究相关见解的自由，但是，他们不能排斥其他人的意见。而且相对的是，他们有责任将多种不同的看法传授给自己的学生。在"一战"刚结束时，战败的德国民族主义情绪高涨时期，韦伯写道，许多德国学者利用自己的讲座宣扬政治学说，他强烈谴责这种将课堂当做政坛的做法。韦伯提醒教师要区分自己作为学者的天职与作为政治家两者之间的不同。政治家是希望自己的观点越有说服力越好，而对于学者，他应该有自己"神圣的责任"——让学生了解关于同一个问题的多种不同的看法，包括向学生展示"不适宜"的事实和与事实相关的争论。而这些正是修正案"学术人事守则"015 号中不再对加州大学教师要求的。

2. 大学里很少有人会关注由"学术人事守则"015 号替代"学术人事守则"010 号的事，因为只有那些自身无法面对一些"消极依据"的学科才会想到这些问题，对于那些不存在这样问题的学科是不会关注的。这些学科包括所有的科学、数学学科和以科学/数学为基础的专业学科，这些学科最终都要建立在实验或以实验为基础的方法上。这可能有助于解释为什么校长的修正案可以很快地在教授会上通过，因为学者群里对此反响甚微。这个修正案与一些政治意味较浓的课程相关，也将应用到诸如"巴勒斯坦抵抗运动下的政治与诗歌"这样带有政治色彩的课程中。

3. "消极证据"的问题十分尖锐，"客观"的责任都落在了教师的肩上，又因为他们无法借助于实验传统和量化数据进行证明——就如软学科社会科学和人文学科这样的学科。在对待自己的学科发展过程中，软学科社会学科与人文学科形成了一套自己的策略和衡量机制，保证对研究对象的客观性——不是出于高尚道德伦理的考虑，而是出于一种不限制个人偏见和喜好的普遍认识，这一规则将迅速成为证明正确观点的工具，而不是寻求对有争议问题更深、更广的理解。在这种情况下寻求真理变成了武断的牺牲品，即真理已经被发现，所需要做的就是有效地教学和示范。事实"证据"只是被用来证明某一观点，而不是用以检验某一观点。

如此态势对于一个学科的发展来说代价是巨大的：学术群体的公信力丧失、学生和有潜质的学者失去方向、学科地位和学术权力在学术界普遍下降。在此一一列举势必招致反感，读者心中自有分寸。

4. 大学里关于课程客观性的问题只涉及少数学科，这一事实说明了为什么修正案没有引起很多人的反对——实际上科学家们对于"客观"问题的争论一直是困惑的。因为在科学领域大量机械设备用来证实、发现和纠正错误，但不是思想意识形态上的错误。科学家当然知道用意识形态驱动科学的代价，就像纳粹德国和苏联发生过的事：科学家们都知道，李森科（Lysenko）和他的追随者们实践了所谓的斯大林主义生物学——这些都被当做马克思主义物理学和数学的笑话。所以，大学里的多数学系对于建立在非实验和非数学基础上的学科保持客观性的问题并不十分了解。

过去，这些脆弱学科的教师们会努力保护自己免于政治化，但是也有一些处于政治从属地位的"急于投身（政治）"的教师们独自在课堂上采取了各种各样的方式，表现如下。

- 研究生的社会化。这通过感知、阅读和他人的示范得以完成。韦伯的名言在书单中、在演讲厅和研讨室里清晰可见，在教师对学生的论文初稿中和学期论文的评语中显得格外有分量。
- 在软学科里最大限度地利用实验的方法。比如，调查研究中的随机抽样和量化。
- 教师们努力要求学生读一些能够呈现与自己观点不一致的看法和争论。
- 形成邀请客座教授的习惯，尤其是邀请那些与教师本人观点相反或至少有所不同的教授。
- 在系的层面上，在聘用新教师时，会关注那些具有不同的社会/政治/道德/伦理视角的人，以此，确保学生如果不是在同一课程中，在不同的课程里也能听到不同的意见。

坚持韦伯教学观的人未必比那些同意"学术人事守则"015号规定的人道德更高尚。正相反，按照韦伯的要求，容忍教师在教授有争议的或政治性的问题时，让教师表述他们自己对问题的看法。那些接受韦伯要求的人——

展示消极证据和立场，而这立场与个人的"党派立场"又不相一致时——
才能从研究和教学方法的局限中，说明自己的观点。这迫使他们自己不得不
以上述提到过的方式去面对尴尬的局面：就是教师向学生们只是展示了部分
观点，而没有穷尽其他观点。在某种程度上，例如，研究者为某一问题研究
或做访谈，要设定选择人员的程序，然后根据程序选择人员进行访谈，研究
者更可能是通过这个研究获得结果，而不仅是使用结果来证明他已经知道的
事实。在课程设计中，教师可以决定涵盖这一领域的专家、研究者的研究著
作，这些著作或研究带有教师的个人偏见，敏感性和他要如何限制偏见的方
法。这在很大程度上取决于教师是否感到自己有责任去平衡自己的研究喜好
与他人的喜好。

　　这一职责在"学术人事守则"010 号规定中有所体现，但在"学术人事
守则"015 号规定中却消失了，这使得教师在选择任何代表性的材料时，都
不再遵守这种所谓客观性和合法性的要求。教授会在文本脚注上说明对
"学术人事守则"015 号的看法揭示了其意义和意图：

　　　　尽管合格的学术训练要求推理实证，但这并不意味着教师想急于确
　　定一个明确的观点就表明教师不够专业。这意味着教师必须运用专业标
　　准去探究知识、形成自己的见解，而不是屈从于外界诸如金钱和政治等
　　压力和非法激励。合格的教学能够经常地对重要的有争议的问题传递明
　　确的、政治鲜明的观点。

　　新规定的一个核心问题不在于教师在课堂上传授的内容，而在于他/她
对于内容如何形成自己的观点。如果他应用"探究知识的学术标准"，且不
受"金钱或政治"压力的困扰，则合格的教学能够对"重要的有争议的问
题传递明确的、政治鲜明的观点"。教师没有义务告知学生有其他不同的观
点，具有那些不同观点的学者也同样是"合格"的教师。这些持有不同观
点的教师对于同一问题同样"急于提供明确见解［虽然有所不同］"。
　　但是，即使一门课程缺乏多元化视角，学生在其他教师的课堂上如果遇
到同样或相关问题，不也就会接触到其他视角吗？视角的多样性不正是由学
术中政见的多样性所保证的吗？
　　《美国企业家》（*The American Enterprise*）对一些知名研究型大学的社会
科学和人文科学的教师的政治取向进行的调查表明，这些学系里存在着严重
的偏见——缺乏政治的多元化。研究者走访了 21 所院校的选举委员会

（Boards of Election），包括康奈尔大学、布朗大学、哈佛大学、宾夕法尼亚大学、斯坦福大学、锡拉丘兹大学、加州大学伯克利分校、加州大学洛杉矶分校、纽约州立大学（宾厄姆顿）和科罗拉多大学等。他们调查了了不同学科教师的党派状况。研究者认为，即使某些区域登记记录有限，毫无疑问，他们的统计描绘了美国研究型大学人文和社会科学的总体政治图景。

此项研究将党派分为左右两派：右派的共和党或自由党，左派的民主党、绿党以及其他左派政党。在康奈尔大学，他们发现英语系中只有一名右派人士，而其他 35 名都是左派。在康奈尔大学历史系，他们发现没有人是右派人士，29 人全是左派人士。在哈佛大学，研究者发现政治科学系有一名右派人士，而有 20 名左派人士。几乎同样的情况出现在经济学和社会学。在加州大学圣巴巴拉分校的五个系中，这个比例是 1：72。最保守的数字是在斯坦福大学经济学系，那里 28 人中有 7 人（占 25%）属于右派。

如果在此我们仅仅呈现加州大学的研究结果，我们发现加州大学四所分校中人文和社会科学的教师的政治倾向分布如下：

	左派（人）	右派（人）
加州大学伯克利分校		
经济学	20	3
政治学	24	4
社会学	15	0
加州大学洛杉矶分校		
英语	29	2
历史	53 –	3
新闻	12	1
政治学	16	1
女性研究	31	2
加州大学圣迭戈分校		
英语	28	4
历史	26	1
新闻	11	0
政治学	27	0
社会学	7	1
加州大学圣巴巴拉分校		
英语	21	0
历史	28	1
新闻	8	0
政治学	13	0
女性研究	2	0

　　研究型大学的学者对以上结果毫不惊讶。在任何一所美国知名的研究型大学都能发现相似的情况——包括康奈尔大学、哈佛大学、斯坦福大学和布朗大学——同样也包括那些从这些学校聘请了不同比例研究生的知名博雅教育学院。在一些二流的研究型大学如科罗拉多大学和新墨西哥州立大学也存在着类似的情况。

　　美国大学和社会存在着一种约定——约定体现在现已作废的"学术人事守则"010号规定中，即"大学的功能旨在追求知识、传播知识，并在培养学生的过程中揭示真理或事实的真相。任何改变或使其改变都有损此理性职责。大学行使功能时保证这一点是非常重要的。要考虑政治、社会或宗教运动，需要对它们仔细审视和分析，而不是一味地教学，而忽视结果，忽视规模，仅直面事实本身的逻辑"。尽管许多学科的许多学者不接受（甚至不知道）这项道德义务，甚至也不了解或者反对它，但我相信，与其他国家的学术相比，对美国的大学，社会上仍然有人承认这种约定的有效性，并以此支持大学。这些约定在不同时代、不同州和不同院校受到不同程度的尊重，它是确保美国学术和研究型大学学术自由和大学办学自主权的基础。如果放弃这一约定或社会承诺，让位于学者专家的个人偏好，而他们的政治倾向又和社会的政治倾向分布如此不一致，则大学与社会的这种基本约定，即教育最有能力的年轻人而不是"改变或让他们改变"，危在旦夕。如果大学把这一责任交给缺乏政治代表性的学术群体传授他们的政治观点而又不要求向学生提供不同的观点，而是"急于致力于一个明确的观点"且"有能力"把握其他观点时，大学之外的人就会怀疑在一些学术科目和学系里，或许在教学里会有更多教条式的灌输而不是教学。大学与社会先前建立的约定关系将会被打破，由此付出的代价也许会慢慢显现。打破约定的后果在一些社会中已经有所体现，根据当时政府的意愿来更直接地管理学校，社会收回对大学的信任。这将是一个很大的代价——也许甚至是最高的代价——大学会因教师"急于致力于一个明确的观点"，而为其自大与傲慢付出更大的代价。如果这个问题建立在这样的假设上，那么教师就不再需要追求真理，因为他们已经用自己的观点代替了真理。

　　应该在大学里对"学术人事守则"015号代替"学术人事守则"010号进行更严肃、更广泛的讨论。

后　续

　　本文讨论的"学术人事守则"修正案在2003年7月30日加州大学教授

会代表大会上以压倒性的 43 票比 3 票得以通过。这并没有什么可惊讶的，教授会代表大会不太可能反对教授会学术委员会提出的议案，因为加州大学教授会中的学术委员会是加州大学教授会的有效法人。其成员主要从事政策评述和起草立法草案等具体工作。教授会代表大会仅是一个更大的选举机构，每年开一到两次会议，主要是为加州大学教授会学术委员会和加州大学校长提供一个机会或平台向更多的教授会成员发布信息和政策。然后教授会代表大会成员再将这些信息带到各所分校。另外，教授会代表大会成员也向教授会学术委员会和校长提出各种他们所关心的问题，但他们通常不会对已经作出的决定产生什么影响。

再者，对大学"学术人事手则"修正案的批评意见，包括对"学术自由"的看法，和对"学术人事手则"修正案的修改意见，从来就没有出现在教授会代表大会日程上。除了可能在网络上了解相关的评论，或者可能通过教授会代表大会主席（Chair of the Council of Academic Senate）听到一些反对的意见外——值得一提的是，教授会代表大会主席是修正案强有力的支持者，他不太可能强迫代表大会成员提出批评意见——代表大会成员可能都没有听到关于这一修正案的任何争议，所以，他们也不可能决定推迟修正案的通过，以便让更多教授会成员发表他们的看法或意见。

我们这些对修正案有异议的人不希望课堂上的行为会被大学的法令所改变，因为所有一切事物最终都受到学术自由理念的保护（除了那些恶劣行径，如不让有保守倾向的学生上某一特殊课程）。"学术人事守则"修正案中有部分内容与教师在课堂上的行为有关。如果说有任何影响的话，在"学术人事守则"的叙述中大学希望教师在课堂上有正确的或适宜的行为标准。正如我们在声明中所强调的那样，教授会（加上大学）已经形成了在课堂上什么是正确的和合适的行为的共识。我对"学术人事守则"010 号修正案真正的理解是，如格特鲁德（Gertrude Himmelfarb）所写的整个社会"非道德化"，它将课堂上正确的行为标准从道德责任转向允许和要求学生看到在大多数问题上不止有一种视角，尤其是在人文科学和软社会科学，甚至在某种程度上也体现在自然科学和物理科学上。原则上，教师应该担负起这样的责任。不论在实际操作中是否得到执行，大学希望教师要肩负起上述责任。这一责任在"学术人事守则"010 号中也有明确的表述。但是新的"学术人事守则"修正案去掉了责任的意识，即以能力为导向的向学生提供不同的看问题的视角。除非必须，教师不必那么做了。修正后的"学术人事守则"对于教师教学，不再有任何所谓正确行为的准则要求。这就从行为规范转变到依赖于教师的技术专长和教师的专业能力上了。

此外，正如我们在声明中所指出的，教授会的领导层忽视了这一修正案提出和通过的背景，即人文社会学科学者中政治倾向的巨大不平衡。在上面的分析中，我们引用了一项研究，对加州大学的四所分校——伯克利、洛杉矶、圣迭戈和圣巴巴拉的394名教师进行了调查，其中，371名教师注册为民主党或绿党，而与此形成鲜明对比的是，只有23名共和党和自由分子——即有超过94%的教师持有左派取向。这不仅仅是社会学的特例，虽然人们通常会认为在社会学系里左派占主流。在社会科学的代表性科目如政治科学，四所分校的政治学者政治倾向的比例是80名左派对5名右派，即94%的人是左派。在这种教师政治倾向如此缺乏多样性的情况下，可以想象教授会（和校长阿特金森）就不得不退一步看问题了。如果教师政治倾向不能够多元化，在课程教学中他们还能够鼓励多元化的政治观点吗？他们显然没有考虑到教师的政治观点可能会体现在课程中，只有当教师感到自己肩负起公正的理念时，感到自己有义务教授各种观点而不仅考虑个人的政治信念时，才有可能避免教学中的政治倾向。这样的教师是少数的，而且随着退休人员的增加，数量会越来越少。而教学已经不再属于大学教授会"学术人事守则"中所规定的教学本质中的道德范畴。

同样具有讽刺意义的是，教授会代表大会后没几天，一个检验大学处理那些看来是常识性的违背规范的、缺乏论据和缺乏对真理的忠诚的学术事件"浮出水面"。加州大学伯克利分校的一名阿拉伯女学生参加暑期课程，在一门阿拉伯课程开始时，她举报说，她的教师在课堂上对学生说他相信一群犹太人要毁灭世界的"备忘录"是绝对真实的，而且它的确是由犹太人写的。而当这位教师受到学生的挑战时，这名学生说，这位教师向大家保证，"他百分之百地肯定是犹太人写的"。

当人们质疑大学对教师教授这种明目张胆的反学术谎言的态度时，学术委员会的一名高级官员表示，大学"学术人事守则"并不适用于研究生导师，而这门课程的教师就是一名研究生导师。另外，学术委员会领导以"学术自由"之名为之辩护道：

> 我一直认为这些"备忘录"是一个骗局，但是在这个问题上我并不是一个专家。而坦率地说，我认为有许多社会科学理论纯属无稽之谈。我想这也是学术自由的一部分，杂乱的一部分……我们每个人都有自己格外偏爱甚至"过度"的部分。

我想，在加州大学的课堂里没有任何谎言和歪曲会严重得以至于都无法在“学术自由”、“能力合格”和带有强烈感情色彩的教师——即使是研究生导师的框架内，加以辩护。在大学“学术人事守则”修正案中，明确地拒绝了以下内容：

> 大学旨在追求知识、传播知识，并在寻求真理的过程中培养学生。任何改变都有损此公平职责。大学行使功能时，如果必须考虑政治、社会或宗教运动，学生则需要仔细审视和分析，而不是一味被灌输；要避免下结论，要不作价值评判，要直面事实本身的逻辑。

校长删除这些话的理由是，它们已经“不合时宜”。大学抛弃了教学的责任，取而代之的是教师们个人对“混杂的学术自由”的理解。加之，我们每个人都有自己甚至有些“过分”的偏好。

十二 领导力与学术改革：
伯克利生物学①

Leadership and Academic Reform：Biology at Berkeley

【摘要】

　　本文主要关注加州大学伯克利分校（以下简称"伯克利"）生物学科重组的问题，此次重组始于 20 世纪 70 年代末和 80 年代初，到目前为止（2000 年）大部分的重组工作已经完成并实现了制度化。这一重组初始于对伯克利校长和副校长②的任命，关键是要任命能够从事改革，并能够带领当时伯克利已有的一批杰出生物学家规划并实施伯克利生物学科改革。凭着事后的观察，我将提出以下几个问题：是什么导致了这所著名研究型大学的这一重大改革？改革引起了哪些真实的变化？真正推动改革成为现实的关键动力是什么？如果有的话，改革对于美国以及其他国家大学的意义

　　① Forthicoming in J. Rogers Hollingsworth, Ellen Jane Hollingsworth, and Jerald Hage, editor. The Search for Excellence：Organizations, Institutions, and Major Discoveries in Biomedical Science, New York：Cambridge University Press, 2003. Portions of this paper were originally published as "Leadership and organization：The case of biology at Berkeley," in Rune Premfors, ed. , Higher Education Organization, Almqvist and Wiksell International, Stockholm, 1984, pp. 148 – 178. This paper reports substantially new materials about the biological sciences at Berkeley during the entire period between the late 1970s and the present with new interpretations. I much appreciate the help of Professor Daniel Koshland in reconstructing the events summarized here, and to him and Professor Beth Burnside for critical readings of drafts. I also appreciate the editorial help of Rogers and Ellen Jane Hollingsworth. My thanks also to the Berkeley's Institute for Governmental Studies for general support of my work during this period.

　　② Professor Roderick Park, Vice Chancellor at Berkeley during the first great reform, was, in partnership with Professor Koshland, a prime mover of the reorganization. He was himself a biologist, and knew many of the actors in the reorganization effort. Without his strong commitment the reorganization would not have been possible. The strong personal friendship between Park and Koshland which developed in connection with the reorganization was a significant factor in its success.

何在？

大学的领导力

我的主要研究视角都是围绕着高等教育中的"领导力和组织"问题。领导力意味着处理事情的能力。如果在这一问题上存在普遍共识的话，那么，在高等教育机构，尤其是在大学里，领导力是很难得到发挥的，因为高等教育机构本身的性质及其与外界社会的关系，使得学校的校长、副校长、院长以及其他领导者不可能完成任何具有重大意义的事务。据研究，在所有发达国家，高等教育机构中领导力薄弱的问题在不同的国家和不同的环境下存在差异。原因至少源于以下三个方面。

第一，学术界知识的高度分化使得大多数有效权威和权力位于大学的底部，如院系或者教授们的手中，这导致了大学领导力的匮乏。大学是知识的殿堂，学习的科目通常都是高度专业化的，是非常深奥的，学科才是"组织最为重要的基础"。于是就产生了"一个大学型的（University-typed）组织，它是一个由很多并行的专业化的'细胞'以及小部分高层协调组织组成的，这些'细胞'在运作层面保持松散的联系"（Clark，1983b，p. 17）。底层部门的中心任务是实现教和学，以确保中间层或衍生层机构管理的角色。在这样的机构中，"通过加强学科和专业领域的中心地位和分量来实现'底部优势'是最普遍和最典型的变革方式。既然任务和权力都已经高度分化了，就很难实现全局性的变化……对学术变革最大的错误预期就是认为改革可以通过自上而下的操作实现。相反，如果改革以自上而中间再到底层，拐弯抹角（zig-and-zag）的调整不正确的尝试和错误的开端，通过这些方式使改革的意图渗透到变革的过程中，结果是收效甚微。"（Clark，1983b，p. 114）

第二，可以这样认为，机构内部活动的多样性和它们在社会上功能的多元化使学院和大学变得极其复杂，这使得那些机构从本质上无法管理。在这样的情况下，大学领导者充当的角色很大程度上只是象征性的，只是在处理那些缺乏协调和理性的突发性事件时表面上看起来像个校长——说句不好听的，"决定"的合理化是由许多活动产生的影响积累而成的，只有少数活动是由校长们本人决策的。从这点上看，詹姆斯·马奇（James March）和他的同事们认为，学院和大学是典型的"有组织无政府机构"（organizational anarchies）。其特征是不清晰的目标（unclear goals），不明确的方法

（unclear technology）和流动性参与（fluid participation）。在这些机构中，通常是通过"垃圾箱决策过程"（garbage can decision processes）回避了问题而不是解决了问题（Cohen & March，1974，p. 2）。缺少明确的目标或领导的直接后果是"要求组织协调才能启动的事情总是无法开始，需要组织协调才能结束的事情总是结束不了"（Cohen & March，1974，p. 206）。

如果不能通过正确的领导使大学向前发展的话，那么他们的观点就是正确的。

"校长是虚幻的。经过密切的观察后就会发现，校长这一角色的重要作用已经消失了。特别是，大学里决策大部分问题和选择的程序都是不协调的，这使得校长的角色变得更加零散和具有象征性，而不是变得更加重要"（Cohen & March，1974，p. 2）。

他们认为，公立大学校长在这方面的能力尤其脆弱：

"公立大学造就了缺乏预算能力的校长。公立大学的校长必须与立法机关或一些中介机构协商大学的运行预算拨款，同时还要在各个部门之间协调财政预算的配置。这两种协商的同时性和大学的公立性严格限制了校长。"进一步说，"在很多大学，尤其是在较大的学校，校长在学术政策方面并没有什么发言权"（Cohen & March，1974，pp. 102 - 103）。

第三，很多国家教育系统中的重大决定都是以民主化、增加入学机会、可预见性、行政管理有效性和社会功能，以及要求机构自主权的名义进行的，如果没有这些，就不存在大学领导的空间。事实上，在对欧洲高等教育系统内部教育决策的讨论中，人们很少讨论大学领导的角色问题，这可能是因为欧洲高等教育机构以及发端于欧洲模式的高等教育机构并没有赋予院校领导太多的权力。许多类似的著作都阐述了中央政府对教育机构进行有效改革的能力，并看到了中央计划机构与处于院校底部的基本单位，如学科和系之间的重要对话。默里斯·科根（Maurice Kogan）使用"管理主义"（managerialism）这一术语描述英国大学的核心领导者的角色，他认为，核心领导者的角色被来自上级的削减预算的巨大压力强化了。但是，他并没能洞察到在日益衰弱的有序管理之外大学校长所发挥的独具创造性的作用

（Kogan，1984）。类似的，杰弗里·卡斯顿（Geoffrey Caston）认为在英国大学里，"领导才干包括向在大学中从事教学、学习或者研究的人员提供心理上的、社交上的以及财政上的支持"。大学就是要维持一个环境，使上述这些活动可以有效地开展，"大学领导的一个重要职能就是'诱哄'那些掌控着社会资源的人们"（Caston，1982）。

从比较的视角来看，有理由相信这些关于学术机构本质的普遍性，和在学术机构内部通过有目的性的领导进行改革存在困难的结论是正确的。但是，高等教育机构有非常多的、非常重要的类型，尤其是在美国，上述结论是行不通的。在为数不多的对美国研究型大学学术规划的案例研究中——20世纪60年代早期的纽约大学就是其中案例之一——维克托·鲍德里奇（Victor Baldridge，1971）注意到：

> "我们很惊奇地发现大学是如何有意识地开始对未来进行规划的。各种争论、事实调查以及委员会工作……一直持续了一年多。在这段时间，纽约大学作为一个组织真正想规划自己的未来，这种讨论在平时是非常罕见的。而这时的纽约大学并不是因为此刻的压力而做出冲动性地回应，而是根据自身的需要作了精心的研究，尝试理性地规划自己未来的发展前景。当然，这可能正如有人预期的那样是在像教科书模式一样的'理性决策'控制之下进行的。但是，这种理性的决策很少在现实生活的组织中发生，大部分现实生活中的组织和学校采取的都是'应付'政策，而纽约大学在规划学校未来发展的尝试上却是一个显著的例外。"

我认为这种规划大学未来的"有意识的尝试"在美国研究型大学中并不是一个特别"显著的例外"，大多数学校并不是靠"应付"政策得以生存的，对研究型大学决策真实案例更进一步的研究会更多地揭示这种理性组织行为。在这里，我只举一个例子。在这个例子中，至少有一所美国大学通过"机构协调的努力"实现了根本性的变革，并且这种变革还在继续。而这一变革的成功需要大学校长（president）的领导力——在伯克利称为"校长"（chancellor）。对于反常案例的研究并不是要推翻普遍的规律，但是这种对反常案例的分析却可以帮助我们确定普遍现象和反常案例存在的条件（Lipset，Trow & Coleman，1956）。这样做，将使我们对一个机制中各个要素之间的广泛联系认识得更加透彻。

伯克利为什么对生物学教学与科研的组织方式进行重大改革?

这个案例取自于最近发生在伯克利历经了近 20 年的改革事件。这一改革事件是关于伯克利应该如何应对生物科学的快速变革。这一问题是世界上所有希望跻身于知识前沿的研究型大学都面临的问题。

在伯克利，1983 年发生的这些事是很平常的，但却引发了一连串的严重后果，那就是，

> "在过去的 20 年中，生物科学经历了一场变革，它改变了我们了解生命体的途径……通过分子研究证明了一切生命有机体中潜在的化学相似性。这一发现扩展并转变了生物化学的功能，使其成为了解一切有机体功能的必不可少的基础学科。其次就是分子遗传学的出现，对遗传密码的理解，利用基因工程打开了研究领域与产业领域之间的边界。第三，细胞生物学作为一门揭示所有细胞结构异同点的主要学科出现。最后，计算机的发展和新的数学程序在这一领域发挥的突出作用，对农学在很多方面的发展有着关键性意义，对流行病学和毒物学等应用领域也都非常重要。
>
> 在这些方面，对生命体的研究已经成熟为一门拥有交叉学科基础的定量学科，失去了过去我们所熟悉的严格的学科界限。"（University of California，1983）。

生物科学领域的这一巨大变革影响到了生物科学的各个领域以及各个分支学科，随之而来的是加快对基因工程技术的应用。于 1973 年开始的克隆和基因测序已经发展出了许多基因研究分支并取得了一些相关研究发现。作为这些发现的副产品，出现了许多应用研究的新领域。在加州新成立了一些致力于应用这些最新成果的公司，在药学、化学、植物学和能源领域一些大的工业企业开始大规模投资于生物技术的应用（University of California，1983）。

在最近的几十年里，由于从事科学研究的科学家人数的增长以及计算机在科学研究领域的影响，整个科学界呈现出知识不断增长的态势。丹尼尔·科什兰（Daniel Koshland）教授——伯克利改革事件的主要推动者，在最近

的一次谈话中指出，科学工作的专业化以及由此带来的出版物、期刊数量的增加导致了知识的不断增长，但同时，这种高度的专业化也带来了一些问题。他认为，造成这种知识增长加速的原因之一就是，"计算机使各种运算变得越来越便捷，人们检索各种资料也越来越方便。因此，现代科学的增长速度就越来越快了。越来越多的成果出版发行，这不是因为这些成果变得肤浅了，事实上，相对于过去的研究，现代论文中包含了更多的数据。我认为知识的这种极大增长及其成果的飞速发展是今后我们都要面对的一个问题。"①

至少在美国，研究型大学一直是这一变革的中心。但是生物科学上的变革不仅仅是制造了巨大惊奇的催化剂和看起来永无止境的重要发现，而每一个新的发现又开启了另一系列研究的可能。与此同时，科学的成功和迅猛发展也为成熟的研究型大学带来了一系列的问题。我所说的"成熟的"大学，是指在生物科学发生变革之前就已经（与其他领域的学科一样）形成了较为广泛的院系组织的大学。除了科学的院系组织，成熟的研究型大学在生物科学变革的初期就已经具备了相当数量的研究实验室、研究设备和仪器。1973 年后的生物科学的快速变革使得大多数大学已有的生物学实验设备和生物学部门组织日渐过时，逐渐成为科学进步的障碍而非帮助。

大多数成熟的研究型大学，在如何回应生物科学迅猛发展这一问题上，都经历了许多困难，无论是在组织上还是在科研设备上。但是，对于 1980 年的伯克利来说，问题显得尤为尖锐。首先，伯克利生物科学团队非常庞大，包括 250 名不同层次的生物学家，这其中还不包含专职科研人员、博士后研究人员、访问学者以及类似的同样属于这个团队的其他人员；也还不包括医学院。加州大学医学院，是一所位于旧金山的独立学院。1980 年的伯克利生物学科大约有 19 个或 20 个不同的系，其中有 10 个隶属于包含了大多数学科的文理学院，这 10 个系拥有 120 名生物学家，而另外的 100 名生物学家分属于自然资源学院的四个大系，剩下的 30 名则分散在不同的专业学院，包括化学、工程、公共卫生以及视学学院（Optometry）。

伯克利生物科学研究和教学院系的分布反映了过去一个半世纪以来科学发展的历史。早期的生物科学集中于生物的分类和发展上，就像进化论所揭示的那样。加州大学伯克利分校成立于 1868 年，比《物种起源》出版晚 8

① From an interview with Professor Daniel Koshland done in connection with the award to him of the 1998 Albert Lasker Medical Sciences Special Achievement Award. It can be found on the Net at http: // www. laskerfoundation. org/library/koshland/index. html.

年。所以伯克利拥有动物学（1870年）、植物学（1890年）、细菌学（1911年）三个学院。农学院的定位更加实用，如昆虫和寄生虫学研究（1891年）与植物病理学研究（1903年）。这些学科基本上都产生于同一个时代。19世纪末遗传学的重大发现产生了独特影响，使遗传学摆脱了生物系而自成一系（如遗传学，1913年）。稍后又创建了生物化学和滤过性微生物学（1948年），以及分子生物学（1964年）。在伯克利，各个系呈现一种类似地质分层的状态，这反映出不同学科间不同的历史视角。所有这些组成了一个不可思议的巴洛克结构（baroque structure），能够容纳一切观点和关联，这是其他机构不可能具备的。但是另一个结果就是这个领域被按照不同方式划分成了不同的系，这就导致了在任何一个系都会产生非常奇特的研究兴趣和活动。同时，这种安排的缺点也日益凸显出来，至少对于一些生物学家来说是这样的。由于分子遗传学的迅猛发展超越了现有系的结构，但是改革前各系之间联系很少，有着类似兴趣的生物学家分散在各个不同的系，彼此之间很难沟通和互相激励。此外，在变革之前，没有正式划分到各系中的一些生物学新兴学科，大学之外没人知道。从更广阔的角度来说，伯克利的一些著名学者并不具有在免疫学、神经生物学、内分泌学、生态理论和应用学、植物细胞和分子生物学领域中的学术声誉，这里仅提到几个最活跃和这一领域中最充满生机的学科。正如当时校外的一个著名生物学家委员会所指出的：

> "近年来，伯克利生物科学的整体声誉已经下降了，这是因为在一些新兴学科领域里该校没能培养出强大的教师队伍。比如，这所学校有大量的神经生物学家，其中很多拥有较高的声誉，但是由于教学人员之间无法实现很好的沟通，而且研究生教育发展不够，从而限制了这些领域的发展。"（External Review，1981，p. 10）

伯克利在这一领域并不缺乏优秀科学家，无论是年轻的还是年长的，但是他们却分散在大学的不同系中，因此在校内他们无法有效地进行合作，在校外也无法获得认可。而且，正如上面这个委员会所指出的：

> "在这几年里，每个系都在招募新的教研人员，因此，每一个系都变成了生物学的一个独立世界，这就导致了部门建设的重叠和兴趣相同人员的分离。另外，从整体上看，这种招聘模式可能导致个体兴趣与急需的教学和研究需求脱钩的问题。"（External Review，1981）

　　同时，这些一直拥有人事政策管理权的系不一定会在其新的聘用中体现生物学的新发展，一些会，一些则不会。

　　所有大学都会面临这个问题，正如 20 年前伯克利开始进行改革时所遇到的问题一样，那就是如何创建一个合适的组织结构和环境，以支持生物知识的快速增长，快速适应由知识增长而带来的专业化发展，同时鼓励跨越现有学科的专业知识。这个问题在某种程度上来说属于组织问题，而在某种程度上来说又属于财政或建筑学方面的问题——说它属于组织问题是因为系之间原有的界限已经不再能描述其成员所从事的实际工作；说它属于建筑学方面的问题是因为旧的实验室和办公场所对于科学家之间跨越传统和新兴学科边界进行非正式交流是一种阻碍。

　　在伯克利，最初人们并不是用这种观点来看待问题的。当时人们看到的是伯克利不对 DNA 结构的发现和由此引发的基础知识和生物工程的发展所释放出来的新的力量进行有效调整的话很可能会导致一系列的后果。而伯克利生物学科的改革正是由 DNA 结构的发现和生物工程基础知识的进步所产生的推动力而引发的。这种征兆，就好比是煤矿中的金丝雀——最有能力的年轻生物学家比例在下降，无论是教师还是研究生，他们接到了伯克利的聘用通知，但是却更希望去其他一流研究型大学，这些大学是与伯克利竞争全国排名和地位的主要对手。吸引最有才能和最杰出的年轻科学家的失败，是伯克利陈旧研究和教学项目的失败，也是因为十多年前伯克利没有及时对实验设备进行更新造成的。

　　提供足够的实验设备成为这所大学面临的首要问题。在 1978 年或 1979年，当时的副校长，也就是后来的校长开始听到生物学家们的抱怨，他们指出学校无法吸引和挽留住那些已经获得聘用的年轻有为的生物学家。这确实是科学和学术领域出现严重问题的征兆，这种征兆会使现状变得更加糟糕。通过与主要生物学家们的公开讨论，当时主要负责伯克利学术工作的副校长首先认识到，伯克利生物科学领域的声誉已经在下降了，而伯克利生物学研究院在 1970 年全国评价中获得的非常高的排名已经不足以说明它目前在生物科学领域的总体位置了。对于一位伯克利高级学术管理人员来说，没有什么比这一点更占据他的精力了，而且我敢说，其他的竞争者也是这样，这比听到某个系正在下滑还要严重。在伯克利，不止一个系而是整个生物科学领域、几个重要分支学科均身处困境而且不断下滑的消息引起了副校长和他的同事们的关注。更重要的是，这一衰落发生在发展最迅速的生物科学领域。比如说，在 1970 年，伯克利两个历史悠久的生物研究领域，动物学和植物学在全国都是排名第一；1982 年之前，在国家对研究生院的科系进行的评估中，伯克利还在这两个传统领域的排名中列第二和第三。但是生物化学在十年中已经从第二名滑落到第四名，细胞分子生物学从第二名滑落到第八名，微生物学从第二名滑落第三十名——差一点就排不上名次了。由于这一连串的打击，使伯克利生物学家保持的成功神话被打破了。伯克利的生物学家们也认为要打赢这场战争，改革是非常必要的。

更加紧迫的、与组织问题密切相关的就是伯克利生物研究场地和设备的质量问题了。屹立在伯克利校园中的那座最大的生物学大楼还是 50 年前建成的；这对于现代生物学的研究来说是远远不够的。1981 年外部评估委员会（Externac Review Committee）观察指出，

> "加州大学伯克利分校的生物研究设备在美国研究机构中是出了名的不达标。这些设备不符合安全规定，即使进行彻底翻修也未必能达到合适的标准。"

> "我们无法知道这种完全不合乎标准的教研设备为教学、科研和教学科研人员的专业发展造成了什么不利影响……加州大学伯克利分校生物学的未来依赖于合格的实验室设备……人们对这种情况已经抱怨了多年，再持续下去将会引来祸患，在校园里，它会影响到生物学科的健康发展。"（External Review，1981，p. 11）

一些设有生物实验室的建筑已经严重失修，成为昆虫和小动物的隐匿之所，这些昆虫和小动物并不是大学用来进行研究活动的对象。

20 世纪 60 年代初期，其他学校都在新建或改造自己的生物实验室，同期伯克利生物学研究实验室的缺乏就显得尤为突出了。不过，没有对实验设施进行彻底改进的主要原因是，当时的伯克利将主要精力放在新校区的建设上面。此外，1956 年伯克利就已经对学校空间进行了评估，并且制定了实验室和办公室大小的标准，而按照这些标准，60 年代早期的伯克利看起来还不差。不过，这些标准受到了生物学领域学者尖锐的批评，他们认为这些标准过于目光短浅，即使在刚刚制定时就已经过时了。当然，这份 1956 年的标准没能反映出伯克利生物学实验室已经发生的衰败现象，也没有预料到70 年代中后期，由于生物科学知识爆炸所造成的伯克利生物学科的加速衰退。

从某种程度上说，伯克利生物科学实验室的这种悲惨状况恰恰成为其改革和重组的一个优势。伯克利的实验设备（也有一些例外）的明显不足是众所周知的，因此更新和升级设备的提议立即得到了各方的一致同意——包括大学系统管理层。在这里，来自伯克利的资金要求都享有优先权，在州政府方面，至少新建实验室的用地首先受到资助。正是因为这种对用地的关注成就了重组伯克利生物学研究和教学的驱动力。

伯克利生物学的重组是怎样完成的？

改革起步

以下是丹尼尔·科什兰（Daniel Koshland）教授对这次改革是如何开始的一些回忆①：

Q：我想问您关于伯克利生物学科重组的一些问题。这次重组的起源是什么？

A：我想是在 1973 年的时候，当时的文理学院院长罗德·帕克（Rod Park）与我和我的妻子在教授俱乐部里品尝鸡尾酒。他非常随意地问我，"目前生物科学的情况怎么样？"我以为他希望得到的是一个常规的回答。于是，我回答道："情况不太好。"他说："这是什么意思？你们所有的排名都非常高。"然后我回答说："资格老的教授确实还在我们系，但是现在的难题是我们无法吸引到年轻的助理教授。"我们面临的问题是双重的：我们没有设备——生命科学楼已经非常陈旧了。其次，我们的一些项目已经落后于时代了，在一些最新的发展领域中我们并不是一流的，比如分子生物学。②

---

① From a conversation between Professor Koshland and Russell Schoch, published in The California Monthly, the alumni magazine of the University of California, Berkeley, December 1991.

② As always in such cases, there was a fortuitous element at the beginning. In a later interview, Professor Koshland confessed that in answer to this question from the Vice-chancellor, his own reply was that on the whole things were all right. He was speaking from his experience as a member of a very strong biology department. His wife, also a Berkeley biologist though in a different department, contradicted him and said quickly, "They are very bad." That led to more questions from then Dean Park, which led to the replies by Koshland quoted from the interview.

　　在与学校内部各个生物学系进行讨论后，人们逐渐清晰地意识到，如果想吸引和挽留年轻有为的教学人员，必须提供新型的实验设备。为年轻学者们提供实验设备所需要的资金可以并且已经通过紧急措施进行筹集，尽管这些任意选择的措施对于这些古董似的建筑存在的诸多问题本身并没有多大意义，而且价格又相当昂贵。为了争取一栋新的生物学大楼，伯克利首先要了解生物学家们正在做什么，他们正在进行哪些研究项目或者正对哪些研究感兴趣，而且，这些信息一定与现存实验空间的充足性有关。文理学院院长——他本身曾经是植物学教授——极力劝说由生物学家组成的专业学院的主要负责人员，希望他们可以联合对本校范围内的在校生物学家列一个清单，这份清单应当按照这些生物学家感兴趣的研究领域而不是他们所属的院系进行组织。这份清单第一次告诉学校的管理者他们的生物学家究竟在做什么，而且这份清单也不经意地指出了伯克利处于弱势和强势的研究领域和子学科。这份清单说明了重新考虑伯克利生物学科组织结构的必要性，同时，也为接下来要进行的同时也是筹划之中的长期规划奠定了基础。

　　这份有关教职员研究兴趣的清单成为了伯克利生物学科改革筹划工作的一个开端。这份清单具有两大特性，同时也体现在本项目其他规划文件中。第一，这份清单提供了有用的内部决策信息和观念，同时也用于证明接下来的规划步骤，对伯克利生物学科状况提供广泛的评价和评估。第二，这份清单的焦点是教职员们的研究兴趣在学科和组织上的分布问题，和他们的研究兴趣是不是恰巧与组织隶属关系相吻合，同时也提供了与计划新建的生物楼实验室设备的性质和设计直接相关的信息。所以，它变成了第一份连接知识与改革规划的文件，同时结合了生物学组织结构与研究设备。这一双重连接构成了随后规划文件的标志。

　　回到对丹尼尔·科什兰教授的访谈上，

　　Q：接下来又发生了什么？

　　A：在1980年代早期，当罗德·帕克教授（时任院长）成为大学副校长时，他想起了我们的谈话并提出成立所谓的"四人帮"（Gang of Four）对伯克利的生物学科进行调查。很明显，两件改进质量的事情需要我们去做：那就是重组知识项目和引进新设备。

在杰里·布朗（Jerry Brown）当州长时，以上这两件事都完成了。当时，加州已经挥霍了盈余，处于赤字阶段。我们找到当时的校长海曼（Heyman），给他提供了三个计划。最理想的计划——放弃过去的建设新教学楼的建议；折中的计划——也是最终采用的计划——修复生命科学大楼，而不是彻底拆除；最保守的计划是，在现有建筑基础上进行拼凑。对于最后一个计划，我们指出，学校不仅不能吸引来优秀的年轻教师，而且还会失去已有的资深教师。

海曼支持折中的方案。立法机构同样支持这一方案，另外它们要求伯克利要筹集其中 1/3 的经费，大概是五千万美元。这是一个巨大的障碍；在这之前加州大学从来没有自行筹集过这类资金。但是海曼校长还是接受了这个要求，并发起了履行承诺的运动。很明显，重组和后续设备的引进需要这笔钱。而且，这笔钱最后也筹集到了（External Review，1981，p. 11）。

所谓的"四人帮"实际上是四个独立委员会主席，这四个独立委员会是由副校长主持，旨在对生物科学各方面的状况进行调查。四位主席开始一起会晤，并共同判定需要面对生物学科进行重大重组，而不是进行一般的改革。他们提出的许多激进的改革建议使他们成为了闻名遐迩的"四人帮"。同时，他们也成了校长咨询委员会（Chancellor's Advisory Council）成立之初的推动力量。这里的一个普遍经验是，由小部分人确定一项重大改革所面临的困难并迈出第一步，而不是小规模的改革，至关重要的是，这一小部分人都是他们各自领域的佼佼者，这样他们的提议才能赢得关注。

1980 年春天，副校长成立了一个特别校内生物科学评估委员会（Internal Biological Sciences Review Committee），"评估伯克利生物学科，并分析这些学科所需的场所"（Internal Biology，1981，p. 1）。这个委员会被分成四个下属委员会，分别由一位伯克利著名的生物学家领导，每个委员会还有六名德高望重的、在研究方面非常活跃的生物学家。

这四个下属委员会体现了生物学中的四大领域，这四个领域是生物学研究人员根据科学知识分工自然形成的，分组恰好与教职员研究兴趣清单相吻合。这些分组与现存的系界限并不一致，而是与生物学家研究的有机体性质相关，进一步说就是根据他们在研究中需要的实验室和设备的类别进行分组。一个下属委员会致力于生物化学和分子生物学领域的发展问题；第二个委员会致力于细胞生物学领域；第三个委员会致力于有机生物学也就是整个昆虫、植物和动物学的研究；第四个委员会致力于生态学和进化论，也就是对种群而非个别生物体的研究。因此，这一知识分工是将科学的组织与当前规划中新研究实验室和设备的分配相结合。

　　不过，在校内评估委员会成立后到1980年7月该委员会正式开始工作之前，伯克利的行政领导发生了重大变动。已经任职8年的校长退休了，校长职位由在伯克利工作了6年的副校长接任。新任校长曾是伯克利法律和城市规划系教授，他在伯克利服务多年，作为副手参与了前任领导的管理，对伯克利非常了解，而且，他和他的同事们启动了生物学的规划项目。新校长上任后很快任命曾跟随他并任文理学院院长的生物学家为副校长。关键的是，新任副校长懂得并了解生物学改革的性质，并且赞成这一改革。实际上，作为一位植物学家，他本人对植物生长的细胞结构和过程非常感兴趣，按照他的同事的描述，他是一个"类似分子的人"。这不仅说明了他个人的研究兴趣，也说明了他非常认可分子生物学的发展对所有生物学分支学科的影响。拥有一位卓有见地的生物学家作为学校的二把手，而且，除了校长，他在学校拥有普遍的权力，这在整个伯克利生物学科重组事件中有着最重要的意义。另外，同样重要的是（我不想降低真正的生物学家与大学主要领导如此接近的价值），他和校长都是积极的管理者，他们都倾向于发起事件或项目而不是等待事件发生；他们所表现出来的正如一些著名的学者、科学家以及管理者们对待问题的态度一样，他们都是积极地争取成功，而不是把事情搁浅，或避免麻烦的人。①

　　校内生物科学评估委员会在1981年8月完成的一份报告，为伯克利后来的加强学科发展奠定了重要的科学基础。这份报告发挥了以下功能。

1. 首先，它用非技术性语言对整个生物学领域正在发生的变革作出了整体性阐述，并陈述了这些变革对教学和科研以及对研究设备的影响。
2. 它从组织和场地两个角度具体评论了伯克利生物学科目前所处的地位。
3. 倡议成立一个向校长的改革提供咨询的生物科学咨询委员会（Chancellor's Advisory Council on Biology），并提议由伯克利杰出的生物学家组成的小组来领导此次重组和升级。
4. 提出改进伯克利的生物学教学计划。

---

① By contrast, James March argues that since leadership in the university cannot accomplish much anyway, the individual characteristics of top administrators scarcely matter so long as they are competent managers (March, 1980).

5. 报告讨论并建议将一些生物学领域列为伯克利重点关注学科。
6. 最后，报告形成了一份关于整个生物学科所需场所的评估和建议书，包括一份对现有实验场地充足性和利用情况的评价。

报告提供了需要用于向伯克利管理层和州政府解释与证明的"生物学校园计划"（campus plan for biology），并说明了为什么伯克利需要新的生物学大楼。当然，这份报告的功能还不止如此。

首先，这份报告陈述了由于伯克利生物学科目前的系组织结构导致的问题，考虑并否定了将校内所有生物学科都规划入一个生物学院（在生物学院内进行内部划分，实现部门身份的合理化，使其与教职员研究兴趣和活动清单一致）的提议。另外，报告还建议成立生物科学咨询委员会（Advisory Council on the Biological Sciences），作为重塑、重振伯克利生物学科的重要工具。实质上，这个由七位成员（后来是九位）组成的委员会，每一位都是不同生物学领域的杰出生物学家，是为了行使其身份和声望所赋予的权力，同样也是为了行使源自校长的权力。

校内生物科学评估委员会除了提议成立生物科学咨询委员会外，还提出了另外一个重要建议，那就是将伯克利生物学科组织改革与增建研究场地相结合。针对伯克利生物学家的组织隶属关系与真实研究工作的巨大差异，该委员会建议申请的新建筑应当包括不同种类的实验室和研究场地并与生物学家研究的不同种类的生物体相一致：分子和基因、细胞、整体生物体和种群。这些不同类型的研究要求不同类型的实验设备、条件、清洁度、环境控制、不同的工具等。

在新的生物大楼中，将鼓励生物学家们根据自己的实验项目来选择自己的实验场所，而不是根据系的从属关系。这样做，可以创造出报告中提到的"亲密团队"——由来自不同系的生物学家组成的临时团体在一起研究相似的问题，他们需要相似的实验设备，因相似的场地需求彼此联系在一起。"亲密团队"同时也能将拥有类似或相关研究兴趣的人士集合在一起，以此来回应外界对伯克利生物学科的批评。这些批评是在现有的系组织内部，伯克利在生物学前沿领域的研究是支离破碎和无形的。

这些"亲密团队"体现的是共同的研究兴趣，因此，它们不像系组织那样具有持久性，"亲密团队"会随着个别科学家兴趣的转变，或者随着科学自身的发展淘汰某些分支学科又或者随着问题的解决而改变。因此，现有的系是否应当被取缔也将交由时间来定夺；校内生物科学评估委员会认为，在 5—10 年内，需要建立一个更具理性的管理结构，或者届时将更需要以实验室为中心的通过具有流动性和变动性的"亲密团队"来对科学的快速发展作出组织反馈。

校内生物科学评估委员会对伯克利生物系结构不进行总体重组的决定，应该是积极的和目的明确的，而不是一种逃避或疏漏。校内生物科学评估委员会的决定是使目前的系的界限与研究领域的发展脱钩，给学校充足的时间使其在经验基础上建立更合适的组织形式。最初，校长和他的同事们一开始是计划从重组系，而不是放在后边。校内生物科学评估委员会推迟对系结构进行重大重组的决定，实际上是帮助了校长和他的同事们避免了可能面临的政治问题。

在研究设备这一重大问题上，校内生物科学评估委员会针对建筑项目和生物学科革新给出了一整套可选计划。计划之一，也是委员会强烈推荐的计划包括新建两栋大楼和对一栋生命科学楼进行彻底翻修。每栋新楼的造价为 0.45 亿美元。它们将用来进行现代生物学研究，包括所谓的"高科技"生物学。另外，该计划将对现有的不达标的生物楼进行彻底翻修，供不需要高科技实验设备的生物学分支学科使用，包括图书室、博物馆、计算机设备等。仅翻修工程可能就需要 0.4 亿美元。整个计划的花费将在 1.2 亿—1.5 亿美元之间。

校内生物科学评估委员会的这些建议，为强势的咨询委员会对整个大学的生物学科发展提供指引和导向，还为建立新的或翻新的研究场所提供了论证，因此，校长立即全盘接受了这些建议。从比较的视角来看，这一点也许是整个改革过程中最令人惊讶的事件了。甚至在校内生物科学评估委员会还没有完成它们的工作之前，执行该计划的咨询委员会就已经成立了，该委员会立即开始组织教授聘任委员会，为分支学科招聘新教师。还指定了一家与校内生物科学评估委员会平行的建筑咨询公司，为建立新的研究大楼制订更为具体的计划。由于校内生物科学评估委员会和建筑咨询公司共同的努力，原来新建一座生物楼的计划变成了一个更大的包括在 10 年内建立两座新楼和对第三座生物楼进行彻底翻修的计划。而校长也承诺为整个计划筹资。①

值得强调的是，只有校长本人才有权力接受这些建议并有把握将其付诸

---

① It may be noted that the Chancellor's authority and actions were at variance with Corson's Dual Organization Model (Corson, 1960; Premfors, 1984). The Chancellor, like other university presidents, is responsible for both academic and support services; the reforms in biology at Berkeley tied them together especially closely.

实施。他谨慎地获得了来自加州大学总校长关于生物计划的非正式认可
（在校园机构重组问题上他实际上并不需要总校长的认可）。而且，他还获
得了总校财务与商务管理副校长的支持，该副校长的基本职责就是向州政府
反映学校当前的经费需求。如果不是副校长的支持和建议，伯克利生物楼第
一期修建工程也无法得到州立法机构和州长的批准。除了总校长和他领导的
管理人员之外，伯克利的校长不需要任何人的正式批准就可以启动伯克利生
物学科的重组工程。严格来说（正式的权力结构也和其他地方一样很重
要），他不需要获得教授会或者其他行政人员、院长、系主任、学生组织或
者政府部门的认可。不过，他还是私下请教了教授会成员，并正式咨询了教
授会中的学术规划委员会（Committee on Academic Planning）关于伯克利校
外评估委员会（External Berkeley Review Committee）和咨询委员会
（Advisory Council）会员资格问题及其他问题。此外，他还多次广泛征询了
生物学家和相关学术、行政领导的意见，这使他赢得了伯克利生物学科共同
体、以咨询委员会为代表的学术领导和其他与生物科学相关的院长们的支持。

校长生物科学咨询委员会

生物科学咨询委员会是在一些关键问题上冲破系权力的重要机制。在改
革之前，文理学院和自然资源学院的院长掌管着不同的生物学系。但是，由
于受到各系学术权威的束缚，他们难以大范围施展学科整合的权力。而且，
这两位院长的权力都仅局限于自己学院内。生物科学咨询委员会拥有两大优
势：首先，它可以考虑整个大学生物学科存在的问题，无论是组织上的还是
物质上的；其次，在给院长们的"建议"后面，生物科学咨询委员会可以加
重自己学术权威的分量，帮助院长们打破院内常规专家决策和系中形成的科
学智慧，这样就可以为院长实施其计划或者建议提供必要的信任和"教师
认可"（faculty approval）。但是必须强调的是，那些计划或者建议必须是在
与院长协商过程中产生的，而且始终要尊重院长的意见。

生物科学咨询委员会通过很多途径来实践它的"顾问"权力。首先，
它决定伯克利生物学科在哪些方面、哪些领域需要加强。其次，与各学院领
导进行商榷（学院领导再与其系成员研究），哪些领域需要聘用新人，一个
系中一个给定的分支学科可以选择不进人，但是，要是那样的话，就需要等
到生物学科有新的空缺时，才能考虑进人，而且，即使那样，它可能还是要
接受生物科学咨询委员会聘用的人。最后，生物科学咨询委员会提出了组建

聘用委员会的成员名单，以保证生物学科聘用人员的质量，而且保证聘用的人必须是在指定的需要重点加强的领域。不用多说，聘用委员会的成员自然不是从生物学科教师的花名册中随便挑选出的，而是从一个覆盖面很窄的名单中遴选出来的，可能也就是生物学科全体教师的1/3。当然，能够进入这份名单的教师是委员会成员熟知的比较活跃和成功的科研人员，而且有能力为生物学科"正确地"选择年轻教师。生物科学咨询委员会不会直接提出聘任，如果那样就是真的增加这批活跃科学家的负担了。但是，委员会不会吝于评价，当院系作出新的聘任，而这种聘任看上去又不是十分"正确"时，咨询委员会就会提出质疑，质疑有可能是针对受聘者的水平，有的时候也会是针对他所在领域的特征。①

按照程序，正如我所注意到的，生物科学咨询委员会是院长、教务主任甚至是校长和副校长的"顾问"，大部分委员会成员都会与生物学科所在的两个大院的院长定期会面。但是，它所提出的"建议"就是或者相当于是决定，而且，这些"建议"绝对来自其成员的观点，能够反映他们对生物学科最前沿的判断。

从组织的角度上来说，校长根据大学顶尖生物学家的建议，将伯克利生物学科置于咨询委员会的控制下进行破产管理——使生物学各系处于这样的状态下：它们不再拥有正常的招生、学术人员聘用、研究生、课程提供、内部分配实验室或设备的权力，而是将所有或强或弱的生物学系置于咨询委员会的"指导"之下。这样可以减少它们之间因为一些分配差异所产生的矛盾，同时也便于咨询委员会在各系之间发挥自己的"建议"功能。

但是如果各个系都不再拥有完全的或近乎完全的管理本系教师、研究生招生、教学与科研资源的自主权，那么系的身份就会变得更加的有名无实。这并不是无关紧要的，它与新的研究空间的分配以及新的组织机构的关系重大。

整个改革经历了很多年，涉及很多不同的人、管理机构、科学活动及决策。下面我会单独列出一些特殊事件来描绘这次改革施行的模式。校长的生物科学咨询委员会与以往的咨询委员会有着本质上的区别。这之前的委员会只是简单地把二十多个生物学系主任集中在一起。科什兰作为生物化学学科的主任最初曾任该委员会的委员，但是，他对那个职位的描述就是"不想

---

① The University makes six to eight new appointments in biology every year, reflecting a turnover of about three percent annually. In five years this means thirty to forty new appointments; if they are the right people they can have a significant impact on the discipline at Berkeley.

对生物化学学科的衰败负责"①。也就是说，他带着他所在系的同事们的共同期望与其他院系争夺稀缺资源——新的教师职位、实验室及其他，就是说保护自己系的领地和利益。而且，委员会的其他成员最初也是抱着同样的预期。在学术圈，这种常见的模式植根于大学深层的知识与组织保守主义的核心之中。

在科什兰的建议下成立的校长生物科学咨询委员会恰恰避免了诸如此类的内部规则和约束，明确地将系领导排除在外，而由那些在国内和国际上认可的著名生物学家组成，这为改革提供了最高的科学上的合法性。开始时，科什兰告诉这些专家，之所以要他们参与进来是因为他们的学术专长能够为大学服务，而不是要维护各自系的利益。这种对更高水平和更大范围的忠诚的呼吁确实奏效，正如科什兰所回忆的："听到这些以后，大家变得完全不一样了。"② 正是他们被吸纳进来的方式塑造了他们后来的行为。如果生物科学咨询委员会的成员都是以各个系的代表的身份接受任命的话，那么他们会从道德上为维护自己系的利益负责。但是校长生物科学咨询委员会给了他们不同的角色，规定他们要着眼于大学生物学科发展这一更大的利益而行事。因此他们从各自院系角色中解脱出来，他们懂得一个更强、更具有弹性的组织结构将会给所有人带来利益，他们希望这样做。这些科学家感受到了熟悉的短期与长期利益之间的张力，而由校长任命的代表大学利益的委员会则代替了代表更多狭隘利益的方式，能够带来更长久和广泛的利益。

在伯克利生物学科团队中，最为反对这种安排的就是进化专业的生物学家和生态学家们，他们害怕这个由分子生物学专业构成的七人小组偏好分子、基因和细胞水平生化过程学科领域的发展，而不是人口领域的生物学问题。他们反对的理由充足，因此校长决定在委员会运作的第一年增加两个名额，其中一个是进化生物学家，另一个是生态学家。尽管还有相当一部分生物学家对这次改革的某些方面提出了质疑，但是，在大学的生物学家中间这次改革还是赢得了广泛的认可，大家普遍认为这次改革在朝着好的方向发展。

持续改革的动力

在美国的研究型大学里，很难简洁、精妙地描述"共享治理"的复杂

---

① Nominal but still important, in that many biologists wanted membership in specific departments which had high status by virtue of the membership in them of certain highly distinguished biologists. That is partly why the new departments created by the reformare so large.

② In an interview with the author, Feb. 4, 1999.

程序。的确，美国的学院和大学赋予了其校长们非常大的权力。但是，一流的研究型大学中同样有强势的学院和强势的教授会组织。这种治理是校长与他领导的行政团队通过与学术管理人员（他们认为自己充当的是合作的而非咨询的角色）不断协商，来共同治理大学。（与美国其他一流研究型大学类似，伯克利也没有学术工会来平衡各方面的关系。）参与治理的各方的重要性因不同的事件和不同的环境而定，而且，需要认真分析大量类似的事件才能够发现这些传统、政策以及个人权力之间的相互影响，因为正是由于这些才促成了大学无数的决策，而正是这些决策构成了一所伟大大学的生活与结构。

在伯克利，教授会包括大学内 1500 个正式学术成员。它通过一个委员会网络来开展工作，包括招生、课程、学术政策和规划、科学研究、研究生教育、学术人员聘用条件制定以及学术自由，等等。在一些领域，比如说确定学位授予的标准、课程的特征和内容等由学系和教授会合作决定。而在其他领域，比如说学术人员的聘任和晋升主要是由学院和学术委员会负责，但是高级学术管理者，如果说有边际影响的话，将起决定作用。在学术职位编制和预算上，行政权力显然是压倒性的，但是，还是要依情况而定，还是要与相关院系或教授会协商。

在伯克利生物学科改革事件中，大学的教授会所起到的作用相对较小。教授会主要关注的是，在来自教学人员以及管理人员的各种压力和权威下，保证伯克利的学术标准。然而，就伯克利生物学科的改革而言，学校的管理者和教授会的管理者在利益方面基本一致，而对于两个具有高度相关性的教授会——课程委员会和强有力的预算（也就是"学术人事及预算委员会"）委员会，都非常乐意接受来自生物科学咨询委员会及其他生物相关委员会的意见。

伯克利的教授会，正如上面所提到的，包括从讲师到正教授全部正式教师，在美国高等教育系统中毫无疑问是最有权力的，大学董事会授予教授会权力来处理课程、人员设置、录取标准的制定等相关事宜。很多委员会对一些变动拥有明确的权力，包括对学术组织进行重组的立法权，甚至包括废除一些学系和对一些生物学家进行系之间的调整。在重组进行初期，学校领导对教授会提出了很多建议，以此来确保其主导地位。但是慢慢地他们意识到教授会的程序有多么烦琐，要想进行如此巨大的一项改革工程是多么的困难。因此，改革领导者认为，这次重组需要持续的动力，不然的话就会慢慢被搁置，甚至会在关键时刻因为受到来自教授会的反对而背道而驰。因此，他们放弃了向教授会征求意见的做法，而改为将已经进行的改革活动直接通知教授会。①

结果，教授会的领导对于学校的这一明显违反教授会权力的做法装做什么都没发生。我怀疑，他们这么做其实是想避免与校长和副校长产生激烈的正面冲突，毕竟校长们是非常赞成生物学科改革的。教授会对此事不加干涉的另一个理由就是，正在实施的改革受到越来越多生物学学科的支持，其中包括教授会权限之外的技术与科学问题，它通常包括大学所有成员，其中生物学家们只是一小部分。

科什兰教授评论说，如果副校长帕克对他们说"我们实施这件事，最好能取得教授会的同意"。那样的话，那些高级管理者们就不会对这件事如此热心了。因为，那就意味着，这次行动将导致整个变革的终止。值得庆幸的是，校长们并没有这样做。

要把握伯克利生物科学的发展方向就是立即把它交到一群精英生物学家们的手里，所有接下来的工作就是校长要募捐到改革所需的经费。这就要求：

a. 加州大学总校长的赞成和物质支持。

b. 在萨克拉门托以及整个加州政府的艰巨工作，获得重要立法委员会的支持，通过有能力校友的努力，使政府作出有利改革的决策来资助第一座生物学大楼的建立。②

---

① Here we see the power of the common commitment to excellence at Berkeley, which on occasion can override almost all other formal rules and structures of authority. See Trow 1998.

② In principle, the several Chancellors of UC campuses communicate with state government only through the President and his administrative staff. But Berkeley, the oldest and most prestigious of UC campuses, has its own supporters in the state capitol to whom the Chancellor can appeal directly. However, he can only do that with the approval and cooperation of the President and his senior staff. The arguments that the President and Chancellor used to persuade legislators and alumni to support a new building for biology say much about the relations of the University to its social, economic, and political environments. They used three main arguments:

1. State support for a new biology building was necessary to maintain the high standard of UC Berkeley as the leading publicly supported university in the United States. This was an appeal to the pride of Californians in their state university, and especially in Berkeley.

2. The new research facilities were needed to enable Berkeley to contribute to the emerging bio-tech industry, and in other ways to the economy of the state, as it had in the past.

3. New lab facilities were needed if Berkeley were to provide an effective education and training to students who looked forward to biology- based jobs in industry and agriculture. This was an appeal to the concerns of many Californians that the state university be able to provide a modern "relevant" education for its ablest youth that would prepare them for good jobs and successful careers.

  c. 校园发展办公室通过校友或其他私人投资途径来增加学校的资金筹集，以期望获得更多的投资资金来建立第二座大楼，并修缮第三座。

  d. 通过与联邦机构以及国会委员会的讨论，期望获得联邦政府的帮助来建造第二座和第三座大楼。

  所有这些都指出，学校领导能够取得可利用的公共和私人资源的重要性，在美国大学，领导的核心任务之一就是筹集资金。

  这里所提到的，在目标陈述和目标实现之间的动力是非常具有启发性的。校长的确不能向生物学科或其他参与者保证所有需要的资金都到位，但是他相信只要他努力宣传这笔资金对学校的重要性，并获得第一笔资金，他就有可能实现第一步计划，接下来，实现下一步计划就会更加容易。正如所希望的那样，在整体计划中和完成融资的目标上，有一个"自我实现预见性"。这个计划本身、它的广度和雄心就是在该学科领域，伯克利要保持在美国和世界范围内的领先地位。因此，学校所拥有的潜在资金赞助者包括州政府、联邦机构、私人基金会、富有的校友、私人企业等——这些方面的支持实际上是这一大胆和野心勃勃的改革计划的重要组成部分。生物学科改革对大学、对科学、对国家经济都会产生强大的和可预见的影响。事实上，伯克利生物学科改革是整个校园更新的一部分。为了实现这些目标，校长通过一系列权衡，在实践中确实发挥了非常显著的领导作用。从校内的各种团体意识到自己的职责和重要性，并确保资助者的继续资助，只有校长有能力实现这些目标。但是，只实现这些具有象征性意义的目标还是不够的，校长必须依靠自身的魅力来吸引重要的资金投入，无论是来自公共的还是来自私人的。这样就使增加资金投入的行为与国家利益结合在一起。如果一所学校的总校长（或分校长）十分有能力，那么这所学校的象征性领导就与实际工作的实施紧密相连，而且由于校长的存在使这两者之间的关系更加密切。

  在加州，当大学分校的校长拥有很强的工作能力和很大的权力时，大学本身的资金增长就与大学总校长的支持有很大关系了。在加州大学，总校长和他的办公室有义务管理和协调九个分校和州政府之间的关系。在这种背景下，从规则和传统上来讲分校的校长并没有权力直接与萨克拉门托的州政府官员及立法机构对话，而是需要总校长的协助。1983 年，新任的总校长戴维·加德纳（David Gardner）努力与政府沟通，期望州政府增加对大学的年度拨款。当总校长得知计划准备完全从私人手中吸引投资建设大楼时，总校长建议分校长把这个情况反映给政府部门，由政府来承担这部分费用是非常重要的，这笔资金如果完全来自私人投资是非常不恰当的。然后，总校长就将盖第一座大楼所需要的资金作为年度报告的第一项呈交给州政府。总校长和他领导的高级管理人员的一系列行为使得州政府接受了这一意见，答应通过下一届选举中通过选举人从州债券中拨付所需 2/3 的费用。

除了寻找经费外，校长还发现，这个计划非常复杂，还需要撰写不计其数的冗长的报告。加州的公共生活一贯以专业官僚著称，这一点也同样体现在大学系统内的管理部门和州政府中数不清的各个部门中。加州大学总校和州政府的各个部门都需要大学分校呈交非常详细的专业计划书，里面包括计划所要达到的目的，以及使用何种手段实现等。伯克利生物研究清单中，首先开始的程序是内部、外部对它的评价，相关的系列活动，下面是部分系列文件：

1. 生物学科增加研究设备的计划（1981 年）；
2. 伯克利校园空间安排计划（1981 年）；
3. 定点研究实验室：生命学科附加计划（1982 年）；
4. 加州大学的资金改进计划（1982 年）。

毫无疑问，这些计划书的准备是非常耗时耗力的。前期的研究就花费了 30 万美元，这笔钱来自大学的可支配资金。1982 年，政府拨款 50 万美元用于接下来的研究，言下之意就是，剩下来的一部分钱还是要由学校自身来承担。接下来的计划就是从政府手中再争取 100 万的资金来进行初步的教学楼建设的计划和草图绘制工作。正如我所说的，此次计划的设计和管理方向完全掌握在伯克利校长和他的助手的手中，也正是他把增加资金的计划与生物科学中学术人员的研究需求联系在一起的。

伯克利生物学发生了什么？

在接下来的 20 年里，伯克利生物科学的一系列具有深远意义的改革一直在进行着。回顾过去，评论家们认为这次改革从整体上看是成功的，其依据是：

1. 这次改革获得了伯克利上百位生物学家的赞同。
2. 改革后，伯克利生物科学中许多已经衰败的领域重新获得了国际地位。

3. 伯克利生物学科成功引进了很多年轻有为的生物学家，并且通过与其他主要研究型大学的竞争，留住了许多优秀人才，有些还是从哈佛手中抢来的。

4. 伯克利生物学科的重组行为引起了许多研究型大学的广泛兴趣，许多学校开始学习这种改革，包括伊利诺伊大学、威斯康星大学、得克萨斯大学以及加利福尼亚理工大学等。

除了获得的如此广泛的成就，生物学科重组的细节也是值得描述的。在改革之前，生物科学分为 20 个独立的系，重组后分为四个大系。其中，最大的系是分子细胞生物学，不算兼职教授就有 80 名活跃的生物学家，这个系归属于文理学院进行管理，它本身又划分为五个分支，生物化学和分子生物学、细胞和发生生物学、遗传学、免疫学和神经生物学。

第二个大系是综合生物学，拥有 40 名科学家，同样归属于文理学院。这个系包含了很多专门领域，有生态学、进化生物学和古生物学。

第三个大系是植物和微生物学，拥有 30 名学者，归属于伯克利的自然资源学院。这个学院是以项目和组的形式组建的，主要集中于基础和应用科学研究。

第四个大系是环境科学、政策和管理（ESPM），它同样归属于自然资源学院。这个系集中了很多对生物资源经济管理有兴趣的学者，比如农业病虫害中的树林管理。研究植物病原体的昆虫媒介以及水生昆虫学的学者，召集了一些学习生物数学和森林生态学的学生一起来这个系工作，到 1999 年这个系已经拥有 60 位活跃的成员。①

---

① It may be useful illustratively to quote from ESPM's Mission Statement (from the General Catalogue, UC Berkeley, 1997 – 99, p. 240). "The Department of Environmental Science, Policy and Management (ESPM) brings together a range of biological, physical, and social sciences to provide educational, research and extension programs in: fundamental processes of ecosystem functioning; identification, protection and sustainable uses of forest, rangeland, and managed ecosystems; insect biology; interactions of natural resources, human economics, and social systems. The department is organized into four divisions for the promotion of research programs. These divisions are: Ecosystem sciences, Forest Science, Insect Biology, Resource Institutions, Policy and Management. The multidisciplinary strength and strong vertical integration, from the molecular to the landscape levels, offers students in ESPM an educational opportunity for future leadership roles in conservation and management of natural resources. ESPM provides [undergraduate] majors in which students can develop interdisciplinary educational backgrounds to address the science, policy, and management of natural resources. "

　　这些并不是伯克利生物学科的全部组织，还有一部分重要的生物学家工作在伯克利的公共卫生研究院和视学学院，如果不包括医学院，学校大概一共有 250 名生物学家。由于历史的偶然，当地的一所医学院在旧金山海湾地区独立发展成为生命科学的主要学校，并成为加州大学旧金山分校——加州大学九个分校之一。

　　同时存在非常大的不同，伯克利的每一个系和研究生院都设有自己的本科教学、研究生项目和科学研究活动。值得强调的是，系更加注重本科生教育，而一些特殊项目和中心则更关注研究生项目。这些机构是根据学生本身的需求进行具有结构性和稳定性而安排的。而在科学研究的层面上，组织结构更加灵活，学者们可以越过教学管理层面，从事合作研究。

　　为了管理上的方便，教学组织和科研组织形成了混乱结合的不同单位，一些是正式组织，一些是非正式的。非正式组织最重要的特点是注重实际知识的创造。需要强调的是，重组并不是规范生物学科，而是通过调整安排使管理更加灵活和一致，努力使组织变得更加统一、合理和灵活。事实上，正式的组织结构并不重要，重要的是学者们能够更加便捷地工作、可以更加方便地找到与之兴趣相投的合作者、可以更加方便地做实验。重组后，一个部门的学者更愿意加入其他部门的研讨会，因此有关科技的信息通过很多途径在校内快速传播。

　　从计划改革到相关计划和机构的形成就是之前所提到的"亲密团队"不是通过正式范式生存的，目前的这种开放的组织结构，用更加灵活的方式集合了具有相似兴趣的各个部门的学者，这比"亲密团队"吸引跨学科方向的学者所采取的方式更加灵活。有趣的是，在科学家们的实际情感和行为中，允许"亲密团队"作为改革中的正式部分而自然消失。

　　目前，生物学科的各种研究都在伯克利校园内的为数众多的教研大楼中进行着。重组使大学增加了两座新的大楼，并对原有大楼进行了重新设计和彻底翻修。这些新大楼是为新兴的生物学科设计的。当然，在某种程度上也体现了原有生物研究的一些理念。比如，新翻修的生命科学大楼依然集合了研究整个有机体和人口的生物学家，他们所研究的领域包括群体生物学、种群遗传学、进化生物学或古生物学、野生动植物生物学、自然人类学。大部分教学楼还设有研究博物馆；翻修过的生命科学大楼就包括古生物学、脊椎动物学博物馆和一个标本博物馆。

　　其他新建的大楼不是根据科学家的研究兴趣设计的，在这里，大家只是按照研究方向的不同而分类。他们中有研究植物生命的也有研究动物生命的。

伯克利的生物学科目前分布在校园内七座不同的大楼里，并没有因为重组而受到影响。但是由于科学家们研究兴趣的多样性，以及这些兴趣发展和变化的频繁性，使得很难用特殊的研究大楼和设备来把各个分支部门联系在一起。

现在，伯克利许多部门都在为生物学科提供稳定的管理和教学支持，这就为有效地高度专业化和不断变化研究模式的探索与发现打通了合作的渠道。实际上，这次重组并没有消除学科中各分支之间的界限，而是使它们更模糊了，虽然系仍然负责全部的教学任务。重组后的管理安排更加人性化——每个科学家可以根据自己的意愿来选择系。但是所选择的教学组织并不一定与学者所研究的方向一致，特别是基础预科课程。在这之前，学生们只有在三年级之后才可以选择专业课程，所有的学生在毕业前都要修所有的文理课程，而在生物学科就有大量的基础理论课程。几乎所有的生物学家，包括正教授都要参与到基础理论课的教学中去。

大棒加胡萝卜：权力、劝诫和新设备

以上我所描述的这个有关组织变化和改革的事件已经有了系统的发展。用"垃圾桶"模型来形容这个"有问题的目标、不清晰的技术、不固定的参与"的"有组织无政府机构"的决策过程是远远不够的。相反，这次改革恰恰是有目标的、连贯的、合理的。这次改革的参与者在整个过程中彼此之间都是紧密联系的。这反映了校长和副校长强有力的领导力，能够判断出学校所面临的重大问题，并采取了一系列行动来解决这个问题。这并不是一个简单的问题，它涉及很多人，包括校内的以及校外的，整个事件延续了十年多，花费了很多资金。这次改革对伯克利的教学和科研都产生了一系列深远的影响。这并不是单独一所大学领导力的证明，而是与大多数一流研究型大学校长的领导相一致的。

我要解释一下，为什么不能简单地用大学领导力理论来描述伯克利以及美国一些主要研究型大学领导的这些行为，一般大学的领导被描写为软弱和无力的，他们所扮演的多数都是象征性的角色，当面临问题的时候他们的反应也往往是随意的和无力的。我们可能会问为什么一般的文章在描述大学领导力问题时都是采用如此晦暗的语调，对此，我可以提出三点原因，这三点原因之间并无主次之分。

第一，很多美国和欧洲关于高等教育领导力和改革的分析都集中于"二战"后西欧政府将高等教育转变为国家系统的一部分来进行管理的。这些改革多数是"全球化的结果"，影响了整个高等教育系统。但整体上来说，其成效并没有人们当初所期望的那样大。其原因已经被塞里奇（Cerych, 1984）和其他学者分析清楚了。这次改革被很好地记载并保存下来，但也成为讨论高等学校领导力的一个阴影。

第二，在美国，学者们对于美国学院和大学校长领导力的研究范围是非常宽泛的，而且大多数的研究集中在领导力的权限上，而不是他们的判断力和募集资源及取得的成就上。

实际上，在美国大学的价值观中，并没有衡量竞争的成功与改革方案的标准，也没有固定的资源去设立项目为竞争卓越服务。相反，由于受到来自校内外各方面利益的影响——学校的各系、学科、教工协会、学生组织、董事会、外界的立法委员会、州行政机构以及一些政治力量的推拉作用，使学校领导很难维持事件开始时的目的。但是在主要的研究型大学，无论是公立的还是私立的，在这方面都是一个极其特殊的例外。

第三，我猜想，研究者们在看待大学校长的角色这一问题上，就像看待一个粗电缆的横截面，这里面是由各种颜色的像绳子一样的金属线组成，每一条线都代表着一项工程或行动，把它们结合在一起的横截面就代表着不同事件、问题、解决方法的集合，就像马奇所提到的做决策时所采取的"垃圾桶"模型，各事件之间很难达成一致性和共同的目的。但是在主要的研究型大学，这样的解释就不适合了。如果我们按照时间因素把这条绳索进行垂直解剖，就会发现每一条线都是来回延展，都是依据自己的一致性、目的性和理性来回移动，即使它们彼此之间互相纠缠。所以，那些看来是随意或者偶然的事件和问题，在某个特定时间里，看起来更像是一系列有目的性的行为，当我们采用时间的维度来看时，就会发现，同一个机构的每个不同部门都在追求着自己相对独立的目的。对于这些目的的多样性，从其价值和参与的程度来看，一所大学在整个社会中扮演的角色越全面越多样化越好。

这些被不同标准和目的控制的、按照不同的轨迹运转的具有多样性的事务，充分代表了大学事务的全面性。值得讨论的是，为什么这些归属于不同部门、受到各种标准制约的行为，却能在同一所学校、同一个校长的领导下变得如此一致呢？我认为，问题的关键是，校长对这些不同的行为分别采取不同的管理方式。比如说，在伯克利生物学科进行改革的同时，校长也在主动地进行其他的一些活动，来体现现代研究型大学中领导的角色。比如，在进行生物学科重组工程的同时，校长也发起了校历改革，从原来的季度制改为学期制，这就要求对学校所有课程和计划都进行评估。同时，校长结束了学生服务工作与学术工作长期分离的状态，安排一个副校长来专门管理这些曾经分离的职责和行为。新机构的一项重要行为就是对旧金山海湾地区（Bay Area）一所中学所实施的"超越计划"，这所中学的独特之处在于它的大部分学生都是少数种族学生。这个计划就是通过加强中学教学来提高升入伯克利的优秀少数种族学生的数量的。同时，学校正在对教育学院进行评估，在评估中，校长起到领导作用。

我之所以提到以上这些，是因为它们都是由校长办公室发起的，尽管它们是分别实施的，而且彼此之间是高度分离的。我怀疑，并不是每个对自己学科进行重组的著名生物学家都了解对旧金山海湾地区城内的高中所实施的这次"超越计划"。虽然这两次事件发生的时间有重叠之处，但是他们的参与者却截然不同。

生物学科的重组计划、少数种族高中的"超越计划"以及其他的很多计划，由于它们之间联系甚少，总结起来也非常复杂，参与的人员也不同，也不竞争相同的资源——但是，它们却在校长办公室那里被融合起来。这些纠缠在一起的不同的线缆，在时间维度上，却交织在一起，它们分别拥有不同的目的和价值，彼此扶持，而不是竞争。在这里，我的观点是，校领导的职责就是针对学校的多种政策，并把它们结合在一起。我必须强调的是，如果大家所竞争的是同一资源的话，要想管理这些活动就更困难了。

让我重新回到一开始的话题。通过对这种非常规的状态进行分析，摒弃那种所谓的大学领导力都是软弱的普遍观念，找到能够让大学领导更加有效地发挥领导能力的条件。我提出以下两个条件。

首先，如果总校长或分校长与教授们共享其价值观，那么他们所发起的改革就会更容易实现。在伯克利的案例中，我们可以看到，管理者和学术人员就竞争卓越价值观、学科成就和争取国内甚至国际地位达成了广泛的共识，这种成就的获得是为了每一位科学家、为了每一个学系也是为了整所大学。

通常情况下，在欧洲和美国，有两个广泛的价值观支撑研究型大学的制度改革（政府部门更注重大学的"效率"和"市场反应"）。其中之一是学术上的"卓越"，主要体现为学校所公认的科学成果以及学者们的成就。另外一个就是"公平"，公平运动在于加强贫穷阶层和精英阶层子女在入学机会和教育成就上的平等。尽管这些价值观看起来互相矛盾，在很多情况下，从上到下（top-down）的改革的软弱和无法执行通常是因为缺乏教师的广泛支持，这也导致西方高等教育系统中为变革和改革而作出的努力大多以失败而告终（Cerych，1984）。无论在欧洲还是美国，战后的很多改革方针都是由政府官员提出来的，他们将公平作为主要的观点和价值观，所以在很多情况下，我们都假设，由高层领导所提出来的改革必须体现公平性，但是这种改革在实际运作中往往遭到维持学术标准的学术机构和社会的强烈反抗。但是在伯克利生物学科的改革问题上，却没有受到任何要求"公平"的抗议；所有的参与者，包括政府代表及政策委员会，都只是单纯地希望提高伯克利生物学科的质量和地位，并为这一切作出自己最大的努力。参与者们所争论的焦点并不是事件的最终目的，而是实现它所需采取的手段，比如：在推迟对系组织改革的问题上，是应该采用激进的手段来彻底地改变现有的系结构，还是应该在新的大楼中创建新的实验室和"亲密团队"，推迟对系这一有争议性问题的重组？这种争论和其中的一些折中方案涉及所有改革参与者的直接利益，同时推迟其他有争议性问题的解决，是常见的组织采取的回应冲突的手段。这种回应冲突的手段不是和解基本冲突，实现政策最后所要实现的结果的和大学目标的有效办法。

大学领导力可以获得成功的第二种情况是，领导者必须拥有提高效率的判断力：他们必须拥有决策权，并具备执行决定的相关资源。我所说的这种权力是指，总校校长（president）和分校校长（chancellor）必须有合法的决策权，校长的这种权力的使用必须受到校内外有关机构尤其是教师们的认同。

伯克利校长和其他美国研究型大学的校长与其他地区的校长、教务长和副校长们不同的是，他无论在财务上还是任命上，都拥有很多正式的权力。伯克利校长不仅任命他的副校长以及管理成员，还任命高级管理人员——教务长和院长。教务长和院长通过校长的授权，任命系主任、学术评估和晋升委员会。正像我们所看到的，在系人员的招聘上，伯克利的校长可以行使权力（在这个案例中是通过生物科学咨询委员会）组织超越系的招聘委员会并把该委员会授权给他的咨询委员会进行管理。

校长也同样有权力调动学校的流动资金，尤其是剩余部分。当然，预算中的一部分资金是属于教师的薪水和固定活动与设备的资金，在短时间内，校长是没有权力来调动这些资金的。但是在未涉及教师薪水的那部分资金上，校长就有非常大的权力进行分配。

目前，各个系已经拥有了"正常"的机能，对于伯克利以及其他研究型大学来说，对成功地竞争学术荣誉、研究经费和卓越教师——系拥有相当大的管理自己事务的自主权。越强大的系就拥有更加多的自主权，在聘用教师、决定项目的大小和特征以及任命系主任等方面。这一切都与伯顿·克拉克强调的大学"底部沉重"（Bottom-heaviness）相一致，给予基层部门足够的权力，这是高深知识的传播和保存所要求的（Clark，1983b，p. 17）。通常情况下，伯克利与其他研究型大学一样，是通过一个与相关人员和参与者不断协商的机制进行管理的，正式权力和权威经常不是最重要的决定结果的因素，比如说在决策制定和政策追求中，如果校长总是干涉各个部门日常运行的细节工作的话，这所大学就会沦为薄弱的或是二流的大学。

　　但是当系的工作出现问题时，比如，有迹象表明这个系的学者水平或者社会地位开始下滑时，好大学的另一个标准就是，校长随时准备纠正各系的错误。校长可以通过很多渠道来解决这些问题。但是如果系比较小，或者问题不那么严重的话，那么最好的办法就是换掉目前的系领导，或是从系内部重新选拔，或是从其他大学调来可以解决这个问题的领导。如果这个系很大或问题很严重的话，那这种衰败就不容忽视了，校长会动用他的权力，把这个系归属为"破产管理"。这一理念是从"破产法"中产生的，即一个公司（或大学的一个系，或多个系）的发展方向已经无法管理，那么就把它交给其他有能力的人来重组这个组织，或者解散后重建。

　　所有的美国大学校长都有权力将系或者学科归属为破产管理，但是却很少有人这么做。伯克利在 20 世纪 70 年代末到 80 年代初，除了生物学科，还有另外 5 个学院或系被列入破产管理。一个系成为学校管理的棘手问题和被列入破产管理的理由是多种多样的，可能是系放任其教学质量或研究水平下滑；或是出于政治、个人或学术因素等，使系中产生了很多派别，导致了系本身无法进行管理；或是系所追求的教研目标和发展方向，包括维持学校的声誉、吸引有能力的学生以及服务社会等方面，与校核心管理者的想法相矛盾。这时候的系往往"误入歧途"，无法进行自我管理了。

　　学校的破产管理可以采取很多种形式。一些情况下，学校的高级管理者——校长或是教务长会直接干预和控制。另一种情况是从校内其他学科或者校外引进新的领导者来对现存的问题进行调节。此外还有一种情况，就是从现有部门中挑出一个或一组人，赋予他们特殊的权力，对这个系的发展方向和运行方式进行改革。

　　美国的学院和大学的核心管理者通常会对系的学术标准感兴趣，主要表现在新教师的聘用上，对现有人员的终身教职评定和晋升方面。但是，通常他们是不会干涉一个"正常"系的学术方向的。主要大学或研究型大学的系和学院通常都会自己决定自己的研究方向，包括对教师的学科分配及研究重点。核心管理者把一个系规划为破产管理的目的是，影响和平衡这个系或领域的前进和发展方向，这与聘用的质量或晋升并不一定有联系。在伯克利生物学科的案例中，科学家的素质普遍都很高。这里出现的问题是在系的发展方向上出现了一些问题，任何一个小系都无法决定自己的发展方向。大学中科学的发展方向的确定是通过权力的分配来实现的，尤其是赋予一小部分顶尖的生物科学家一些特定的权力来实现分支学科中资源的分配，他们影响大学生物学科各部分的协调以及学科的重大变革。①

大学校长所拥有的这种可以把系归属为破产管理的权力，无论他们有没有使用这种权力，都会影响系和学校核心管理部门的权力平衡。当它影响到系的自主权时——如果系的自主权来源于"员工的极度分离"，那么必然会导致"权力的极端分裂"（Premfors，1984）——我认为，校长所拥有的这种权力的使用，并不会导致其他相关系人员的反对。有两点原因：第一，院系自主权使院系之间相互隔离，因此学校核心管理部门的干预不会影响到其他部门（其他院系甚至都不知道事情的发生）。第二，一般情况下，当系的方向出现偏差时，学校进行干涉是种"不常见"的行为，如果采取行动时，通常是以追求学术卓越和大学的整体声誉为名的，因此在研究型大学中会获得广泛支持。②

值得强调的是，大学的共享价值观赋予了校长将系归属为破产管理的权力。在伯克利，校长有权把生物学科交到几个由精英生物学家组成的工作组手中，由此来提高生物学科的教学与科研质量。如果校长试图弱化学科的或取消系和教授会的绝对权力以降低标准的话——比如，降低标准录取质量差的学生，那他在教职工和其他赞助者那里麻烦就更大了。因此，学校领导都是根据事物本身的性质来确定改革方向的。

在伯克利，校长还拥有可以自由使用的资源，包括员工和资金，来完成他的计划。最后，他必须要有政治环境的支持。这一支持的政治环境是与大学和它的领导地位一致的：这所学校建立的目的，以及在社会上所扮演的角色。

---

① Compare Premfors' summary of Lane and Fredriksson (1982): "Whatever is done in terms of reforms or the introduction of planning systems will be of little or no consequence, 'because no real co-ordination of departmental interests is possible or feasible'" (Premfors, 1984). That is, of course, a commentary on weak institutional leadership. The power of a president to put a department into receivership sharply, if temporarily, tightens "the loose coupling" which ordinarily links the several parts and elements of universities (Weick, 1976), at least the coupling between the president's (in UC, the chancellor's) office and the specific units affected by the action.

② On the role of "competitive excellence" as a value in American universities, and in the University of California in particular, see Smelser, 1974.

在 1999 年，生物科学咨询委员会还是像 17 年前丹尼尔建立它时一样发挥着作用，为伯克利讨论永久性决策补充力量。当伯克利生物学科引进新成员时，无论是增加新成员还是替换成员，该委员会通过严格的讨论来决定这个职位需要具备何种科学专长的人，这个人应该被分配到哪个部门。然后，该委员会会把这个人的信息发送到某个生物系，这个系有权力拒绝接收，如果拒收，这个聘用就会被分配到下一个系。咨询委员会也会向系推荐一些人进入聘任委员会；系本身也可以推荐聘任委员会的成员。生物学院院长拥有最终定夺聘任委员会新成员的权力。但是院长们慢慢地明白咨询委员会已经承担了很多原来属于院长的工作，已经与所有相关人士进行了协商，而且已经作出了最恰当的选择。所以，通常情况下，院长们会接受咨询委员会提出的聘任建议。咨询委员会决定专业所需的人员特征和推荐人选，委员会成员在寻找该领域的科学家时不仅为了聘用一个人，还要确保科学研究的质量，而且也会考虑到未来伯克利生物学科发展的平衡。

咨询委员会通过对新成员的聘用来维持伯克利生物学科的质量。但是重组必然会导致人事上的变动，包括从助教授晋升为副教授。通常，在伯克利生物学科，助教授都有晋升为副教授的机会，但是这种晋升必须要在整个系中进行，由除候选人所在的系之外的优秀生物学家组成的特殊委员会对候选人进行评估。这就避免了完全根据各小组的利益来进行筛选。所有这些行为，包括咨询委员会干涉新进成员的选拔，都是为了避免安于现状的危险，安于现状会严重威胁到一批有才能的科学家，他们彼此之间和在各自的兴趣领域都有高度的认同，包括他们的科研专长。

在近期对丹尼尔·科什兰教授的采访中（1998 年），他对这次改革发表了以下评论：

Q：在此次改革之前，有哪些研究型大学进行过这样规模的改革？

A：我认为，在这之前，从没有哪所学校进行过如此大规模的改革——涉及 200 多名生物学教授！想要改变这样的系是非常困难的！但是我们采用了两种方式，那就是（胡萝卜加大棒）软硬兼施。"软"，就是我们所获得的新设备；"硬"，就是我们必须彻底改变自己。人本性上其实是痛恨改变的。一些教师、一些朋友都在指责我。"这件事情简直太愚蠢了，是你所做过的最糟糕的事情。"当然，我知道，直到现在还有人认为这是一个糟糕的想法。

因此，在改革开始的时候，引起了很多人的恐慌。但是我们有80%以上的教师是支持我们的改革建议的。而且，由于我们对计划进行了改进，剩余的20%反对者也渐渐改变了看法——他们的一些抱怨还是合理的。校长和副校长所做的最伟大的事就是，当20%的教工抱怨"这次改革太可怕了！"，大部分管理者都放弃了这个计划时，他们却没有。

在整个改革过程中，我最佩服的就是系的大力投入，各系花费了大量的时间、精力来执行这一计划。曾经，有来自不同系的80名成员一起在为这件事努力着。很多人认为，教授的职责就是授课和进行科研工作，不必参与到这种计划的执行中来。但是伯克利的生物学教授却这样做了。

重组能够获得成功的一个重要因素，就是获得了来自不同生物系及其成员非正式的政治支持，至少他们接受改革。校长及副校长①的组合是非常优秀的，科什兰教授和他的高级生物学家团队的主要任务就是，与每一位生物学家进行讨论，听取他们对于这次改革的建议，并据此对计划进行修改。他们善于接受新思想，肯作任何可能的改变，绝不放弃这次改革计划。如果不是校长们的努力，事情不可能进展到如此地步，这足以表明他们强大的学术领导才能。

这种最高权力的发挥之所以获得了如此成功，是由于来自科什兰教授的科学权威性以及各位同僚的积极参与。同僚之间的这种劝说能力不仅依靠他们的政治机能，更来自于他们的道德魅力。不能将这次改革看作是与他们自身利益相得益彰的一次简单的事件——他们是有名望的科学家，不能仅仅考虑自身利益问题。② 另外，作为拥有很高地位的科学家，他们的权力因校外高级科学家的认同而得到进一步加强。因此，伯克利的一些普通的科学家看

---

① At that time, the Vice-chancellor also held the title of Provost, emphasizing his responsibility for the academic administration of the campus. But Chancellors have nearly complete freedom in naming the offices and titles of their senior staff, as well as their occupants.

② In sociological terms, these academics who are "cosmopolitans", whose reputations were gained through their research and publication and extend far beyond their own institutions, acting at least temporarily as "locals", that is, like academics whose lives are largely confined to teaching and administration in their own institutions and who work within its administrative councils and committees. When "cosmopolitans" function as "locals", even temporarily, they can use the authority they have gained outside, in their scholarly or scientific disciplines, to achieve considerable influence on internal issues. This essentially was and is the story of the Chancellor's Advisory Committee, the key instrument of the reorganization of biology at Berkeley. It is not irrelevant that "cosmopolitans", secure in their own academic status, often look for new people to bring to the university who are as good or better than they are. That is not always the case in the appointment of new academic staff to universities.

到有这么多优秀的科学家都是凭着单纯的科学目的来执行这个计划时，就开始相信这个提议可以提高伯克利的整体水平、学科地位、吸引和留住优秀科学家的能力，并且能够从政府部门及私人企业获得更多的支持。① 对于这次改革，主要领导者所拥有的学科地位和威望也是获得成功的不可忽视的因素。而这不仅仅来自于生物学院的领导——院长和教务长——尽管他们的支持对项目的执行是非常重要的。

有一些生物学家在改革开始时并不相信科什兰和他的团队，对这次改革持保留意见，他们担心这次改革会影响到自身及其所在的系，尤其是那些仍然拥有较高地位的系的科学家们，他们认为自己所在的系不需要再提高了。对这些在伯克利生物学科中最优秀系的科学家来说，他们的问题是，虽然资格老的科学家仍然获得国家的较高荣誉，但是他们已经没有能力吸引年轻有为的科学家了。对于那些薄弱系的科学家来说，这次改革就容易接受多了，只要承诺给他们提供新的设备、实验室和实验大楼——只要伯克利的生物学家们接受这次改革，他们至少会获得新的实验设备。如果大家不同意的话，提供了大部分资金赞助的加州政府就肯定不会提供添置新设备的资金了。对于整个事件来说，州政府的资金支持是远远不够的，剩余部分的资金来自于政府债券和私人捐款。

我怀疑政府的财政官员是否理解这件事在科学上的意义，但是他们非常乐意听到改革会提高伯克利各系的质量。除非伯克利生物学家赞成这次改革，否则校长就无法用这笔资金来修建新教学楼。因此，这次计划是软硬兼施的计划，伯克利生物学科中严格的领导制度与非正式的行政步骤相结合，以及承诺的新设备和教学楼，决定了这次计划的成功。

重组成功的主要原因是什么？

回顾重组的过程，可以总结为以下几点。

---

① I have argued elsewhere that the central value at Berkeley, shared by administrators and academic staff alike, is a commitment to a continuing institutional effort to gain and hold the highest academic standing in every scholarly and scientific field. Academic at Berkeley are inclined to support any administrative initiative which promises to make the campus more distinguished and more competitive for able people and other resources. Similarly, administrator are inclined to support any initiative from the academics which is seen as working in the same direction. The close cooperation between Professor Koshland, representing the scientific community, and the top two Berkeley administrators, described in this paper, is evidence of that shared value and what can be done in its service. See Trow, 1998, pp. 5 – 286.

1. 在20世纪70年代末和80年代初，伯克利一些科学家对一些指标非常敏感，这些指标显示伯克利在自然科学方面的发展令人担忧，在国家的许多评估中，生物学科许多系的地位在下降。同时许多系也很难吸引到最有能力的年轻生物学家来填补人员上的空缺。很多学科带头人也意识到问题的严重性，他们的觉醒对于改革是至关重要的。

2. 成功不可分割的因素之一是生物学院院长迅速、坚定和不间断的支持，该院长是著名的生物学家，后来很快被任命为大学教务长。这位教务长是大学管理的第二号人物，承担着管理整个大学学术质量的特殊责任，他得到了新上任也是任命他的校长的完全信任和支持。同时，校长拥有相当大的权力与权威影响生物学科领导者提出的计划。美国研究型大学中的主要领导者相比其他大学的领导者更具有执行力和判断力，他们是由大学总校长任命的，经董事会认可，没有固定任期。

3. 最早的确定应该起始于全国认可的外部科学家对伯克利生物学科的分析性评估，伯克利自己的科学家对本学科的评估也给了外部科学家的评估结论提供了可信度，无论管理者还是科学家都对项目的成功作出了巨大贡献。

4. 任命了9名生物学家为校长咨询委员会委员，他们被赋予了前所未有的巨大权力。该委员会有权决定怎样分配哪些专业最需要设置的新位置，并任命（技术上是咨询）聘任委员会为生物学科招聘新的生物学家。这可能是重组幕后最重要的管理行为。

5. 重组的领导者们能够向所有在职的生物学家们保证在新的组织机构中他们都能找到适合自己的系。而且，允许所有人自己选择系和部门，包括选择在新的大楼里或重新装修的大楼里的办公室、实验室等。很自然这能大大消除科学家们的顾虑。

6. 重组调整的过程和赢得科学界的接受与支持经历了几年的时间，而且，在重组所需的资源方面获得了负责学术的教务长和校长的决定性的支持。此次重组最终得到了1.5亿美元，其中2/3来自于州政府，而另外的1/3来自于大学自身的资源和私人捐赠。募集这些资金，尤其是私人来源的资金主要都来自于校长的努力，因为此前大学从未没有募集过如此巨额的私人捐赠的经历。① 校长向相关的科学家承诺为他们升级生物学科建筑和基础

---

① Gaining the commitment of state government for a major portion of these funds required the active support and intervention of the President of the University.

设施的能力将为他赢得认可，对于为重组的影响感到不安的人们来说，这就是他们的胡萝卜。

7. 生物学科的体制改革吸引了大量年轻的生物学科的有识之士来到伯克利。这些都有力地证明了改革是明智的，也有很多其他一流研究型大学加入到改革的行列中，比如加州理工学院就是其中的一员。

总的来说，现在的伯克利生物科学与1979—1999年的生物科学相比发生的主要变化有这样几点。

1. 最为主要的改变是伯克利生物学科部门结构的改变，人员的削减以及系与系之间更模糊的边界，这使得教师更容易接触到新思想和新变化。

2. 更为根本的改变是在伯克利生物学科领域成员的聘用和晋升制度上。重组之后强调的是对于科学的贡献，而不是对于系的忠诚度，这样所有人都必须面临更大的挑战，甚至是来自其他大学或者行业的科学家的挑战，学科建设的质量也自然就会有很大的提高。

3. 在实验设备和实验条件方面的改进也做得非常好。虽然在任何情况下都能对设备进行改进，但是，设备升级的规模毫无疑问是受到了重组的影响。

4. 重组制止并扭转了伯克利生物学科在国内生物学科中地位的衰败。目前，伯克利在国内的评价中居于较高的位置，这无疑是重组及其引起的相关变化带来的。

5. 重组鼓励并且使伯克利的生物学家们可以同与他们有着相同研究兴趣的人一道工作。现在，他们大多被安排在同一座建筑里，使用相似或者同样的设施和仪器。虽然他们可能不是在同一个系，或者甚至不属于同一个学院，但是他们可以很方便地跨院系协同工作。

6. 伯克利在基础设施建设以及聘任和挽留最优秀的生物学家方面保持了大规模而且持续的投资。这增加了生物学科项目获得外部资助的可能性——通常是联邦机构的支持。

7. 现在重组已经赢得了完全的认可，甚至起初的一些对此表示怀疑或者持反对意见的人也都表示赞同。在伯克利的生物学领域，我发现人们普遍有较高的士气，这种局面的产生部分是因为各个科学领域的快速发展，部分是出于一个信念，即伯克利支持科学家们在国内以及国际上竞争人力和资源。

伯克利生物学重组的成功对于美国和欧洲其他大学的意义

对于感兴趣的人和观察者们而言，伯克利生物学科的改革大多是可见的。他们看见的是伯克利过去改革过程中生物学科组织结构的改变、人事制度的改变、决策层的改变。但是对于这件事情的基本价值却很少有人能看得清楚，因为所有人都认为应该是这样的。通过对伯克利生物学科改革前后的对比，就能看出美国大学的价值观与其他海外大学的潜在区别，特别是和欧洲一些大学的潜在不同。首先是大学为了声誉和学术地位在人才、资源的激烈竞争上，其次尤其是在大学内部对竞争卓越氛围的营造上。第三是大学的高度自治，本文在许多地方提过，允许院系、学者和科学家之间进行竞争。第四，是学术人员在每一个层次上的高度流动性使院系有机会竞争其他大学中最优秀的科学家，或留住自己大学最优秀的科学家来提升大学本身的竞争力。第五，在研究型大学中，人才的使用环境、人员的任免和晋升是根据个人对于科学界的贡献而定的，而不是论资排辈，这样才能留住人才，要让年轻科学家看到他的发展前景。欧洲一些大学只是仿照美国大学的一些做法，但是实际上并没有发现一些内在的东西。美国内部有成熟、标准的组织结构，这使得其外部看上去非常协调，运作起来非常顺畅。

理解伯克利生物学科的改革必须要考虑到院校之间的竞争气氛，这种竞争有对学生、学者的竞争，有在人事制度上对资源的竞争，还有为了名望的竞争。伯克利生物学科在20世纪70年代后期水平的下降使学者们产生了很多焦虑，而这种焦虑是以引发本文中提到的激进的改革从而能够扭转未来10年生物学科的下滑地位。欧洲的一些政府正在努力扶植一些学术水平弱的大学，加大对它们的投入，以使它们达到一流研究型大学的水平，同时为学术流动增加了许多限制条件，并为不同教授提供不同的工资。尽管这些努力非常成功——欧洲大学中关于学术划分的差异性还是非常明显的——这些政策放在美国必然会毁灭能够激励美国大学实际生活中存在的竞争精神。

伯克利的改革是需要以一种高度自主的体制做保证的，这种高度的自主允许大学内基本的组织和学术决策权掌握在科学家和行政管理者的手中。一切学术决策都是在大学校园内部做出的，而关键的财政决策则是由加州大学总校长、伯克利的管理层、州政府官员（包括行政的和立法的）和捐赠者协商做出的。在伯克利的整个改革过程中，很少或者说基本上没有涉及联邦政府。与之相反，从整体上说，也有一些例外，欧洲大学多年来已经适应了由中央政府或者平行权利单位做出学术决策或者至少批准这些决策。而且，欧洲的大学很少自行发起组织或者学术上的改革，这与伯克利的学术和行政领导不同。这种自主允许美国的大学，尤其是一些一流的研究型大学，不论是公立的还是私立的，可以自行募集改革所需的资金。这并不意味着美国的大学是独立于外部资源的，相反，这意味着大学能够规划和发起变革的计划并且寻求额外的资金，而不需要说服捐助者。捐助者通常远离大学现场而且并不了解大学的实际情况，一开始他们对改革的价值也不清楚。即使当大学需要资金和外部帮助时，尤其是需要来自政府的帮助时，大学是否掌握改革所需的自由支配资金仍然是非常重要的。这是欧洲杰出的企业型大学的元素之一（Clark，1998）。企业家精神给予了那些大学自行规划和改革的自由。大学为了自身目的通过多种渠道筹集资金是本文所描述的自由的核心。对这种自由设置的最大限制莫过于欧洲政府阻止大学向学生收取学费。

这些情况，与其他历史的和结构的情况综合在一起，赋予了美国大学校长无限的权力（Trow，1990）。这种服务于学术卓越的强势大学领导力，现今在美国研究型大学之外的地方很少见到——这些原因根植于美国高等教育的历史与发展以及其他地方（Trow，1993）。这也是为什么除北美的大学之外，大学领导力普遍缺乏的原因。①

最后，在本文中，我一直在观察伯克利生物学科的发展，并从中寻找对大学领导力的诠释。但是，在本文的最后，有必要提醒我们自己，大学领导力的存在是为了服务于生物学科以及其姊妹学科的发展，而不是反其道而行之。所以，此时回到开始时我所提出的问题也许是恰当的。那就是，不同国家中的研究型大学有不同的组织和治理形式，在回应过去几十年生物学科知识的快速发展，回应其他领域知识的快速发展时，是如何消耗其现有的物质资源和组织结构的？

更具体地说，大学中相对弱势的领导力：校长和副校长，他们是真正的教授会主席，但是他们没有内部职员，没有自由支配的资源，也没有传统的

---

① In many American colleges and universities there is a shard and strong commitment strong commitment to a single value, such as competitive excellence, which will override other values and interests when mobilized behind a program for reform. This is true of research universities particularly, but a concern for excellence in teaching in a small number of elite liberal arts colleges is another such overriding value (Clark, 1970); and the wish for institutional survival in some endangered American colleges is a third (Cheit, 1973). All of these call for strong leadership.

行动主义的支持，那他们如何回应内部学科发展中遇到的问题呢？尤其是像我们目前所经历的生物学科革命的问题。我非常怀疑，在欧洲，少数精英科学家的团体能够绕开大学"领导"来回应科学的快速变革，能直接与中央政府资助机构打交道寻找研究经费，寻找新的研究机构、建筑和设备。

尽管如此，这些国家、政府、大学和科学界都对科学的迅速发展作出了回应，这就产生了一个更深层次的问题：不同的回应导致了科学的发展或者说大学的特征的哪些不同？一种值得研究的假设是，主要的科学贡献是由少数精英科学家作出的，他们从公立或者私立机构中直接获得经费支持，不需要像美国的研究型大学那样要有强有力的大学校长和明确的治理结构。大学校长的领导力和共享治理结构是美国综合性研究型大学从事各项活动的关键，特别是在大众化高等教育中保护精英研究的质量方面。因为在同一所大学中，学术的质量标准会有所不同（Trow，1976）。美国强势的领导力可能在传统的、同质的欧洲大学并无必要，这些大学是由自治的教授和已经在从事高级、专业学习的学生构成的。但是，随着欧洲大学朝着大众化方向发展，招收更加多元化的学生、从事更加多元的活动，越来越与美国大学相似，这样它们可能会越来越受累于较弱的领导力。欧洲各地旨在增强院校领导力的运动反映了对这一问题的觉醒，虽然其解决措施仍然受传统的大学治理和拨款模式所限。

但是美国的"强势领导力"在其他国家既不可能也没有必要，每个发达国家都必须去追问的问题是，为了回应上述学科的快速发展（和衰退）带来的问题，权威和资源最好分布在哪里？为了保证权威的有效性，它必须拥有以下特征。首先，它必须在变化发生之时，而不是在发生之后看到科学进步的发展方向，因此，就必须拥有（或者能够进入）高层次的科学知识领域的专家。其次，这些专家能够在整个大学创立或修正相关学科领域的组织安排，因此，需要更多的权威和资源，而不是一般资深教授或者院系领导能够把握的。它甚至于超出了一个委员会的权限。决策制定者必须对自己所在院系的科学家很了解——他们的个人强项和弱点，他们对学科内快速发展的新知识作出贡献的意愿和能力。必须紧跟科学发展前沿，知晓那里正在发生什么。还必须排除同事间的友情和个别人对院系的忠诚（比如将一个或者两个院归属破产管理），这些都是专家教授绝对反对的。

美国研究型大学的校长们和他们的高级管理者有能力调动全校的学科，不管他们如何有效地使用它们。在其他国家的研究型大学里，什么样的"功能替代"可以替代美国的大学校长呢？很可能是少数了解学科发展的精英科学家组成的群体与中央科学研究资助机构形成合作伙伴，因为这些中央资助机构中的领导们以前也都是科学家。他们在知识的深度、广泛的权威和大量的资源方面懂得学科改革的要求。一个具有明确公共政策意义的问题值得研究，就是不同的国家政策安排的形式是不同的，这些不同的形式对政策的影响效果如何？

每一所大学都有它自己的特色，但是在一些方面又与其他大学相似。大学在历史、文化、治理、资助模式和领导风格上都非常不同，这就是为什么一所大学的经验不能直接应用到另一所大学的原因，即使是同一国家同样类型的大学。很明显，伯克利的经验应用到欧洲其他大学中就更为困难。即便如此，现在美国还有很多大学的领导者在学习伯克利的经验，虽然不知道结果会怎么样。

伯克利的重组经验将改变其他大学的处境，只要它的重组是成功的话。其他大学不需要像伯克利那样充当先驱。伯克利的经验证明了，在合适的环境下，在一所大学内部涉及整个自然学科的重大组织重建是可能的。而其他大学和它们的领导们，可以学习伯克利的经验，并从中吸取精髓。

这种组织形式在美国之外是有所不同的。如我上面所强调的，许多欧洲的大学中没有像伯克利的故事中的胡萝卜加大棒的环境。举个例子来说，在欧洲很难见到伯克利生物学科重组事件中所制造的与改革紧密相连的这种动机。科什兰教授和他的同事们劝说大学进行改革，他们所采用的政治技巧在任何国家和大学都是很少见的。

这并不意味着欧洲国家的大学进行同样的重组是不可能的，只是还没有成功的例子。事情都是处在变化之中的，欧洲的变化并不比美国少。在很多国家，大学获得了更多的对学术事务的自主权，他们在作出本文所描述的这类内部改革上拥有了更多的权力。另外，在很多国家，校长们在加强对大学的管理，很多有实力的科学家都还是很有权力的，尤其是在阻止改革方面。这种情况与美国有所不同。但是相同的是，欧洲一些国家的大学领导者也是靠教授选举上来的，但却不像他们的美国同行那么有权力。

欧洲的一些大学没有必要像伯克利生物学科那样进行根本的改革。当然应该由它们自己来决定是否需要作出什么改变，如果要改革的话应该如何取得成功？不管怎样，这篇对伯克利重组经验的简单总结就是希望能够在完全不同的环境下对改革有所帮助。

2000 年后记

前面所叙述的是美国研究型大学应对一个科学分支发展的方式，这种发展消除了一个学院内传统的学科界限。伯克利在 20 世纪 80 年代的改革使得各个领域的生物学家聚集到相关问题并展开合作上。在 1999 年，伯克利进行了下一步的改革。它宣布将用 5000 万美元来建设两座新的实验楼，这两座新的建筑将把从事普通生物学问题研究的科学家们聚集到一起。如果说以前的改革打破了生物学科中子学科之间的界限的话，新的改革将进一步打破生物学和相关科学与技术领域的界限，主要是物理、化学和工程学的各个分支，并为希望就共同问题和兴趣进行合作研究的各类科学家们提供教学和实验空间。

但是，与早期改革不同的是，新的改革不会涉及基本的组织结构变革，不会进行院系合并，也不会对新科学家聘任和晋升制度进行改革。基本的组织改革已经在 20 世纪 80 年代和 90 年代完成了，这使得新的跨学科和学系之间的改革更加容易。改革之后，在伯克利科学家们从事的科研已经超越了系与系之间的界限，虽然它们仍然是行政单位。

参考文献：

Austin, D. (1882) "A Memoir", Government and Opposition, Vol. 17, No. 4, pp. 469 – 498.

Baldridge, J. V. (197 1) Power and Conflict in the University. New York: John Wiley and Sons, Inc.

Caston, G. (1982) "Academic Tenure and Retrenchment: The US Experience, Oxford Review of Education, Vol. 8, No. 3. and "Leadership in Universities", unpublished manuscript.

Cerych, L. (1984) "The Policy Perspective", in Burton R. Clark, ed. , Perspectives on Higher Education: Eight Disciplinary and Comparative Views. Berkeley: University of California.

Cheit, E. (1973) The New Depression in Higher Education — Two Years Later.

Berkeley: The Carnegie Commission on Higher Education Clark, B. R. (1970) The Distinctive College. Chicago: Aldine Publishing Co.

Clark, B. R. (1982) "Governing the Higher Education System", in Oliver Fulton, ed. , Access to Higher Education. Guildford, England: Society for Research into Higher Education.

(1983a) "The Contradictions of Change in Academic Systems", Higher Education, Vol. 12,

No. I.

(1983b) The Higher Education System. Berkeley: University of California Press.

(1998) Creating Entrepreneurial Universities: Organizational Pathways of Transformation, Pergamon, the IAU Press.

Cohen, M. and March, G. (1974) Leadership and Ambiguity. New York: McGraw-Hill.

The Conference Board of Associated Research Councils. (1982) An Assessment of Research Doctorate Programs in the United States: Biological Sciences. Washington, D. C. : National Academy Press.

Corson, J. (1960) Governance of Colleges and Universities. New York: McGraw-Hill.

External Review Committee. (1981) "The Biological Sciences", University of California, Berkeley.

Internal Biology Review Committee. (1981) "Final Report", University of California, Berkeley.

Lane, J-E. and Fredriksson, B. (1983) Higher Education and Public Administration. Stockholm: Almqvist & Wiksell International.

Lipset, S. M. , Trow, M. A. and Coleman, S. (1956) Union Democracy. Glencoe, Illinois: The Free Press.

March, J. G. and Olsen, J. P. eds. (1976) Ambiguity and Choice in Organizations. Bergen.

March, J. G. (1980) "How We Talk and How We Act," Seventh David E. Henry Lecture, Urbana Illinois: The University of Illinois at Urbana, Champaign.

Peck, R. D. (1983) "The Entrepreneurial College Presidency", Educational Record, Vol. 63, No. I.

Premfors, R. , ed. (1984) Higher Education Organization: Conditions for Policy Implementation. Stockholm: Almquist and Wiksell International.

Roose, K. D. and Anderson, CT. (1970) A Rating of Graduate Programs. Washington, D. C. : American Council on Education.

Smelser, N. J. (1974) "Growth, Structural Change and Conflict in California Public Higher Education, 1950 – 1970", in Neil Smelser and Gabriel Almond, eds. , Public Higher Education in California. Berkeley: University of California Press.

Trow, M. (1976) "Elite Higher Education: An Endangered Species?", Minerva, Vol. XIV, No. 3, pp. 355 – 760.

(1990) "The University Presidency: Comparative Reflections on Leadership" . in Values, Leadership and Quality: The Administration of Higher Education, The David D. Henry Lectures 1979 – 1985, Urbana, Illinois: The University of Illinois Press, pp. 94 – 146.

(1993) "Federalism in American Higher Education," in Arthur Levine, Ed. , Higher Learning in America: 1980 – 2000. Baltimore and London, The Johns Hopkins University Press, pp. 39 – 67.

(1998), "Governance in the University of California: The Transformation of Politics into Administration," in Detlef Müller-Böling et al. , University in Transition, Gütersloh, Bertelsmann Foundation Publishers, pp. 265 – 286.

Weick, K. (1976) "Educational Organizations as Loosely Coupled Systems", Administrative Science Quarterly, Vol. 21, pp. 1 – 19.

第五部分

美国高等教育的未来与领导力

十三 高等教育领导力的比较分析①

Comparative Reflections on Leadership in Higher Education

I

在本文，我想首先探讨大学中"领导力"的一些基本内涵和主要维度；其次对比美国与欧洲国家的大学校长制度；再次，对我们在美国发展起来的大学校长的独特角色进行历史脉络梳理。最后，我会尽量界定出美国大学校长赖以发挥作用的某些架构与机制。在这些机制中，校长是如何采取措施、开发资源和实施领导的（这里的男性代词同时代表女性）。需要注意的是：许多关于美国大学校长的论述都是针对四年制大学而言，尤指其中最优秀者。但本文更多聚焦于美国最好的研究型大学，大约前30所的大学。另外，我提到的大学"校长"指的是大学的主要管理者。尽管在一些多校区大学，校长被称做"chancellor"，比如伊利诺伊和加利福尼亚两所大学。这种多校区领导体系中的问题恐怕要一个系列讲座才能讲清楚。②

高等教育领导力在很大程度上承担着打造学校鲜明特色、明确学校向好的方向发展的责任，其领导内容涵盖形象上、政治上、管理上和学术上等诸多方面。形象上的领导力意味着以强有力的方式去表达、展示和诠释学校的办学特色、核心目标和价值观。在内部管理上，强有力的领导能够服务于所有参与者，通过将组织过程与大学教与学的整体目标相结合的方式，诠

---

① In Philip G. Altbach and Robert O. Berdahl, eds. *Higher Education in American Society*. Buffalo, New York: Prometheus Books. 1994, pp. 277 – 296.

② On multi-campus systems, see Eugene Lee and Frank Bowen, *The Multi-campus University: A Study of Academic Governance*, New York: McGraw-Hill, 1971.

释，引导和决策大学的发展，增强所有参与者的积极性和学术精神。在对外方面，则体现在其以娴熟的领导技巧有效地表达大学的本质和目标，这有助于打造学校的良好外在形象，提高大学获得外部支持、优秀师资和生源的能力。① 政治领导力是指缓和众口难调的矛盾、化解内忧外困的压力、为学校发展大计获得各方支持的能力。管理领导力则包括指导和协调大学内部各种服务于教学和科研活动的能力，这包括选聘管理人员的正确判断力，制定和管理预算，规划未来发展，以及建设和维护校园的能力。学术领导力通常是指成为在教学科研中的伯乐，适时适地地以合适的方式介入以优化学术构架，组建优秀的管理团队，并支持管理团队聘请具有潜质的教师和学者。

任何一位大学校长都不可能在其领导的所有领域出类拔萃，在多面性的学术生活中，领导者的才能与精力各不相同。有些是"外向型"领导，着力于树立自己所领导的机构的外部形象，寻求外部力量的支持，同时将主要的学术事务交给教务长或院长，将其他内部管理事务的责任委托给副校长。也有的校长将大多数时间和注意力放在内部事务的管理上。

但是一个领导要扮演几种不同维度的角色，包括确定办学的特色、明晰大学的目标定位、寻求充足的办学资源、有效地组织管理和追求学术卓越——所有这些行之有效的行为都需要以该领导拥有合法的领导权和相应的资源作为基础，才能实施其领导行为，才能在不同的机遇间进行抉择，甚至创造机遇。简言之，自主支配的权力。没有决策权，没有权力和资源，无论其个人资质与魅力如何出色，都无法实现真正意义上的领导。

因此探讨美国高等教育领导力一定要包括以下内容：第一，比较美国大学校长与国外同行之间的领导潜力，比如在制定决策和采取行动时所拥有的权力和机会方面；第二，对于产生这些区别的原因进行分析，从历史角度进行的分析告诉我们为什么美国校长与他国校长有所不同；第三，近距离观察美国学院和大学的校长们如何运用权力，看看哪些机构特点或者机制为其领导力提供保障。

---

① On the distinction between organizations and institutions, and the role of leadership in defining purpose and mission, see Philip Selznick, *Leadership in Administration* (Evanston, Ⅲ: Row, Peterson, 1957), pp. 5 – 28.

II

近几年，美国大学校长承受着巨大的压力。一些在高等教育组织与治理方面极具影响力的学者指出，目前的高校真的是无法治理，更谈不上领导力问题。詹姆斯·马奇在其独立著作和合著的多部著述中都强调高等教育组织内部极度混乱并且毫无管理可言。有些高等教育机构的特征就是"垃圾桶式决策程序"（garbage-can decision processes），也就是说高等教育机构中产生的问题更多的是被掩盖了而不是被解决了。马奇认为，高等教育机构与大学都是"有组织的无政府状态"（organised anarchies），其共同特点就是目标模糊不清、方法模棱两可、参与决策摇摆不定。① 由于其目标不明晰，没有人知道这样的机构会有怎样的未来，更不清楚如何实现其目标。决策通常都是未经计划的无意识的行动的产物。决策与其说是制定出来的，不如说是偶然形成的——当问题、选择与决策者恰巧碰在一起，便形成了一个临时性的决定。据此观点，"一个组织就是以下事物的集合：从问题中寻找一些选择，从争议和感觉中寻找可以公开问题与争议的决策环境，从解决问题中寻找答案，从决策者那里要寻工作。"②如此笨拙而无法领导的组织必然没有创新能力和改革精神。正如，科恩和马奇的精辟论述："任何需要组织齐心协力推动的事情必然无法进行；任何需要被组织加以禁止的事情必然无法禁绝。"（Cohen & March，1974，p. 3）③ 如果始终不能对大学实行有效领导或者有所改变的话，那么，他们认为，以下的情形就会持续下去：

> 领导力就是一个幻象。如果近距离观察，会发现领导角色中至关重要的东西已经消失殆尽。尤其是，大学中的决策制定更多的是一个程式化过程，与问题的解决无关。这使校长的角色更趋于象征性，而没有什么实际意义。④

持同样观点的，还有乔治·凯勒（George Keller），他同科恩以及其他

---

① M. Cohen and J. G. March, *Leadership and Ambiguity* (New York: McGraw-Hill, 1974, p. 3).

② Ibid. , 82.

③ Ibid. , 206.

④ Ibid. , 2.

人一样，认为"大学总是乐于探索程序和方法，却不愿作出决策。大学中的决策往往都是院长、立法者、财务管理者和校长随机制定出来的"①。

但奇怪的是，凯勒把加州大学的精减计划、马里兰某私立学院的艰难维持、明尼苏达大学的经费削减计划、卡内基梅隆大学和哥伦比亚教师学院等看成是例外。其实，它们都无一例外。各个学院和大学所面临的问题五花八门，处理方法形形色色，领导人各有千秋，美国不同的大学适应新环境的能力迥然不同。无论是人口危机、预算削减，还是文化宗教变化，抑或是技术爆炸，都令人震惊，而近几十年盛行的，也是最令人沮丧的对美国高等教育的预言并没有一一应验。只举一例说明，十几年前，有人预言说，1979 年至 1992 年间，美国全国大学适龄人口将下降23%，到1992 年将会降至最低点。由于大学适龄人群规模的减小，自 1979 年开始，美国将会出现高等学校入学率下降。根据这些预测，美国的大学适龄人群的人数至少要到 1995 年才会逐步恢复。实际上，1979 年确实如预测所言高中毕业生人数达到了最高峰，到 1984 年下降了大约 13%。但是出乎所有人预料的是，美国高等学校的入学率并没有下降，在 1979 年至 1984 年间反而增长了 6%。②

当然，不同地区、不同类型高等学校的情况也不尽相同。但是，面临着经济衰退和适龄人口下降的双重压力，美国的高等学校显示了出色的应变能力。在此，我郑重提出，这些高等学校能够在相对艰难，甚至是性命攸关的困境中，以富有建设性的举措成功应对，应该归功于这些机构领导者们的改革、创新和领导力。我们更应该积极探索有效并且具有创新性的领导力的本质及其实现方式，而不是在诸多相反的证据面前竭尽所能去证明其无所作为。

1984 年大学校长领导力促进委员会（Commission on Strengthening Presidential Leadership）出具了一份报告，该报告对学院和大学领导现状深表忧虑。③报告在对大学组织本身、大学校长以及董事会提出中肯的建设性意见时，指出近年来大学校长的位置正在逐渐丧失对有能力的人的吸引力。报告的作者还特别强调了大学校长正被日渐掣肘（正如有人所说，围栏越来越小，围栏上的倒刺却越来越多）。奇怪的是，尽管得出的结论不容乐

---

① George Keller, Academic Strategy (Baltimore: Johns Hopkins, 1983, p. 86).

② Martin Trow, "American Higher Education: Past, Present and Future," in *Social Wealfare and the Social Service: USA/USSR*, G. W. Lapidus and G. E. Swanson (Berkeley, 1986).

③ The Commission on Strenthening Presidential Leadership, *Presidents Make a Difference* (Washington, D. C.: The Association of Governing Boards, 1984).

观——"美国大学校长正在陷入困境",但他们也注意到,"在他们所访问过的大学校长中有大约 1/4 的人对于自己目前的工作状态是满意的(甚至其中还不乏相当满意者);大约一半人表示他们绝大部分时间感到满意;只有 1/4 表示不满意,只有个别人感到失望。"①但是,通过这个报告,人们还是会很震惊于美国大学校长们所面临的问题,包括新近出现的问题。这些问题源于角色本身的高强度与集中性。在其他国家大学是没有相匹配和对应的角色的。

III

在许多观察家看来,无论美国大学校长在学生眼里看上去多么软弱无能和效率低下,相对其他国家的大学校长而言仍然是相当强有力的管理者。但问题是,在其他国家是否有真正可以与其对比的大学领导者?实际上是没有的。欧洲国家高等院校"主要学校官员"——主席(Rectors)、大臣(Vice-chancellors)、校长(Presidents)由于历史发展的原因,权力一向较弱。众所周知,欧洲大学校长起源于行业协会主席,在一些地方是由学生推举出来的组织者。欧洲大学保持着学术联合体的特征,现在更多的是接受州政府的规范、管理和经费支持。欧洲高等教育的基本权利关系,一方面存在于传统的学术行会与行会主席之间,另一方面则由相关的教会力量和政府部门把持。他们所热衷讨论的议题往往都是权力上的自主与经济上的支持。欧洲一些顶尖大学的学术官员,无论其被称作主席,还是大臣,还是校长等其他别的称呼,一直以来都是,而且仍将继续是联合体的主席;而在英国古代的大学,这种领袖一直都是通过其内部成员选举产生。在欧洲,也是经由选举产生,只是现在选举的范围更为宽泛和政治化了。

自"二战"以来,在欧洲学术领域内,对增强大学实际领导力的呼声越来越高,甚至还把大学领导的称呼从主席改为校长。但是我认为欧洲的大学除了改变称呼以外并没有什么实质的变化。1968 年,所有欧洲国家高等教育都开始了更加广泛的变革,而这种变革与其说是加强了大学领导的权力,还不如说是削弱了教授的权力,因为通过内部民主治理给非学术职员和学生以更大的权力;外部方面,则通过大学和区域治理委员会加强政客、行

---

① The Commission on Strenthening Presidential Leadership, Presidents Make a Difference (Washington, D. C. : The Association of Governing Boards, 1984).

政人员，以及经济利益集团向高等院校施加影响力。这些改革和重组的文献并没有谈及多少强有力的大学领导，涉及更多的则是内部机构的政治更加复杂化。在高等教育机构奋力主张传统的自治权和更加广泛的民主参与时，中央政府也试图保持并增加对于这些高等教育机构本身及其发展方向的影响力。①

比较来看，美国高等教育和它的领导力是美国的特色之一，同其他国家形成了鲜明对比，也可谓是令人瞩目的成功之一。从历史的视角我们可以更好地理解美国高等学校领导力的特点。同其他国家相比，传统上美国大学学术权力相对弱势，同时美国联邦政府对教育，尤其是高等教育采取不干涉政策。这些传统成就了美国高等院校校长强势的原因。

这两个因素——学术权力的弱势、中央政府的不干涉——与作为学校主要管理机构的董事会的强势相辅相成。董事会制度起源于哈佛大学——美国的第一所大学。哈佛的创建者中有很多人曾就读于剑桥大学，他们试图沿用英国传统，即由住校教师管理。牛津和剑桥大学的高级学术成员，即所谓的"绅士们"或院长们组成的一个联合体管理大学的每一个学院，现在也是如此。但在殖民地时期的美国，没有固定的学者。哈佛的成立是一件迫不得已的事，它不是自发地发展起来的。一帮普通人创建了大学，但是由于没有现成的学者负起管理这所新诞生的大学的责任，学校的创办者只能物色人选为新成立的学校承担专门的管理责任，这个人就是校长。实际上，在哈佛，校长是当时唯一的教授，因为当初大学只有他一个人，他既是校长也是教师，还有一些年轻人不过帮忙而已。这种模式在每所新建的学校里都持续了相当长的时间，也正是在这段时间形成了历史上美国大学的管理模式。哈佛用了85年才有一位教授与校长同时管理大学，而耶鲁用了50年。在美国大革命前后相当长的一段时间里，许多大学都靠校长来维持运转，本来就为数不多的教师通常也都是教上几年书，就转到其他行业去了。②

综上历史因素的分析，可见，在美国高等教育中，大学校长们功不可

---

① See Guy Neave, "Strategic Planning, Reform and Governance in French Higher Education", *Studies in Higher Education*, 10, No. 1 (1985); and Alain Bienayme, "The New Reforms in French Higher Education", *European Journal of Education* 19, No. 2 (1984). See for example, Maurice Kogan, "Implementing Expenditure Cuts in British Higher Education", in *Higher Education Organization*, ed. Rune Premfors (Stockholm: Almqvist and Wiksell, 1984).

② See Frederick Rudolph, *The American College and University* (New York: Alfred A. Knopf, 1962), pp. 161 – 166.

没。他们身兼双职，同时兼顾学术和管理工作。学校的创办者和董事会成员们都有各自的事业，因此，他们授予了校长们极大的权力。直到20世纪初，校长们才开始有机会处理与强大的学者群体的关系。到现在，美国大学校长仍然享受着董事会授予的自主权。但是学术人员有终身任期，而校长没有（当然如果他在该大学已经获得终身教授职位，当他不当校长时，他可以回到其学术岗位上去）。校长没有固定任期的原因是该职位是董事会委托的，董事会可以授权，当然也可以随时收回成命，事实上也确实经常如此。

在美国历史上有很长一段时间，很少有人把学术作为自己的职业方向，因此只要校长还能保有学校董事会的支持，就没有针对校长权威的挑战出现。这一点同其他国家相比还是有很大差别的。众所周知，欧洲大学起源于一种类似于行业协会的联合体，其中有博士、硕士和其他一些博学之才，分布在巴黎、博洛尼亚以及其他城市。它们的生长环境非常不同。在现代大学中，教授们拥有同古代大学里一样的权力。而在美国则正好相反，大学是由董事会和校长建立起来的。这一点对大学未来发展的影响不可小觑。

19世纪末，美国大学校长近乎绝对的权力在大多数大学中已经随着时间的推移，尤其是研究型大学的兴起和以学术作为真正职业的现象的出现而慢慢消逝了。在20世纪，尤其是在一些顶尖的学校，学术上的自主权更多地移向教授和教授会。但是美国的大学校长所掌握的权力仍然比欧洲大学校长大得多，后者的权力是同教授会、基层管理人员、政府部门、监事会、学生组织以及贸易组织等共同执掌的。欧洲的大学校长实际上只是一个政客、一个权力代理人、一个协调者、一个寻求权力折中的人，他本人并没有权力和权威。

IV

教授在美国一些顶尖大学的治理中扮演着不可或缺的角色，它是限制校长权力的重要资源。两代大学校长中的巨匠——康奈尔大学的怀特（White），哈佛大学的埃略特（Eliot），密歇根大学的安杰尔（Angell），霍普金斯大学的吉尔曼（Gilman），芝加哥大学的哈珀（Harper），威斯康星大学的范海斯（Van Hise），斯坦福大学的乔丹（Jordan），加州大学的惠勒（Wheeler），等等，这些从美国内战到"一战"期间执掌美国最优秀大学的校长们，创建了美国的学术职业。美国大学学术职业的形成与研究型大学的兴起是相辅相成的。在这些大学中，具有大量全国乃至于世界著名的学科专家和科学家之前，那些深具创新精神的大学校长们，在他们执掌的大学中赢得了极高的社会声誉，为大学的繁荣和昌盛奠定了基础。他们积极引进许多杰出的学者和科学家，给他们提供体面的薪水和科研经费，从而形成了当今研究型大学的学术团队，一群能够以平等身份与校长见面并进行集体协商的男女学者。美国学术职业及其工具——大学教授会以及美国大学教授联合会（AAUP）和各种全国性的专业学会——都是这一代杰出的研究型大学的校长们召集来的学者和科学家们所作出的制度性表述和回应。这支不断壮大的学术团队逐渐认识到对大学之外的支持者和托管者来讲，他们的集体力量对大学的重要性。这决定了在现代大学中，学者是大学的一分子，而不仅仅是大学的雇员。因此，他们参与到大学的治理中来，在关乎其切身利益的问题上拥有一定的发言权。

在一些顶尖大学里，无论是公立大学还是私立大学——在二流或者是三流的大学里情况就截然不同——发展起来的是一种共同治理的体系，也就是一定程度的合作和互信，这种合作和相互信任使大学渡过了20世纪60年代的政治压力，符合了70年代各州政府对大学提出的加强问责的要求；成功应对了过去20年，联邦立法与法规增长的需求以及大学在管理程序、记录保存与报告精确化和正规化方面的规定以及应对学校诉讼案件增多的矛盾。尽管有来自外部的阻力和内部的压力，在这些顶尖大学中，教授和科学家们通过教授会中的各种委员会都自愿地并不记报酬地以咨询者的身份参与到大学的治理过程中。事实上，这种咨询式的共同治理极端复杂而且难以捉摸。在每一所学校都不一样，且在正式的大学治理文献中也没有作详细的论述过；而且不同的大学中教授的地位也不同，教授权力差别非常大。

时常有人提出，强势的学术权力会削弱校长的权力。但我认为正好相反，一个强大的教授会可以增强校长的权力。大学教授会实际是大学和校长用来维护其学术标准、抵制外界压力的有效工具。大学教授会通过教授会中各种委员会发挥作用，这些委员会就是在各种条件下和不同的问题中表达和应用学术价值的最好载体。虽然这些委员会经常庄严地说不，它们在提出动议和执行动议方面并不是得力的工具。大学教授会对校长办公室提出的许多动议进行日常的咨询，事实上，它们会提出许多富于智慧而且有用的建议。总之，教授会通过表达对校长提议支持或不支持的意愿，使校长感受到教授会和教授们的情感。如果没有这种咨询和支持，校长和教师们的关系将会是充满敌意的——我们经常看到大学教授会被教师工会所取代，或者是校长与教授各执一词，互不相让。如果那样的话，校长的权力也就无从谈起了。

当然，教授和校长之间也时有摩擦；用雅克·巴曾（Jacques Barzun）的话来形容，他们的关系处于最佳状态时就是产生"良好有序的摩擦，表明车轮正在前行"。在良性互动的关系中，教授们认识到校长真正的效率依赖于教授会这个强大后盾的支持，同样，教授会的良性运作也离不开校长强有力的支持。这并不是一个"零"或"和"的游戏，教授会的权力实际上是通过向校长提供咨询、作出建议并且施加影响而得以实现的：如果校长没有权力，教授会的权力也必然很小，那样就会像欧洲和美国一些州的情况一样，权力落在学校之外的政客或者政府的手里。

V

从历史比较的视角而言，我认为，在美国顶尖学院或大学中，大学校长运用领导权力时，是具有象征性的，兼具政治、学术性和管理功能。但是如果从一个比较的视角去看待校长运用领导力的话，其权力的来源在哪里呢？下面我要讲的可能大家都比较熟悉，但是通常却是被评论者曲解的，除非评论的内容是特定的领导和政策。

首先，大学校长掌管着所领导的教育机构的预算及预算分配权，尽管其中很大一部分用于有终身教职的教师工资和行政服务的成本支出，使得实际可以进行分配的部分十分有限。由于上述因素的局限，在公立大学，大学校长采取一揽子计划总揽全局，适当进行内部调整以突破上述局限。与之形成鲜明对比的是，大多数欧洲大学是由中央政府提供经费支持，其财政预算近乎直线分项管理（line item budget），每笔钱都是戴着帽子下来的专款，类似说某笔钱是拨给图书馆的，哪一笔钱是拨给系主任或他的秘书们的。欧洲大学校长们在内部财务分配上的发言权非常有限。另外，在美国大学一个比较普遍的现象是，学院或者是系并没有权力处理退休或者死亡引起的职位空缺，这种资源的再分配是由校长或他的副手们掌控的，这样随着时间的推移有利于校长调整资源配置以适应学生或者是市场的要求，有利于学科的发展，或者是便于校长实现自己关于学科发展的理念。

学术自主权同学校办学资源的多元化，如果不是完全相关，关系也是非常密切的。① 较欧洲大学相比，美国大学的资金来源是多渠道的，这无疑增

---

① See Martin Trow，"Defining the Issues in University-Government Relations" *Studies in Higher Education* 8，No. 2（1983）.

加了校长在面临某一资助方提出的要求时进行协商的权力。即便是像加州大学那样的公立大学，也不是由州政府全额拨款，至多可以称得上是受到政府资助。加州大学的运行费用中 40% 来自州政府，15% 来自联邦研发合同，13% 来源于学生的学费和社会捐赠。剩余的大约 30% 来自于各种经费收入，比如学校医院、继续教育和其他教育服务收入。①除了这种资金来源极端多元化以外，一些经费还具有自主使用权。其中，有不是戴帽子下来的私人捐赠、科研经费中的管理费，还有捐赠基金的收益部分是由校长自主支配的。随着时间的推移，校长可以自主支配的经费也会用到非正常的学术项目上。有些受到资助的项目和人希望能够得到持续资助，但校长们可以调配资金的使用水平，特别是他们会逐步增加资助力度保持其分配的控制权。

　　尽管有时没有完全的自主支配权，但是校长对不同种类的费用支配权还是很大的。比如说，学生服务经费就是很宽泛的一类支出项目，赋予校长巨大的权力来实现为学生服务的目的。比如建设教学中心，提供医疗服务、咨询服务、建造与维护校内体育设施以及各种形式的补习教育，还有一些涉及大学向基础教育体系拓展的项目，等等。美国大学对学生服务的支持力度高于其他国家，因此也相应扩大了校长的权力。因为这些学校的教师大多实行终身制，校长只能采取缓和的和渐进的手段进行改革，而学生服务部门中的工作人员都是合同制的（虽然他们是工会组织的），校长就拥有更大的权力进行重组。这些工作人员都直接向校长办公室的某个人负责，形成了一个人力与资源的坚强团队，校长从这一团队获得他自己的优先权，当然这是在特定的政治、法律和法规的准则之内。一个强大的行政团队为校长的办学理念提供支撑，它们可能包括一个强大的发展规划部，或一个强大的反种族歧视办公室，或者是其他校长认为重要的团队。

　　但是这种基于服务学生功能的可任意支配的资源也不过是美国大学校长可支配的人员资源的一部分。在美国，大学实际管理层的大部分权力来源于由董事会授权和任命的校长，仅有一小部分源于联邦政府。确保公立大学的发展，需要有更多管理人员，这些管理人员是校长的辅助人员而不是对教师或州权力机构负责的行政人员。因此，一个强势的大学校长凭借其管理团队的支持可以获得更大的校内自主权。有了这样的内部团队，校长可以同州权力机构以同样的专业知识和技能对话，而不用以一个外行学者的身份去对抗一群有职业素养的计划者和管理者。关于大学内部庞大的管理团队，以下作

---

① 　Private communication, university of California budget Office.

几点说明。

许多管理人员（尤其是高层管理人员），是由为其服务的校长任命的，校长拥有这种任命权力。在一些学校的行政管理人员中有一些人与董事会、与最有权势的校友有着千丝万缕的联系，校长是根本动不了他们的。有时这会成为摆在新任大学校长们面前的遗留问题。①但总体而言，很少有行政管理人员拥有正式或非正式的雇用保证，即使他们有工作升迁协议，他们的工作合同也掌握在在任校长手中，他们更应该说是校长的雇员。在一些大学里，行政管理人员的组织结构会更接近于官僚体制下的科层制，而不是院系里或者科研中心中的同行结构。校长的领导力更多地体现在这些不同项目的行政管理者上，而不是重新整合学术项目。因此，我认为，校长的自主资源依赖于行政管理人员。

校长领导下的管理团队的工作当然也更增强了校长的权力。比如说，加强发展规划办公室，提高市场调查的效率和学生入学率，为政府或者资助方提供更出色的建议案等，这些都会增加高层领导的自主权。这些行为和资金能为新的学术项目提供行政支持，拓展同中学的联系，开设教辅课程，同地方企业和其他大学建立起良性互动，等等，它们为校长决策大学的优先发展，以及在遇到机遇时抓住机会提供必要的资源和支持。

在美国，大学校长是连接大学管理层，即大学服务支持系统和全校的教师，即教、学和科研的纽带。在这一点上，美国同欧洲国家有着本质的区别。几乎在所有欧洲国家的大学中，还有一位与校长平起平坐的人，那就是注册官（curator），他是由董事会或者某政府部门任命的。因为这个人不是校长任命的，所以也不对校长负责。在英国，大学校长在任命注册官过程中作用很大，但是在英国的大学中，注册官的角色更像是一位高级行政人员，他通常会在校长任期届满后继续担任职务。同美国大学相比，欧洲大学中，学术领导和行政管理之间无法逾越的鸿沟导致了校长权威的下降，无形中校长自主权也被大大削弱了。

在美国大学里，校长除了拥有我所提到的设立行政管理部门的权力之外，还有权任命大学的主要学术官员，比如任命负责学术事务的副校长、教务长、院长并通过教务长与院长任命系主任等。系领导肩负着行政管理和学术带头人的职责。校长既可以任命，也可以收回任命，当然他不会无缘无

---

① Clark Kerr and Marian L. Gade, *The many lives of American presidents*: *time*, *place & Character* (Washington, D. C. : association of Governing Boards of University and Colleges, 1986, p. 27).

故、轻率地作出这种举措。事实上，与国外同行相比（在这一点上英国介于两者之间）英国的校长任命高层学术领导的权力有助于他掌握大学学术发展的平衡，比如说：影响学科平衡发展的机会、有代表性的分支学科之间的平衡、把握新聘用人员的素质和特点等。

校长可以任命高层行政管理人员的另外一个结果是，他可以规定其成员的权限与职责。行政管理人员的职责与权力是没有继承性的，也不受大学或者政府部门固有的规章制度的制约。同欧洲大学校长不同，美国的校长能够并且经常为了达到有效管理的目标或者出于学校利益的考虑而改变其下属的行政管理结构。这种重构行为通常都发生在新校长上任之初，这可能是其最具创造性的举措。出于对利益、潜力、能力、面临的新问题和出现的新机遇的考虑，校长可以改变其所任命的高层学术领导的管理范围。为了解决不同的问题，领导者们还可以建立各种临时性的机构。

如果要问大学里面的决策制定程序是怎样的，我们只能回答"因问题而异"。不同的人和利益集团被整合起来去解决形形色色的问题。但是，由什么人，解决什么问题，这都是要由校长来决定的。这也恰恰是校长自主权的绝佳实践机会和其领导能力的强有力证明。高层学术领导是否要参与改变招生程序的议题的讨论？这一问题本身常被学术标准所掩盖。教授会是否要参与决策体育方面的问题？学校财务部门的领导是否要参与对毕业生要求改革的讨论？哪些是利益，哪些是专家知识，哪些人和观点应该进入解决一个特定问题的程序？在哪一点上多元观点能够解决问题，而不会导致问题触礁？所有这些都是大学校长需要慎重考虑并作出决定的。

校长权力和动议还有另外一种机制，我认为美国的学院和大学中的学生们还没有给予充分研究和讨论，那就是大学校长将院系或者专业引向"被接管"（into receivership）状态，这一机制位于大学学术中心。不同的观察者都强调大学是有组织的"不倒翁"（bottom heavy）结构，也就是说，上轻下重。从教学和科研的角度考虑，权力分布在各个系的教师手中，即所谓的"下重"。一般情况下，也确实是这样。明智的校长不会过多干涉各个学系中的具体事务，如何教学、如何科研、起用谁、提拔谁，等等，这是所谓的"上轻"。系的自主权源于其专业知识，这对于行政领导，包括校长都是很重要的权力制约因素。

但是在美国的学院和大学，如果出现问题时，这种系自主权却可以被架空。比如，系内部如果出现派系之争，就会形成一种无政府状态：阻止聘用外来人，或停滞内部人员的正常提升，或在一定时期内出现专业或系在全国的声誉或者排名下降等类似趋势，或者外部资助减少，或者由于内部的政治斗争导致优秀生源和师资流失。这些都是引发系被接管的原因。如果真的发生这种情况，校长通常是从系主任和其他人员手里收回系和系中的单位（unit）管理和运行权力，并将权力交给其他人。这时校长的决策通常体现为以"旁观者清"的思路来决定做什么和怎么做的问题。接管的人可能来自于其他学院，也可能来自于其他大学的相同领域，甚至可能是同一大学中的学术领军团队，而不是一个人。我所在的学校，过去的十年内就有五六个系发生过类似的事情，包括最近发生的涉及 25 个院系的生物学科改革。①

令人惊讶的是，当一个系被接管，来自其内部教师的抵制和反对却微乎其微，可能是由于不常发生这种情况，因此大家都理所当然地认为一定是哪里出了问题才会如此。也就是说，系被接管可以被看成是一个特例。这个特例的处理并不是对以教师正常发挥重要作用的学术治理程序的攻击。一定是出了什么问题，校长和其智囊团才会介入解决问题，所采取的措施一定是对教师的基本价值有益的。这种情况不常发生，而一旦发生就能让系领导醒悟："我们不能让事情就这样下去，我们会被接管的。"正如所有严厉的制裁一样，校长有权对系实施接管，这对系是一个极大的威慑，即便没有真正使用这个权力，也能产生一定的震慑作用。

校长对于预算，尤其是在"学生服务"领域的绝对资源的控制权，校长对大部分行政管理人员的任命权，校长对大学发展的优先权和由他来设定问题并决定由谁来解决问题，以及校长接管院系的权力，等等，都是美国研究型大学校长实施领导力的组织资源，是实施干预与促进变革的机制所在。

VI

概括来讲，本文试图要跳出把大学描述为"一个有组织的无政府状态，并且其功能只是一个垃圾桶式的决策程序"的思维局限。我相信如此定义大学是基于对高等教育领导力的工作内容和工作方式等细节的观察和理解。但是如果不是这样的话，如果那些顶尖的研究型大学的校长们不是名副其实而且高效务实的话，如我前文所言，那么，又为什么这些大学近年来会备受

---

① See Martin Trow, "Leadership and Organization: the Case of Biology at Berkeley," in *Higher Education Organization*, ed. Rune Premfors (Stockholm: Almqvist and Wiksell, 1984).

诟病，承受了巨大的社会压力，看起来如此软弱，效率低下且毫无吸引力呢？以下的这些思考——如果不是阐释的话，可以对解答这些疑问有所帮助。

首先，对大学领导持悲观态度的许多文章其研究对象都是相对薄弱的二流或者三流的教育机构。在美国的高等教育系统中，教育机构之间的竞争多层面且十分激烈，对生源、师资、资源的竞争，对社会声望和地位的竞争，等等，一流大学无论是作为组织还是学术团体，都起到榜样的作用。所有的大学都把自己在各方面同一流大学进行比较，比如对教学科研的高期望，对研究生教育的要求，对机构自主权的追逐，等等。但是那些二流或者三流的教育机构实际上不能获得像一流大学一样的资源，无论是国家或私人财政支持，学校图书馆和实验室的资源，以及杰出的教师和学者等，还包括一流大学长年累积起来的自主权。可能很多情况下校长们所面临的困难大都来自于他们过高的期望与实际匮乏的资源之间的矛盾，因此当他们拿自己的大学同哈佛、斯坦福、伯克利、密歇根或者伊利诺伊等大学比较时会使他们产生挫败感。

即便是一流大学的领导也难免会出现这种相对的挫败感。篱笆看上去小了，但是篱笆上带刺的电线看上去却更高了，即使没有变高，至少同过去一样。①可能研究型大学校长不是一个吸引人的位置但却令人有成就感。在对这一角色的众多非议中，比较引人注目的是一份关于大学校长领导委员会（the Commision on Presidential Leadership）的报告中援引的一位大学校长的话：

> "无论在哪个问题的决策上，我都为有高达90%到95%的支持率而高兴。但是，还是有5%的人不满意，而且他们会一直记在心里。到了下一个问题，我还是为了90%到95%的支持率而沾沾自喜，但是又会有5%到10%的不同的反对者，他们依然会记得。最终，总会因一个决策而得罪所有的教授。这个决策成了这些累积起来的不满发泄的出口，正式的评估程序只会加速那些勇敢的决策者倒台。但这对吸引最优秀的人才当校长并没有什么消极的影响。"②

---

① The phrase is drawn form the Commission on Strengthening Presidential Leadership, *Presidents make a difference.*

② Ibid. , p. 54.

　　这种累积起来的不满使许多小成功一步步地融合成大的失败。这一程序无情地吞噬了支持的力量，给大学领导的角色和位置都投下了浓重的阴影。因此，大学校长们大多比较低调，不会刻意张扬自己的权力和效率，而是尽可能地体现共同治理程序的重要性。在这一程序里，校长只把自己当做其中一个环节，而不是像宣传的那样去着力表现自己的成就。在这个民主的，实际上是平民主义的时代，那些英雄主义时代的以独裁为特征，受权力欲驱使的，对学校的各种团体利益漠不关心的大学校长当然会受到抨击。

　　一个例子就是，众所周知，克拉克·科尔从1952年到1958年任加州大学伯克利分校的校长，从1958年到1967年在加州大学任总校校长。在任期间，他一贯非常强势。在这两个位置上，他对所领导的机构影响巨大——比如，在分校长任期之内他打造出了新校区的全新风格。他的《大学的功用》一书，可能是论述关于现代研究型大学中最具有说服力的，（在参考了那些历史的巨人之后）科尔在文章中说，在他任校长的时代，大学校长就是"官僚机构船上的船长，有时他甚至是自己船上的苦工杂役"。①科尔引述阿兰·内文斯（Allan Nevins）的话：新型大学也就是科尔所谓的"巨型大学"（multiuniversity）对校长的要求是"一个协调人，胜于创新型领导者，一个专家执行官，一个手段娴熟的调解者"。用科尔自己的话说，"他在大多数情况下是一位调节员。"②

　　在这一点上，我认为克拉克·科尔在任校长时和现在不任校长时实际情况不完全一致。当然，学校在成长壮大期间会更加凸显领导的作用。不是每一位大学校长都有科尔那样的才华。当然，无论彼时此时，协调与合作都是校长不可或缺的能力。大胆创新，执行决议，本着对自己工作本质和未来的理解行使校长的权力，但是，这些在我看来并没有反应出科尔对大学领导力分析的重点，尽管这些存在于科尔的实际领导中。科尔的分析反映出他对大学校长权力下降的看法（同时在他任主席的"大学领导力促进委员会"的报告中也有所体现），他认为大学校长权力下降是由大学内外部各种错综复杂的权力中心而引起的。我相信他的分析也反映了他对于现代大学领导的感受：如果校长要高效率，他必然需要保持低调，必须有一种"一致感"（a sense of the meeting），不是把自己强加于机构之上，而是在机构内提出重要

---

　　①　See Clark Kerr, the Uses of the University（Cambridge, Mass, Harvard University Press, 1963）, p. 33.

　　②　Ibid. , p. 36.

改革。对比现代大学校长与以前英雄主义时代的大学校长时会发现，可以说除了权威以外，现代大学有更多的问题和局限，当然也拥有更多的资源。当今，权力的实践者常被称为独裁者，所以成功的领导者都慢慢学会如何行使权力而不被看成是行使诡计，那就是要做到表面上看起来是在服从、协调、调解，而实际上则是在领导。

当然，当一个人在校长的位置上，他的个性和角色之间需要相互磨合，大学中的制度环境极其复杂，成功的领导者对于领导的程序要有纯熟的技巧和万分的审慎。最终，即使领导成功，人们的期望也会水涨船高：问题会更加多元化，反对意见逐渐累积，仍然会落得个"领导出色，感觉甚差"的结果。

这可能也是为什么校长们会越来越倾向于弱化他们自身效率的原因。但是为什么观察家或者分析者们也会这样看？上文中我已经列出了几条原因，这里还有一个明显的原因，就是学校中的无政府状态与目的性较强的政策之间纠缠不清。我怀疑观察家们一直都关注着校长的角色，就好比是一个由许多颜色的线或者绳索扭结在一起的横截面，每一股绳索代表着一个项目或者一项行动，合在一起代表着诸多相异的观点、解决方案或者问题的集合，而且几乎没有共性和目标。但在研究型大学中，这种模式是一种误导。因为如果我们沿着时间维度把绳子截断，会发现每一股绳索都在向前或者向后，按照其既定的方向前进，不仅目标明确，而且颇有理性，即使与其他线索相互纠缠，其独立性也保持不变。① 因此那些看似偶然或无意的事件、问题或解决方案，在某个特定时刻从横截面的视角去看的话，就更像一系列有目的进行的项目。从时间的维度去看每个项目都在同一个教育机构的管辖范围内以相对独立的形式表现出来，但这些项目的目的及其参与者之间的差异却复杂得多，因此使大学在整个社会中扮演的角色也迥然不同。

这些以不同规范，目标和多样性的活动进行治理定义了现代综合性大学。所以有时考虑这些活动在同一个校长的权限内是如何以不同的甚至是相反的价值观去运作，会是非常有意思的事。关键在于这种由不同的价值取向主导的行为之间形成的制度绝缘性和这些活动被报到校长办公室的方式。有一种很普遍的现象就是大学校长们的职责有时看上去互相矛盾：既追求学术上的卓越又追求社会公平。后者则更多指大学要向社会上的弱势群体提供更

① This image, and the next few paragraphs, are drawn from my essay "Leadership and Organization: The case of Biology at Berkeley", in *Higher Education Organization*, ed. Rune Premfors, pp. 166-167.

多的入学机会。近来在伯克利生物学领域的重要改革是在研究和教学两个方面追求学术上的卓越，关键是要加强当代生物学的前沿研究。这包括了大学校长的介入和大学里顶尖的生物科学家们的支持。这种介入就需要建立新的制度形式，要求暂时地但是在本质上缩小现有的生物学学系在教授聘用和研究生培养方面的权力和自主性。与此同时，校长办公室的其他成员则致力于提高伯克利分校周边城市中学中少数种族群体教育水平。这些城市中的中学为伯克利提供生源，这些不同的活动都在校长这里进行汇集，虽然它们都是分别进行的，而且在许多方面是彼此高度分割的。人们会怀疑伯克利生物学领域的杰出生物学家们到底知道多少学校对奥克兰中学的拓展项目，或者说那些参与拓展计划的人对本校生物学领域的重要发展了解多少。在伯克利目前这种特定的环境下，我怀疑学校既要兼顾社会公平，又要追求学术卓越，而且又要让世人有所耳闻目睹的可能性。这种理念的实施很大程度上取决于大学校长对校外政治环境和校内与其共事的人的价值观的敏感性，尤其是对那些名声显赫的教授群体们价值观的敏感性。

当然这两种价值理念的推进是相互矛盾的，因为这一政策的两个部分带有不同色彩，服务于不同的目标与价值。在时间的维度上，二者是互补的而不是竞争的。在这一点上，我建议大学的领导应尽可能地将目标不同的二者在实现过程中有机地结合起来。如果行之有效，校长周边的人可能看不到发生了什么，但是他们会被校长的决策能够服务于大学中不合逻辑的和不相互联系的价值观念所感动，而不是为顺应大学发展而采取的技能或主动性所感动。当然，如果它要对所有的要求，如资源、能量和关注都说是的话，美国的研究型大学就经常会遭受不一致性和制度完整性的威胁。但这恰恰就是美国大学校长领导的真正本质。校长所拥有的巨大权力和可支配的资源，使得他能够对任何一所不同规模的，不同定位的，多元功能的，构成风格迥异的，在教和学活动中隐含深远的，对周围社会有着千丝万缕的联系的大学可以在行动上保持前后连续，在特征上和发展方向上保持一致。这些顶尖的研究型大学在世界上最成功的大学之列。如果它们的校长不能领导它们，没有对遥不可及的未来以恰当地回应的能力的话，这些大学就不会如此出色。只有在校长这里，才有真正的资源和机会。

VII

那些通过运用资源可以解决的问题应该被看成是机遇。一些顶尖的研究型大学正面临着一系列诸如此类的问题（或机遇）。无论校长的助手们和管理人员如何得力，解决这些问题仍然是大学校长的责任。我们每个人都可以列出一个大学校长所面临的问题的清单，这个清单上的内容会随着时间或者具体情况发生变化，但是我自己的清单至少包括了以下几项，尽管重要性未必如此排序。

（1）每位校长都要面临的问题：在拓宽弱势群体学生入学渠道的同时，保持教学和科研的最高水平，这之间存在着很大的矛盾，也是教育在追求卓越与兼顾社会公平之间最常见的张力。即在同一学校也会有不同的因应之策，当然在不同的学校实现二者的程度也都不同。

（2）研究型大学与企业之间的关系逐渐成为人们关注的问题。即，在使用着企业所提供的经费、科研仪器设备的同时，要知道如何服务于大学的目标。同时保持大学的独立性、完整性，因为大学是一个承诺在自由交流和公开探索的环境中追求真理的地方。

（3）科学知识高速发展给学校带来的问题。科学知识的快速发展给大学中相关的科学院系组织结构带来的影响，和大学内部科学研究赖以存在的物质条件带来的影响。

（4）还有一个同第三点密切联系的问题，自从20世纪90年代或者稍后时期开始，一大批已经过了聘期的年纪偏大的教授与学者还留在学校里，但是在办公条件和科研条件都没有明显改善的情况下，如何让年轻的科学家和学者们流动起来进入院系和实验室就是一个问题。

（5）大学校园中另一方面的问题是人文学科与行为艺术学科的可持续发展问题。就是说，在面临着科学和技术知识的迅速扩张和飞速发展，尤其是专业训练备受本科生青睐的时候，如何平衡大学内部学科发展问题。

（6）最后，也是其他几点都要依赖的问题，就是校园里对言论自由和学术自由的保护，在来自少数族裔学生和教授中话语权方面的巨大压力下，不像我们，他们没有必要强调追求真理，因为他们本身就已经拥有了真理。他们也不能容忍那些持不同意见者表达和宣传他们认为是错误或者是有害的信条。（这里有意用了神学的语言。)

如此一份清单！但是我们期待大学校长们能够处理那些更加宏观的其他国家教育系统所没有的问题。因为只有我们的社会才给予了他们权力和资源去解决问题。在他们看来，从来没有什么时候资源是充裕的，但他们依然可以解决问题。他们是如何成功地解决问题的也许永远是个谜，因为许多关于组织领导理论告诉我们，他们无法而且也不可能解决这些问题。

但是，我认为，人们并没有充分欣赏大学校长的位置，更多的时候校长是一个受批评和非议的靶子，而不是被充分理解的对象。大学校长们应该得到理解。尽管我猜想那些负有责任的校长会继续对批评和非议不以为然，当然他们也有足够的理由，比如困难重重或者说处处掣肘，与此同时，在杰出校长的领导之下，我们的研究型大学会越来越强大。

十四 新信息与通信技术对高等教育带来的一些后果①

Some Consequences of the New Information and Communication Technologies for Higher Education

　　高等教育中新信息通信技术所扮演的角色如此重要，而且发展如此之快，以致很难用简单的话语进行概括。我们可以回顾一下，5 年前还很少有人能够预见或者想象到互联网通信在世界范围内的爆炸性增长，以及它已经和正在对作为研究和教育机构的大学所产生的深刻影响。对于我们来说，与这 5 年的信息革命最相关的是——我们至少可以问一问我们自己为这一领域的政策制定者提供了什么建议。

　　与其说对目前所发生的变化作一个总结——列出一件件在变为文字之前就已经过时的事件和情况的清单②——我更愿意将正在发生的部分事件概念化，寻求一种接近实证方法和语言来讨论它，这会更贴近现实，而且会比最新的昙花一现的各种软件和应用程序的作用更持久。

---

　　① This paper is finished in 2000, From CSHE: Research and Occasional paper series: CSHE 5.0; http: //ishi. lib. berkeley. edu/cshe.

　　② The literature on ICTS is already enormous, and growing rapidly. But for the most part this writing centers on current developments and those anticipated in the immediate future of interest to policy-makers. This paper is forward-looking. Instead of citations to this current literature, the alternative is to cite websites that are continually revised and in touch with contemporary developments in the future. See for example, Higher Education in the Digital Age: A Citation Database, at http: //media2. bmrc. berkeley. edu/projects/edtech/index_ js. html. That website has links to other sites bearing on ICTS in higher education, many of them also maintained. For a paper about ICTS with a shorter time horizon from a comparative perspective. See M. Trow, "From Mass Higher Education to Universal Access: The American Advantage," Minerva 37, Spring 2000, pp. 1–26.

定义信息通信技术的特征

我们假设新的信息通信技术（简称 ICTSs）有一些普遍的和确定的特征，这些特征很有可能在技术的变迁中被保留下来。

我定义了以下五个特征——这些特征体现了目前新技术如何影响并且日益改变着每一个发达社会中的高等教育制度的形式和方法。它们是：

1. 新技术的变化速度；
2. 信息通信技术的发展趋势会使所有制度和知识的界限变得模糊不清；
3. 通过入学机会的扩大和教育机构地位的提升，技术在高等教育和高中后教育中产生的民主化影响；
4. 信息通信技术对不同学科和不同教育的影响存在差异；
5. 不同智力和不同动机的学生在应用新技术的方式上有所不同。

下文对于每个特征分别进行论述。

变化速度

对于变化速度，我不需要一一举例，例子就在我们周围，以令人眼花缭乱的方式呈现着。但是这一变化速度的重要性还没有得到充分的认识和评估。这是因为以计算机和互联网为中心的信息通信技术的变化速度是前所未见的——我们几乎不知道如何讨论它的含义。我认为，就信息通信技术的发展速度而言，我们还没有见过先例。变化的速度打乱了各方面的规划。任何有规模的规划都需要一个合理的时间期限——至少 3 到 5 年——才能够看到可预见的结果，才能够在政策和所期望的结果之间建立起联系。但是信息通信技术没有给我们这个思考的时间。例如，一所我所熟悉的美国大学，甚至不能决定是给新生宿舍投资安装光纤来连接到校园中心的高速服务器，还是再等等看无线网络是否能够达到同样的目的。因为迟迟未付诸行动，来自学生和家长的压力很大，但安装一个可能在 3 年内就会过时的技术的花费又可能更大。

商业公司和个人经常会面对这样的抉择，却没有办法通过广泛的前瞻性的调查得到一个合理的规划结果。那些如流星般快速出现又消失的网络公司提醒我们在决定采用这些新技术之前要认真地考虑其成本；因为我们无法对其使用程度作出长远的预测。在高等教育中，许多美国大学在采用信息通信技术上没有对整个机构范围内的使用情况进行规划，而是把决策交给了院系和科研单位——作为一种尝试的形式，如果能够得到适当的监控，至少可以看做是一个小规模的试验。这就是一个机构在不知道如何应对的情况下所能够做的——从它自己的角度来看，这是很合理的。

美国的大学已经非常了解庞大的机构或系统对新技术应用进行规划的困难，因而采取不规划的做法。可是更为烦心的是新技术变化的速度影响了我们对于新技术和由它产生的影响的研究能力。一个非常重要的问题是网上教学新形式需要更多地了解人们在这种条件下学习的社会心理——对于不同的学科，不同的学生，如年纪小的或是较成熟的、学习主动性很强或很弱的、在家中学习或是在工作中学习的效果如何，等等。目前，我们对此知之甚少。然而，问题的答案显然关系到将在线学习作为高水平学习的一部分是否明智。问题是在我们今天所掌握的技术基础上开展的有效教学活动在明天可能不再适用，因为将来可以不用考虑宽带限制，软件也会更复杂。将来的互动式可视化教学更多的是从尝试错误的经验中而不是仅仅依靠系统研究进行教学。实质上，我们今天在这个领域的研究——还相当不够——仅仅是用简单的技术建立的基准与后续的基于更先进技术的更好的或是完全不同的教学形式作比较。但是这只是一种微不足道的研究，不足以成为我们自信地向政府或者我们自己机构的决策者们提供建议的依据。

我们到处都可以看到巨型大学（big institution）的重要承诺变得毫无价值，在一些并不了解的领域中失败。几年前，加州建立了一所虚拟大学，但几个月后就放弃了。西部州长大学（Western Governors University）起点很高，但也很快雄心受挫。甚至主要的研究型大学也加入到了这一竞争，因为它们相信将会有大量的在岗工人需要通过在线学习接受继续培训。这些大学甚至吸收进了一些私营的商业公司作为合伙人——作为启动资金和必要的经验来源。

如果我们注意一下身边许多其他的重大技术变革，我们会吃惊它们中很多都是19世纪的发明：电报和电话、铁路和汽车、电灯和输电网，还有20世纪初出现的飞机，20世纪20年代的无线电广播和20世纪30年代和40年代出现的电视。在任何发明出现时，私立机构和公共政策部门都需要时间去了解、认识并制定针对新技术的政策。这些政策，暂不论其明智与否，至少都同所涉及的新技术相关。就目前的信息技术而言，改变的速度并没有给政策制定者充分的时间对要制定的政策进行理性的研究，使之能够在几年内仍有针对性。

举一个例子，去年，也就是 2000 年，美国国会开始关心有关新技术对于知识产权拥有者的影响：就是通过网络传播著作人和新知识创造者的成果，而使用者不支付任何费用或者都不注明作者和发明者的信息。国会要求国家科学院（National Academy of Science）/国家研究理事会（National Research Council）进行一项专门研究，以向美国国会提供应该如何立法来处理用户和作者之间的知识产权冲突的建议。其中包括各种形式的艺术作品——文学、音乐以及信息和知识等。由国家科学院和国家研究理事会组成的资深委员会成员（包括工程师、律师和其他专业人员）共同起草了一份长篇报告，核心内容是建议国会什么也不要做——不要给一个了解甚少的领域立法，因为如果不知道如何做得更好，立法将弊多于利。① 后来在处理纳珀斯特（Napster）事件中法院和立法机关的混乱足以说明了这一点。

信息通信技术的发展模糊并削弱了各种制度和知识的界限

举一个我们熟悉的例子，信息通信技术模糊或者消除了纯研究和应用研究之间的区别，因为私营部门很快就为许多新发现找到了用途，包括那些被认为是纯科学的成果，如数学、科学与工程，乃至经济学和社会与行为科学。② 为了在激烈的竞争中占据优势，私营公司直接进入大学的实验室，为了得到最新的发明和技术而支付优厚的费用。在大学与私营公司之间信息和思想可以很容易地进行交流，这是新的经济形式与大学联合的典型特征。

新技术也在消除非营利机构和营利机构之间的差别，受到类似或者相同动机的驱动，非营利和营利机构的员工和科学家们在同一实验室里工作，研究共同的问题，以同样的方式从新的发现中受益。

信息通信技术缩小了教学和研究的差别，越来越多的研究观点被直接引

---

① *The Digital Dilemma*：*Intellectual Property in the Information Age*. The National Academy of Science Press, Washington, D. C. 2000.

② M. Gibbons, C. Limoges, H. Nowotny, S. Schwartzman, P. Scott, M. Trow, *The New Production of Knowledge*：*The dynamics of science and research in contemporary societies*, Sage Publications, London, 1994. The recent sequencing of the human genome is an example of what we were discussing in that book.

进课堂，甚至进入到大学本科课程中，网络使得本科生第一次有可能参与到真正的研究中，他们可以很容易地访问大型图书馆和其他大量有用的信息资源。计算机和网络对于研究而不是学术有一种内在的偏向，偏向于对设想进行分析和对新思想进行测试，而不注重证据，不是从文本中寻找意义。我们已经看到它在课堂教学中的效果，例如教师让能力较强的本科生进入实验室，接触到前沿的研究。这确实使本科教育的气氛发生了改变，通常是朝着好的方向发展。它把本科教育与发现新知识联系得更加紧密，而非让学生重复理解已有的艺术、文学和既有的智慧，如早期的通识教育。

信息通信技术削弱了学科的界限，使所有的研究在本质上成为跨学科的。在生物科学中尤其明显，20 世纪 90 年代，在分子和遗传生物学新发现的冲击下，历史上的生物学的分支界限被打破了。在近 10 年间，生物学研究的边缘与其他研究方向产生了融合，引起了工程师、化学家、物理学家、体质人类学家（physical anthropologists）等的兴趣。在我所在的大学，这些旧的学科类别之间的交叉渗透导致了一些新的机构组织形式的出现，人们根据自己的兴趣组建相关的部门，并组成了相关的研究小组，建立了实验室，这些与院系任命无关。[①] 我们正清楚地看到，出于管理上的目的，院系划分可能仍然是必要的，但是它们正变得越来越不合时宜，甚至成为创造新知识的障碍。这还只是科学门类细分和重组功能的一部分——各领域科学家之间的成功合作可能在很大程度上要归功于新的信息通信技术。

新技术弱化了院校本身的界限。现在学生可以居住于任何地方，在线的教师也可能来自澳大利亚或美国或丹麦。不少大学教师也在一些可以不受地点限制的私人公司兼职——政府和大学努力限制这种情况，因为这使得它们有失去最好的科学家的危险从而在竞争中输给私营部门或其他对这种双重角色更为宽容的国家。

信息通信技术也明显弱化了具有重要向心力的图书馆的角色。网络信息来自四面八方，把学者们从对图书馆的依赖中解放出来。此外，我们还有其他在线出版物的竞争形式：

◆ 电子书，具有能存储整个图书馆的海量存储能力。
◆ 书籍订制——当你在办公室喝咖啡的时候，根据你的要求，图书

---

① M. Trow, "Leadership and Academic Reform: Biology at Berkeley," in Rogers Hollingsworth, ed., *Organizations and Innovation Performance in Biomedical Science*, forthcoming 2001.

已经打印好并装订成册，并且出售给你的价格比书店要便宜。

◆ 在线出版——现在论文和期刊通过网络发表，成本比传统出版的期刊低得多，传统期刊的出版商在订阅量减少的时候只好提高价格。现在有数千种科学期刊只在线发布——可以更廉价更快速地获取知识。并且，很多都是经过同行评议，并且在学术生涯中同行们会继续承担这一重要职责。

◆ 美国的夸斯坦（Questia）公司正在准备一个世界级的在线搜索图书馆，初步提供"250000 多种书籍和期刊……3 年内满足学生对网上图书馆的需求……"。①

　　所有这些以及其他的网上出版形式相互竞争，削弱了大学图书馆的传统职能，也包括传统的研究型大学在历史上的核心地位。大学图书馆正在寻求新的职能，可能会找到一些，但无论如何，它们好像都已经越来越少地担负使大学整体化的使命了，越来越要适应新技术所造成的离心力的影响。

　　信息通信技术也正在缩小研究型大学和其他高中后教育机构的差别。一方面，通过网络很多领域的研究变得更加容易——甚至对于之前接受大学提供的专业和半专业训练的人。在另一方面，随着理论科学和应用科学之间差别的缩小，研究型大学在应用科学领域也开展了很多教学活动。商业公司对于大学和学院的地位并不关心，只要能完成他们感兴趣的研究就可以了。随着招生规模的扩大，不同机构中的学生趋于相似，但学生在年龄和社会背景方面更加多样化。不同形式的高等教育之间的阶级联系仍然存在，但正在削弱。

高等教育的民主化

　　精英、大众化和普及高等教育各种形式之间的界限也变得模糊——包括机构和学生——这是信息通信技术的发展和所有形式高等教育民主化的共同产物。民主化使不同地位、不同经济能力的教育机构趋于平等。当然，这些趋势仍处于初级阶段，但变化的方向是明确的，并且不太可能逆转。在英国，我们可以发现早在 1992 年政府就作出了决定，把所有的多科工艺学院

---

① The Times Higher Education Supplement, 6 November 2000.

改造成综合性大学。10 年后实际发生的情况是综合性大学向理工大学的转
变——最明显的是在政府部门越来越多的干预和管制下，它们失去了自治的
自由，并且造成之前精英机构声望的下降和丧失自治之后人才的流失。各院
校被迫用各自对国民经济的贡献来证明自己——并在这种共同期望的驱使下
变得越来越相似。

高等教育的民主化、入学机会的增长以及政府为控制成本而作的努力，
在许多国家导致了临时和兼职教师人数的显著增长——有些乐于兼职工作，
而有些则是不情愿地在两个甚至三个不同的学校之间从一个教室赶往另一个
教室。但是，除了兼职教师数量的增长，民主化对于高等教育来说还有更为
强大和直接的影响。新技术具有民主化效果，它把知识转化成商品，人们可
以通过网络在世界范围内从科学家和学者那里直接购买教学，而不只是作为
教学工具的书籍。在文化和思想界，民主始终具有两面性。一方面，越来越
多的人通过新技术获得信息和思想，尤其是他们一生都可以利用的新信息和
知识。远程教育使得高等教育由大众化迅速向普及发展，人们不必局限于研
讨班和教室，在家里和工作场所都可以获得知识。我们这些教育工作者不能
不欢欣鼓舞，越来越多的人有机会获得知识、技能和教育，并且运用这些知
识和技能来解决生活中的问题。

另一方面，知识的商品化倾向弱化了知识的权威性，弱化了知识中名著
的地位和它们所承载的智慧和内涵。学术职业在来自政府和消费者的持续的
压力下，失去了它的权威性。这些正是我们面对的"你能发挥什么作用，
你能教什么"的实用主义的考验。这些与我们以前关注的问题非常相关：
信息过剩变成了知识的大敌，而知识的过剩成为理解和智慧的敌人。这个题
目对于一篇短论文来说太大了，但我不能只提到这个重要的问题却不分析
它，即使如此简略。先进技术对人文主义学习（humanistic studies）的危害，
在于它直接导致了研究的商业化，现在还导致了教学的商业化。

市场力量对高等教育机构的渗透意味着对其他机构的影响更为深入。这
使得大学更难保留自己独特的个性和自主。大学自主意味着大学在什么程度
上来定义自身的发展目标和实现这些目标的自主性。大学一直在协调这两种
观念：信息通信技术导致的研究和教学的商业化加速了大学自治向大学作为
手段转移——很重要的手段，但仅仅是一般手段，朝着由市场和政府定义的
目标和政策发展。

我提到了新的信息通信技术的五个特征。我已经就其中的三个进行了陈
述：变化的速度、学术分界和差别的弱化，包括制度上和知识上的，以及新

技术在加快知识民主化的过程中所扮演的角色和它所产生的多重性结果。其他两个基本特征对于不同的学科以及不同的学生具有非常不同的重要性和应用性。

学科之间的差异

对于学术性学科和课程，新技术在技能和知识的直接转化方面比在寻求意义方面有更为明确的定位。所以最早的在线课程有为研究而准备的基础数学课程、外语教学，以及商学、工程和科学方面的概论课程。它们对于那些寻求理解艺术与思想的课程没有比较直接的作用。在那些课程中，教师希望只有一个或几个学生，每人手中都有一本教材，共同探求一段文章，或某个人物，某个事件，某一首诗，或某一个哲学思想的意义。但我们现在所经历的，正是信息通信技术起步的萌芽时期，还没有进入它的青春期或成熟期——到那时，交互视频能够保证分散在各处的研讨会成员在视频上进行讨论，它将证明人文学科也可以受益于信息技术，就像远程技术信息传输那样。[①]

我曾经见过这样一个研究中世纪史的研讨会，学生们通过互动视频以更高的效率研究一篇手稿，而且他们各自都有全稿。电子技术的应用使得来自加州大学伯克利分校和哥伦比亚大学的学者之间的讨论成为可能，也使得他们各自拥有一半的手稿可以合到一起来研究。但是，在目前及未来的一段时间，人文学科中小型研讨会在新技术的应用上仍然是落后的。当然，部分是因为这些科目的教师往往不是那么热衷于新技术，并且他们使用新技术的水平通常都不高。

学生之间的差异

信息通信技术对高等教育的影响最大的是学生的特征，其中包括他们的动机——从根本上说是他们对待学习的严肃程度。我们已经从其他教师那里

---

① A new application throws its shadow far ahead. It is called "the access grid"; it is a "a low cost interactive apparatus through which one network site can interact (in both audio and video) with up to 50 other sites. This has the potential to change the nature of remote education and the ultimate function of a school or university". *The Times Higher*, Feb. 9, 2001, pp. 22 – 23.

看到和听到了，如果学生是主动认真的，他们会利用网络来丰富他们的课程和阅读材料，并加深他们对于学科的理解和领悟。但当学生比较被动时——这类学生的数量随着招生规模的扩大在增加，他们主要想获得证书，为了将来离开学校之后能找到一份更好的工作——这类学生不太可能利用网络资源来加深或拓宽他们的知识。他们宁可用它来设法使自己的论文看起来更完善和专业，借鉴来自世界各地的资源，常常有意或者无意地越过剽窃的界限。现在新技术使得那些实际上对进行深造不感兴趣的人更容易造假，这是对新信息通信形式的一种讽刺。

信息通信技术的多样化效应

新信息通信技术的这些特征表明，我们不能有效地，或者至少不能很深入地把信息通信技术作为一个单一的现象来分析。但我们要尽快地明确它们被用于何处，以及被用做什么和被什么人使用。我们必须分清信息通信技术被用于哪一个方面，获得对它们的多样化效应和结果的认识。

两个例子可以说明多样化影响问题，从一系列正反两方面的影响效应，就可以清楚地说明信息通信技术与高等教育关系的重要性：在应用信息通信技术时要指明人物、场合、时间和用途。对人类基因组所含的由 30 亿个化学碱基组成的约 30000 个基因进行的初步测序分析是计算机科学的胜利，没有计算机的帮助我们在有生之年不可能有这样大的发现。① 但同样重要的是，这些信息现在就已经出现在网络上，可以供成千上万的全世界大学的科学家用来进一步研究，他们可以用来作任何他们感兴趣的研究和探索。科学家借助于计算机所获得的成绩还只是开始；现在网络使得其他科学家们能够做超越他们梦想的事情了。某一研究小组的一位领导说他花了 10 年的时间寻求和研究一个基因的结构；现在其他的科学家通过网络 15 秒之内就可以找到结果，而且能够看到与之相邻的基因以及与之交互反应的基因。生物学中各个分支学科，不仅是健康科学，新发现的爆炸性增长，在未来几十年内肯定会改变医学的实践——对我们所有人来说，这既是个人的事，又与我们

---

① See the issue on "The Human Genome", *Science*, 10 February 2001, Vol. 291, No. 5507. While neither of the two organizations which sequenced the human genome is a university — one a commercial biology firm and the other a consortium of four publicly-supported American laboratories — their links to research universities are many and close.

所有身处这一职业的人相关。

　　与信息通信技术在现代科学研究中心地位的乐观情况相反，我们对技术对学术职业的影响也是非常模糊的。我们现在看到的是为使教学超越教室的界限而作的广泛的努力，包括那些在家和在宿舍学习的大学生，还包括大学校园生活范围以外的学生，不论远近，也包括在其他大学和在家中或者工作场所中学习的学生。确实，现在投入在这些努力中的资源和精力很难计算。几乎每天我们都听说某大学联合体正在整合它们的资源来为各种各样的远程学习创造可能性。① 另外与它们激烈竞争的——目前远比它们成功的——是营利性团体，例如美国的凤凰大学（University of Phoenix）或者一些由跨国公司创建的准大学。处在萌芽领域的远程教育提供商——虽然具有有待开发的潜力，虽然还远没有成功——向我们所熟知和热爱的大学的本质和生存提出了严肃的挑战。

　　在这个相关联系中我只提到发展的一个方面：如果某种教学能够充分地合理化，雇用世界最知名大学中最有才华的教师，并为其提供网络资源的所有装备，教学就在他们的弹指之间。那么，在合理的可能性范围内，至少质量相对较差的大学就会利用这些世界资源，而这些资源传统上局限于少数顶尖的研究型大学。因为竞争，大学可能不得不利用这些丰富的资源，因为学生们会寻找明星教师对各自的科目进行最新、最深入的了解。但是，大学现在都拥有自己的教学人员，教授几乎所有的课程，这些课程在网上也有来自明星教授们的讲解。学院和大学教师的转变，大部分教师都有博士或者其他同样高的学位，并且很多是活跃的研究人员——像别的教师一样把教学转给助教，虽然并不是他们所喜欢的。这不仅可能会影响到他们的自主权，而且会影响到他们的终身职位、薪水和学术自由。这种担心已经在学术界存在，之所以没有发现只是因为还不成熟而已。

　　但是比逐渐失去在自己专业上珍贵的学术自由和自主更严重的是不可避免地失去奖励和地位。我们已经看到在有些国家学术力量的非专业化，这种非专业化的形式是政府通过外部评估和国家对每一个课程设置最低标准实现的。这里我们看到传统的中学教育和高等教育之间的区别变得模糊。但是通过新技术对教学的合理化肯定会更加削弱学术职业的地位，这又会反过来影

　　① One of these, The Global University Alliance, an online venture of 10 American and British universities, has decided to start offering courses of its own, in addition to courses offered by its member universities. See http：//chronicle. com/free/2001/03/2001030201u. htm.

响到学术力量的补充，使情况变得更糟糕。

学术生命的一个至关重要的问题是高等教育是否能够在每一代人中吸引到最有才能、有创造力和聪明的人，大学需要与能提供更有趣的、富有挑战性的和有物质回报的学术之外的高技术和跨国工业企业竞争。教学工作地位的下降和奖励的缺失肯定会对重建学术职业产生不好的影响。但是大学的教学和学习的质量更多地依赖于其学术质量而不是外部评估机构的评价。面对来自私营部门提供的新鲜的有挑战性的高薪工作的竞争，学术生涯中新成员质量的下降将是一个很难扭转的局面。这会是一个恶性循环。我们已经看到不仅在美国而且是在全世界的中学系统中都在发生的事情，在过去的半个世纪中就是最有能力的教师离开学校转到新的报酬更高的岗位，而这些岗位则是由高等教育规模扩张所带来的。更具有讽刺意义的是，政府的强制措施迫使大学更加重视学生的需求，而使学术职业对那些最有能力的新成员更无吸引力。

未来高等教育的持续发展对资源的需求

对信息通信技术的讨论表明，人们对教育需求持续增长，而且这种需求是不能通过传统的教育形式和架构得到满足的。美国人认为高等教育需求的增长是必然的，以致我们很少分析它的历史来源、文化态度、经济变化和人口变化。当然，大多数其他国家对增长不这样看。不过，这种增长在美国比在其他地方更加清楚，在所有发达国家中出现了一些相同的力量，在一些国家中这些力量比在美国更加强大。高等教育需求的增长依赖于社会的经济、文化和人口三个基本方面的发展。

◆ 增长之一是那些接受过一些高等教育和只完成了中学学习的人们之间的收入差距拉大。收入的差距与接受高等教育的年限有关。

◆ 收入和财富的差距同经济的变化相关。普遍的观点认为财富的增长依靠信息，依靠迅速变化的技术，同时依赖于经济活动组织的变化速度。高等教育扩张背后的部分力量是经济的全球化。在这个扎根于知识和信息迅速变化的世界中，获得教育和继续教育对优质的生活机会的回报愈来愈明显，这种回报不仅在工作的开始而是贯穿于人的一生中。

◆ 全球市场的快速变化为受过更多教育的包括受过博雅教育和职业教育的人提供了长期的回报。但是对于新技术和组织安排短期培训的需求也迅速增加。不久前，各种水平的工人们还可以指望凭借刚参加工作时的一点技能工作几十年。这种情况已经不存在了。在近几十年中，针对员工进行工作培训的市场发展快速。有充足的理由相信，这种为了跟上变化而产生的继续培训的需求会继续增长。

◆　另外，有充分证据表明人们所接受的教育越多，他们就越想接受更多的教育。继续教育需求的增长，最初就是来自于那些已经受过相当多教育的人。我们现在看到过去几十年入学机会的增加所产生的效果；从另一方面看，大众化高等教育提供了普及高等教育运动的基础。①

◆　很少有人注意到这种联系，那就是在过去半个世纪，发达社会中人的寿命显著增长。更健康和更长寿使人们有更多时间和精力来接受教育。虽然我们还没有看到退休的人利用网络接受各种教育，但是，在所有的发达国家，退休人群数量在增加，而且有些国家增长迅速。此外，那些未来即将进入退休年龄的人们是有计算机使用能力的，这和现在的退休人群不一样。②

◆　当欧盟国家的人口增长变慢或者停止，在日本甚至出现负增长的时候，仍然有很多国家的人口增长率很高。即使在最富有的社会，比如美国加州，以目前的经费水平也无法满足预期的高等教育需求。加州当然要提供各种高中后教育机会，从社区学院到加州大学，将传统形式和远程教育联合起来，现在已经开始计划去做了。

◆　最后，我们需要强调青年文化的力量。年轻一代所成长的世界是与电子革命联系在一起的，这种方式是那些成长在网络时代之前的人所无法想象的。这些年轻人，以及那些还未出生的，将会在高中后教育和其他许多方面偶尔或者经常、正式或者非正式的场合利用电子媒体。

当然，高等教育需求的增长率，一部分是在线教育的需求，依赖于许多上面没有提到的其他因素。例如，网络使用会受到国家电信系统特殊政策的影响。美国和芬兰属于世界上少数几个每个月收取固定话费的国家，这意味着通过本地提供商连接到网络无需额外的费用。并非偶然，这两个国家的人口上网的比例位于世界前列。另外，利用网络对就业劳动力进行教育，包括其他事务，也会受到国家对提供这些活动的补贴政策的影响。给学生用于部

---

① 　M. Trow, op. cit. , Spring 2000.

② 　On this see *Science*, 18 Feb. 2000.

分时间远程学习的补助在各个国家情况不一样，现在情况就是如此。还有其他没有讨论的因素会影响到需求的增长与否，或者会影响到增长的速度。但是我猜测各种因素综合起来还是有利于增长。伴随着技术的发展和费用的相对下调，需求的增长会加快，主要表现在网络远程教育上。

传统和远程教育的混合

在以网络为基础的高等教育中暴露出来的一个很重要的问题是学习的物理场地：在哪学习，在哪能够同传统的教育方式相接近和同步。我们可以把现有的到未来的与信息技术相关的教育形式做成一个连续体，从（a）全部以已有的情况和方式来提供，到（b）传统的地点加上远程学习，到（c）远程教育加上学生以及教师之间的直接联系，到（d）所有的或者近乎所有的高等教育都通过远程教育进行。

此外，这个连续体中的中间形式（b）和（c）——在某种意义上是最有趣的，因为它明确地包括了传统的高等教育机构，而不是那些边缘机构，那些长期依赖于很少或者没有直接师生交流的远程教育。我们通常称为"混合供应"形式，我们正越来越多地看到这种传统和远程教育的结合。

◆ 校园网络给那些无法在校内上课或远离课堂或班级的学生提供全部或者部分信息通信技术课程。

◆ 安排学生在同一个学期或学年内一些课程在学校上，一些课程在网上学习。

◆ 打破常规的学年安排，让学生在学校学习部分课程，在线、在校园外学习部分课程——问题是哪一部分应该在哪儿学习。如果要求学生将学期的 1/8 用来在线学习，或将一半或者 3/4 的课程用来在线学习，他们经历的性质显然是不会一样的。

要求学生将部分传统的学校学习改为在线学习的一些安排已经在讨论中，这样做主要不是因为这些安排对于课程学习更有利，而是由于高等教育快速增加的入学数量使学校和政府在进行传统形式教学方面受到了资金和设施的压力，在线学习可以作为一种潜在的应对措施。通常，对传统教育形式进行根本改革的压力并不是来自知识界的推动力量而是来自资金和政治的力量——在这一情况下，与 21 世纪美国人口增长相联系的入学增长的花费是巨大的。当然，在这些人口压力还没有出现或者还不像西欧和日本那么大时，正如我在上面所说，高等教育的需求增长不完全依赖于人口状况。出于社会对广泛接受教育的需要，以及工作与家庭对于继续教育的需要等将会增加高中后和继续教育的需求。这种需求的增长，尤其是非传统形式的高等教育将会促进信息通信技术在高等教育中的应用。在任何地方，不论什么原因，例如在人口下降的日本，这种需求增长微弱，通过信息通信技术的远程教育增加入学机会的压力和动机也要弱一些，虽然在努力保持现有的注册学生人数上传统大学承受了巨大压力。

高等教育的功能和信息通信技术的不同影响

在过去的一个半世纪，除了通过研究和学习创造知识以外，大学的两个主要功能是帮助学生形成思想和品格——精英功能，以及提供技能和知识为各种工作和职业作准备——职业功能。当然，它们之间的界限不是绝对的：在某种意义上，受过良好教育的人的思想素质让他们在社会上一定范围内担当起领导角色，也因此具有潜在的职业功能；同时，一些职业训练和教育实际上也让学生获得在工作竞争中所需的技能以外的思想和品格。这两者的区别在大学的课程目录中、在学位要求的课程中和课程的提纲中仍然可以看到。

但是高等教育机构的功能并不限于上述表达的目的。和所有的机构一样，学院与大学的功能和所产生的结果可能并非是预期的，其中一些还是它们所不希望看到的。因此，对待信息通信技术影响的另一种观点可以从反思它对传统的和新出现的大学功能的潜在影响中看到。下面是其中的一些。[①]

- ◆ 对青年人的通识教育：形成他们的思想和品格
- ◆ 获得有用的技能和知识
- ◆ 专业教育和社会化
- ◆ 研究和学问：知识的创造

---

① Some functions are unique to particular countries. For example, in the United States, colleges and universities serve a central function in the acculturation of immigrants to American society. In addition, American colleges and universities collectively legitimate the social and political system by providing channels of mobility which are seen as guarantors of the American Dream. In other countries, university systems historically have played comparable roles in nation-building.

◆ 提供研究的基本培训：科研助手

◆ 根据个人兴趣的成人教育

◆ 娱乐——例如大学的体育运动

◆ 获得地位，包括通过获得学位和借助授予机构的声望

◆ 寻找朋友和伴侣

◆ 人际网络

◆ 储备青年人；使他们远离求职市场

◆ 为青少年或年轻人提供家庭之外的保护环境

◆ 预备低成本的教师：短期合同，非终身教职以及助教

其中的一些功能会受到以信息技术为支撑的远程教育扩展的严重影响，包括本文中提到的和新出现的功能。在这些功能中，大学的主要任务就是对信息通信技术展开研究。一方面，现在每个学科的学术研究都非常依赖网络。另一方面，最近的人类基因组的测序生动地证明了最高水平的研究需要大学之外的公共的和私营的研究实验室的力量。[①] 但是其他功能对于新技术的承受能力要强一些，并且可以在可预见的将来继续为传统形式的高等教育提供支持和保护。精英式的本科生教育主要包括思想和品格的形成，而不仅仅是传播技能和知识的功能，会作为重要的形式保存下来，尽管整个高中后教育的比例在减小。传统通识教育要求的条件和师生之间的关系类似于研究生学习中的科学家和学者之间的社会化关系。目前科学研究正越来越脱离原来的传统，而研究训练则恰恰相反。如我们所见，学生和导师之间长期的接触和联系对于学生来说是必要的，这使得学生通过社会化可以融入到学科及其分支学科的范式中从而成为一名科学家或者学者。

地位的获得——通过获得证书和学位，并借助于颁发学位提高大学的声望——同样也能通过远程教育完成，尽管现在还不像在大学里那样成功，但是在不久的将来可能会有很大改善。不太可能改变的是传统大学对于家长们的吸引力，家长乐于把他们已成年的或还年轻的孩子送到另一个机构（大学里）以帮助他们转变成成功的成年人。传统的大学对年轻的学生同样有吸引力，他们把大学视为结交各种身份的朋友的地方，其中一些成为生活的伴侣，还有些成为商业上的伙伴。

我的观点是传统大学的生存并不依赖于处于垄断地位的先进的教学和科

---

① See also Gibbons et al., op. cit.

学研究——它已经失去了这种垄断。传统的大学还有其他许多功能，其中一些与教育几乎没有关系。而且，由于大学在人格形成过程中的作用和科学的社会化功能，学术成就和专业会确保传统大学的存在，尽管它们可能会看起来不一样。

结　论

我们大学的未来就好像充满迷雾的水晶球，这是因为新信息通信技术发展的不确定性。我们唯一能够确定的是这些发展对我们的大学会产生巨大的和累积性的影响。通过辨别这些技术和其效应的一些限定性特征，我尝试着使我的水晶球更清晰一些。另外，我探寻了在大多数而不是全部发达国家中，一些高等教育需求持续增长的根源，这些会加速信息通信技术的引进和利用。将来我们会看到传统和远程教育的结合而不是技术替换掉传统。信息通信技术在高等教育不同功能上的不同效果可以支持这个观点。但是计算机和网络在如此短的发展历史中已经给了我们太多惊奇，它们中有些是深受欢迎的，我想奇迹还会继续下去。

十五 20世纪末的大学与高等教育继续发展的趋势

University at the End of the 20th Century and Trends towards Continued Development

前 言

克拉克·科尔曾在其代表作《大学的功用》一书的后记中写道：

"关于大学，可以说……'世上一切都在变，唯独大学基本上原封未动'……西方国家在 1520 年左右设立的 85 所机构迄今仍然清晰可见，仍然保持着历史联系性，并且依然发挥着与几百年前类似的功能。这其中包括天主教教堂、马恩岛国会、冰岛国会和英国议会，几个瑞士的州，还有 70 所大学。作为统治者的国王、拥有属地的封建王公以及享受垄断特权的行会组织早已成为历史，但是那 70 所大学不仅原址还在，有些房屋还在使用着，其中的教授与学生们仍做着与前人相同的事，学校的治理也与中世纪大同小异。不可否认，现在的学校在很多方面已经与古典大学的主题有了很大的不同，但关于教学、学术以及服务的基本观念却在一次又一次的合并重组中得以传承。从内部看，大学的某些职能受到了比以往多得多的重视，办学理念也发生了翻天覆地的变化，但从外部看，较其他机构而言，大学的变化是最少的了。"（Kerr，1982）

在科尔提到的那 70 所古老的大学中，海德堡无疑是最古老的大学之一。从这点看——鉴于海德堡 600 年的历史（或者如科尔说的是 466 年）——我在这里有什么理由让人相信高等教育尤其是一些像海德堡这样的研究型大学在未来几十年会有更大变化呢？总体上说，从我们所能预见的尽可能长远的角度来讲，高等教育未来的状况会与当前的情形大体一致。比如说，尽管新的信息技术日新月异，大学教师在未来的二三十年还是要时不时地在坐满学生的教室里讲课，或者和学生在小房间里围着桌子讨论问题，甚至还需要和学生站在实验室里进行测量、观察实验过程并记录实验数据。

即使这样说了，当然我们更关注的是那些将要改变的因素而非不变的因素。建立在延续性的背景之下，面对来自大学内外部压力或者动力，我们在未来几十年里又会看到大学的哪些变化呢？

要在短短 20 页中概括出 20 世纪末的大学及其发展趋势的主要特征是不太可能的，但这样做的好处之一是作者可以畅所欲言，就像拿大号的画笔作画不需注意细节和微小的差异，同时也可以避免以训诫代替分析，以诊断代替描述的危险。在社会生活中，由于预测未来本身就是非常困难的，这就使得这个任务更加复杂化了。在高等教育中，包括一切人类活动，真正的科学只来源于事后的教训和总结。在过去的几十年中，欧洲几个国家的决策制定者们一直努力改变高等教育，使其满足经济增长对于各种高技术人才的需求；在其他国家，例如英国，政策制定者们始终在预测合格入学者数量的增长对高等教育需求产生的影响；在有的国家，通过人口预测来确定大学的规模以及高等教育的增长率是失败的。它们只能在计划经济中获得成功，因为政府可以通过隐瞒失业率和总体低效率使它们成功。无论是从总量上还是从与特定研究领域的关系上来看，对于学生入学需求的预测也失败了。通过人口变化预测高等教育需求也失败了，这是由于预测未能对不同人口组群之间动态转移率进行分析，比如女性与大龄学生等。总的来说，在美国或者其他国家，所有关于未来一两年之后的入学情况的预测都失败了。比如说，20世纪70年代，美国的许多观察家曾指出，随着人口激增，高中毕业生人数将在 1979 年达到顶峰，之后全国高中毕业生数量将持续下降，预计全国将减少25%，从而到 1993 年降到谷底，因此大学的入学人数将会急剧减少。我们的大学也为入学人数的锐减做好了充分的准备。在 20 世纪，公立或者私立的大学都把预算与入学人数紧密相连。但是，实际上这样锐减的情况并没有发生。尽管自 1979 年起美国高中毕业生人数下降了15%，但由于成年在职学生（包括妇女以及少数种族学生）的大量涌入，高等教育的入学总人数不但没降，反而上涨了6%，增加到了8%（Trow，1986）。

精确和可信地预测高等教育的变化是非常困难的，正如所看到的，因为我们没有能力预测经济的变化，也无法预测市场对毕业生的需求，同时高中毕业生会如何改变他们的需求和选择模式也无法预测，更难以预测是不同政治党派和领导者们在支持高等教育事业发展，并为其提供资金扶持的意愿上的差别（Trow，1981；Cerych，1980）。比如，在英国，对高等教育的限制并不是出于经济、需求或人口，而是出于高等教育理念：即对高等教育有多大需求和谁会从中获利。20 世纪 70 年代末到 80 年代初的几年中，英国高等教育界见证了精英高等教育权力意识的回归，即谁有权获得最好的教育，反映了当前保守党政府的观点。另一方面，乌利希·泰希勒（Ulrich Teichler，p. 293）的文章里谈到许多国家普通百姓和精英们对于高等教育入学增长的需求的态度变化，这一变化与新技术的出现（尤其是信息通信技术）密切相关。在美国，面对移民大量涌入的失控局面，我们甚至无法确切估算人口的发展趋势。

尽管如此，上述的说明或有适当保留，在接下来的篇幅中，我希望能够对世纪之交发达工业化国家高等教育结构和组织上的变化趋势作一些前瞻性的判断。当然这些判断并非是数量上的预测，因为我认为数量上的预测是不大可能的。大约 15 年前我曾经写过我当时对西方社会以及日本的发展趋势的判断，就是精英高等教育系统将逐渐向大众化高等教育系统过渡，最终实现普及高等教育，这里普及高等教育的概念也许不是指人人都上大学，而是指人人都有入大学的机会（Trow，1974）。无论过去还是现在，我都关注如何启发性地利用以上论断去发现高等教育从一个阶段到另一个阶段的转型过程中产生的压力特征，而不是预测这种转变将何时发生。我预感到从一个阶段向另一个阶段过渡会遇到重重阻碍，但和许多人一样，我还是低估了保守势力——包括学术界如何为自己的专业特权进行维护，政府如何舍不得为高等教育大众化的扩张拨款，以及阶级中的亚文化的存在和中学结构，等等，这些因素的存在不利于高等教育目标的实现和成就的取得，从而也限制了其进一步发展的机会（Trow，1981）。尽管如此，正如在这次会议上许多文章已经进行了详细的分析，自 20 世纪 70 年代起，西方国家高等教育的大众化还是发生了本质上的变化（Cerych，1980）。我认为，抛开政府和大学本身不说，来自社会和经济上的压力也会使这一趋势一直持续下去，只是在不同的国家，变化的速度和方式会有不同的体现罢了。

接下来谈到的并非关于财政问题，比如，单位成本的调整或者资金注入形式的变革等问题，也不谈课程等问题，更不是哈罗德·诺厄（Harold Noah）曾在他的论文中提到的通识教育与专业教育之间的张力问题（Noah，p. 89），而是，站在一个更具概括性的广泛视角来审视各国的高等教育。但是，哈特马特 V. 亨提哥（Hartmut von Hentig）机智地在他的论文中提到，比较主义者不能深入到教育内容和质量问题，只有教育人种志研究者才能真正了解教育的内涵和质量。当然对于比较主义者来讲，站的角度太高，其视野往往会被云层所笼罩。

但是如果我对高等教育的走势判断基本正确——人们将继续向入学民主化施压，理论和实践的联系将日渐密切，高等教育和经济将更加不可分割，所有方面都向高等教育大众化方向移动——我认为近期陆续出现的潮流可以概括为如下三类：

1. 国家高等教育系统变化趋势；
2. 特殊高等教育机构的变化趋势；
3. 学术职业内部的变化趋势。

在国家高等教育系统趋势方面，我认为在未来的几十年里：

1. 构成国家高等教育体系的各类机构将进一步多样化；
2. 继续教育作为教育多样化的一部分将向社会更加开放；
3. 持续增加的压力将促使大学间以及大学和其他高等教育部门间的合作更加密切。

这些发展趋势具体到个别的大学中表现为：

1. 大学领导手中的权威和权力进一步得到强化；
2. 大学对自己的经费预算自主权加强，包括如何利用"闲置资源"的问题，在决策方面基层会有更多的自主权。

至于学术职业的变化趋势，我的预计是：

1. 学术职业将会兴起新的整合运动；将会出现形成单一学术职业的趋势，此外，各国从精英教育向大众化教育过渡过程中会出现一种新的职业；
2. 在高等教育中，将会重新出现全职从事教学的教师，而现在大学老师很多却不是这样的；

3. 学术界和工商界间学术人才共享的局面将进一步扩大。

下面我将就以上几方面逐一进行简明扼要的阐述。

国家高等教育系统的发展趋势

1. 这方面的趋势同样会在世界其他国家的高等教育中看到，那就是，不同高等教育机构的功能进一步多元化——无论从高等教育机构外部还是内部来看，这一点表现在不断增长的学生差异上。这些差异反映在学生的社会出身、学术背景、学生年龄、在高等教育中的经历以及未来的职业发展方面。这种差异是大众化教育取代精英教育的产物，因而出现了不同学生数量的增长和他们所学知识的增长。

这一多元化趋势在一些国家是有阻力的，尤其是在那些高等教育由政府垄断或者近似于政府垄断的国家，因为多样性会给中央集权的管理带来诸多问题，比如，在大相径庭的高等教育机构中，对成本、功能、招生政策、教学标准和多种课程安排等方面进行管理就非常困难。此外，多样性将不可避免地造成各个大学和部门间的不平等。在大的社会背景中，学业成就、师生比例、社会地位和声望的不平等——许多方面的不平等是大学不同的活动、不同的功能和大学招生人员，包括教师和学生的自然结果。

系统多样性必然导致这些不平等问题。但是这些不平等现象在一个政府垄断的高等教育系统中会变得非常棘手。泰希勒在其文章中曾谈及德国对竞争机制的需求以及多元化在德国的尴尬处境（Teichler, p. 293）。这些机构间的不平等或差异使公共权力机构感到非常尴尬，因为以前所有的大学都具有平等的地位，政府试图通过采取同样的录取学生标准和授予学位标准，采取同样的工资级别、同样的经费拨款模式、同样的研究经费以及硬件和资金投入以减少差异。这些来自中央的努力一定程度上体现了官僚机制对其所有隶属部门的标准化管理倾向，同时也反映了当今社会希望政府能够在一定程度上对其管理的各机构持公平态度，让它们平衡发展的愿望。这种追求平等的趋势是公共权力的本质和官僚管理方式的自然结果。它们与由于多元化趋势而产生的差异是相背离的，而这些差异却被视为是不公平的。

在一个政府管理的高等教育系统中，国家权力机构有计划地实施一定程度的多样性是有可能的——比如，维持三到四种不同办学模式的高等教育机构。相关的例子在英国有大学与多科技术学院以及继续教育机构之间的区别；在法国有大学校、大学和技术学院的区别；在美国，加州大学与拥有19个校区的加州州立大学系统，还有120个社区学院，它们之间存在非常大的差异。每一个案例中，这一正式的差异既是不同部门面对不同市场的合法性选择，也是在高等教育大众化的系统中对于需求多元化压力的一种回应。但从每个例子中我们都能看到同类机构争取平等的趋势，虽然它们之间在办学功能和使命上存在着差异，比如，法国的一些大学校就是很好的例子。

当局者不愿意真正大范围地鼓励机构向多元化发展的另外一个原因是出于政治预期，在不同的选择当中，要做决策，要作出正确的决策。对于政治权力者来讲，让他们承认自己不知道在众多高等教育形式中哪种模式才是未来发展的方向，或者是鼓励所有的模式共同发展，都是非常困难的。然而他们的政治对手会说：我们有责任判断出最为合适的发展模式并作出选择，否则就是在浪费资源，在一个资源稀缺的时代，这种浪费应当受到谴责。当当局者面对指责，不能决策如何支持一个新兴的高等教育系统甚至连它的形式和状态都不能决策时，他们怎么能够针对那些批评为自己辩护，并继续支持那些被证明为效率低下或不合格的模式呢？问题在于，当新的教育机构或者方案刚出现的时候，人们无法知道谁会成功。但是政治家们面对对手的指责和批评时又不得不摆出一副明智、坚定、无所不知、当机立断、掌控一切的面孔。这就迫使他们把对教育系统规划的态度表现得比实际态度更有说服力。从另一方面看，当他们要拿公共经费支持一个具有多样化的机构系统时，他们可能会遭到指控，被指有意偏向那些失败率高的机构并为其提供支持。这种指控并非没有道理，只是当时没有人能判断那些机构是否真的会失败。

无论如何，如同社会生活中的其他方面一样，使高等教育多元化就是对不可预见的未来进行最有效的规划。因为会出现一些新的可以更好地适应未来的机构，虽然成功与否是不可预测的，但总比中央权力机构设计得要好。

在任何情况下，我感觉在许多国家，高等教育在未来几十年的发展将面临机构内部和彼此之间多元化发展的巨大张力。一方面是不断涌现的学生群体多样性，他们的就业与职业发展，另一方面是来自当权者的限制。我认为在政府加强限制和监管之外，私立大学在这些条件下将占有微弱优势。

2. 另一个得到广泛认可的，也是经济合作与发展组织（OECD）大约在20多年前就开始推动的教育发展趋势就是继续教育或者说终身教育的原则。这方面已经有大量的讨论，也许没有必要在这里展开，所以我只就这些讨论做一个脚注。大学招收大龄成人学生的一个优势是这些学生比传统大学同龄学生的数量大得多。此外，他们动机很强，是好学生，尤其表现在与他们职业相关的学科里。更重要的是，当来自国家的资源越来越少时，这些学生与工业和商业的关系可能会成为大学在培训和再培训方面的一个稳定资源。路德维希·休伯（Ludwig Huber）的描述可以帮助我们了解学生文化的变化，大龄成人学生将如何在学生文化的变革中扮演传统学生的角色（Huber, p. 267）。

在有关高等教育的所有议题中，最得人心的就是学校向成人学生的进一步开放，部分出于对社会公平的考虑，部分出于对技术进步和经济效益的考虑。尽管如此，反对继续教育的呼声也很高，尤其是在传统大学和教师队伍中，他们认为教育成人学生根本就不是他们所了解的从19世纪一直延续到20世纪大部分时间的精英教育模式的主要特征。

问题的重心在于继续教育的任务应由哪类机构承担，是要求传统的精英大学提供，还是创办其他新的非精英教育机构。我认为我们会在不同的地区见到上述两种不同的形式。而且我对于多样性的崇尚让我期待，而非预测，继续教育能够选择适合自己的模式。这些模式将会在变化莫测的社会环境下显现它们的回应能力，发挥其比较优势。

增长和民主化给高等教育带来了重大变化，其中一个变化是大学与其他各类中学后教育机构的联系进一步加强。高中后教育在各国都有不同的组织形式：高等职业学院、教师培训机构、艺校、卫校、农业与渔业养殖、行政与管理以及其他各种职业；拓展服务和其他继续教育形式；开放大学，等等。在许多国家，由于政客们的鼓励或者社会对某领域的需求膨胀，这样的机构迅速发展起来，它们有的提供证书，有的颁发学位。尽管这样的学位和大学发的学位不同，但是它们提供的许多课程彼此相似，和大学里的课程也差不多。这些机构（至少是公立的机构）通常由不同的政府部门举办，实际上，许多政府部门其实都有自己的培训机构。但是这些机构很少提供进大学的机会，我们看到它们发展得并不完善。

政府也许会尝试使这些高中后教育机构合理化——起码使公立机构合理化，对它们按区域进行划分，将它们与其他行政部门联系在一起。但是由于创造这些机构的特殊利益所致，这些机构所隶属的部门将会反对这一合理化过程，它们的阻挠也通常会成功。

我注意到这些高中后教育机构很少为学生提供直接进入大学的机会，但我认为这一局面将有所改变。最近的一项多个国家的研究发现，想接受继续教育的成人学生往往已具备良好的教育背景。需要更多的教育已经成为他们的一种品位，而这一品位正是通过教育本身获得的。

我相信许多从这些非大学机构毕业的学生都想继续接受高等教育，都想去大学获得更多的先进知识，并且获得更高的学位。现在很多地区都可以给这些非常出色的人提供这种机会。我期望随着这方面需求的扩大，进入大学对他们来说变得越来越容易。他们甚至会更容易地将已经取得的学分转移到大学中去并取得大学学位。大学成人学生数量的增加——我们已经可以在许多地方看到这一发展趋势——将给大学本身各方面带来非常大的变化。从课程大纲、教学模式、学生的经济资助模式以及师生关系等各个层面。当学生们带着丰富的经验和智慧进入课堂，就会改变那里的知识氛围，通常使知识氛围更加浓厚。大学中阻碍这一发展的力量来自于与传统有密切关系的精英教育模式和出身上层或中产阶级的青年男性（和最近越来越多的女性），他们的思维和性格都已经被精英教育定型。成人学生一般来自较低的社会阶层（这通常是他们高中毕业没能进入大学的原因），他们关注的不是教育对人格的培养而是如何能够增加技能。他们对大学培养绅士的理念不感兴趣，即使那意味着大学将失去应有的社会地位，他们也更希望大学变得越来越像技术学校或者工艺学校。

无论如何，我认为成人学生进入大学的运动将不断发展，他们都带着来自大学以外的各类高等教育机构背景，大学要变化并适应这一情况。（在这里，私立大学仍有优势，它们能快速适应变化）

个体高等教育机构的发展趋势

1. 我们看到的另一趋势是大学校长的权力变得强大了，在不同地区和国家对校长的叫法不同。这里我们采取一个折中的叫法："大学首席执行官"（chief institutional officers）。我认为这种趋势一方面是由我刚才提到的多元化趋势引发的，同时也与高等教育机构得以生存的急剧变化的环境密不可分。先来说说环境问题。在一个有着诸多同类大学的社会里，人们对大学的特性和使命有很清楚的认识，除了它们建校的年代和大学特征外。这种情况下，州权力机构很容易从外部按照常规和可预见的方式管理这些学校。当政府部门的管理人员从外部以相对简单的方式安排大学的管理和经费问题时，大学里的学术生活表现出一定的连续性。或者在另一种情况下，大学有着相对明确和稳定的功能，它们可以由内部学术委员会或学术行会进行管理，如剑桥大学和牛津大学，或者是通过联席委员会主席和教授会等实施管理。

这一管理模式中校长的权力非常弱。这种情形在过去欧洲的一些大学里较为常见。以上两种治理方式取决于相对变化较慢的外界环境和公众对学校主要任务的普遍认可。但是随着高等教育自身特性逐渐多样化，它们与外界关系的急剧变化，它们就不得不对新的形势有所回应。就如同我们在高效的商业机构中所看到的，对变幻莫测的市场和金融状况作出迅速应对一样。一个强有力的"大学首席执行官"，在我看来，是唯一能够为高等教育机构提供新方向的人，当机会来临时，他应该能够抓住机会，能够在大学的众多维度上提供领导。这些不同的维度包括学术上的、政治上的、管理上的和象征意义上的——领导学校在这个多元竞争的世界上处于不败之地（Trow，1985）。

我并非低估了文化和传统势力对此趋势的阻碍。无论是政府掌权者还是学术行会，无论是强有力的学术人员、学校的一般职员，还是一些欧洲学校近几十年才参与学校管理的学生工会（这在拉美的出现则要更早一些），会友善地看到自己所在机构出现一群强有力的行政管理官员。所以我并不是说这种强有力的大学校长会马上变得非常普及，尤其是对于那些公立学校来说。但是我们可以在许多国家的私立教育机构看到这一情况。这些私立大学有更多的自由建立它们自己的治理模式的权力。我认为，私立大学的组织特征可能会使它们在未来几十年的发展中比公立大学略胜一筹。私立大学不仅有能力在它们的上层创造一个强有力的行政官员，它们要想生存就必须要有一个强有力的官员，因为它们不像公立大学那样有资金上的保障和支持。

2. 在许多社会中，伴随着高等教育的每一次扩张，都会对原本就稀缺的资源形成巨大的压力。而国际市场上石油和原材料价格的不断上涨也使得各地人心惶惶，要求大学提高效率减少浪费的呼声此起彼伏（Jerrett，1985）。这显然是保守派的策略和公共权威们的意图。据我估计，上文所说的高等教育内部和彼此之间的多元化发展趋势和强有力的大学首席执行官的出现将会改变人们对效率内涵的看法。效率高低与否不再像传统的工商业部门那样反映在会计报表和数据上，而是对于探索未知领域和为之承担风险的认识上。我们都有过很快获取并当机立断地花掉大量经费，而没有一个经过精心设计的项目规划或长时期思考的经历。对于一个院系、研究机构或者大学而言，其对新的需求和机遇作出快速反应的能力（比如，向好的研究思想提供启动资金、为研究人员和资源找到新的探索领域、短时间内作好科学会议的准备工作或者邀请学者出席会议等），均取决于经济学家所谓的"闲置资源"，即校内资源、空间、时间、能源等，那些尚未在其他项目中发挥功用的资源。这些潜在资源和大学富有创造性的教学生活是分不开的，因为正是这些可供使用但尚未被开发，能够自由利用的资源激励着广大师生以及员工们不断创新的激情。从把资源立即用于实践和有价值的新观念的角度来看，学校的"闲置资源"无疑是关键。高等教育的最大代价之一，也许是最大的而不是之一的代价就是经费的大幅缩减，大学中的教与学普遍向官僚化和理性化发展，这个趋势的代价通常是优先利用"闲置资源"。而大学的精神生活会因此受到很大打击，尽管这种影响并非显而易见。我们很难预测大学为在科学、学术以及学术交流等方面没有做到的事情所付出的代价。所以在此我只能说我们会很快看到政府和学术界试图使大学在管理上和学术上的经费进一步合理化的后果。相应地，对闲置资金的创造性运用也将变得更加谨慎低调。尽管我知道在英国、德国，以至大多数西方国家看来这是多么遥远而不合乎情理的。

学术职业的趋势

1. 另一个我观察到的发展趋势与高等教育系统、学校和院系等部门息息相关，也与高等教育大众化进一步推进密切相连，那就是学术的等级制度和职业发展路径的变化。这一趋势的表现形式有若干种。一种是学院取代过去的系，同时，一群身份和地位大体相同的教授将取代某一位教授，不管这位教授是系主任还是学术泰斗（或别的名称），或是大学中的学术带头人，还是大学的科学与学术卓越的权威。尽管在自己的机构中，他有绝对权力，但是从整体上看，他受到其他系主任的集体管理，这些系主任们从自己的队伍中挑选校长和院长。在国家层次上，系主任在获取大量研究经费上和决定他的助手或学生的专业发展上具有巨大的权力。系的发展和系内部的差异性导致了促进教师学术职位级别的民主化，将原本属于一个人的权力和权威分散给若干人。这种趋势经过了几个发展阶段，且在不同国家表现出不同的形式。在一些国家，比如在英国，尽管有一半的大学院系仍被某一个教授控制着，但是，使系领导与教授级别分离的趋势已经起步。

这可能是因为英国大学相对来说规模较小，教授的级别是固定的，教授在学校所有全职教师中占的比例也小——基本是每9位教师中才有1位。只要这种形势不变，大多数大学教师都不可能把教授这一职位看作是他们可以达到的最高学术职位。但随着同一院系内专业越分越细，越来越多的资深人士成为其研究领域的权威，更多的人会要求成为教授。随之，教授在整个学术界就会成为大的群体，教授级别必将成为学术生涯正常的终极级别。如果这种情况成为现实，我认为欧洲大学的教授们需要缩小他们与级别较低的教师的差距。这一差距在欧洲国家大学的管理结构上已经被制度化了。

目前制度化的形式在低级别的学术人员和教授之间产生了在观念和兴趣上的不同。在欧洲的一些学校，低级别的学术人员对学校的治理通常处于敌对状态。但如果低级别的学术人员有希望成为教授，他们会与教授有同样的兴趣，如助理教授（或者称副教授）或者其他称谓，当他们看到自己在职业发展的某个时段也有机会成为教授时，他们将不再试图减少教授级别的权威。这样有助于解决近年来许多国家的大学中出现的新老教师之间的矛盾。我认为我们正在经历这样一个转折点，一方面，院系主任正在失去曾经垄断的、不可挑战的权力；另一方面，一个等级更加明确的学术制度已经悄然形成，并以不同的形式和速度出现在不同的教育体系中。

2. 许多国家仍保持着一种观念，即大学教师不是一个全职职业，不管是低级别的教师还是高级别的学者，为了维持中上阶层的生活方式，他们必须在学校外身兼数职。意大利就是一个很好的例子。这种模式的出现与其所在社会的特征密切相关。在一个国家，如果学生由于文化和政治因素很容易入学，然而由于政治和经济的原因，又没有能力向一定数量的教师和教授支付巨大的费用，使教师们有充足的精力将学生作为个体进行培养，而不是把他们看成是无名的和过渡的群体进行培养。这种情况下，从事学术工作的人，一方面出于经济上的需要，不得不寻求额外的就业机会；另一方面，即使把全部时间都投入到教学工作中，他们在面对数量如此庞大的学生时也会产生力不从心的感觉，也不会有什么更好的效果。在这样生师比过高的系统中，除了上大课以外，其他什么都无法做到。教师们也看到即使投入全部精力也不可能把事情做好。所以他们上完课就走人，把更多的时间放在课题研究、顾问咨询、学术政策，甚至其他与学术和他们在大学里所扮演的角色没有太大关系的活动上。

这种安排的不妥之处不言自明，教师对学生漠不关心，学生对学业失去兴趣。在这样的系统中，学业完成率很低。更糟糕的是，大学招收了大量的学生，却不能给他们提供任何真正的学术进步。大学雇用大批廉价助教从事大量的教学和学生实验指导工作。这些人最终怀着对教授的不满和敌意进入政治组织和治理大学的岗位——如果我愿意的话可以继续来描述这种恶性循环。但并不是说每个有这种机制的国家都会这么极端。然而，在学者和科学家数量极少的社会里，人们对他们的要求也就非常迫切。因此这些人经常离开教学岗位出现在政府部门或者实验室里，成为专家并为现代管理体制提供政治支持。然而，无论从管理或是从学术角度看起来多么合情合理，这种形式的高等教育都存在诸多漏洞。我认为这种体制会导致越来越强烈的不满，随着时间的推移，这种体制必须改变。虽然这一改变在不同的地方遇到的困难会不同，在变化速度上也会有所差异，我认为在私立大学中这种情况比较少见。由于交了学费，学生从道德层面认为教师应该把精力都用在他们身上。这里我们再一次看到私立大学在与公立大学竞争中所占据的微弱优势。

　　3. 学术职业结构的变化与学术职业的增长和专业化有关。我确信，它将加强全职教师的发展，尤其是在像意大利这样一个不存在全职教师的国家里。除此以外，我还意识到另一种趋势，就是大学从工商界聘请一些专家来做兼职教师。无疑，教师行会对这一措施有强烈的抵触，每个行会和专业团体都反对向非成员提供竞争职位和特权的机会。然而从工商界所聘用的科技专家数量在不断增加，但并非他们中的所有人都可以成为全职学者的代表，即使是在规模最大的学校里。目前，一些大企业正在筹划和直接赞助高等教育，这是另一种将持续下去的趋势。但是我们已经看到无论是古老的医学、法律，还是公共管理、教育、工商管理等新兴学科，都已经有了教研结合的教授。我预计这种趋势同样也会出现在工程学、物理学和自然科学之中。比如说，大学可能不会，或者不想雇一些全职教师来教授那些从事克隆和转基因工程的公司赖以生存的应用生物学，因为这个学科更多涉及的是实际操作问题，而非理论问题。尽管如此，许多工作机会还是向懂得相关技术的生物学家敞开，学校对有这方面专长的生物教师的需求也在稳步增长，并倾向于让他们从事这方面的工作。其他高科技领域也有类似的情况。当我们展望未来，就会发现这种趋势和其他的一些趋势，如成人学生向校园的涌入，学生的多元化和人数的激增等都将模糊大学与社会的界限和大学与企业的界限。我们将不断地看到大学会更深地融入社会生活，它们所采取的方式不同于以往传统大学所经历的，也许会完全超乎我们的想象。

　　和许多学者一样，我本人对这些发展的看法是矛盾的。我对大学有特殊的情结，并把它独有的特征看成是避风港，一个受到保护的环境。它的价值、关系和活动与社会其他机构都非常不同。看着大学在商业和政治的旋涡中越陷越深，我担心其独到之处及其追求知识的特有氛围将逐渐消失。如何能在满足社会需求和拓宽自己职能的同时保留其独一无二的价值观和身份是对大众化高等教育提出的挑战。这一挑战如我上面所写的是由发展所造成的。至于我们的大学应该如何迎接这个挑战可能需要另一篇不同的论文讨论了。

结　论

开篇已经说过，本文并非为了提供建议而是旨在预测。尤其在一个变化快于发展的时代，后者比前者会更具危险性。尽管学生人数的增速很难测算，但我认为不管人口如何上下波动，国家财政状况如何，高等教育中大的趋势是可以判断出来的。我坚信，世俗的朝流包括促进现代社会和大学发展的力量，存在于社会和大学中的潮流之中，其中最为显著的是社会生活的民主化和理性化潮流，和大学组织变得日益官僚化和行政化的趋势。前文说到的一些趋势可能和这种发展相悖，我认为人们会很有兴趣地看到这种社会潮流能够持续一个世纪或更长。但在一个特定的国家里，这种趋势清晰可见的程度和其趋势发展的速度将会不同，它们取决于该国现存的学术传统、文化、组织模式，更为关键的是取决于公立和私立高等教育的相对力量和重要性。

今天，当我们谈到高等教育改革和未来规划时，通常会从经费和资源两方面考虑。当这些高等教育系统把经费负担都压在国家预算上时，在当权者必须扩大高等教育系统，必须在一个所谓的"学习型社会"中向越来越多的人提供适当的教育，同时必须考虑当社会公共服务的其他方面也不断提出激烈的竞争要求时，经费和资源尤其是重要因素。但是我在这里的建议是高等教育中并不是所有的变化都应该完全从资源的角度进行考虑。我所描述的结构和组织上的变化趋势大多并不昂贵，或者说经费并不是这些变化的核心特征。多元化、强有力的大学领导、相对平缓一些的学术等级、全职教师、提供与大学相联系的继续教育、保持与工商界日趋紧密的关系、特别是有实践经验的教授的发展，这些都将对高等教育系统应对环境变化的效率带来不同的影响。推动这些变化实际上并不需要增加大量经费。仅上述一点就值得向各地的所有公共权力机构广泛推荐高等教育大众化。

我所说的趋势都可以找到其社会根源和动力，阻碍或抑制这些发展的正是国家的结构和政策。从整个历史上看，一个美国人所作的分析始终集中在政府和社会之间的争执也许不足为奇。但是以为这种斗争在哪都会采取同样的形式，或者其在欧洲、亚洲、拉丁美洲的发展结果将与美国的相同，那就

大错特错了。(但愿我没有犯这样的错误)

参考文献：

Atkinson, P. H. (1995) Distance education in institutions of higher learning in the United States. Accountability Project, Columbia University.

Brennan, J. (1996) *Authority, legitimacy and change: the rise of quality assessment in higher education.* Quality Support Center, The Open University, p. 7.

Gotler, R. (1995) Indicators of confidence. Memorandum prepared for the Accountability Project, Columbia University.

Graham, P., Lyman R. and Trow, M. (1995) Accountability of colleges and universities: an essay. *The Accountability Study.* Columbia University.

Hansard. (1996) The House of Lords Official Report, 570, No. 56, 6 March, 310.

The Harris Poll (1995) No. 17, 6 March.

Hartz, L. (1955) *The Liberal Tradition in America.* Harcourt Brace, New York.

Himmelfarb, G. (1995) *The De-moralization of Society*, pp. 143 – 169. Vintage Books, New York.

Neave, G. (1994) The politics of quality: developments in higher education in Western Europe 1992—1994. *European Journal of Education* 29, 115 – 134.

Neave, G. (1995) *The core functions of Government: six European perspectives on a shifting, educational landscape.* National Advisory Council, The Netherlands.

Neave, G. and Van Vught, F. (eds) (1991) *Prometheus Bound: The Changing Relationship Between Government and Higher Education in Western Europe.* Pergamon Press, Oxford.

Trow, M. (1974) Problems in the transition from elite to mass higher education. In *Policies for Higher Education, from the General Report on the Conference on Future Structures of Post-secondary Education*, pp. 55 – 101. Organisation for Economic Co-operation and Development, Paris.

Trow, M. (1993) Reflections on higher education reform in the 1990s: the case of Sweden. In *Studies in Higher Education and Research*, ed. T. Nybom, p. 94. The Council for Studies in Higher Education, Stockholm.

Trow, M. (1994) Managerialism and the academic profession: the case of England. *Higher Education Policy* 7, pp. 11 – 18.

Trow, M. (1996) On the accountability of higher education in the United States. Paper prepared for *The Princeton Conference on Higher Education.*

Van Vught, F. and Westerheuden, D. (1994) Towards a general model of quality assessment in higher education. *Higher Education* 28, pp. 355 – 371.

CERYCH, L. and COLTON, S.: "Summarizing Student Flows," European Journal of Education, Vol. 15, No. 1, 1980.

HUBER, Ludwig: "The Changing Role of Students" (in this volume).

JARRETT, Sir Alex, Chairman: Report to the Steering Committee for Efficiency Studies in Universities, University Grants Committee (U. K.), March 1985.

KERR, Clark: "Postscript – 1982," The Uses of the University, Third Edition, Cambridge, Harvard University Press, 1982, pp. 152 – 153.

NOAH, Harold J. : "General Education in the Modern University" (in this volume).

TEICHLER, Ulrich: "The University Responding to the Modern World of Work" (in this volume).

TROW, Martin: "Problems in the Transition from Elite to Mass Higher Education," Policies for Higher Education, The General Report on the Conference on Future Structure of Post-secondary Education, Paris, O. E. C. D. , 1974. pp. 51 – 101.

—　"Comparative Perspectives on Access," in Oliver Fulton, ed. , Access to Higher Education, Guildford, England: Society for Research into Higher Education, 1981.

—　"Comparative Reflections on Leadership in Higher Education," European Journal of Education, Vol. 20, Nos. 2 – 3, 1985, pp. 143 – 159.

—　"The State of Higher Education in the United States," in William K. Cummings, et al. , Educational Policy in Crisis: Japanese and American Perspectives, New York: Praeger, 1986.

后 记

　　认识高等教育大众化理论的提出者、美国著名公共政策专家马丁·特罗教授是在 2003 年春。当时，我作为弗利曼访问教授，在美国加州大学伯克利分校教育学院从事"中国文化与教育"的讲学活动。在皮特·沃尔兹教授（Peter Waltzer）的引见下，我有幸见到了马丁·特罗教授。他虽然是享誉国际的知名学者，却非常平易近人。他向我讲道，虽然他没有到过中国，但对中国高等教育的问题也有所了解，因为在对欧洲高等教育的比较研究中，他发现了集权高等教育管理模式存在的通病。他知道在没有取得他授权的情况下，他的一些早期文章已经被翻译成中文出版。对此，他表示遗憾，因为他既不知道翻译的质量，也不知道读者的真实反应。当得知他的理论得到了中国学者的认可，并广泛应用于中国的高等教育研究，他感到非常欣慰。

　　经过几次接触之后，马丁·特罗教授向我提出能否接受他的授权将其著述翻译成中文，把他的高等教育思想系统地介绍给中国读者。我深为他的诚意和信任所感动，欣然接受了他的提议，并与他签署了授权协议。回国以后由于忙于专著《从伯克利到北大清华：中美公立研究型大学建设与运行》的写作，论文的编辑工作暂时拖了下来。专著出版之后，我才开始收集和选阅马丁·特罗教授的论文。2007 年 3 月，我应加州大学伯克利分校高等教育研究中心之邀出席以"公立研究型大学的危机"为题的国际会议，本打算就收集到的论文与马丁·特罗教授面谈，听一下他的想法和建议，但不幸的是在该年的 2 月获悉他逝世的噩耗。悲痛之余，我为没能在他有生之年完成他的嘱托深感自责和惋惜。

　　会议结束之后，我就抓紧对相关论文进行选阅，并结合自己的课程教学，请北京大学教育学院的一些研究生对相关文章进行了初译。参与论文初译的人员根据本书内容的先后顺序有温剑波（一）、沈可（二）、吴艳艳

（三和十一）、毛帽（四）、周详（五）、刘冬梅、孙允海和袁丽梅（六）、向睿（七）、吴一凡（八）、李娟（九）、姜华和金帏（十）、姜华（十二）、徐未欣（十三）、刘嫚（十四）和尚思舍（十五），同时参加初译的人员还有段丹妮和朱智翔。开始初译了 17 篇论文，但是由于个别文章中有些内容重复，才决定选择目前的 15 篇。在这里向所有参加初译的人员表示衷心的感谢，没有他们最初的努力，本书无法与读者见面。

在 2008 年春，我作为欧盟伊拉斯，蒙德斯项目教授出访芬兰时才有一点业余时间，静下心来认真地对学生们的翻译初稿进行校对，可想而知校对工作进行的非常艰难。通过对译稿的校对，我明白了翻译工作不仅要求译者有娴熟的语言功底，还要有扎实的专业知识，更为重要的是译者要读懂作者的思想。我也深深体会到了编译的艰辛。因此，在这里我要感谢我的博士生金帏同学，她耐心地把画得"漫山遍野一片红"的校稿变成了工整的电子版文字。对于本书的校对，我还要特别感谢我的另一位博士生温剑波同学，他不仅参加了论文的翻译，还对该书在编辑过程中进行了两次文稿整理。在整理的过程中，他对一些概念和文本的翻译不断地提出质疑，是他的质疑使我对文稿进行了反复校对。即使这样，我仍然感到忐忑不安，误译可能在所难免，在此恳请读者提出批评指正。

历时三载，在论文集即将出版之际，我更加深切地怀念马丁·特罗教授，他那睿智的思想，忘年的友情，和蔼的笑貌常常出现在我的脑海中。希望该文集的出版能告慰先生的在天之灵。在此，我还要特别感谢马丁·特罗教授的遗孀凯瑟琳·特罗（Catherine Trow）夫人，是她的再次授权才使该书有机会与广大读者见面。同时也真诚的感谢加州大学伯克利分校高等教育研究中心主任研究员约翰·道格拉斯（John Douglass）先生，感谢他在论文的收集和联系凯瑟琳·特罗夫人授权方面作出的努力，还要感谢约翰·道格拉斯的助手麦格·哥瑞福斯（Meg Griffith）女士在论文收集过程中提供的帮助。

在本书的翻译，校对和出版过程中，教育科学出版社的韦禾女士做了大量细致的编辑指导工作，对论文翻译也提出了许多宝贵的修改意见，并在翻译的质量上严格把关，在这里我要特别向她致谢。

出 版 人　所广一
责任编辑　刘明堂　韦　禾
版式设计　孙欢欢
责任校对　曲凤玲
责任印制　曲凤玲

图书在版编目（CIP）数据

多样性与领导力：马丁·特罗论美国高等教育和研
究型大学／马万华主编．—北京：教育科学出版社，
2011.7

（北京大学教育研究系列）
书名原文：Diversity and Leadership：Martin
Trow on American Higher Education and Research
Universities
ISBN 978－7－5041－5484－2

I．①多⋯　II．①马⋯　III．①高等教育—研究—美国
IV．①G649.712

中国版本图书馆 CIP 数据核字（2010）第 256632 号

北京大学教育研究系列
多样性与领导力——马丁·特罗论美国高等教育和研究型大学
DUOYANGXING YU LINGDAOLI——MADING · TELUO LUN MEIGUO GAODENG JIAOYU HE YANJIUXING DAXUE

出版发行	教育科学出版社			
社　　址	北京·朝阳区安慧北里安园甲 9 号	市场部电话	010－64989009
邮　　编	100101	编辑部电话	010－64989419
传　　真	010－64891796	网　　址	http://www.esph.com.cn

经　　销	各地新华书店			
制　　作	国民灰色图文中心			
印　　刷	北京人卫印刷厂			
开　　本	169 毫米×239 毫米　16 开	版　　次	2011 年 7 月第 1 版
印　　张	21.5	印　　次	2011 年 7 月第 1 次印刷
字　　数	354 千	定　　价	45.00 元

如有印装质量问题，请到所购图书销售部门联系调换。